涉醉驾案件出罪的裁判研究

李 涛 著

新出图证（鄂）字 10 号

图书在版编目（CIP）数据

涉醉驾案件出罪的裁判研究/李涛著. —武汉：华中师范大学出版社，2022.10（2022.12 重印）

ISBN 978-7-5622-9899-1

Ⅰ. ①涉… Ⅱ. ①李… Ⅲ. ①酒后开车—刑事犯罪—审判—研究—中国 Ⅳ. ①D924.324

中国版本图书馆 CIP 数据核字（2022）第 184843 号

涉醉驾案件出罪的裁判研究

©李 涛 著

责任编辑：王中宝　**责任校对**：罗 艺　**封面设计**：许菁 胡灿

编 辑 室：综合编辑室　**电话**：027-67867792

出版发行：华中师范大学出版社

社址：湖北省武汉市洪山区珞喻路 152 号　**邮编**：430079

电话：027-67863246（发行部）　**传真**：027-67863291

网址：http://press.ccnu.edu.cn　**电子邮箱**：press@mail.ccnu.edu.cn

印刷：湖北恒泰印务有限公司　**督印**：刘 敏

开本：710 mm×1000 mm 1/16　**印张**：18.25

版次：2022 年 10 月第 1 版　**印次**：2022 年 12 月第 2 次印刷

字数：317 千字　**定价**：76.00 元

欢迎上网查询、购书

序

《涉醉驾案件出罪的裁判研究》一书，是李涛律师根据自己的办案经历和多年公益普法工作的切身体会，用回顾性研究的方法结合并参考了醉驾入刑10年来的30多件涉嫌醉酒驾驶而被无罪处理的案件，对危险驾驶行为中涉醉酒驾驶机动车出罪化处理所进行的专门研究。

本书重点研究探讨了“无罪样本（案例）中的关键因素”“醉驾案件面临的司法困境”“对无罪关键因素的再思考”等问题，其理论与实践的重要价值主要在于：

一、系统梳理了《中华人民共和国刑法修正案（八）》（2011年）颁布施行以来危险驾驶罪（特别是醉酒驾驶机动车）案件的基本情况，以具体数据和清晰的图解分析，向读者展示了司法实践中醉酒驾驶违法行为的真实图景，为国家立法机关适时调整相关刑法立法，以及为司法机关依法且科学合理处理该类违法行为提供了可信的实证依据。

二、以实证研究的方法对涉醉酒驾驶案件的出罪问题进行了深入系统的研析，为该类案件的刑事辩护提供了经验借鉴。刑事辩护的核心任务就是依法为刑事涉案人员（犯罪嫌疑人、被告人）提供无罪、罪轻等方面的积极辩护。其中，通过积极辩护使司法机关采纳辩护人的意见，最终使嫌疑人、被告人免于刑事追究，这是每一位刑事律师孜孜以求的理想目标。本书作者在“无罪样本中的关键因素”中详细分析了不同阶段可能影响犯罪成立的诸多因素——如“抓获阶段”“血气证据固定阶段”“司法鉴定阶段”“犯罪构成认定阶段”客观存在的司法实践问题（瑕疵），可能实质上影响犯罪的认定。如果辩护律师在办案中能够细心辨察，善于发现各种有利于涉案人员的事实或证据，就能釜底抽薪，反败为胜，从而收到否定犯罪成立的良好辩护效果。

三、本书引用的无罪案例及其他典型案例，对于交通参与者而言，乃是生动、鲜活的普法教育素材；本书中的数据分析以及对案例的通俗解读，有助于交接触了大量涉车犯罪的案例与素材。近5年来，我一直在办理一个极为复杂的刑事案件，案件涉及交通肇事与醉驾几乎所有的疑难问题。漫长的无罪辩护之路，让我得以在涉车犯罪方面进行系统性的研究、思考与整理。于是，把该类案检索报告作为素材得到了这部书稿的雏形。我想将本书作为20年来参与广播电台节目与公益法律服务经历的纪念，以纪念直播过的节目、合作过的主持人、解答过的法律问题、办理过的疑难案件、遇见过的朋友、服务过的客户以及那段青葱的岁月。

在我国积极预防的刑法观下，刑事立法中出现了法益概念抽象化、处罚早期化特点的"微罪"立法。刑法的社会功能越来越突出，许多社会风险行为正在被犯罪化，醉驾就是"微罪"之中最具代表性的罪名。自《中华人民共和国刑法修正案（八）》（以下简称《刑法修正案（八）》实施至2021年的10年间，该罪名已成为名副其实的第一大刑事罪名，每年有30余万人因醉驾入罪，耗费了大量的司法资源，但其社会治理的总体效果不佳。随着我国犯罪司法治理"繁简分流、轻重分离、快慢分道"改革工作的进一步推进，当下确有必要对醉驾犯罪在司法中所面临的困境进行研究。本书采取回顾性研究的方法，选取"醉驾入刑"的10年为观察期，结合21个无罪关键因素，对醉驾无罪案例情况进行了分析比较，探讨了醉驾案件在实体法的出罪事由、程序法的出罪机制、刑罚轻缓化、刑罚附随后果等方面的问题；并整理出在现有法规体系下的《醉驾案件核心控辩思维导图》，为类案办理提供指导与参考。醉驾案件在司法实践中面临的立法效果不佳、社会治理作用未有效体现的问题，究其原因有两个方面困境：一是抽象危险犯的立法设计产生了数量巨大的案件，按现有刑事诉讼法程序办理，严重耗费了司法资源；二是因为刑事司法体制"直筒式"构造，刑法未区分重罪、轻罪、微罪相对应的刑罚制度及附随后果的规定，不能有效地实现醉驾入刑欲达到的社会治理功能。我认为未来应当以降低醉驾者"罪犯标签"的成色为核心目标，探索建立"附条件不起诉＋行政处罚"与"非监禁刑＋前科消灭制度"为主渠道的醉驾刑罚制度及配套附随政策，真正实现醉驾入刑的立法目的与社会治理效果。

我对本书的期待是，能够面向大众做好法律科普的同时，本书也能成为办理醉驾案件所需的工具书，书中所收集的代表案例、无罪关键因素、相关证据收集方法等内容，能够帮助大家提高办案效率与准确度。感谢律所同事在本书的写作过程中对我的帮助与支持，特别是龙莉芬律师与鲍梦影律师，为文中数据的收集及整理付出了大量的时间。本书参阅和借鉴了大量的相关书刊和网络资料，同时引用了部分文献资料和案例，在此谨向这些作者表示诚挚的谢意！最后，要向我的家人表示感谢，正是家人的支持、付出与扶助，才让我在20年中坚持公益法律服务不中断，坚持电台节目不停歇，并得以在感兴趣的专业方向上持久地学习研究。由于我的理论水平有限，加之写作时间仓促，书中难免有疏漏和不足之处，恳请各位老师、专家、读者批评指正。

李　涛

于武汉

2022年4月

目　　录

理论分析

引言 …… 3
一、无罪样本检索说明 …… 4
二、无罪样本整体概况 …… 4
三、无罪样本中的关键因素 …… 13
（一）抓获阶段 …… 13
（二）血气证据固定阶段 …… 16
（三）司法鉴定阶段 …… 24
（四）犯罪构成认定阶段 …… 27
四、醉驾犯罪之抽象危险犯属性 …… 33
（一）刑法的风险与集体法益 …… 33
（二）基于概率推定的危险犯 …… 36
（三）具体危险犯 …… 38
（四）抽象危险犯 …… 39
（五）抽象危险犯所面临的争议 …… 40
（六）域外醉驾犯罪的立法模式 …… 43
（七）我国醉驾犯罪立法之完善 …… 50
五、我国醉驾案件面临的司法困境 …… 51
（一）出罪机制与刑罚轻缓化实践 …… 51
（二）抽象危险犯与情节犯之间的徘徊 …… 66
（三）刑罚附随后果 …… 75
六、对无罪关键因素的再思考 …… 84
（一）在道路上 …… 84

（二）醉酒 …… 87
（三）驾驶 …… 90
（四）机动车 …… 92
（五）气检与现场记录 …… 101
（六）血检的方法 …… 102
（七）行刑交叉程序 …… 107
（八）自首 …… 109
（九）逃逸 …… 112
（十）醉驾案件现有控辩思路的构建 …… 117
七、结语 …… 119

无罪案例

样本清单列表 …… 125
1. 张×文危险驾驶案 …… 126
2. 梁×峰危险驾驶案 …… 129
3. 王×危险驾驶案 …… 134
4. 岳×君危险驾驶案 …… 140
5. 陈×龙危险驾驶案 …… 141
6. 王×危险驾驶案 …… 145
7. 陈×平危险驾驶案 …… 147
8. 卢×强危险驾驶案 …… 151
9. 何×升危险驾驶案 …… 153
10. 孙×强危险驾驶案 …… 156
11. 邓×危险驾驶案 …… 165
12. 赵×危险驾驶案 …… 173
13. 陈×危险驾驶案 …… 181
14. 陈×危险驾驶案 …… 184
15. 周×超危险驾驶案 …… 189
16. 詹×为危险驾驶案 …… 192

17. 邓×精危险驾驶案 …… 196
18. 马×湘危险驾驶案 …… 202
19. 李×危险驾驶案 …… 208
20. 李×德危险驾驶案 …… 213
21. 黎×强危险驾驶案 …… 219
22. 张×军危险驾驶案 …… 222
23. 贾×胜危险驾驶案 …… 223
24. 詹×喜危险驾驶案 …… 226
25. 靳×良危险驾驶案 …… 229
26. 陈×华危险驾驶案 …… 230
27. 朱×元危险驾驶案 …… 232
28. 马×军危险驾驶案 …… 237
29. 龙×明危险驾驶案 …… 239
30. 交×危险驾驶案 …… 245
31. 张×1 危险驾驶案 …… 248
32. 白××危险驾驶案 …… 251
33. 王×1 危险驾驶案 …… 257
34. 易×丽危险驾驶案 …… 261
补遗案例 1. 窦×危险驾驶案 …… 264
补遗案例 2. 聂×危险驾驶案 …… 266
补遗案例 3. 杜×危险驾驶案 …… 274
补遗案例 4. 陈×危险驾驶案 …… 275
后记 …… 279

理论分析

引　言

在危险驾驶罪案件中，相关研究数据显示，99%的类型是醉驾型危险驾驶罪①（以下简称醉驾犯罪或醉驾案件），按其“在道路上醉酒驾驶机动车”条文的表述，可分解为“在道路上”“醉酒”“驾驶”“机动车”四个要素。

根据公安部公布的数据，醉驾入刑后的2011年5月1日至2017年4月30日，在一般交通事故方面，全国年均因酒驾、醉驾导致的交通事故5962起，造成2378人死亡、5827人受伤，较醉驾入刑前的5年分别下降了8.9%、13.7%和17.8%②；截至2021年，较上一个10年，酒驾、醉驾肇事导致的伤亡事故减少了2万余起③。但自醉驾入刑以来，全国法院审结的危险驾驶罪案件数量，已经由2013年的9万多件（居刑事犯罪案件数量的第三位，占法院审结的全部刑事案件总数的9.5%）上升至2015年的近14万件（居刑事犯罪的第二位，占全部刑事案件总数的12.61%），再到2019年的31.9万件，超过盗窃罪，居刑事犯罪之首，占全部刑事案件的24.6%。到2020年年底，全国法院审结危险驾驶犯罪案件总数为28.9万件，占刑事案件总数的比例高达25.9%④，2021年全国各级人民检察院以危险驾驶罪起诉35万余人，占到所有刑事犯罪起诉人数的20%⑤；全国各级人民法院该罪名审结总数为34.8万件，仍居刑事案件的首位⑥。危险驾驶罪成为名副其实的第一大罪名，每年30余万人因醉驾而入罪，占用了大量的司法资源。

---

① 《司法大数据专题报告——危险驾驶罪篇》显示：2014年1月1日至2016年9月30日全国危险驾驶罪案件中，99%的案件涉及酒驾，只有1%的案件为追逐竞驶或超速、超载等情况。

② 《“醉驾入刑”七年带来哪些变化　酒后驾驶引发事故数下降》，央广网，https://baijiahao.baidu.com/s?id=1602960685924840314&wfr=spider&for=pc。

③ 《“醉驾入刑”十年间减少2万余起伤亡事故》，https://baijiahao.baidu.com/s?id=1698276550948914187&wfr=spider&for=pc。

④ 周光权：《论刑事一体化视角的危险驾驶罪》，《政治与法律》2022年第1期。

⑤ 《犯罪结构变化背景下的轻罪治理与检察应对（上）：理论观照》，https://mp.weixin.qq.com/s/qFaZ4JF0qkBcR9fJtS3ItA。

⑥ 《2021年在刑事犯罪中危险驾驶罪成“第一大罪”》，https://baijiahao.baidu.com/s?id=1726796040303452719&wfr=spider&for=pc。

醉驾入刑后，早期学者的研究偏重于犯罪构成要件、抽象危险犯属性等方面。其后，研究逐渐深入集中在醉驾刑罚制度与出罪事由等方面，如但书条款、紧急避险、期待可能性的适用。近年来，随着我国刑法微罪的扩张，研究重点更加集中在以醉驾犯罪的出罪机制与刑罚附随后果方面，如建立附条件不起诉机制、引入微罪①速裁程序、轻罪制度、微罪前科消灭制度、行刑衔接制度等。本书将回顾自《刑法修正案（八）》实施以来至 2021 年 12 月 31 日（以下简称观察期），对已公开的醉驾无罪案例（以下简称样本）及醉驾犯罪出罪事由、出罪机制、刑罚力度、刑罚附随后果等问题进行研究，在当前我国刑法全面进入微罪立法扩张期，刑事立法积极延伸渗透到社会风险治理的背景下，对未来如何实现醉驾犯罪立法初衷所需要的改革，提供必要的启示与参考。

一、无罪样本检索说明

检索时段：2011 年 5 月 1 日至 2021 年 12 月 31 日。

样本来源：以 Alpha 案例库高级搜索功能为主引擎，以北大法宝、威科先行、中国裁判文书网、《刑事审判参考》、百度辅助进行检索交叉比对。

检索条件：案由为危险驾驶罪；关键词为醉驾；判决结果为无罪。

检索时点：2022 年 3 月 9 日。

文书数量：检索得到 36 件，经查重排除同一案件不同程序后为 34 件②。

二、无罪样本整体概况

将样本按案由时间顺序排列编号，下文均以编号代称。

（1）抓获经过。样本中有 28 件为发生交通事故时被查获；6 件为交警例行

① 微罪，指法定最高刑为 1 年有期徒刑或以下刑罚的犯罪，见《政治与法律》2021 年第 7 期。

② 在本书观察期内，全国已公开了 38 个无罪案例，孔×危险驾驶罪案二审（《刑事审判参考》总第 94 集第 904 号典型案例）因构成其他犯罪而未收录于本文的样本中，其余因公开时间晚于本书的写作，具体见本书补遗案例。

拦截时查获。抓获时间段在21:00～22:00的最多，为10件。样本中无共同犯罪情形，抓获的均为单一嫌疑人，均为实行行为，无间接正犯。

(2) 车辆类型。样本中有29件涉案车辆为机动车（含26台小型客车与3辆摩托车）；5件涉案车辆为电动车（含两轮电动车3辆、三轮电动车1辆、四轮电动车1辆）。其中，被认定为刑法意义上的机动车占比85%；非机动车占比15%。具体数据参见图1。

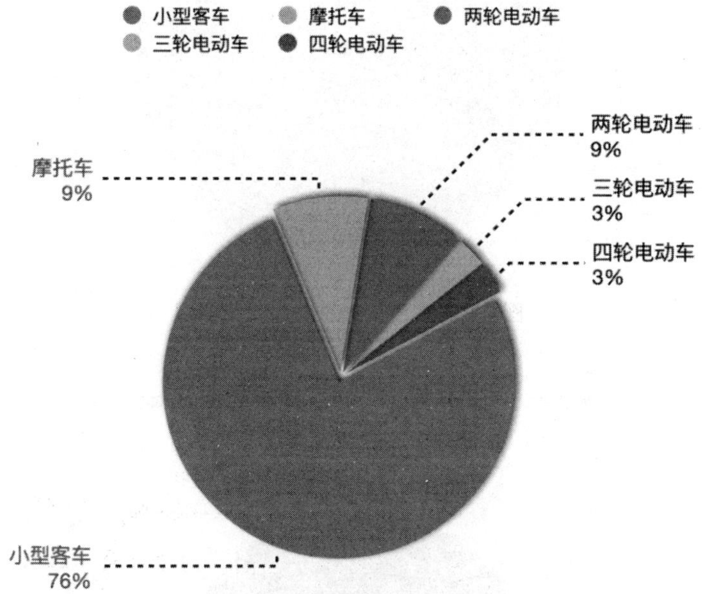

图1 样本中涉案车辆类型权重分布情况

(3) 检验方式。样本中同时进行了呼气酒精含量检验（以下简称气检）及血液酒精含量检验（以下简称血检）的案件有17件；单独进行血检的案件有17件。全部检测值均超过80 mg/100 ml。

(4) 抓获时点。样本中嫌疑人在驾驶时（在主驾位且未离车）被抓获的7件，占比21%；驾驶结束被抓获的27件，占比79%。驾驶结束被抓获情形分为：嫌疑人已离车23件、未离车4件（其中，坐在非驾驶位1件、车上睡觉2件、被困车中1件）。具体数据参见图2与图3。

(5) 辩护情况。样本中有28件聘请律师辩护，占比82%；6件自行辩护，占比18%。辩护主要从抓获、血气证据固定、司法鉴定、犯罪构成认定的四个阶段，提出无罪的辩护意见。其中有9位嫌疑人在诉讼中曾认罪，样本中有

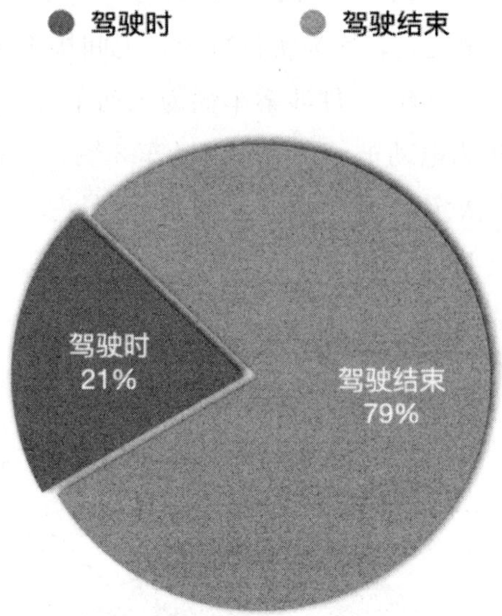

图 2　样本中的抓获时点权重情况

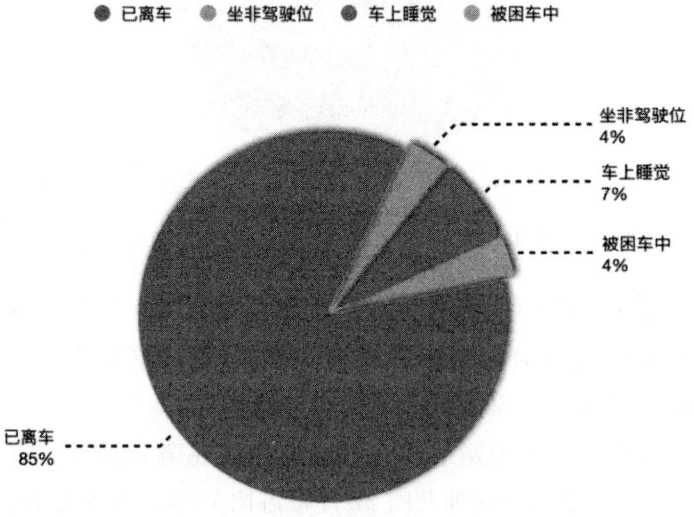

图 3　样本中驾驶结束抓获细分类型

20 件赔偿了被害人，8 件未赔偿，6 件系例行拦截无须赔偿。具体数据参见图 4。

（6）案号时段。样本案号时段从 2014 年至 2021 年，其中 2011 年至 2013 年

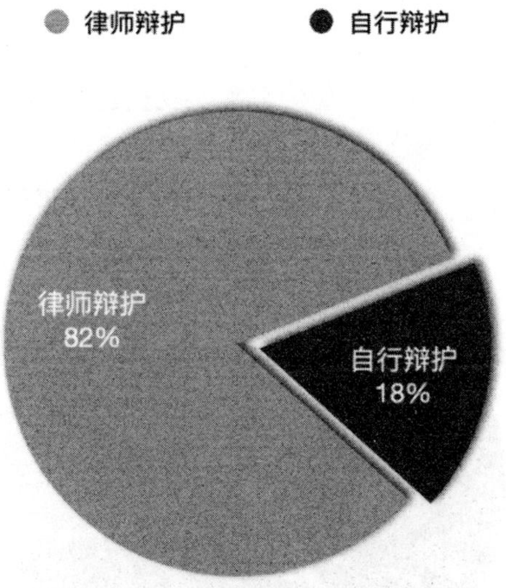

图 4　样本中律师辩护率情况

间以及 2021 年没有无罪的案件；2017 年、2018 年和 2019 年数量较多，分别占 18%、29%和 32%。其中，2019 年达到峰值为 11 件。具体数据参见图 5 与图 6。

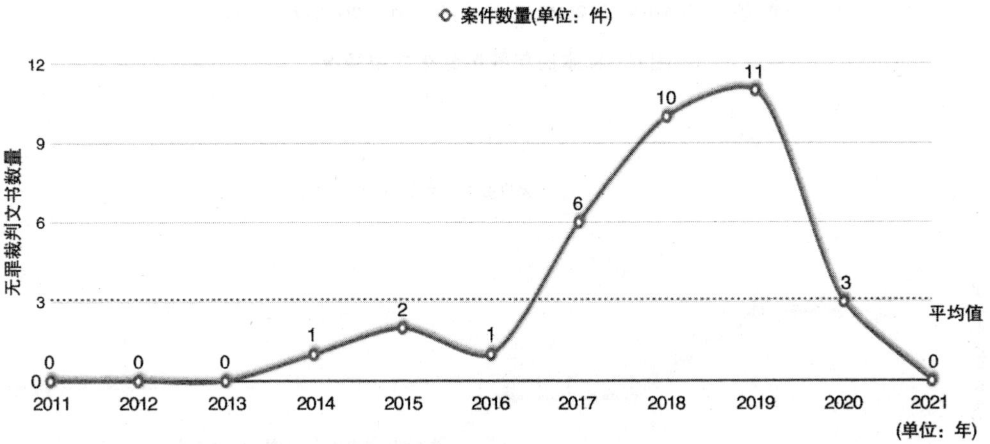

图 5　样本历年数量分布比较情况

（7）审理区域。样本的审理法院分布在全国 15 个地区，排名前五的是四川、山西、湖北、宁夏和安徽，分别占比 18%、12%、12%、12%和 9%。其中，四川省以 6 件居首。具体分布情况参见图 7 与图 8。

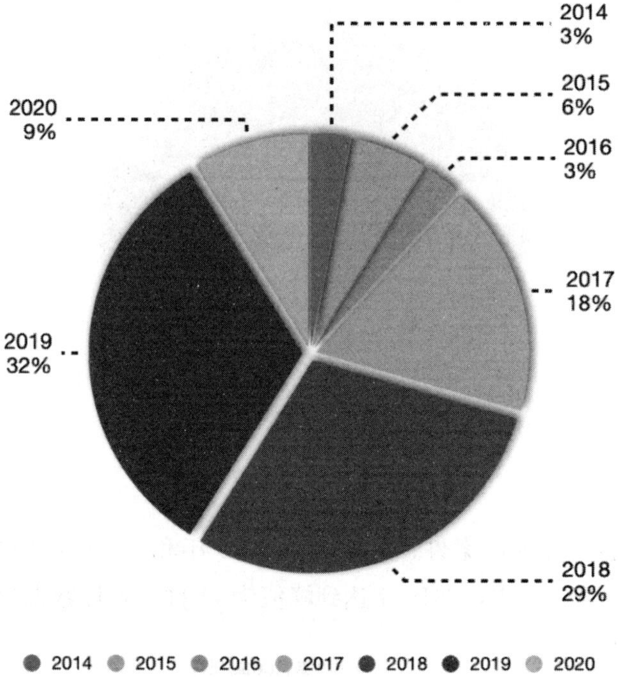

图 6　样本历年数量分布权重情况

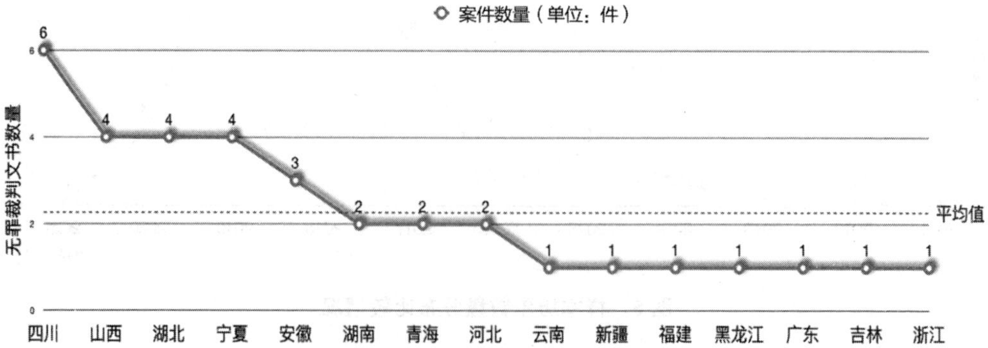

图 7　样本地域数量分布情况

（8）裁判程序。样本中含一审判决书 20 份、二审判决书 10 份、二审裁定书 1 份、再审判决书 2 份和再审裁定书 1 份；案件平均审理天数为 287.76 天。具体

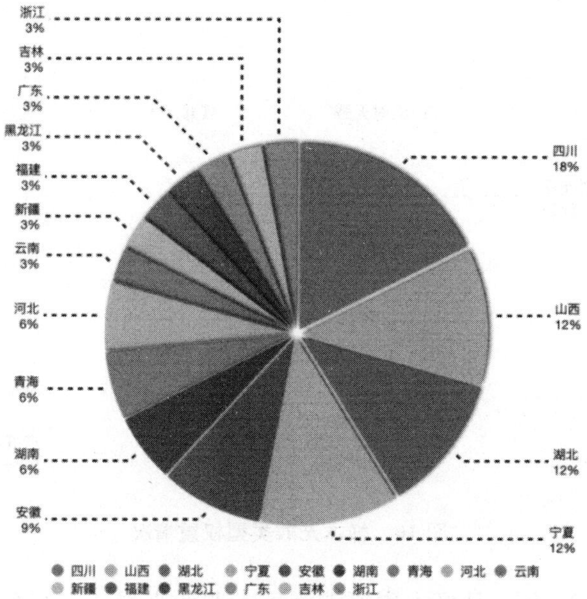

图 8 样本地域数量分布权重情况

数据参见图 9。

图 9 样本诉讼文书类型分布权重情况

（9）裁判类型。样本中，除第 4、8、21、22、33 和 34 号是被依法认定无罪（绝对无罪），占比为 17%，其他案例均为证据不足或指控的犯罪不能成立的无罪判决（疑罪从无），占比为 83%。样本中，共检索得到 21 个无罪关键因素。具体数据参见图10。

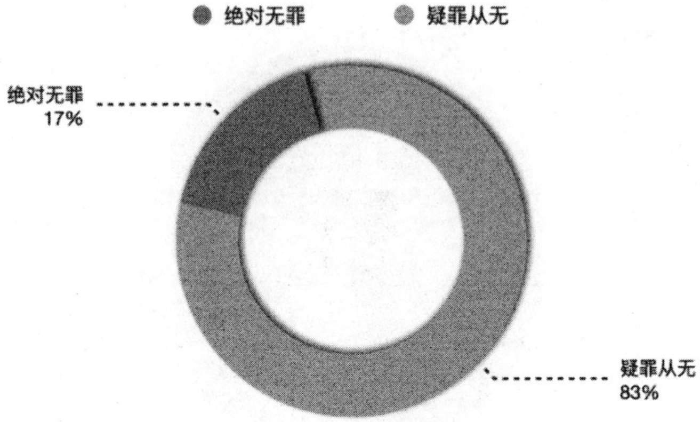

图10 样本无罪类型权重情况

（10）职业与学历。从样本中所涉嫌疑人职业来看，国有企业3人、事业单位1人、公务员4人、私营企业从业者8人、社会组织人士1人、务农1人和无业5人、职业不详11人；从学历方面来看，小学2人、初中6人、中专1人、高中3人、大专3人和本科11人，8人学历不详。具体数据参见图11与图12。

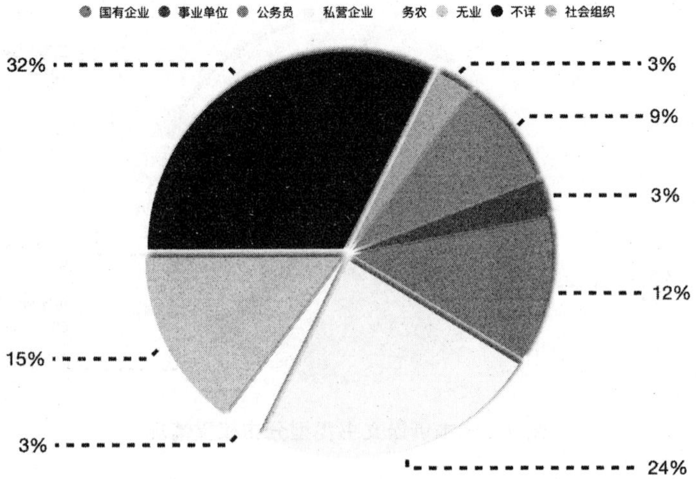

图11 样本嫌疑人职业类型分布情况

（11）代际与性别。从样本中所涉嫌疑人性别来看，除34号案例为女性外，

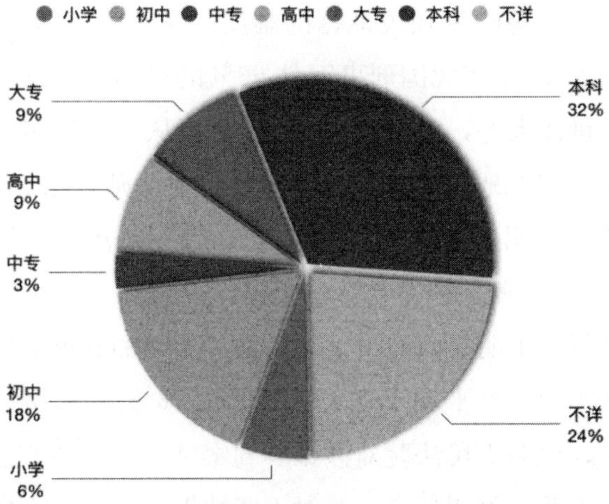

图 12 样本嫌疑人学历比较情况

其余均为男性。从涉嫌疑人出生代际来看，“60 后” 8 人、“70 后” 11 人、“80 后” 10 人，其余 5 人年龄不详。具体数据参见图 13。

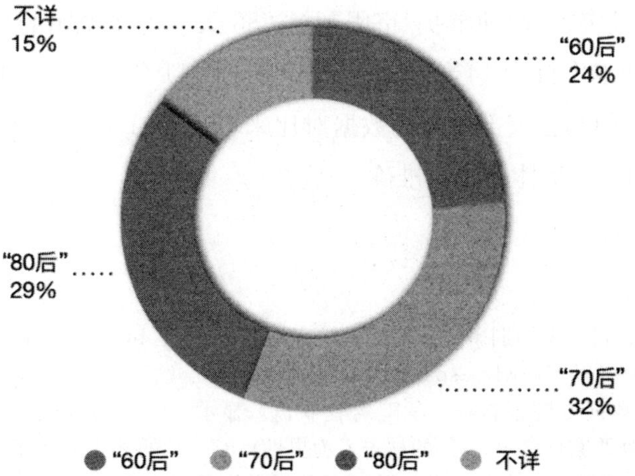

图 13 样本嫌疑人出生代际分布情况

另有数据表明，因发生交通事故而被抓获的无罪案件较例行酒驾拦截被抓获的比例高，说明交警因事故接警对于醉驾的准备工作没有例行酒驾拦截准备工作充分，可能导致证据收集存在瑕疵且无法补正或作出合理解释而被排除，嫌疑人依法被判无罪；另外，因交警到达交通事故发生现场后，嫌疑人多已驾驶结束且已离车，由此加大了交警收集相关证据的难度。样本中82%的案件聘请了律师进行辩护，明显高于2021年我国刑事案件66%的律师辩护率①；样本中41%的嫌疑人的学历为本科或大专，“70后”与私营企业从业者较多，明显高于危险驾驶罪的整体数据统计②情况，这些人能够通过聘请律师在法庭对案件据理力争，充分维护自身权益，说明学历相对较高的“70后”私营企业从业者法律意识比较强；2017年至2019年间无罪案件数量较多，说明从2017年起最高人民法院开展的庭审实质化改革有了明显的效果，法院通过有效的庭审能够依法排除相关证据而认定无罪；样本中案件平均审理天数为287.76天，远超过危险驾驶罪的平均审理天数19天③，说明人民法院对涉嫌醉驾案件作出无罪判决的谨慎态度；样本中因证据存疑而无罪比例明显高于绝对无罪情形，说明办理醉驾案件的主要问题还是集中在证据的收集方面。

通过各种数据相关性分析可得出，在本书的观察期内涉嫌醉驾机动车的，具备以下关键因素越多，则被判无罪的可能性越高：2019年/“70后”/大学学历/男性/私营企业从业者/四川/单独驾驶/小型客车/发生交通事故/驾驶结束后进行血气检测/赔偿被害人/律师辩护/审限超过288天。需要说明的是，最高人民法院裁判文书公开工作自2014年起才较为规范，2011年至2013年公开的数据有限，恐有遗漏，但与公安部公开的数据对比来看，2011年至2013年期间全国确无醉驾无罪案件④，整体上相对准确。

---

① 《司法部：目前全国刑事案件律师辩护率达到66%》，https://baijiahao.baidu.com/s?id=1711752880058998037&wfr=spider&for=pc。

② 《司法大数据专题报告——危险驾驶罪篇》显示，2014年1月1日至2016年9月30日全国危险驾驶罪案件中98.8%的被告人为男性，87.9%的被告人为年龄在25岁至55岁的青壮年，72.5%的被告人为初中学历及以下的低学历人员，75.3%的被告人从事农业职业或无业。

③ 在Alpha案例库中以“危险驾驶罪”为案由进行搜索，在2011年5月1日至2021年12月31日期间获得1557244件案件，平均审理天数为19天。

④ 《公安部：醉驾入刑三年来全国酒驾事故下降25%》，民主与法制网，http://www.mzyfz.com/cms/sifagongzheng/xinwenzhongxin/redianguanzhu/html/1080/2014-10-20/content-1083640.html。

三、无罪样本中的关键因素

（一）抓获阶段

醉驾案件在抓获阶段可分为驾驶时抓获与驾驶结束后抓获两种情形。从样本来看，在驾驶时抓获场景下，辩护人主要提出主体资格不符、未依法气检、执法人数不足等辩护意见；在驾驶结束后抓获场景下，辩护人主要提出再次饮酒、无法排除他人驾驶之可能等辩护意见。

（1）执法主体存疑

样本第7号案裁判要点：辩护人认为，鉴定报告均未明确送检人姓名，存在一名警察送检的违法情形……本院认为，血液酒精含量检验鉴定意见是认定犯罪嫌疑人是否醉酒的依据，陈×平现场呼气式酒精测试结果为144 mg/100 ml，只能作为醉酒驾驶机动车的立案侦查依据。原公诉机关、二审出庭检察员提交的证据，只能证实陈×平在道路上酒后驾驶机动车。侦查机关提取陈×平血样时，侦查人员的主体资格存疑，且未按规定使用消毒药品，对提取血样未按规定密封，违反法定程序。

（2）执法人数不足

样本第16号案裁判要点：《血样提取登记表》办案人签名栏签名为交警冯×渊与朱×政，但执法记录仪视频显示抽取血样过程中在《血样提取登记表》上签字的办案人仅有交警朱×政……现有证据不能证明有不少于两名交通警察将上诉人带至医院抽取血样的事实，不符合公安部《交通警察道路执勤执法工作规范》附件1《查处酒后驾驶操作规程》第二条第五项的程序规定……侦查机关对上诉人抽取血样的过程不符合法定程序，可能严重影响司法公正，且不能补正或者作出合理解释，对抽取的血液样本应依法予以排除。排除非法证据后，对于上诉人血液酒精含量已经不具备鉴定条件，现有证据无法认定上诉人醉酒驾驶机动车的事实。

（3）再饮酒可能

样本第6号案裁判要点：王×辩称检测的酒精度不是驾驶时应有的酒精度，而是停车后独自在车上饮酒后检测出的酒精度。本院认为，王×饮酒后驾驶机动车在道路上行驶的事实存在，但其是否处于醉酒状态存疑。根据查明的事实，被告人8月2日凌晨1时前四人平分喝了一瓶450 ml的白酒，到8时43分抽取静脉血液，经过近8小时的降解，血液酒精含量为166.1 mg/100 ml，不能排除其辩称的再次饮酒的可能。根据疑罪从无原则和刑事证据规则要求，公诉机关指控被告人犯罪的事实不清，证据不足，指控的罪名不能成立。

样本第10号案裁判要点：综观全案，本案缺乏能够锁定被告人系醉酒驾驶机动车即在驾驶机动车之前饮酒的客观证据，孙×强饮酒的地点不能确定，饮酒的时间不能确定，与其饮酒的人不能确定，证人王×的证言、辨认笔录、小馅饼饭店录像相互矛盾，真实性存疑。对于孙×强供述其系回到家中饮酒，侦查机关未勘查现场、固定证据，从而排除其系回到家中饮酒的可能，无法确定其饮酒时间是在开车前还是回家后，公诉机关提交的证据没有形成完整的证据链，没有达到证据确实、充分的证明标准，亦未达到基本事实清楚、基本证据确凿的定罪要求，不能得出唯一的排他性结论。公诉机关指控被告人犯危险驾驶罪的事实不清、证据不足，不能认定被告人有罪。

样本第12号案裁判要点：赵×到盛利能源有限公司参加年会，其间有吃饭喝酒行为。后赵×驾驶小型普通客车离开盛利能源公司，途中与赵××所驾车辆发生事故，但其未停车，继续开车至侗兴酒店，到三楼VIP1号KTV包房喝酒。随后赵××等人去侗兴酒店找到赵×并报警。交警到场进行处理，经检验，赵×的血液中乙醇含量为221.12 mg/100 ml。本院认为，赵×案发时并不知道车辆被追尾了，后来又去了侗兴KTV喝酒，因此，本案中并无任何证据证实赵×驾驶车辆时的酒精含量，公诉机关指控被告人赵×的行为构成危险驾驶罪证据不足。

(4) 驾驶员不确定

样本第1号案裁判要点：张×文与其朋友在小饭店内吃饭饮酒，后张×文驾驶自己的轿车回家途中，至东港海逸酒店时，因酒店“禁止停车”牌子的摆放位置影响其通行，张×文下车将酒店的“禁止停车”牌子扔到地上，因此与酒店保安发生冲突，后张×文驾车回家。当日19时许，张×文乘坐他人驾驶的自己的轿车，当车行至东港海逸酒店时被接警的派出所民警拦截并带回，进行呼气式酒精检测，其酒精含量为112 mg/100 ml，血液抽检乙醇含量为94.8 mg/100 ml。法院认为，呼气及血液乙醇含量的检验证实张×文达到醉驾标准。但做这两个检测时，张×文是乘车人，坐在车辆副驾驶位置，而不是在驾驶车辆。而在这之前在驾车时是否达到醉驾标准，公诉机关没有相关证据予以证实。

样本第8号案裁判要点：卢×强的弟弟卢×饮酒后无证驾驶小型轿车被民警

当场查获，并冒用卢×强的身份信息接受调查。在卢×被取保候审期间，卢×强谎称其系酒驾嫌疑人至检察院和本院接受审查、审判，后被本院以危险驾驶罪定罪处罚。本院认为，现有新的证据证实醉驾并非卢×强。原判认定卢×强违反交通运输管理法规、醉酒后驾驶机动车在道路上行驶的事实错误，判决其犯危险驾驶罪的罪名不成立，依法应予改判纠正。

样本第11号案裁判要点：视听资料显示22时28分许一辆小型客车行驶至某路段，然后右转弯进入一条胡同内停下。执勤民警发现便追随其后，从小型客车内抓获驾驶人员一名。同日23时40分左右，医务人员对邓×进行血样提取，邓×血液中乙醇含量为116.44 mg/100 ml。同日23时55分，邓×进行呼气式酒精测试，其测试结果为96.4 mg/100 ml。后邓×供述当时不是其本人开车，而是其外号为“眼睛”（阿杰）的朋友开的车。法院认为，公安民警查获的驾驶人是否是邓×或者另有他人均没有得到合理的排除。根据疑罪从无的刑事诉讼原则，即在既不能证明被告人邓×有罪，又不能证明邓×无罪的情况下，应当推定邓×无罪，故公诉机关指控邓×犯危险驾驶罪罪名不成立。邓×提出其喝了酒没有开车，公诉机关提交的抓获视频不清晰，无法看清楚车牌和人，监控视频时间不对；其辩护人提出公诉机关提交的抓获视频不清晰，无法看清楚车牌和人，监控视频时间不对，公诉机关指控邓×犯危险驾驶罪事实不清，证据不足，请求法庭宣告邓×无罪的辩护意见，法院予以采纳。

样本第13号案裁判要点：在案证据仅能证明上诉人醉酒后在机动车上睡觉，而不足以证明其醉酒后驾驶轿车自民福家园至案发现场。虽然上诉人醉酒后在其轿车上睡觉被查后，对车辆如何从民福家园行驶至案发现场所作辩解前后不一致，但不能排除系他人驾驶的可能性。原判认定上诉人醉酒驾驶机动车辆的事实没有达到证据确实、充分的证明标准，按照证据裁判和疑罪从无原则，应当宣告其无罪。

(5) 小结

从样本文书来看，人民法院主要依据公安部《交通警察道路执勤执法工作规范》（公通字〔2008〕58号）第73条及附件1《查处酒后驾驶操作规程》规定，对执法主体、执法人数、执法程序和执法方法进行审查，从样本可知，在不同抓获场景下，人民法院对于证据收集要求与审查重点有所不同。例如，在驾驶结束但未离车的抓获情形中，嫌疑人可能乘坐在非驾驶位，或在车上睡觉，或被困驾驶位等待救援。对于前两种情形而言，交警应在现场重视提取嫌疑人与醉驾行为间关联性的证据，及时检查、核实涉嫌醉驾车辆的号牌、型号、所有人等信息，以及嫌疑人的身份信息、驾驶资格、犯罪过程的记录等情况，依法扣留机动车驾驶证，对现场的机动车需要作为证据的，可以依法扣押。按照《公安机关刑事案件现场勘验检查规则》（公通字〔2015〕31号）关于现场分析的有关规定，确定嫌疑人是否为车辆驾驶员，及时收集能够证明嫌疑人是否有同车人、目击证人、饮酒场所有关人员的证言及被害人陈述，及时调取相关场所、道路的监控录像，还可以提取其指纹与机动车上关键部位遗留的指纹进行比对鉴定；在驾驶结束且离车的抓获情形中，交警应在现场第一时间综合收集相关证据，以排除嫌疑人又饮酒的可能。驾驶结束后抓获的情形是醉驾案件的特殊场景，对于证据要求极高，容易影响人民法院在犯罪构成认定阶段的法律适用问题。

此外，在驾车人通过紧闭车门、车窗拒绝下车的情况下，单靠采取劝说、拖车等手段难以执法，而且延误了酒精检测的时机。而《交通警察道路执勤执法工作规范》第七十三条规定，实际是交通警察在道路上对车辆强制检查权的法源之一①。实务中，许多路面例行酒驾拦截都是依据这个条款实施的，但也产生了一些具体场景中的争议，如破车窗强制检查过程中，造成交警、醉驾者、行人受到伤害的案件。从样本中来看，虽还没有发现车辆强制检查而导致无罪的相关因素，但《常见阻碍和妨害交通民警执行职务行为现场处置规程（试行）》（公交管〔2016〕440号）规定了以锁闭车门、拒不下车接受检查等方式，阻碍交通民警执行职务行为的现场处置规程，确定了及时取证、确保安全、明确警告、果断处置、传唤带离的基本步骤，并规定对涉嫌酒驾交通违法行为的，经请示勤务指挥部门（指挥中心）批准后，使用适当工具（如安全锤，含破窗功能的盾牌、警棍等）破窗。因此，在醉驾案件中若存在破车窗强制检查的情形，并不构成强制措施违法，不影响后续收集的血气证据的证明力。

（二）血气证据固定阶段

在醉驾案件的血气证据固定阶段，相关提取、封装、保存、送检的各个步骤皆有严格的操作规范。从样本来看，辩护人主要提出呼气酒精含量探测器的技术指标和性能不符合相关标准、呼气酒精含量探测器未经法定机构年审、采血时使

---

① 《浅析交通拦停、检查车辆之职权行使》，https://mp. weixin. qq. com/s/L9N-HVgRHUaRZALpz_HQrA。

用醇类或挥发性消毒液、未使用抗凝采血管、血液样本未及时封装、血液样本信息登记不全、血液样本未低温保存、血液样本送检超期等辩护意见。

(1) 未依法气检

样本第31号案裁判要点：……民警执法不规范，程序违法。根据执法记录仪显示，出警民警在现场勘查时，未进行必要的呼气检测。在危险驾驶案件中，呼气酒精测试与血液酒精含量检测是对被告人定罪量刑的核心证据。因出警民警执法时未携带可以正常使用的呼气酒精含量检测仪对被告人进行呼气酒精检测，导致在血液样本送检程序违法、无法排除合理怀疑时，无法认定被告人在案发时的饮酒程度。

(2) 使用醇类消毒液

样本第14号案裁判要点：提取上诉人血样时使用了含醇类的药品对皮肤进行消毒，违反国家标准《车辆驾驶人员血液、呼气酒精含量阈值与检验》中5.3.1“抽取血样应由专业人员按要求进行，不应采用醇类药品对皮肤进行消毒”之规定，且血样的保存、送检程序不符合国家质检总局国家标委会《车辆驾驶人员血液、呼气酒精含量阈值与检验》以及《公安部关于公安机关办理醉酒驾驶机动车犯罪案件的指导意见》的规定，血样收集不符合法定程序，可能严重影响司法公正，且未能补正或者作出合理解释，对该血样酒精含量作出的鉴定意见不得作为定案依据。

样本第26号案裁判要点：交通警察分局民警接到报案后，立即赶赴现场对陈×华依法进行呼气式酒精检测，陈×华拒绝配合。办案民警将陈×华带至宁夏武警医院进行抽血，医护人员对陈×华血液提取过程中使用的消毒液为安尔碘。本院认为，本案中医护人员对陈×华血液提取过程中使用的消毒液安尔碘为醇类消毒液，造成检材污染，故公诉机关提供的血醇检验鉴定意见存在程序违法情形，依法应予排除。

样本第28号案裁判要点：本案中，医护人员对马×军血液提取过程中使用的消毒液安尔碘为醇类消毒液，造成检材污染，故公诉机关提供的血醇检验鉴定意见存在程序违法情形，依法应予排除。

(3) 未使用抗凝管或使用不当

样本第23号案裁判要点：安徽全诚司法鉴定中心皖全诚司鉴函字［2018］63号函称收到贾×胜血样样本装在一支抗凝管中，但未见该试管上贴有生产标签等，无证据证明该采血管属于抗凝管且质量符合要求。

样本第 27 号案裁判要点：专业采血人员未按程序收集证据。采血护士将血液注入两支瓶帽为蓝黑色的试管中，仅有一名警察对其中的一支试管进行了摇晃，另一支试管未进行摇晃操作，依照《临床检验基础》规定，采血管为黑色或浅蓝色试管的标本所收集的应是血浆或全血，采血后应立即颠倒摇匀 8 次，在试验前混匀标本。公诉机关称样本长时间静置后可能存在乙醇挥发或血液变质问题，鉴定结果差异大。该公诉意见与《临床检验基础》规定的保存条件下样本无物理化学变化不符，故指控的罪名不成立。

（4）未依法封装或确认

样本第 9 号案裁判要点：公诉机关出示的证据能证实被告人酒后驾驶机动车，发生事故后拒不配合执勤民警检查的事实。但是，公诉机关未能出示在抽血现场及时封装血样并编写区别于其他血样的相关证据，故不能证实向物证鉴定所送检的血样就是当天所抽取的被告人的血样。因此，对物证鉴定所出具的检验结果不予采信。公诉机关指控被告人醉酒后在道路上驾驶机动车，构成危险驾驶罪的主要证据不足，其指控的罪名不成立。

样本第 16 号案裁判要点：执法记录仪视频显示，抽取的血样未当场封装，不符合《公安部关于公安机关办理醉酒驾驶机动车犯罪案件的指导意见》第五条“提取的血样要当场登记封装”的程序规定，且詹×为未在真空采血管上签名确认，未达到固定血样的要求。侦查机关对上诉人抽取血样的过程不符合法定程序，可能严重影响司法公正，且不能补正或者作出合理解释，对抽取的血液样本应依法予以排除。排除非法证据后，对于上诉人血液酒精含量已经不具备鉴定条件，现有证据无法认定上诉人醉酒驾驶机动车的事实。

样本第 18 号案裁判要点：同时根据在案证据，根据原公诉机关当庭提交的盛装马×湘血液的真空抗凝管上没有马×湘、交通民警及抽血医务人员三方签名，也没有按照规定进行封装，因此送检的血液是否系马×湘的血液不排除合理怀疑，不具有唯一性。

样本第 29 号案裁判要点：该鉴定检验报告是该案定罪的关键证据，本院不予认定，现有其他证据无法达到证据确实充分的证明标准，证明被告人龙×明构成危险驾驶罪的证据不足。具体为：……血液提取过程中违法。未当场封装，封装前又对他人提取血样，整个封装过程未有见证人、当事人或视频录音录像，不排除与他人血液混装的可能性。

（5）记录错误或不明

样本第 7 号案裁判要点：本案《涉嫌酒后驾车驾驶人血样提取登记表》中的“消毒液名称”“密封方法”栏未填写；提取血样的视频录像无法辨识医务人员是否使用了不含醇消毒液。上诉人及辩护人据此怀疑本案提取血样违法使用了含醇消毒液，质疑侦查人员的执法资格，具有合理性，其关于取证程序违法的辩护意见成立，本院予以支持。

样本第 20 号案裁判要点：当事人血样提取登记表中当事人签名栏“李×德”字样，李×德表示其未签字，无其余证据证实系被告人签字，该血液提取登记表程序违法。

样本第 23 号案裁判要点：公诉机关指控犯危险驾驶罪的事实不清，证据未达到确实、充分的证明标准，指控不能成立，不予支持。具体为：提取血样的过程不符合程序规定；消毒液名称未填写，在抽血过程中使用哪种消毒液不清楚；抽血人员仅填写了姓名，其他内容非其填写。

样本第 29 号案裁判要点：该鉴定检验报告是该案定罪的关键证据，本院不予认定，现有其他证据无法达到确实、充分的证明标准，证明龙×明构成危险驾驶罪的证据不足。具体为：消毒液记载名称不一致，医务人员采用碘伏对被告人进行消毒后提取血样，而公安机关登记表中消毒液名称记载为“生理盐水”。

（6）血量不符

样本第 18 号案裁判要点：提取血液量与送检血液量相差明显，而且根据原公诉机关当庭提交的盛装上诉人血液的真空抗凝管上没有上诉人、交通民警及抽血医务人员三方签名，也没有按照规定进行封装，因此送检的血液是否系上诉人的血液不排除合理怀疑，不具有唯一性。

样本第 20 号案裁判要点：被告人提取血液量 2 ml，与鉴定中心检验的检材“李×德管装血液量 5 ml”不一致。公安局交通警察大队出具的情况说明和证明，均不能证实被告人血样的真实性、唯一性和血液中乙醇的含量，无其他证据予以辅证，亦无法补正或者作出合理解释，故对该鉴定意见应予排除。

样本第 23 号案裁判要点：公安机关在提取血液样本、保存、送检及鉴定过程存在事实不清、程序违法问题，司法鉴定意见书不能作为定案根据，应予以排除。公诉机关指控犯危险驾驶罪的事实不清，证据未达到确实、充分的证明标准，指控不能成立，不予支持。具体为：当事人血样（尿样）提取登记表、鉴定委托书中记载贾×胜血样含量为 3 ml，而 2018 年 9 月 5 日安徽全诚司法鉴定中心出具的函中称收到贾×胜血样 2 ml，装在抗凝管中，且密封无渗漏。因此，安徽全诚司法鉴定中心收到的血样与提取的当事人血样明显有差异，不能排除血样是否密封完好及是否受到污染的合理怀疑。

（7）血样未低温保存

样本第 17 号案裁判要点：公安机关虽然按照程序对邓×精进行了血样提取并送检，但未严格按照《公安部关于公安机关办理醉酒驾驶机动车犯罪案件的指导意见》第二条第（5）项所规定的期限将提取的血液送检，公诉机关亦未出示血液样品是否在低温下保存的证据，送检不符合上述指导意见规定。根据《最高人民法院关于适用〈中华人民共和国刑事诉讼法〉的解释》第 84 条对鉴定意见应当着重审查以下内容：（三）检材的来源、取得、保管、送检是否符合法律、有关规定，与相关提取笔录、扣押物品清单等记载的内容是否相符，检材是否充足、可靠。公诉机关未能提供确实充分的证据证明其送检的合法性，故本案血液乙醇浓度检验报告不得作为定案的根据。

样本第 18 号案裁判要点：本案没有证据证明交通民警提取血液时进行了全程监控、当日不能立即送检时有按规范低温保存、延迟送检时有经上级公安机关交通管理部门负责人批准，因此，交通民警对马×湘血样的提取、保存、送检程序严重违反了上述指导意见的规定。

样本第 23 号案裁判要点：公安机关和安徽全诚司法鉴定中心均称已经低温保存血液样本，但无充分证据证明符合保存要求。通过以上分析，公安机关在提取贾×胜血液样本、保存、送检及鉴定过程存在事实不清、程序违法问题，故安徽全诚司法鉴定中心皖全诚司法鉴定中心［2018］毒鉴字第 685 号司法鉴定意见书不能作为定案根据，应予以排除。

样本第 32 号案裁判要点：法院认为，依据有关规定及办案民警、鉴定人当庭说明，侦查、检验部门不能提供血样保存、交接的客观记录，证明本案血样检验前按规范进行了低温保存。本案依现有证据，不能确认迟延送检血样保存规范，即无法排除血样保存不规范影响检验结果的可能。

（8）血样送检违法

样本第 2 号案裁判要点：法院认为，公安部上述指导意见是公安机关办理醉酒驾驶机动车犯罪案件的依据，公安机关应当严格执行。本案血样提取时间为

2014年8月26日2时许，送检时间为同年9月5日，违反了上述指导意见。公诉机关提交的证据能够证实梁×峰酒后驾驶机动车，并在发生交通事故后逃逸的事实，不能证实梁×峰血液酒精含量是多少，不能证实梁×峰系醉酒驾驶。故公诉机关指控梁×峰犯危险驾驶罪的证据不足，指控的犯罪依法不能成立。

样本第3号案裁判要点：经查王×的血样未按规定要求进行封装，未在规定时间内送检，迟延送检亦未经过审批，辩护人所提存在合理怀疑的可能性无法排除，本案中酒精检验报告是认定王×是否构成犯罪的关键性证据，由于血样提取过程中存在违反法定程序的情形，故对据此作出的检验报告不予采信。

样本第17号案裁判要点：公安机关虽然按照程序对邓×精进行了血样提取并送检，但未严格按照《公安部关于公安机关办理醉酒驾驶机动车犯罪案件的指导意见》第二条第（5）项所规定的期限将提取的血液送检，公诉机关亦未出示血液样品是否在低温下保存的证据，送检不符合上述指导意见规定。公诉机关未能提供确实充分的证据证明其送检的合法性，故本案血液乙醇浓度检验报告不得作为定案的根据。

样本第18号案裁判要点：本案没有证据证明交通民警提取血液时进行了全程监控、当日不能立即送检时有按规范低温保存、延迟送检时有经上级公安机关交通管理部门负责人批准，因此交通民警对马×湘血样的提取、保存、送检程序严重违反了上述指导意见的规定。

样本第19号案裁判要点：本案未在规定的时间内送检血液，迟延送检的特殊原因不明，迟延送检未经上一级公安机关交通管理部门负责人批准，延迟送检时间又超过三日限期，违反程序规定。鉴定人王×乙出庭时，只提出血液严格三天低温保存的话，对检验是没有影响的。鉴定人杨×出庭时，提出血液应当在二十四小时内送检，因特殊原因不能送检的，应当低温保存，在三日内送检。据此，对公安交警部门委托检验鉴定的血液酒精含量检验意见不予采信。

样本第20号案裁判要点：抽取血样的时间是2017年12月19日，送检时间是2017年12月26日，共间隔7天，违反了《公安部关于公安机关办理醉酒驾驶机动车犯罪案件的指导意见》第五条之规定，且无血样保存的相关证据，无法查实血样储存的环境。

样本第23号案裁判要点：公安机关在提取血液样本、保存、送检及鉴定过程存在事实不清、程序违法问题，司法鉴定意见书不能作为定案根据，应予以排除。公诉机关指控犯危险驾驶罪的事实不清，证据未达到确实、充分的证明标准，指控不能成立，不予支持。具体为：贾×胜被抽血时间为 2018 年 4 月 11 日 21 点左右，鉴定机构受理血样时间为 4 月 16 日，送检超期，不符合前述规定。虽然有“呈请延长血样送检时间审核意见表”，但也超过三天送检期限，且不符合经上级公安机关交通管理部门负责人批准的要求。

样本第 29 号案裁判要点：该鉴定检验报告是该案定罪的关键证据，本院不予认定，现有其他证据无法达到证据确实充分的证明标准，证明龙×明构成危险驾驶罪的证据不足。具体为：送检时间违反规定；未经上级公安机关交通管理部门负责人批准；超 3 日送检。

样本第 30 号案裁判要点：2019 年 7 月 21 日案发当日侦查机关依法采集被告人血样后于次日委托鉴定机构鉴定时，明确要求鉴定机构于 7 月 30 日前出具鉴定意见，违反了《公安部关于公安机关办理醉酒驾驶机动车犯罪案件的指导意见》第六条的规定。

样本第 31 号案裁判要点：公诉机关指控被告人犯危险驾驶罪的证据不足，指控的犯罪依法不能成立。具体为：超期送检；无证据证明按规定保存，无法排除被污染的合理怀疑，鉴定意见不能作为证据使用。根据办案人员出具的办案说明，血液样本严格按照技术标准要求在冰箱内进行了封存，但缺乏对封存血样同步检测的时间、保存温度、监测人等定期监控记录，在延迟送检的 7 天内，无法排除血液样本被污染的合理怀疑。

样本第 32 号案裁判要点：本案血样提取时间为 2016 年 10 月 28 日，办案机关呈请延期 3 日内送检时间为 2016 年 10 月 30 日。依照规定，血样至迟应在 2016 年 10 月 31 日前送检。而本案血样实际送检时间为 2016 年 11 月 2 日，超过规定期限两天。此外，对血样迟延送检原因，办案交通民警称是因 2016 年 10 月 29 日、30 为双休日，晋城市公安司法鉴定中心无人接收，及 10 月 31 日、11 月 1 日上班后受理案件堆积，忙于接待群众。晋城市公安司法鉴定中心函件及值班表证明，晋城市公安司法鉴定中心 2016 年 10 月 29 日、30 日安排有人员值班接收血样送检。根据上述事实及程序规定，审理认为，公安部和山西省公安厅关于办理醉酒驾驶案件的指导意见和程序规定，均明确规定提取的血样应立即送检，因特殊情况不能送检经批准至迟应在三日内送检。

(9) 小结

人民法院在该阶段，主要依据《公安部关于公安机关办理醉酒驾驶机动车犯罪案件的指导意见》、国家质检总局和国家标委会制定的 GB 19522—2010《车辆驾驶人员血液、呼气酒精含量阈值与检验》和《关于批准发布 GB 19522—2010〈车辆驾驶人员血液、呼气酒精含量阈值与检验〉国家标准第 1 号修改单的公告》、公安部 GA/T 1556—2019《道路交通执法人体血液采集技术规范》、卫生行业标准 WS/T 224—2002《真空采血管及其添加剂》等规定，从消毒液类型、抽取血量、试管类型、抗凝获得、封装方式、保存方式和送检要求等方面进行审查。其中，重点对交警执法中依法制作的《血样提取登记表》内容（包括嫌疑人员姓名和性别等基本情况、简要案情、抽血的时间和地点、盛装血样容器编号、血量、消毒液名称、密封方法、嫌疑人签名等）进行审查。

有些地区，比如浙江省制定的《浙江省公安机关血液中乙醇检验工作规范》有具体规定："……血样试管上标签应标识被检验人员的姓名和抽血时间（精确到小时）；两支试管应分别封装在一次性公安专用物证袋或公安专用物证信封袋内，相应封口处应有两名民警、抽血（医务）人员以及被检验人的签名和封装日期，并拍照固定。被检验人拒绝签名或无法签名的，经办民警应在物证包装物上注明，或书面说明情况。提取的血样应放置在冰箱冷藏区（4℃）保存，并应在 24 小时内送检（节假日除外）；遇特殊情况的，送检时间不得超过 72 小时……"其他地区，如《山西省公安机关办理酒后驾驶机动车案件程序规定》《江苏省驾驶人血样提取及酒精含量检测工作规范》《广西司法鉴定协会血液中乙醇含量检验方法业务指引》也有类似相关规定。从样本数据相关性来看，在本阶段中出现最高频的无罪关键因素是"血样送检违法"，样本中 11 个案件都以此为无罪理由之一。其中，有 8 件是引用《公安部关于公安机关办理醉酒驾驶机动车犯罪案件的指导意见》第 5 条为依据；3 件是引用《山西省公安机关办理醉酒驾驶机动车刑事案件程序规定》第 18 条为依据。

实务中，要求采集血样时使用抗凝管储血，是因为未采取抗凝措施的血样或者使用了促凝管盛装的血样，血清和血浆会分离，在分离后会影响血液中酒精含量的鉴定意见的客观性。同时 GA/T 1556—2019《道路交通执法人体血液采集技术规范》规定，每管中采血量应不少于 2 ml（甚至浙江规定单支试管血样量少于 3 ml 的检验鉴定机构不予受理）。那么在具体的案件中少于 2 ml 采血量是否导致血样证据被排除？从样本来看，并未发现由此而无罪的情形。按照 GA/T 1073—2013《生物样品血液、尿液中乙醇、甲醇、正丙醇、乙醛、丙酮、异丙醇和正丁醇的顶空-气相色谱检验方法》规定，进行定性分析与定量分析制备样品共需要约 0.4 ml 血液；而按照 GA/T 842—2009《血液酒精含量的检验方法》规定，进行定性分析与定量分析制备样品共需要约 4 ml 血液（按修订后的 GA/T 842—2019《血液酒精含量的检验方法》，只需要 0.4 ml 血液）。因此，若按 GA/T 1073—2013 或 GA/T 842—2019 标准鉴定时，不足 2 ml 的血样也足够完成相关实验，似乎并不影响鉴定结论，但结合 WS/T 224—2002《真空采血管及其添加剂》附录 A 的规定，为了使得真空 EDTA-K2 抗凝采血管获得完全抗凝效力，采血后必须颠倒混匀采血管数次（5～8 次），并保证血样量与抗凝剂（EDTA）的比例符合标签说明，若采血量不足会影响样本稳定性①。因此，当采血量不足 2 ml，且不符合所使用的抗凝采血管标签说明上标注的采血量时，可能导致未获得抗凝效力，该血样证据应当排除。

此外，样本中相关案例认为血样未低温保存，但未指明低温保存的具体要求，实务规定中并无低温标准与保存时间之间关系的具体规定，但通过相关实验数据提示，冰箱冷藏 4℃保存时，真空 EDTA-K2 抗凝采血管中血样 14 天内酒精数值无影响；冷藏－20℃保存时，真空 EDTA-K2 抗凝采血管中血样 49 天内酒精数值无影响。真空抗凝采血管以 EDTA-K2 采血管做血储容器最优，其次为枸橼酸钠（1∶9）采血管和肝素钠采血管，而枸橼酸钠（1∶4）采血管、柠檬酸钠（1∶4）和氟化钠篦酸钾采血管不宜作为血储容器②。该实验结论在醉驾案件重新鉴定与复查备份血样时，具有审判实践中的指导意义，值得各方关注。

（三）司法鉴定阶段

从样本来看，在本阶段，辩护人主要从鉴定机构的资质、鉴定方法、鉴定标准、鉴定期限等角度提出辩护意见。

（1）鉴定标准错误

样本第 5 号案裁判要点：最高人民法院、最高人民检察院、公安部《关于办理醉酒驾驶机动车刑事案件适用法律若干问题的意见》的理解与适用明确指出，“醉酒”的认定标准采用国家质量监督检验检疫总局、国家标准化管理委员会发

① 《真空采血管及其添加剂》（WS/T 224—2002）附录 A，A6-2，A7。

② 李琳：《酒驾血液中乙醇含量检测血液采集选用采血管的分析》，《医药卫生》2018 年第 1 期。

布的强制性国家标准《车辆驾驶人员血液、呼气酒精含量阈值与检验》(GB 19522—2010)。该标准明确规定血液酒精含量检验方法按照公安部发布的GA/T规定，适用于道路交通执法中对人员血液中酒精的定性和定量分析。该鉴定报告检验方法名义上用GA/T 842—2009《血液酒精含量的检验方法》，而整个检验过程却采用了司法部SF/ZJD 0107001—2010《血液中乙醇的测定顶空气相色谱法》，程序不当。因此，上诉人酒后驾驶二轮摩托车撞伤黄×的事实存在，但证明陈×龙醉酒驾驶的主要证据《司法鉴定检验报告书》存在检验方法不符合相关专业规范、送检检材不能排除混淆他人血样可能性的问题，该份证据不能作为证据使用。原判认定事实不清，现有证据不足以证实陈×龙构成危险驾驶罪，检察机关的出庭意见不予采纳。

(2) 实验方法错误

样本第25号案裁判要点：根据鉴定人尹某、徐某当庭所作陈述证实，进行酒精检验需要进行两次平行操作，本次鉴定只提取了0.5 ml的样品进行了一次检验，测定结果是229.4 mg/100 ml，已经达到醉驾标准，该中心一般都是做一次检验，临界的时候和有异议的时候才做第二次。但是，根据GA/T 842—2009《血液酒精含量的检验方法》的要求，鉴定机构对送检血样吸取待测全血两份，进行平行操作，两次测定结果的相对相差不大于15%时，测定结果有效，定量结果按两次测定结果的平均值计算。结合唐山市路北区司法局出具的关于对靳×良投诉问题的答复意见：唐山宏基司法鉴定中心在对靳×良血样进行检测的过程中，未按规定制备检材，未对待测血样进行平行操作，未对检材进行两次检验，工作中只凭经验做法而未严格依照检验方法规定规范操作。本案中，唐山宏基司法鉴定中心所出具的情况说明系凭借以往经验所作的推断性说明，不应予以采信。唐山宏基司法鉴定中心在对靳×良的血液进行酒精检验的过程中，仅对待测血样进行了一次测定，没有进行平行操作，无法确定一次测定结果是否有效，鉴定程序违法，血液酒精检验报告不予采信。

(3) 鉴定报告内容错误

样本第5号案裁判要点：《司法鉴定检验报告书》其中“检材名称”项下的姓名将陈×龙填写成“李×”。法院认为，福建晟蓝鉴定所的《说明函》及其2013年6月份所有酒精含量鉴定统计表及2013年4月5日“李×”血液酒精含量司法鉴定报告，证人的证言解释检材名称“李×”系笔误，色谱图和检验结果无误，而无其他任何证据证明检材的同一性。上述补充的证据不能对检材名称为“李×”而鉴定意见却指向陈×龙这一重大矛盾起到充分的补正作用，不能排除鉴定机构混淆他人血样作出鉴定的可能性。综上，不能排除鉴定机构混淆他人血样得出陈×龙鉴定意见的可能性，对上诉人及其辩护人的该点辩护意见予以采纳。

样本第 29 号案裁判要点：宁夏回族自治区固原市公安局物证鉴定所固公物证血鉴字［2018］018 号血醇检验鉴定书中未明确记载送检材料编号，从提取被告人血液录音录像中不排除混装的可能性，且公诉机关未提交其他证据加以佐证。

(4) 超期鉴定

样本第 30 号案裁判要点：本案鉴定机构同年 7 月 22 日接受侦查机关委托后于同年 7 月 30 日作出的本案鉴定意见，同样也违反了公安部的上述指导意见的时限规定。

样本第 32 号案裁判要点：《公安部关于公安机关办理醉酒驾驶机动车犯罪案件的指导意见》第六条规定，检验鉴定机构对送检测的血样应当在 3 日内出具检验报告。2018 年 12 月 14 日印发的《山西省公安机关办理醉酒驾驶机动车刑事案件程序规定》第十八条规定则进一步将检验鉴定机构出具检验报告的时限缩短为 6 小时。本案鉴定机构 2016 年 11 月 2 日接受送检血样，2016 年 11 月 7 日出具检验报告，检验报告出具超过规定期限。上诉人及辩护人所提血样检验违反法定程序的理由和意见成立。

(5) 小结

人民法院主要依据《公安部关于公安机关办理醉酒驾驶机动车犯罪案件的指导意见》、GA/T 842—2009《血液酒精含量的检验方法》（后修订为 GA/T 842—2019《血液酒精含量的检验方法》）、公安部 GA/T 1073—2013《生物样品血液、尿液中乙醇、甲醇、正丙醇、乙醛、丙酮、异丙醇和正丁醇的顶空—气相色谱检验方法》的相关规定，审查《司法鉴定检验报告书》的准确性与合法性。

样本中“超期鉴定”的关键无罪因素，是适用的《公安部关于公安机关办理醉酒驾驶机动车犯罪案件的指导意见》第六条规定。但样本第 25 号案裁判要点：“……该内容规定在该意见第二项进一步规范办案期限中的第 6 条提高检验鉴定效率中，可见该指导意见规定检验鉴定机构在 3 日内出具检验报告的目的是提高办案效率，并没有规定检验鉴定机构超过 3 日后作出的检验报告不能作为证据使用或鉴定结论无效。此外，该指导意见于 2011 年发布，司法部已于 2016 年发布修订后的《司法鉴定程序通则》，该通则第一章总则第三条规定，本通则适用于司法鉴定机构和司法鉴定人从事各类司法鉴定业务的活动，通则第三章司法鉴定的实施第二十八条规定，司法鉴定机构应当自司法鉴定委托书生效之日起，三十个工作日完成鉴定。综合上述规定，本案中唐山宏基司法鉴定中心出具的《血液酒精检验报告》不超出法定期限……”的内容来看，其认为《公安部关于公安机关办理醉酒驾驶机动车犯罪案件的指导意见》第六条不是强制性规定而是倡导性规定，而《司法鉴定程序通则》规定的30天鉴定期限才具有约束力。而《公安机关鉴定规则》第33条规定：“鉴定机构应当在受理鉴定委托之日起十五个工作日内作出鉴定意见，出具鉴定文书。法律法规、技术规程另有规定，或者侦查破案、诉讼活动有特别需要，或者鉴定内容复杂、疑难及检材数量较大的，鉴定机构可以与委托鉴定单位另行约定鉴定时限。需要补充检材、样本的，鉴定时限从检材、样本补充齐全之日起计算。”从规定来看，还存在15天的鉴定期限的要求，故在实务中如何认定这个问题，哪个时限规定更具有强制性，各方明显存在较大争议。同时，从样本32号案来看，血样备份的销毁时间与结案时间之间的衔接也值得关注。

（四）犯罪构成认定阶段

在犯罪构成认定阶段，辩护人主要从出罪事由、犯罪构成等方面，提出辩护意见，诸如道路性质、机动车类型、主观故意、免责事由、证据链完整性等。

（1）醉驾非机动车

样本第15号案裁判要点：驾驶的两轮电动车是否属于机动车存疑，不能证明驾驶机动车。第一，原判采信的鉴定意见书中鉴定机构和鉴定人不具有对机动车属性进行鉴定的资质，二鉴定人在既未对涉案车辆进行路测，也未对同品牌同型号车辆进行路测的情况下，仅依据同类型车辆的路测结果得出鉴定结论，违反相关鉴定方法的要求，国家市场监督管理总局、国家标准化管理委员会于2018年5月15日批准发布了《电动自行车安全技术规范》（GB 17761—2018），其中对电动自行车的技术规范进行了重新定义。综上，该鉴定意见书不具有合法性、科学性，不能作为定案的依据，不能据此认定上诉人驾驶的涉案车辆是超标电动自行车（机动车）。第二，从现有证据和情况来看，涉案电动车已灭失且无照片证实电动车外观，鉴定机构也无法依据现有材料对涉案电动车进行重新鉴定。第三，现有证据不能证明上诉人驾驶的车辆为超标电动车，不能得出驾驶的车辆是机动车这一结论，原审判决认定上诉人醉酒驾驶机动车的事实不清，证据不足。

样本第 22 号案裁判要点：张×军在道路上醉酒驾驶电动三轮车发生交通事故，但电动三轮车不属于刑法意义上的机动车，故张×军的行为不符合危险驾驶罪的构成要件，其行为不构成危险驾驶罪。

样本第 24 号案裁判要点：无证据证明被告人驾驶的两轮电动车是机动车，不能认定有罪。公安机关现场勘查笔录注明扣押车辆为黄色二轮踏板车，无当事人签名，也无见证人签名。在返还被告人被扣押的车辆时，也未明确记载车辆的种类、型号。公诉机关提交的证据不能确实、充分地证实被告人驾驶的车辆属于机动车，指控被告人犯危险驾驶罪不能成立。

样本第 33 号案裁判要点：王×1 驾驶的无号雷丁牌四轮电动车虽经鉴定为机动车，但不能证明王×1 认识到电动车属于机动车，在相关行政法规未明确规定电动车属于机动车的情况下，鉴定机构认定电动车属于机动车，超出了其权限范围。庭审中王×1 辩称从其购买无号雷丁牌电动车后使用的 3 年内，未有交通管理相关部门或者个人告知其悬挂号牌、购买保险、持有机动车驾驶证等各项机动车上道路行驶的规定。案发当日其喝酒驾驶电动车也认为驾驶的是非机动车，主观上无危险驾驶罪的故意。根据主客观相一致原则，王×1 不构成危险驾驶罪。

样本第 34 号案裁判要点：相关行政法规并未明确规定超标电动车属于机动车，有关部门也未将超标电动车按机动车的要求进行管理。在此情况下，公众普遍认为超标电动车不属于机动车。所以，不宜将超标电动车认定为刑法意义上的机动车，醉酒后驾驶超标二轮电动车的行为不构成危险驾驶罪。易×丽醉酒后驾驶超标电动车上道路行驶发生交通事故，其行为不符合危险驾驶罪的构成要件，不构成危险驾驶罪。

（2）无醉驾故意

样本第 4 号案裁判要点：上诉人酒后休息了一个晚上，次日早晨 11 时许，在交警的指挥下挪动车辆，虽其血液中的乙醇含量刚超过危险驾驶罪的标准，但上诉人通过一夜的休息，并未意识到自己还处于醉酒状态，交警让其移车时，也没有发现上诉人处于醉酒状态，不具有危险驾驶的主观故意。且是在交警的指挥下短距离低速移动车辆，其驾驶车辆的危险性大大降低，符合情节显著轻微的情形，可不认为是犯罪。

样本第 34 号案裁判要点：案发当日其喝酒驾驶电动车也认为驾驶的是非机动车，主观上无危险驾驶罪的故意。根据主客观相一致原则，王×1 不构成危险驾驶罪。

(3) 无实质预设危险（情节显著轻微）

样本第 21 号[①]案裁判要点：黎×强饮酒后到城北派出所院内挪动其事先由他人停放在此处的小型轿车时，与院内住户停放的三辆小型轿车发生碰撞，造成四车受损的事故并承担此次事故全部责任。经鉴定，黎×强血液中乙醇浓度为 241.2 mg/100 ml。……本院认为，首先，从主观故意上看，黎×强选择在深夜、进出人员稀少的时间段在相对封闭的小区停车场挪动车辆，其对危险驾驶行为可能造成的危害结果并不持积极追求的主观心态，其行为对社会公共安全造成危险的可能性亦显著降低；其次，从行为目的及客观行为上看，黎×强系为了避免阻挡其他车辆进出而主动前往停车地点，仅在小区内短距离挪动机动车，并未驶离停车场，其行为的动机及社会危害性与酒后长距离驾驶机动车明显有所区别；再次，从行为结果上看，黎×强醉酒驾驶机动车的行为仅造成车辆轻微擦剐的财产损害后果，并未造成人员伤亡，损害结果显著轻微；最后，黎×强积极赔付，取得被撞车主的谅解，且真诚悔过。黎×强虽然实施了酒后挪车的行为，但鉴于其行为情节显著轻微，危害不大，依法可不认为是犯罪。

(4) 多个鉴定结论矛盾

样本第 7 号案裁判要点：《鄂州市公安局交警支队鄂城大队二中队关于陈×平血液重新鉴定的情况说明》反映，黄冈中泽法医司法鉴定所对陈×平的 69137516 号血样进行检测，结论与鄂州市中心医院法医司法鉴定所对陈×平 69137343 号血样鉴定结果相对差远大于 15%，该血样无效，并委托对陈×平 69137343 号血样重新鉴定。本案中侦查机关没有收集、提交检测陈×平 69137516 号血样的结果，与刑事诉讼法有关必须收集犯罪嫌疑人的各种证据的规定要求相悖。辩护人提出侦查人员收集证据不全面，其辩护意见成立，本院予以采纳。

样本第 27 号案裁判要点：本院认为，本案侦查机关于同一被告人同一时间

---

① 该案一审、抗诉、二审、再审，最后经四川省高级人民法院作出（2019）川刑再 18 号《刑事裁定书》，该裁定书获得第二届四川省法院十佳裁判文书、第三届全国法院百篇优秀裁判文书。中国法院网《第三届全国法院“百篇优秀裁判文书”获奖名单》，https://www.chinacourt.org/article/detail/2021/01/id/5716189.shtml。

采集的血液样本送交均具鉴定资格的不同机构进行鉴定，得出不同的鉴定结论，且鉴定意见涉及被告人的行为性质，但公诉机关未提供证据对不构成犯罪的鉴定意见予以排除，其指控证据不具有唯一性及排他性，无法达到证明目的，故指控的犯罪因证据存疑不能认定。

(5)《关于办理醉酒驾驶机动车刑事案件适用法律若干问题的意见》第六条的类推限制

样本第12号案裁判要点：本案是否能适用2013年12月18日最高人民法院、最高人民检察院、公安部《关于办理醉酒驾驶机动车刑事案件适用法律若干问题的意见》第六条第二款的规定。本院认为，该规定已有明确的时间显示为“在公安机关依法检查时”，本案并不符合该时间段的要求，因此，不能在本案中予以适用。

样本第18号案裁判要点：马×湘饮酒后驾驶小型轿车与杨×驾驶的二轮摩托车迎面相撞。民警接报赶到现场后，发觉马×湘有饮酒嫌疑，遂进行呼气式酒精测试，测试结果显示呼气中酒精浓度为152.2 mg/100 ml。经该鉴定中心检验，送检的血样中乙醇含量为190.7 mg/100 ml……在对马×湘血液酒精含量检验鉴定意见依法不予采信后，根据最高人民法院、最高人民检察院、公安部《关于办理醉酒驾驶机动车刑事案件适用法律若干问题的意见》第六条第一款的规定，马×湘在进行呼气酒精含量检验后就被交通民警带至会同县中医院抽取血样，马×湘在抽取血样之前并没有脱逃行为，因此马×湘不具有可以以呼气酒精含量检验结果作为认定其醉酒后驾驶的情形，故本案呼气酒精含量检验结果不能作为定案的根据，依法不予采信。

样本第27号案裁判要点：在两次血液鉴定结果不一致又不能排除合理怀疑的情况下能否采信呼气检测？最高人民法院、最高人民检察院、公安部《关于办理醉酒驾驶机动车刑事案件适用法律若干问题的意见》第六条第一款规定：血液酒精含量检验鉴定意见是认定犯罪嫌疑人是否醉酒的依据。犯罪嫌疑人经呼气酒精含量检验达到本意见第一条规定的醉酒标准，在抽取血样之前脱逃的，可以以呼气酒精含量检验结果作为认定其醉酒的依据。朱×元并无上列行为，故不应以其呼气检验结果作为指控证据。

样本第28号案裁判要点：本案公诉机关提供的血醇检验鉴定意见存在程序违法情形，依法应予排除。公安机关对马×军进行呼气式酒精检测时不存在《关于办理醉酒驾驶机动车刑事案件适用法律若干问题的意见》第六条规定情形，故本案不具备依据呼气式酒精检测结果作为定案依据的情形。

样本第 30 号案裁判要点：本案中，公诉机关指控被告人犯危险驾驶罪所依据提交的血液酒精含量检验鉴定系超期鉴定，鉴定程序违法，不能作为定罪的依据，且本案中亦不存在以被告人呼气式酒精测试结果作为定罪依据的法定情形，故公诉机关指控被告人犯危险驾驶罪的事实不清、证据不足，指控犯罪不能成立，本院不予支持。

样本第 32 号案裁判要点：本院认为，最高人民法院、最高人民检察院、公安部《关于办理醉酒驾驶机动车刑事案件适用法律若干问题的意见》第六条明确规定："血液酒精含量检验鉴定意见是认定犯罪嫌疑人是否醉酒的依据。犯罪嫌疑人经呼气酒精含量检验达到本意见第一条规定的醉酒标准，在抽取血样之前脱逃的，可以以呼气酒精含量检验结果作为认定其醉酒的依据。"白××未在抽取血样之前脱逃，本案不符合以呼气酒精含量检验结果作为认定醉酒依据的法律规定，不能以白××的呼气酒精含量检验结果作为认定其醉酒的依据。

（6）小结

醉驾案件主要收集的证据有：前期查获车辆、嫌疑人基本情况及特征、现场查获醉酒驾驶机动车的过程、是否发生事故及事故情况、现场采取呼气酒精测试、提取血样、固定证据等情况，后期侦查传唤、采取强制措施、收集证人证言和视听资料等情况，以及嫌疑人违法犯罪信息、嫌疑人是否有罪以及情节轻重等情况、听取无罪辩解等。人民法院主要依据《中华人民共和国刑法》《中华人民共和国刑法修正案（八）》《关于办理醉酒驾驶机动车刑事案件适用法律若干问题的意见》《道路交通安全法》《刑事诉讼法》及相关刑事司法政策进行审查，判断醉驾案件是否具备构成要件、出罪事由，是否形成完整的证据链，可否排除合理怀疑。

醉驾入刑在我国立法上属于基于法律父爱主义①所产生的抽象危险犯，侵犯的客体是公共安全。抽象危险犯的通说认为，只要行为人实施了刑法分则条文所规定的构成要件行为所具有的类型性的危险，即抽象危险犯意味着只要有危险行为就具备抽象危险，无需对因果关系进行具体判断，减轻了公诉机关的举证责任。通说得出了醉驾一律侵犯了公共安全的结论，无法为该罪提供出罪路径②。

---

① 袁宏山：《危险驾驶行为的刑法规制研究》，法律出版社，2020 年，第 886 页。

② 徐苗、操宏均：《"醉驾"危险状态实质判断之提倡》，《河北科技大学学报》2013 年第 2 期。

由此，在司法实践中形成了醉驾案件“唯数额论”的窘境，导致大量案件进入刑事诉讼程序，出现严重耗费，尤其是严重挤占法院审判资源的司法困境。但有学者认为，抽象危险犯的危险不是拟制的危险，而是属于推定的危险，应当允许反证危险不存在而出罪①，由此提出了应引入“不能安全驾驶”的实质判断的标准，将抽象危险分为缓和的抽象危险与紧迫的抽象危险两种，以实现醉驾与危险状态的同步性，确保不具有实质预设危险（缓和的抽象危险）的醉驾行为能够出罪②。比如，样本中的第 4 号、21 号案就被视为在审判实践中，这个方向上作出探索的案例。但反对者认为，抽象危险并非构成要件要素，而仅是立法动机或立法理由，防止具体的危险以及实际的侵害，不过仅仅是立法者的动机而已，其存在并非是满足构成要件的前提；允许抽象危险犯反证会与其概念本身相抵触，假如要求法院证明，立法者的动机所要保护的客体在事实上受到了危险时，就把这种抽象危险犯改变为一种具体危险犯了；且允许抽象危险犯反证与“存疑时有利于被告”原则相抵触。所以，有学者认为就抽象危险犯而言，在现实中确实不存在相应的危险时，可以在量刑阶段考虑从轻处罚乃至免除刑罚，而不是让其出罪③。

从样本中全部关键无罪因素来看，会发现在上述四个阶段中共有 21 个无罪关键因素：执法主体存疑、执法人数不足、再饮酒可能、驾驶员不确定、未依法气检、使用醇类消毒液、未使用抗凝管或使用不当、未依法封装或确认、记录错误或不明、血量不符、血样未低温保存、血样送检违法、鉴定标准错误、实验方法错误、鉴定报告内容错误、超期鉴定、醉驾非机动车、无醉驾故意、无实质预设危险、多个鉴定结论矛盾、《关于办理醉酒驾驶机动车刑事案件适用法律若干问题的意见》第六条类推限制。其中，在前两个阶段有 12 个无罪关键因素；21 个无罪关键因素中出现频次居前三位的分别是血样送检违法、公安部《关于办理醉酒驾驶机动车刑事案件适用法律若干问题的意见》第六条类推限制、醉驾非机动车，三者分别占比 17%、10%、8%。因此，样本数据相关性说明，司法实务中进一步提高交警的现场执法意识、增强处置交通违章或事故的能力水平、扩大信息化技术在交警装备上的应用、进一步提升交警处理现场的取证意识，是非常必要的。具体数据参见图 14。

---

① 付立庆：《应否允许抽象危险犯反证问题研究》，《法商研究》2013 年第 6 期。

② 周光权：《论刑事一体化视角的危险驾驶罪》，《政治与法律》2022 年第 1 期。

③ 付立庆：《应否允许抽象危险犯反证问题研究》，《法商研究》2013 年第 6 期。

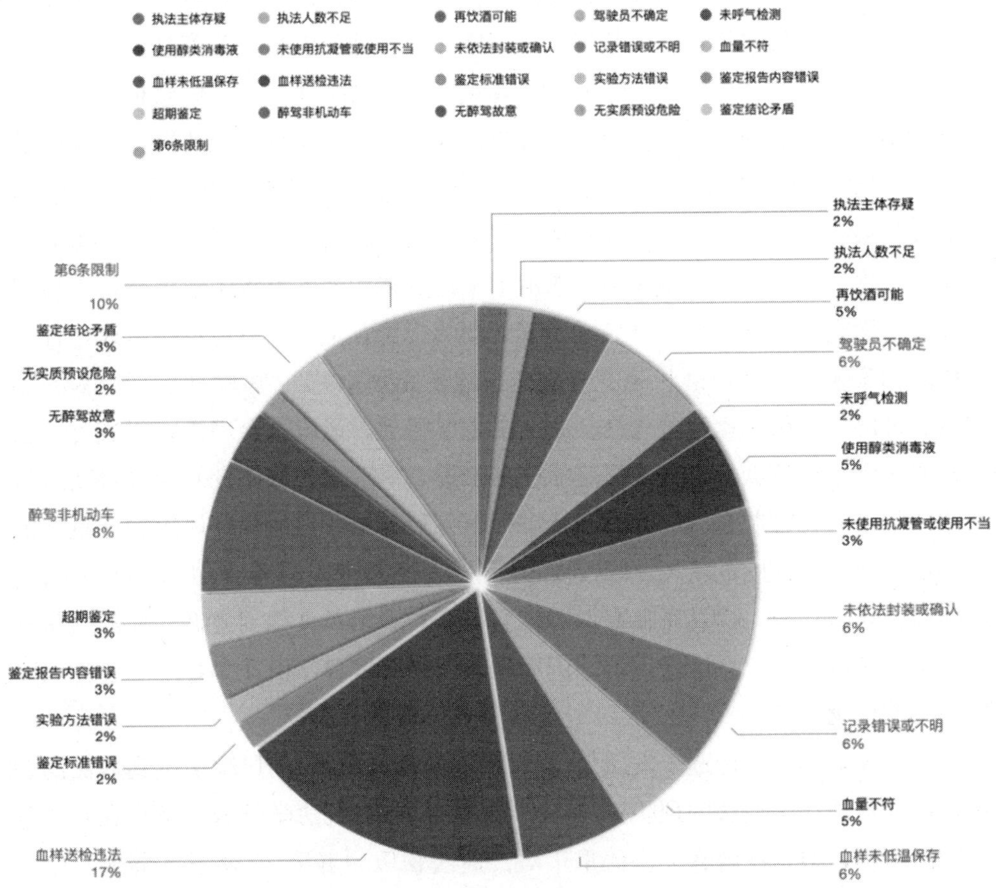

图 14　样本中 21 项无罪关键因素的分布权重情况

前述两个阶段中的 12 个关键因素与鉴定标准错误、实验方法错误、鉴定报告内容错误、超期鉴定等关键因素，都反映出审判实践中醉驾案件证据排除的判断标准；而醉驾非机动车、无醉驾故意、无实质预设危险、多个鉴定结论矛盾、第六条限制等关键因素，则可以作为审判实践中醉驾案件的出罪实体事由。

四、醉驾犯罪之抽象危险犯属性

（一）刑法的风险与集体法益

随着科学技术的迅速发展，科学技术所带来的影响也日益扩大到人类社会生活的各个领域，各种类型的风险事件出现在人们的视野之中，如近几年全球相继出现的利用生物技术编辑胚胎基因、核污染、新冠肺炎疫情全球蔓延等一系列的风险。可以说人类已迈进了一个新的风险时代，“风险社会”的概念是在全球化背景下出现的新名词，始于德国社会理论家乌尔里希·贝克的经典著作《风险社会》。该书尝试审视与反思人类社会技术进步与财富积累所带来的潜在副作用，如空气污染、水资源短缺、森林破坏、网络攻击、金融危机、恐怖袭击、重大公共卫生事件等，从不同视角深刻地揭示了发达资本主义国家从工业社会迈入后工业社会所面临的发展危机。贝克以极其广阔的视角，生动形象地描绘了风险社会的风险图景，为社会理论开辟了一块全新的研究领域①。“风险社会”成为人们观察、理解、分析和诠释现代社会的一个重要概念，风险社会理论最终成为社会理论的一个重要流派。之后，风险社会理论被引入法学领域，针对现代科技所带来的风险，人类控制自然的能力不断增强，各种决策导致的社会风险的比重亦随之增加，人类所面临的新型风险具有显著的人为性特征。各国的法律不仅要对传统的侵害作出反应，而且还具有保障社会安全的基本条件得到遵循的义务。从社会安全的角度来说，立法者应将刑法的防卫线向前推移，由此孕育产生了“风险刑法”的概念。

随着风险刑法理论逐步发展与完善，其将风险社会中的风险引申到刑法的领域，进一步强化了刑法的预防机能与安全价值。在传统法学领域，虽存在对“危险”的解释，但这些解释大多侧重于对民商法领域的解读。《法学大辞典》中对“危险”的定义为，其又称风险，系灾害事故发生造成损失的可能性，其与《现代汉语词典》中对“危险”的定义基本相同。实际民法领域也是将“危险”与“风险”混同使用，而刑法关注的是行为，其保护法益的层级相对民商领域较高，对“危险”判断的标准要求需要更精准，刑法中的“危险”须和生活中的“危险”有所区别，不能将“危险”简单地解读为风险，刑法学急需确定适合自己的“危险”的含义②。日常生活中的危险包括自然危险与人为危险，而刑法概念上的危险仅限于人为危险的范畴。许多人为风险在当今社会高速发展的现状下是社会允许的风险，即社会可以承受某个行为可能造成的社会损害，其被称为“被允

① 叶良芳：《为风险刑法理论辩护》，《四川大学学报》（哲学社会科学版）2022 年第 4 期。

② 梁宾：《危险驾驶罪研究》，中国人民公安大学出版社，2016 年，第 10 页。

许的风险或被允许的危险事业"[①]，其虽有可能造成损害后果，但可由保险等风险分摊机制在全社会中消化，此时这种危险不会进入刑法的调整范围。刑法中的危险需要对"被允许的危险事业"产生的危险再进一步限缩，限定在"被允许的危险事业"风险范围之外的危险。刑法虽应担负保护社会利益不受侵害的任务，但其不是第一序位的法律，在刑法之前还有民商法与行政法发挥作用，当行为超出民商法与行政法对"被允许的危险事业"之允许风险的调整范围，仍然侵害社会利益时方能进入刑法的调整范围，有学者将之定义为"超出被社会允许的风险并耗尽社会利益盈余"的程度[②]。比如，正常驾驶车辆产生的风险由交强险与商业险保险机制分摊化解（民商法调整）；饮酒驾驶车辆则只能由交强险（商业险拒赔）分摊风险，且驾驶员还会面临行政处罚（民商法与行政法共同调整）；醉驾则交强险与商业险均拒赔，驾驶员面临行政处罚同时还涉嫌醉驾犯罪（行政法与刑法共同调整），此时，醉驾所产生的风险就是"超出被社会允许的风险并耗尽社会利益盈余"，则属于刑法上的危险。

法益是法律所保护的利益[③]，在传统的自由主义观下法益是以个人的生命、财产、名誉等形态为保护对象的。一般法益的形态分为有形法益和无形法益。有形法益包括身体、财产等物质形象；无形法益包括名誉、自由、贞操等。个人法益还可分为专属法益与一般法益，与人身权不能分离的法益是专属法益，如生命、自由、身体、名誉、信用等；可以与人格权分离的法益为一般法益，如财产方面的法益。从刑法史的发展来看，刑法处罚的犯罪类型主要是已经导致法益侵害发生实际后果的实害犯，这是最容易被人所感受和觉察到的利益损失，比如，我国刑法对醉驾造成实害后果的处罚规定体现在《中华人民共和国刑法》第一百三十三条第一款"交通肇事罪"中。但是如果行为在客观上没有发生实际损害结果，用传统个人法益观来看，则法益没有受到损害。近年来，风险刑法的理论发展中，基于国家安全观产生了基于社群主义的整体性公共利益[④]，称为集体法益，又称"超个人法益"，系指不直接以个体生命、健康或

① 于敏：《机动车损害赔偿责任与过失相抵》，法律出版社，2006 年，第 15 页。

② 梁宾：《危险驾驶罪研究》，中国人民公安大学出版社，2016 年，第 15 页。

③ 张明楷：《新刑法与法益侵害说》，《法学研究》2000 年第 1 期。

④ 熊波：《从社群主义到个体主义：刑法法益类型的确立方法》，《学术界》2022 年第 8 期。

财产等利益方法呈现，间接与个体的生命、健康或财产等利益发生关联的制度信赖、环境保护等，其内容通常无关生命、身体、财产等个人法益，而是涉及整个社会系统的稳定运作，因为一旦社会功能或系统彻底崩坏，那么个人利益也无法获得保全，其与个人法益相对却又有关联性，大都是以非物质形态呈现，如制度或资源等①。对行为可能会导致的集体法益的危险进行处罚，让国家的刑罚权在实害结果发生之前就介入，此为风险刑法在理论上的探求，由此产生了危险犯的理论与实践。传统的个人法益具有自由主义属性，旨在限制国家权力，而现代刑法立法为了强化对集体法益的保护，以抽象危险犯的立法技术扩张了国家权力。其支持者认为，法定犯时代已经到来，报应刑法应当为预防刑法让路，民众对规范的违反只要动摇了法益主体的安心与法益的稳定性，就可以动用刑法进行调整。

中国的传统刑法理论中，一般是将危险放在犯罪行为的社会危害性中去考察的。如果将没有实害的危险视为对犯罪客体的侵害，危险犯从整体上看就是提前遏制犯罪发生实害后果的手段，是对集体法益保护的刑罚前置化。刑法对集体法益保护的特点是预防性干预，具有“抓早、抓小、抓全”的政策考量，其针对的是制造法所不容许之危险的人。从“个人法益一元论”到“个人法益与集体法益二元论”的转变，刑法由事后回应型向事先预防型转变，乃是源于现代预防性政府、预防性国家的形成。随着社会风险增加及复杂化，预防与控制风险成为国家任务，而表现在刑法方面则是对制造风险的行为设置了刑罚，从而导致集体法益类型与范围的扩张。集体法益内涵复杂，从不同方面切入可以得出不同的解读，从秩序、制度、安全、自由等观点来解释集体法益，集体法益往往以制度、秩序等刚性的抽象名词作为承载外壳，同时，任何制度、秩序都有其内在追求的价值目标，自由、民主、安全、稳定等价值都有可能涵盖其中。所以，高度的抽象性是集体法益难以克服的天然属性。

（二）基于概率推定的危险犯

危险犯的概念源于 19 世纪警察权力的扩大和警察犯的兴起，原本以规范违反为内容的警察犯，随着集体法益保护主义思想对犯罪处罚根据的重视，开始被

① 姜涛：《论集体法益刑法保护的界限》，《环球法律评论》2022 年第 5 期。

要求有与法益之间的实际关联[①]。刑法中之所以需要危险概念，是因为在集体法益实害结果还没有发生的情况下，可以为危险行为提供刑事可罚性的理论根据。刑法中的危险是建立在立法者对危险的概率评估计算的基础上，如果行为损害后果实际已经发生，又能完全被证据证明，那么法律事实就已经确定了，此时不存在危险犯的问题。刑法上危险概念的存在，就是当危险行为是否发生实际损害结果在证据上不能证明，不得不凭借经验推定危险对集体法益影响的概率，立法者将筛选出来的危险视为与发生实害后果的影响程度是一样的，正所谓“危险亦结果”[②]，从而需要刑法介入。正如有学者认为，危险犯的典型危险行为会动摇人与人共同生活所必要的信赖关系，就是破坏集体法益[③]。因此，刑法中的危险犯指的是行为所导致的集体法益（或者犯罪客体）侵害概率足够大，而且危险是指一种不寻常的、违反规则（比如行政犯、法定犯）的状态。比如有学者认为，抽象危险犯预设的或然率必须符合两个特征，首先是一种统计上的高或然率；其次是行为人个人难以认知与控管、过于自信而判断失准的高或然率[④]。因此，危险犯在犯罪论体系中的功能对法益损害程度从既往的概率经验上来看足够大，但又不能适用实害犯的规定来补充之。刑法的实害犯一般是指已经既遂的实害犯，如果一个行为虽然没有造成实害结果既遂，却仍然应当受到处罚，那就是刑法上危险犯。因此，一些特殊犯罪形态（例如犯罪预备、犯罪未遂、犯罪中止）以及具体危险犯、抽象危险犯，其刑罚根据都是刑法上的危险，属于广义的危险犯。而狭义的危险犯仅指具体危险犯及抽象危险犯，在刑法分则条文中都不要求发生实害结果（实际上可能发生实害的情节）作为入罪的内容要素。刑法演进的标志之一就是从对产生实际后果的结果犯进行处罚过渡到既处罚实害结果犯也处罚具体危险犯，再到既处罚实害结果犯与具体危险犯，还处罚抽象危险犯[⑤]。也有学者提出“立法推定的危险”与“司法推定的危险”这一划分方法，“司法推定的危

① 于润芝：《抽象危险犯的解构：从法益关联和危险控制展开》，《南大法学》2022 年第 3 期。

② 谢望原：《“醉驾型”危险驾驶罪若干问题探究》，《法商研究》2013 年第 4 期。

③ 于润芝：《抽象危险犯的解构：从法益关联和危险控制展开》，《南大法学》2022 年第 3 期。

④ 周漾沂：《2016 年刑事法实务见解发展回顾：食品安全、交通安全，与抽象危险犯》，《台湾大学法学论丛》2017 年第 46 卷特刊期。

⑤ 丛日禹：《醉酒驾驶犯罪研究》，法律出版社，2015 年，第 106 页。

险”是指危险的发生是犯罪构成的要件，司法上要具体判断危险，也就是具体危险犯；“立法推定的危险”不是犯罪构成的要件，而是犯罪构成的内容，其中包括未发生实际后果的“危险”（未遂形态的危险）和抽象危险犯的“危险”①。

同时，现代刑法基本上以处罚故意犯罪为常态，以处罚过失犯罪为例外，过失犯罪一般要求有实际后果出现之后才能成立。这就不可避免地存在一些虽然有（过失）危害行为，但是只要没有实际结果发生就不能处罚的情形，这是过失结果犯所存在的罪状网格中的漏洞。随着刑法理论的发展，刑法学界已经普遍认识到，正是传统的过失犯罪都有所欠缺，许多国家转而增加危险犯的立法。如果行为人毫无顾忌地将行为客体带入危险状态，通过立法推定“危险亦结果”而给予可罚性，那么就会产生“社会产生危险，危险改变社会”的情形。“从过失犯转向危险犯”这一趋势，在我国禁止醉驾的刑事立法中也表现得非常明显，以前危险驾驶行为只有发生了实害结果，才以交通肇事罪进行刑事处罚。现在《刑法修正案八》将危险驾驶行为前置化而单独成罪，改变了过去只依靠“肇事结果”来维护个体交通安全的局面，而是转向了与惩治“醉酒驾驶行为”共同维护公共交通安全秩序的方式，两者间构成基本犯与加重结果犯的关系②。

（三）具体危险犯

具体危险犯是指行为导致法益实害的危险已经具体地达到了可情节化的程度。对具体危险犯而言，在犯罪构成中不仅仅是要求出现危害行为，而且在个案中的危险情节可进行司法的归纳确定。例如，我国刑法第一百一十四条规定的以危险方法危害公共安全罪（尚未造成严重后果）就属于典型的具体危险犯，但其并不处罚故意给公共安全造成抽象危险的醉驾行为③。又例如我国刑法第一百一十六条破坏交通工具罪中规定，需要包含有破坏交通工具“发生倾覆危险”的要件。从立法技术来看，实际通过立法条文具体授权司法对于具体危险犯在个案中进行危险情节的判断，不允许在立法中直接设定对危险的假定。比如，行为人拆掉汽车一个车轮的行为，在一般人看来这是具有危险的，但司法机关必须通过专

---

① 李海东：《社会危害性与危险性：中、德、日刑法学的一个比较——以法益实害未发生时的可罚根据为切入点》，载陈兴良主编：《刑事法评论》（第 4 卷），中国政法大学出版社，1999 年。

② 张明楷：《危险驾驶罪的基本问题——与冯军教授商榷》，《政法论坛》2012 年第 6 期。

③ 冯军：《论〈刑法〉第 133 条之 1 的规范目的及其适用》，《中国法学》2011 年第 5 期。

家鉴定确定该车辆在被拆掉一个轮子后仍能行驶；缺少轮子的行驶会直接造成汽车发生颠覆事故；司机必须有可能在汽车启动或者运行中意识不到车辆存在缺少一个轮子的这一缺陷；该车辆正处在投入使用期并实际投入了使用。若四个条件缺一，就不构成破坏交通工具罪①。

（四）抽象危险犯

抽象危险犯在规范上的特征是，构成要素的“标签模式”②，即通过剥离传统罪名构成要件中的结果（或具体危险犯中危险情节）、主观罪过以及因果关系等，以“行为”提示个罪的要素替代构成要件。立法者根据生活经验选定危险行为并设置为罪状，并凭借“行为”昭示“危险”的存在，以行为存在与否判断有无预设的危险。单纯从行为要素构成上看，抽象危险犯的成立并不需要实际后果，其危险程度在概率上已被立法视为与实害犯对法益的侵犯烈度是一致的。在我国立法的犯罪化趋势中，“法益保护早期化”在特定领域将集体法益、社会法益作为个人法益保护的前置优先考虑因素，具备集体的合理性。就集体法益保护早期化而言，刑法从个人法益受到侵害时刑罚权才启动转变为在立法上积极评估概率上可能出现的集体法益的侵害，从重视个人法益物理实害后果转向无物理实害后果的抽象危险，从注重保护个人法益转向重视对公共法益和社会秩序的保护。抽象的危险犯既能够在法益的保护中获取主动权，迅速在社会中宣扬刑法的刚性与刑罚的严厉，实现积极的一般预防效果，又能够有效补足处罚实害犯及其未遂形态所产生的保护不周延性。正如张明楷教授所指出的，危险驾驶罪虽然是故意犯罪，但危险驾驶行为过失造成他人伤亡，则应以交通肇事罪论处③，行为人对基本犯（醉驾）是故意，对加重结果为过失，从而成为结果加重犯。所以，《刑法修正案（八）》增设危险驾驶罪来保护集体法益，就是公共交通秩序正常运转的表现，而并不是等到交通秩序崩溃、毁灭时刑法再介入。但这种工具性的抽象性导致在我国醉驾案件办理中出现交警立案标准简化、检察官的证明责任降低、法官不需要进行因果关系判断、律师的辩护空间明显被压缩等现象④。

从立法技术上来看，实害犯与具体危险犯更接近，它们都需要行为和物理侵

① 丛日禹：《醉酒驾驶犯罪研究》，法律出版社，2015年，第111页。

② 王飞跃：《论抽象危险犯个罪裁判规范的续造》，《中国法学》2022年第2期。

③ 张明楷：《危险驾驶罪及其与相关犯罪的关系》，《人民法院报 》2011年5月11日。

④ 周光权：《转型时期刑法立法的思路与方法》，《中国社会科学》2016年第3期。

害后果或情节，而实害犯的未遂形态恰恰是与抽象危险犯一样的，在立法条文上都没有对后果的描述。从规范结构上来看，具体危险犯是具有法定情节的危险，不是来自人们主观上的不安全感，而是来自案发后司法审判中进行的判断（另一种概率的判断）；抽象危险犯是案发前基于某种危险对法益产生侵害的极高概率进行的事前评估，立法者将评估结果放置到刑法条文中直接推定法益受到了的概括危险，其无须在具体案件案发后的司法审判中再去判断。因此，具体的危险是作为结果的危险，抽象的危险是行为的危险。抽象危险犯中的危险在个案当中不需要证明，其危险的主观判断已在立法中固化，在司法审判中定罪的标准反而客观化；具体危险犯中行为所产生的后果是需要被证明的，在立法中情节化是一种授权的形式，在司法审判中定罪标准反而依赖主观化判断。

所以，抽象危险的判断只需要一般性的、类型性的判断；而具体危险的判断，需要个别的、具体的判断①。比如有学者认为，在醉驾结束许久后，应允许专家分析各种因素（行为人饮酒数量的多少、饮酒后是否呕吐、经过了多长时间、驾驶时的行为表现、行为人结束驾驶时的身体状况等）来推算鉴定驾驶时的醉酒状态②，这实际上是错误地把醉驾犯罪当作具体危险犯，允许在司法审判中对危险进行认定，本质上是混淆了具体危险犯与抽象危险犯的本质区别。

（五）抽象危险犯所面临的争议

随着我国抽象危险犯立法罪名越来越广泛，如危险驾驶罪、妨害安全驾驶罪、危险作业罪、高空抛物罪、妨害信用卡管理罪等，这些抽象危险犯的罪名面临着一系列的争议。有学者认为，刑事立法选择了以抽象危险犯作为保护集体法益的方式，客观上来说就无法期待裁判者能够对所谓的因果关系、实害结果或现实危险作出认定。集体法益天生的高度抽象性，不仅令司法者难以捉摸，即便在立法过程中也很难直接对其内涵作出实质性解读，有必要慎重适用这种保护的方式，毕竟刑事立法不能逾越刑法谦抑的基本原则③。还有学者认为，抽象危险犯模糊了刑法与行政法等不同法律规制手段之间的界限④，比如，《中华人民共和国行政处罚法》确定了行政处罚的客观归责的原则，醉驾犯罪作为抽象危险犯入罪标

---

① 张明楷：《危险驾驶罪的基本问题——与冯军教授商榷》，《政法论坛》2012 年第 6 期。
② 冯军：《论〈刑法〉第 133 条之 1 的规范目的及其适用》，《中国法学》2011 年第 5 期。
③ 陈思桐：《经济刑法中抽象危险犯的处罚限度》，《财经法学》2022 年第 5 期。
④ 王飞跃：《论抽象危险犯个罪裁判规范的续造》，《中国法学》2022 年第 2 期。

准也具有客观性，两者之间界限模糊、功能重叠。张明楷教授认为，“风险社会”并不一定是社会的真实状态，而是文化或治理的产物，不应将“风险社会”当作刑法必须做出反应的社会真实背景……不应当盲目增加抽象危险犯①。陈兴良教授认为，如果刑法面对“风险社会”无动于衷、毫无作为，那么这样的刑法肯定是不可取的。但是，如果刑法为化解“风险社会”的风险而过于扩张甚至突破罪刑法定主义、责任主义等法治刑法的底线，那么同样也不可取②。劳东燕教授认为，创制的新罪名大多是规制性的，经常任意突破刑事责任的基本原则③。

总之，对于抽象危险犯争议观点总结起来有三点，第一，会导致刑法系统性危机。风险的本质特点是不确定性，预防风险的刑罚是现实可测的，根据不可预测的情况确定犯罪及其类型，是错误地把风险与未来的损害关联起来。从立法技术上来讲，为集体法益的刑法保护而降低个罪的入罪门槛，司法中不要求论证行为造成了危害结果及其因果关系，容易将形式上符合法律规定而无实质侵害的行为认定为犯罪。第二，会滑向刑法工具主义。现代国家强调安全国家、预防性国家而倚重抽象危险犯，抽象危险犯意味着行为禁止的前置化与集体法益保护的前置化，可能使刑法的防线前移，从而覆盖行政法的防线，刑行、刑民界限难以区分。第三，会出现象征性立法，难以符合宪法比例原则。刑法强化对集体法益的保护，意味着法益从物化的、具体的、现实的法益向精神化、抽象、虚拟的法益转变。抽象危险犯的成立具有浓厚的行为无价值色彩，处罚抽象危险状态过于强调以刑法治理社会，对集体法益的保护更趋向象征性而非实质化④。

本书中涉及关于我国醉驾案件面临的司法困境，也是醉驾犯罪作为抽象危险犯的立法定位所致。抽象危险犯天生具有浓厚的行为无价值色彩，结果无价值的判断已经消弭于立法考量过程中，所以思考抽象危险行为的入罪控制因素，有助于还原其结果无价值的判断过程⑤。目前在我国司法实践中，已探索的限制抽象危险犯的思路有三种：第一，是双向限制路径，由“正向缩限路径”与“反向出罪路径”综合组成，其中“正向缩限路径”综合考察行为属性危险与结果属性危险；“反向出罪路径”则为建立事后反证排除抽象危险。第二，是双层法益与比

① 张明楷：《“风险社会”若干刑法理论问题反思》，《法商研究》2011 年第 5 期。
② 陈兴良：《“风险刑法”与刑法风险：双重视角的考察》，《法商研究》2011 年第 4 期。
③ 劳东燕：《公共政策与风险刑法》，《中国社会科学》2007 年第 3 期。
④ 姜涛：《论集体法益刑法保护的界限》，《环球法律评论》2022 年第 5 期。
⑤ 陈思桐：《经济刑法中抽象危险犯的处罚限度》，《财经法学》2022 年第 5 期。

例原则结合评判路径。有学者提出抽象危险犯同时侵犯了阻挡层法益和背后层法益，在司法过程中某一危险行为应否刑罚，可以通过“适当性审查”“必要性审查”“均衡性审查”来综合判断①。第三，当从实体上无法寻求出罪时，则引入需罚性理论②创新一些程序上的出罪机制，这是近年来在借鉴域外刑法理论的基础上提出的一种新的犯罪论体系的理论。传统的以应罚性为核心的犯罪论体系解决的是人的行为在刑法上是否构成犯罪的问题，而需罚性则从刑事政策的角度出发，对于具有应罚性的行为进一步追问“行为人是否需要作为犯罪处理”，即从预防必要性或比例原则出发，判断行为人的行为在司法上有无作犯罪处理的必要性。域外法实践一般是以警察撤销案件、检察机关不起诉或法院作出形式裁判（比如暂缓判决、停止程序、允许撤销指控等）的程序性方式将一些“微罪”③予以出罪。国内近年来在醉驾案件上也尝试创新了附条件不起诉、酌定不起诉等程序性的出罪机制。还有学者提出应激活我国刑事诉讼法第一百一十二条和第一百七十七条第二款赋予公安机关在立案阶段的微罪处分权④，让更多轻微的醉驾案件能够出罪。比如在美国，警察被授权允许以几种完全不同的方式对待商店“扒手”。没有犯罪记录的第一次行窃者，可以简单地给予警告或训诫，这个决定本质上是什么也不做或者不采取任何行动；再如，在行为人是青少年的情况下，警察可能会把将青少年送回家交给其父母，由家庭进行处置。即，美国警察可以“视情况而定”。国外由警察实施的微罪处分并不是否认行为人的行为构成犯罪，而是因为犯罪情节轻微而给予刑罚外的处理。微罪处分制度既避免了刑罚的副作用，有利于预防犯罪人再犯罪，也节约了司法资源⑤。但我国目前在司法实践中公安机关并未在此方面作出相关尝试。

上述三种思路都需要寄托于法官、检察官、警察在具体个案中行使的个体裁量权，比如“在停车场仅有一辆汽车，醉酒者在其他车辆与人员进入停车场之前，为检查车况而醉酒启动车辆发动机之后熄火停车”的情形是否可以出罪，不同的裁判者可能会存在不同认识与裁判，因此，从整体来看当前司法实践实际效果尚不如人意。在司法实务中，醉驾案件中涉及的挪动车位、微途行驶、代为掉

① 王飞跃：《论抽象危险犯个罪裁判规范的续造》，《中国法学》2022 年第 2 期。
② 姜涛：《需罚性在犯罪论体系中的功能与定位》，《政治与法律》2021 年第 5 期。
③ 谢望原：《“醉驾型”危险驾驶罪若干问题探究》，《法商研究》2013 年第 4 期。
④ 史立梅：《论醉驾案件的程序出罪》，《中国法学》2022 年第 4 期。
⑤ 张明楷：《犯罪的成立范围与处罚范围的分离》，《东方法学》2022 年第 4 期。

头、深夜偏僻小道行驶、小区内行驶、隔夜醉驾、紧急避险等情形，在法律适用问题上面临的批评声音不断。

（六）域外醉驾犯罪的立法模式

1. 北美地区的立法

美国各州立法不尽相同，总体而言美国各州基本采取以下两种立法方式。第一种方式是规定“在酒类、麻醉剂或者精神依赖药物的影响下，而导致正常能力受损”情形下驾驶交通工具即构成犯罪；第二种方式是驾驶者在“驾驶车辆时有不合法的酒精浓度”即构成犯罪。

在大多数州都是兼采这两种做法，只要符合其中一种便构成醉驾犯罪，并且设置的法定刑均相同。美国根据驾驶人员年龄和职业的不同，将醉驾入罪标准分为三个等级：普通标准、青少年标准、职业司机标准。早期美国绝大多数州将人体血液中的酒精浓度达到 100 mg/100 ml 作为普通人醉驾入罪标准。1983 年俄勒冈州和犹他州首次将醉驾入罪标准降低至 80 mg/100 ml，随后其他一些州陆续调整了醉驾入罪标准。从 2005 年起美国 50 个州和华盛顿特区均采用 80 mg/100 ml 作为醉驾入罪标准。美国对青少年酒后驾车行为采取零容忍的态度，1988 年开始各州制定了最大为 20 mg/100 ml 的青少年醉驾入刑特殊标准。1986 年美国通过《联邦商业机动车安全法》，将职业司机的醉驾入罪标准设定为普通标准的一半，美国绝大多数州对职业司机采用 40 mg/100 ml 的入罪标准①。

美国是非常注重程序正当的国家，所以美国针对醉酒驾驶的执法和司法程序也独具特色。首先是执法人员在执法过程中要严格遵循法律程序。（1）合理怀疑的停车检查。执法人员一旦有合理的理由怀疑驾驶者有醉酒驾驶的嫌疑，就可以立即要求驾驶人员停车检查。（2）现场清醒测试。这一检测方法由 NHTSA（美国国家公路交通安全局）发起，用来评估驾驶者是否处于醉酒状态的一组现场测试方法，包括水平眼震测试、直行与转弯、单脚站立等三套测试。（3）呼吸测试、血液测试和尿液测试。如果没有通过前述的现场清醒测试，那么执法警察将会对驾驶人员进行酒精呼吸、血液或者尿液检验测试。（4）拘留醉酒驾驶人员。如果通过上述手段能够证实驾驶人员确实有醉酒驾驶行为，那么按照惯例首先在

---

① 李永航：《域外醉驾行为刑法规制对我国的启示》，《贵州警察学院学报》2022 年第 2 期。

警局对驾驶人员约束一定时间，直到其酒醒。然后询问其是否初犯、是否造成事故、是否逃逸等情形，然后决定是否对其进行拘留。一般而言，对于那些既没有造成事故，也没有逃逸和抗拒检查的初犯者，会按照轻罪起诉，醉驾者在收到罚单以后，要按期到醉酒驾驶法庭接受审讯。（5）听证与审判。在美国醉酒驾驶可能会面对两个相对独立的司法程序，一个是汽车署听证会，该程序主要是从行政执法角度对醉驾者的驾驶资格和拘留措施进行处理，结果可能是暂时吊销或者宣布驾驶执照永久失效；另外一个就是刑事法庭的审判程序，主要处理醉驾者是否构成犯罪以及给予什么样的处罚①。

《加拿大刑事法典》② 第 249 条第 1 款第（a）项规定了危险驾驶罪，以下列方式驾驶机动车的构成犯罪：以危险方式驾驶机动车对公众造成危险，构成危险驾驶罪，该罪属于可诉罪，对于构成本罪的行为人可判处 5 年以下监禁；行为人因其危险驾驶而发生致他人受伤的交通事故的，构成危险驾驶致人伤害罪，该罪属于可诉罪，对于构成本罪的行为人可判处 10 年以下监禁；行为人因其危险驾驶而发生致他人死亡的交通事故的，构成危险驾驶致人死亡罪，该罪属于可诉罪，对于构成本罪的行为人可判处 14 年以下监禁。

第 249 条第 1 款（司机不提供情况罪）规定，驾驶机动车时受到驾驶机动车的治安官追赶，没有正当理由，为了逃避治安官没有合理地尽快停车的，构成犯罪。犯逃逸罪，构成可诉罪的，处不超过 5 年的监禁。驾驶机动车时受到驾驶机动车的治安官追赶，没有正当理由，为了逃避治安官没有合理地尽快停车，以危险的方式驾驶机动车而发生导致他人受伤的交通事故的，构成可诉罪，处不超过 14 年的监禁；造成死亡的，构成可诉罪，处终身监禁。

第 252 条（事故发生现场不停止罪）规定，照料、主管或者控制车辆的人员，发生交通事故后为了逃避法律追究而逃逸，如果可能却没有留下姓名、地址以及在有人受到伤害或者表现出需要帮助时没有提供帮助，构成该罪。行为人如果不知道事故导致他人伤亡而在发生交通事故后逃逸的，处 5 年以下的监禁；知道事故导致他人人身伤害的，构成可诉罪，处不超过 10 年的监禁；知道事故导致他人造成伤亡或者知道事故导致他人伤害而不顾其死亡的，构成可诉罪，处终身监禁。

第 253 条是关于无能驾驶罪的规定，行为人在酗酒或吸食毒品后，其血液中

① 丛日禹：《醉酒驾驶犯罪研究》，法律出版社，2015 年，第 136 页。

② 袁弘山：《危险驾驶行为的刑法规制研究》，法律出版社，2020 年，第 949 页。

的酒精含量超过 80mg/100 ml，或者明显处于不能安全驾驶状态而驾驶机动车辆的，无论他们的机械是否在发动中均构成犯罪。第 255 条规定，对于初犯处 300 加元以上的罚金；对于重犯处 14 日以上的监禁；犯第 253 条第 1 款规定之罪并因此导致他人受伤害，构成可诉罪的，处 10 年以下监禁；犯第 253 条第 1 款规定之罪并因此导致他人死亡，构成可诉罪的处 14 年以下监禁。

2. 欧洲地区的立法

《德国刑法典》第 315 条第 c 项规定了危害公路交通安全罪：（1）行为人实施下列行为之一，以致危害他人的生命、健康或者财产安全的，处 5 年以下有期徒刑或者判处罚金：处于以下不能安全驾驶状态之一但仍然驾驶的：①饮用酒精饮料或食用其他麻醉品的；②有不能安全驾驶的精神上或身体上的缺陷的；③具有下列严重违反道路交通安全管理规定或者安全注意义务的：a. 未给有优先行驶权的车辆让行的；b. 非法超车或在超车时违章驾驶的；c. 经过人行横道违章驾驶的；d. 在街道、视线不清的地方、十字路口、铁路交叉道口等地方超速驾驶；e. 在视线不清的地方，未按规定将车辆停放在道路右侧，在公路上或高速公路违章掉头或试图掉头；f. 在高速公路或机动车道掉头、后退或者反驾驶方向地驾驶或者力图如此行动；g. 机动车辆在刹车或停车的过程中未与前方车辆保持安全的驾驶距离。（2）行为符合第 1 款第 1 项的客观构成要件而未遂的，也应当予以处罚。（3）犯第 1 款之罪，过失造成危险的或过失为上述行为且过失造成危险的处 2 年以下自由刑或罚金刑。《德国刑法典》第 316 条规定了酒后驾驶罪：（1）饮用酒精饮料或食用其他麻醉品，依据该法第 315 条至第 315 条第 d 项规定，不能安全驾驶机动车辆，如果行人的行为还未完全符合依据该法第 315 条第 a 项或第 c 项的规定予以处罚的标准的，可对其判处 1 年以下有期徒刑或罚金。（2）行为人过失犯本罪的，也应当依据第 1 款的规定进行处罚。

从范式结构来看，《德国刑法典》中第 315 条 c“道路交通的危险”是规定醉酒驾驶的具体危险犯；第 316 条“交通中的酩酊”是醉酒驾驶的“兜底型”条款——抽象危险犯；第 323 条 a“完全昏醉”是另外一个“兜底型”条款，即醉酒导致行为人无责任能力而构成犯罪时适用该条款。在德国醉驾分为“绝对驾驶不能”和“相对驾驶不能”两个判断标准。所谓“绝对驾驶不能”是指，驾驶人员血液中的酒精含量达到 110 mg/100 ml 时，无论其身体状况如何，均应认定为醉酒，不能安全驾驶机动车；所谓“相对驾驶不能”则是指，驾驶人员血液中的酒精含量在 30 mg/ml～110 mg/ml 之间的，需要结合如人体平衡试验等来判断。自 1966 年以来，德国联邦最高法院通过判例，多次修改“绝对驾驶不能”的认定标准，不断降低醉驾入罪门槛①。

《法国刑法典》第221－6条②是关于非故意伤害生命罪的规定，即行为人自己疏于履行相应的安全和审慎的注意义务，因轻率、懈怠、不慎、失误、疏忽、笨拙等过失行为造成他人死亡之行为，构成非故意杀人罪，对于构成非故意杀人罪的，可判处其相应的监禁刑或罚金；故意不履行法定的安全和审慎的注意义务可加重处罚。

《意大利刑法典》没有针对危险驾驶犯罪的单独罪名，《意大利刑法典》第590条规定③，行为人因其过失行为而对他人造成身体受到伤害的，成立过失人身伤害罪，可对其处以3个月以下有期徒刑或者309欧元以下罚金。如果伤害是严重的，处以1个月至6个月有期徒刑或者123～619欧元罚金；如果伤害是极为严重的，处以3个月至2年有期徒刑或者309～1239欧元罚金。如果行为人在前述行为实施时违反了道路交通安全管理的规定或者在前述行为实施时违反了预防劳动事故的相关管理规定，造成严重伤害或极为严重伤害的，对其加重处罚，最高为1年至3年有期徒刑。如果行为人违反道路交通安全管理规定或者预防劳动事故的相关管理规定的行为造成了多人伤害的，对其可处以增加至3倍的处罚，最高可判处5年有期徒刑。

英国《道路交通法》第2条规定，行为人在道路上驾驶机动车辆，因为疏忽大意而没有尽到一个谨慎司机所应当履行的注意义务，或者没有注意到该道路上的人或车辆即构成疏忽驾驶罪，对于构成本罪的，可判处罚金。其第2条第2部分规定，行为人在道路上以危险的方式驾驶机动车的，构成危险驾驶罪。构成该罪的行为人可被处2年以下监禁，并可被判处剥夺一定期限驾驶资格的处罚。如果危险驾驶行为导致他人死亡的，构成危险驾驶致死罪，该罪是公诉犯罪，构成该罪的行为人可被判处10年监禁或罚金④。其第3条第A项规定，行为人在道路上因饮酒或毒品而不适合驾驶，因过失而发生交通事故导致他人死亡的，构成酒后驾驶罪。对构成该罪的行为人可处2年以下监禁，并可被判处剥夺一定期限驾驶资格的处罚。致人死亡的，构成酒后驾驶罪。对构成该罪的行为人可处10年以下监

① 李永航：《域外醉驾行为刑法规制对我国的启示》，《贵州警察学院学报》2022年第2期。

② 袁弘山：《危险驾驶行为的刑法规制研究》，法律出版社，2020年，第939页。

③ 袁弘山：《危险驾驶行为的刑法规制研究》，法律出版社，2020年，第941页。

④ 孙跃辉：《论风险刑法背景下危险驾驶罪的司法实践与完善》，宁波大学硕士学位论文，2018年。

禁。英国醉驾入罪标准与我国几乎相同，驾驶人员血液中的酒精含量达到 80 mg/100 ml 的被认定为醉驾，低于该标准的则不构成犯罪。但是近年来，英国许多人呼吁应像大多数欧洲国家那样，将醉驾入罪门槛降至 50 mg /100 ml①。

《俄罗斯刑法典》第 264 条②规定：（1）行为人违反道路交通安全管理法规驾驶汽车、有轨电车等机动车辆，其过失行为导致发生交通事故，造成他人重伤的，构成违反道路交通安全管理法规罪，应当判处自由刑，并可以附加剥夺其一定期限内驾驶机动车辆的资格。（2）行为人在酒后驾驶汽车、有轨电车等机动车辆，其过失行为导致发生交通事故，造成他人重伤的，应当判处自由刑，并可以附加剥夺其一定期限内驾驶机动车辆的资格。（3）行为人违反道路交通安全管理法规驾驶汽车、有轨电车等机动车辆，其过失行为导致发生交通事故，致他人死亡的，应当判处自由刑，并可以附加剥夺其一定期限内驾驶机动车辆的资格。（4）行为人违反道路交通安全管理法规驾驶汽车、有轨电车等机动车辆，其过失行为导致发生交通事故，导致 2 人或多人死亡的，应当判处自由刑，并可以附加剥夺其一定期限内驾驶机动车辆的资格。（5）行为人在酒后驾驶汽车、有轨电车等机动车辆，其过失行为导致发生交通事故，导致 2 人或多人死亡的，应当判处自由刑，并可以附加剥夺其一定期限内驾驶机动车辆的资格。

3. 亚洲其他地区的立法

《日本刑法典》中“危险驾驶致死伤罪”罪名规定③，行为人严重违反道路交通安全管理法规，酒后在道路上驾驶机动车、在道路上超速驾驶机动车、驾驶机动车时无视交通信号灯等并发生导致人员伤亡的交通事故的，对其可判处 15 年以上 30 年以下的有期徒刑。日本《道路交通安全法》规定，酒后驾驶机动车的行为人最高可被处以 3 年有期徒刑或 50 万日元的罚金，而醉酒驾驶机动车的行为人最高可被处以 5 年有期徒刑或 100 万日元的罚金；机动车驾驶人如果拒绝酒精测试，最高可被处以 3 年有期徒刑或 50 万日元的罚金。日本《道路交通安全法》还规定了同乘罪、酒水提供罪和车辆提供罪，以严密惩治危险驾驶犯罪相关行为。

在日本“醉酒驾驶”通常不以驾驶人员血液中的酒精含量来判断，而是根据驾驶人员饮酒后能否正常走直线等方式来判断。日本的醉驾认定标准充分考虑了

---

① 李永航：《域外醉驾行为刑法规制对我国的启示》，《贵州警察学院学报》2022 年第 2 期。

② 袁弘山：《危险驾驶行为的刑法规制研究》，法律出版社，2020 年，第 943 页。

③ 袁弘山：《危险驾驶行为的刑法规制研究》，法律出版社，2020 年，第 926 页。

个体对酒精耐受程度的差异，对许多对酒精耐受程度较高的人而言，即便其血液中的酒精含量达到 80 mg/100 ml 以上仍可驾驶机动车。2013 年出台的日本《处罚法》增设了危险驾驶致死伤罪的客观行为方式和加重处罚情节，原先由《日本刑法典》第 208 条之二规定的危险驾驶致死伤罪改由《处罚法》第 2 条加以规定。根据《处罚法》第 2 条的规定："实施下列行为，致人伤害的，处 15 年以下惩役；致人死亡的，处 1 年以上有期惩役。一、受酒精或药物的影响，在难以正常驾驶的状态下驾驶机动车的行为；二、以难以控制机动车的高速度驾驶机动车的行为；三、无控制机动车行驶的技能而驾驶机动车的行为；四、以妨害行人或者车辆的通行为目的，阻挡在正在行驶的机动车的正前方，或者以其他方式明显接近正在通行的行人或者车辆，并以可能发生重大交通危险的速度驾驶机动车的行为；五、刻意无视红色信号灯或者与之相当的信号，并以可能发生重大交通危险的速度驾驶机动车的行为；六、以可能发生重大交通危险的速度驾驶机动车，并在禁止通行的道路（即指政令规定的，在其中通行会对人或者车辆造成交通危险的，根据道路标识、标示或者其他法令的规定禁止机动车通行的道路或其部分）上行驶的行为。"① 除了醉酒驾驶罪以外，日本《道路交通法》还规定了带有酒气驾驶罪。所谓带有酒气驾驶罪，是指饮酒后血液中的酒精含量达到 30mg/100 ml 仍然驾驶机动车的。日本带有酒气驾驶罪的入罪标准显然要比我国醉驾标准低得多，仅略高于我国行政违法行为酒驾的标准②。

韩国《道路交通法》规定了醉酒驾驶车辆罪和拒绝酒精检测罪两项罪名③，其第 44 条规定禁止任何人在醉酒状态下驾驶机动车。醉酒驾驶机动车的行为人，可被处以相应的自由刑或罚金；机动车驾驶人员拒绝酒精含量检测的，可被处以相应的自由刑或罚金。

我国澳门特别行政区《道路交通法》④ 涉及危险驾驶犯罪的罪名有 5 个，包括（1）遗弃受害人罪；（2）逃避责任罪；（3）醉酒驾驶或受麻醉品或精神科物质影响下驾驶罪；（4）举办或参加未经许可的车辆体育比赛罪；（5）在禁止驾驶期间驾驶罪。

我国台湾地区刑法第 185 条之三规定，驾驶动力交通工具而有下列情形之一

---

① 周舟：《中日道路交通犯罪比较研究》，华东政法大学，2015 年。

② 李永航：《域外醉驾行为刑法规制对我国的启示》，《贵州警察学院学报》2022 年第 2 期。

③ 袁弘山：《危险驾驶行为的刑法规制研究》，法律出版社，2020 年，第 937 页。

④ 袁弘山：《危险驾驶行为的刑法规制研究》，法律出版社，2020 年，第 953 页。

者，处二年以下有期徒刑，并科二十万元以下罚金：一、吐气所含酒精浓度达 50 mg/ml 以上；二、有前款以外之其他情事足认服用酒类或其他相类之物，致不能安全驾驶；三、服用毒品、麻醉药品或其他相类之物，致不能安全驾驶。因而致人死者，处三年以上十年以下有期徒刑；致重伤者，处一年以上七年以下有期徒刑①。

比较来看，我国刑法中的醉驾犯罪的立法体系，从行为无价值论的角度来看，其主观恶性处于《中华人民共和国刑法》第一百三十三条第一款交通肇事罪与《中华人民共和国刑法》第一百一十四条其他危险方法危害公共安全罪（尚未造成严重后果）之间②，这反映出我国刑法基本上形成了较为严密的应对各种涉驾驶犯罪行为的预防和控制体系；从结果无价值论的角度来看，交通肇事罪所保护的法益大小程度是处于醉驾犯罪与其他危险方法危害公共安全罪（尚未造成严重后果）之间③。这说明醉驾犯罪覆盖情形范围较小且法益保护程度与主观恶性的关系不对应（较大的主观恶性对应较小的法益保护程度）。所以，在设计危险驾驶罪状时考虑的要素内容比较少，造成实害后果、逃逸及其他更大的公共危险，都没有包含其中，严守了其抽象危险犯的设计定位。

而域外有关醉驾行为的立法几乎没有单一的抽象的危险犯的设计，而是包含于多个罪状中，覆盖得较为广泛。所以从立法结构上来说，该罪名域外立法较多层级化、多种类化，既有单纯的最低醉酒标准的抽象危险犯，又有不具有安全驾驶能力的具体危险犯，还有造成严重死伤后果的实害犯，并有涉及更大的危害公共安全的情形。比如，法国、意大利没有针对危险驾驶犯罪的单独罪名，对危险驾驶行为的规制是完全包含于其他自然犯罪名中；而德国、俄罗斯、瑞士、英国、加拿大等国以及我国香港特别行政区和澳门特别行政区的成文的刑法典或者附属刑法规定了一系列的罪名，对危害道路交通安全的行为进行规制，其中包含了醉驾与追逐竞技行为，还有其他交叉情形的罪名；日本、韩国与我国台湾地区、澳门特别行政区对醉驾进行了单独立法，但基本上是以具体危险犯的立法模式存在的。所以，域外危险驾驶行为的立法一般不止一个罪名，其在司法中执法内容与形式当然更为多样化，既有对血液酒精含量的测试，又有对驾驶员醉酒状

---

① 梁宾：《危险驾驶罪研究》，中国人民公安大学出版社，2016 年，第 24 页。

② 2009 年 7 月 23 日在最高人民法院召开的针对“酒后驾驶”问题的研讨会，有学者提出将醉驾犯罪作为交通肇事罪和以危险方法危害公共安全罪之间的过渡性罪名。

③ “从法定刑的配置来看，危险驾驶罪应该是罪质上轻于交通肇事罪的犯罪。”见冯军：《论〈刑法〉第 133 条之 1 的规范目的及其适用》，《中国法学》2011 年第 5 期。

态的评估，还有对拒不检查与逃避行为的审查等。

（七）我国醉驾犯罪立法之完善

目前，我国醉驾犯罪立法之抽象危险犯面临出罪困难的批评，从克服抽象危险犯过度关注集体法益而忽视个人权益保护的角度，从比较域外地区危险驾驶行为的立法经验来看，在未来条件成熟启动我国醉驾犯罪的罪状修订时，笔者建议立法者可考虑将现有的醉驾犯罪进行拆分改造，将其拆分为三个罪名：特殊主体的危险驾驶罪、一般主体的危险驾驶罪与危险驾驶致人伤亡罪①。

（1）特殊主体的危险驾驶罪仍系抽象危险犯，青少年、职业驾驶员、专用工程车辆驾驶员等特殊主体在驾驶或驾车执行职务的场合，达到血液酒精含量的法定标准（可设定较低于现行 80 mg/100 ml 标准，如 40 mg/100 ml）即可入罪。其刑罚可设置得较为轻缓，如短期自由刑、单处罚金刑、非监禁刑等。

（2）一般主体的危险驾驶罪设定为具体危险犯，设定相关具体入罪的危险情节，如对现行血液酒精含量 80 mg/100 ml 的入罪标准，可通过现场醉酒测试排除醉酒状态，但具有醉驾发生负有责任的事故（但不构成其他犯罪）、再次醉驾、高速醉驾、醉驾营运载客等情节，可视为具体的危险而构成本罪。其刑罚可设定为一年以下有期徒刑或拘役、管制，整体上低于交通肇事罪的幅度刑。

（3）危险驾驶致人伤亡罪设定为结果犯，醉驾致人重伤或死亡应视为基本犯基础上的结果加重。交通肇事罪中所指“违反交通运输管理法规”的行为，只能是一般违法的交通行为。对于危害性达到犯罪的醉驾，国家已经通过刑事立法明文禁止，故不应该像对待一般违法交通行为一样，让交通肇事罪为危险驾驶行为分担其风险。醉驾犯罪进入刑法规制后，刑法已经明示了该行为的高度危险性，醉驾者比一般过失的行为人具有更高的可责性。因而，醉驾且因过失造成重大死伤事故的，当比从事一般驾驶过失的处罚应更加严厉。因此，醉驾造成重大死伤事故，应从交通肇事罪的情节加重犯中脱离出来，增设危险驾驶致死伤罪作为一般主体危险驾驶罪的结果加重犯，醉驾发生事故造成重伤或死亡的，其刑罚幅度刑应高于过失致人重伤罪、过失致人死亡罪、交通肇事罪，但低于“其他危险方法”危害公共安全罪（造成严重后果）的幅度刑，并由此产生对其限缩的效果②。

---

① 梁宾：《危险驾驶罪研究》，中国人民公安大学出版社，2016 年，第 192 页。

② 张明楷：《刑法修正案（十一）对口袋罪的限缩及其意义》，《当代法学》2022 年第 4 期。

如此改造，则能够有效地解决我国目前醉驾犯罪在刑法体系中覆盖范围过于狭窄的问题，同时，也能解决较大的主观恶性对应较小的法益扭曲的矛盾，还能有效消解实务中对醉驾犯罪抽象危险犯过于关注集体法益功能定位的批评。实际上此思路与域外立法经验较为趋同，即让危险驾驶行为覆盖于更多罪名、包含于更多的情形中而被区别对待，则一定程度上可以缓解抽象危险犯在个人自由权益需要保护的特定场景中之“秩序与自由的最佳平衡”① 的刑法难题，实现一般预防与个别正义的协调。

五、我国醉驾案件面临的司法困境

（一）出罪机制与刑罚轻缓化实践

为了减少巨量的醉驾案件对司法资源的耗费，观察期内，各地在司法实践中尝试对程序上的出罪机制进行调整创新，以此来化解案件数巨大所带来的影响。所谓程序上的出罪机制，主要是指在程序法上，将犯罪问题作非犯罪化处理的机制，包括撤销案件、不起诉制度，还包括理论上探讨的暂缓起诉制度、侦查阶段警察训诫、缓予刑事宣告制度等。观察期内出罪机制主要指撤回起诉、不起诉。学者将各种节制刑罚适用的措施称为刑罚缓冲程序②，在某种程度上，程序法上出罪机制会最终导致刑罚轻缓化的效果，比如嫌疑人认罪认罚、悔罪后可以不诉，也可以适用缓刑。所谓刑罚轻缓化，广义是指立法机关或司法机关将一些对社会危害不大，没有必要予以刑事惩罚，但又被现实法律规定为犯罪的行为，通过立法不再作为犯罪或者通过司法不予认定为犯罪，从而对它们不再适用或执行刑罚，在观察期内主要包括定罪不起诉、免刑、缓刑。在本书所观察期限内，以撤回起诉、不起诉、定罪免刑、缓刑方式结案的醉驾案件，相较无罪判决数量是巨大的，可明显感知在观察期内其整体的刑罚轻缓化程度还是较高的。

1. 不起诉

通过在 12309 中国检察网以“危险驾驶罪＋不起诉”为关键词搜索，得到 184858 件《不起诉决定书》信息（因信息披露内容有限且不属于无罪判决，未纳入样本内进行数据分析）。依据 2021 年 12 月 31 日起实施的《公安机关办理犯

---

① 姜涛：《论集体法益刑法保护的界限》，《环球法律评论》2022 年第 5 期。

② 何荣功：《刑法与现代社会治理》，法律出版社，2020 年，第 226 页。

罪记录查询工作规定》规定①来看，不起诉（以下简称不诉）即无犯罪记录，因此也属于广义上的无罪化的处理结果②。为了研究样本与不诉之间的相关性，本文引用了湖北地区披露的不诉案例③，并结合了其他地区部分代表性案例来进行讨论：

（1）主观恶性小且未造成实际损害后果而不诉。犯罪嫌疑人在朋友聚会时接到医院紧急电话，通知其妻子正在医院做全麻手术，因当晚附近没有代驾，甲×在明知喝酒的情况下仍驾驶机动车赶往医院，途中被查。经检测，其血液酒精含量在 120 mg/100 ml 以下。检察机关经审查认为，本案虽然已构成危险驾驶罪，但念在其主观动机是出于家人患病手术的紧急情况，主观恶性较小，其本人悔罪态度好，且未造成实际损害后果，犯罪情节轻微，出于社会和谐稳定因素的考虑，检察机关最终对其作出相对不起诉的处理。

（2）短距离挪车且未造成实际损害后果而不诉。犯罪嫌疑人酒后将其机动车交给没有喝酒的妻子驾驶，快到小区门口时，因妻子停车技术不佳，两人遂下车交换位置，由其驾驶将车停入小区停车位，但刚发动机动车即被交警查获。检察机关经审查，交通监控录像显示一路确由其妻子驾驶机动车，直至接近小区门口才下车交换。其经检测血液酒精含量在 120 mg/100 ml 以下。检察机关认为本案属于典型的短距离挪车，主观恶性较小，血液酒精含量较低，且未造成实际损害后果，无其他从重处罚情节等，依法可以作出相对不起诉的处理。

（3）共犯认罪认罚且悔罪而不诉。犯罪嫌疑人在酒后将其车钥匙交给同样喝过酒的男友驾驶被查，其男友血液酒精含量达到法定起诉标准，已依法提起公诉。虽其未亲自驾驶机动车，但其让男友酒后驾驶自己的机动车的行为，已和男友构成危险驾驶罪的共同犯罪。检察机关在审查该案时，重点考虑了嫌疑人具有自愿认罪认罚、到案后如实供述自己罪行的行为，系初犯，未造成交通事故等实际损害后果，且在公开听证时进行了深刻反省，悉心接受听证员规劝教育，悔罪态度好，最终对其作出相对不起诉的处理。

（4）涉营商主体且具有防疫贡献而合规不诉。犯罪嫌疑人为某公司股东，醉

---

① 本规定所称的犯罪记录，是指我国国家专门机关对犯罪人员的客观记载。除人民法院生效裁判文书确认有罪外，其他情况均应当视为无罪。

② 我国 2013 年—2015 年检察机关整体不起诉率维持在 5%左右。见刘仁琦、陈艳雪：《醉酒型危险驾驶罪的程序出罪机制探究》，《中国刑事辩护》（2019 年第 1 期），社会科学文献出版社。

③ 《检察机关审查醉驾案件不起诉考量因素 ——以人民监督员的视角》，https://mp.weixin.qq.com/s/1ep2Rh9RV1lQSJYQYQNZLQ。

酒驾驶机动车被查，经检测，其血液酒精含量刚刚略超 160 mg/100 ml，但未造成交通事故等实际损害后果。经审查，本案提交了在疫情期间其作出防疫贡献的证明、所在公司营业执照、企业信用公示信息、近三年纳税证明等在案证据，符合涉营商市场主体的相关要求。检察机关认为，其身份为公司股东，符合企业投资者的主体要件，本案无其他从重情节，基于疫情以来保护市场营商环境的政策考虑，根据《湖北省人民检察院关于充分发挥检察职能依法保障复工复产促进经济社会加快发展的意见》《湖北省人民检察院关于充分发挥检察职能优化营商环境的意见》等相关规定，结合在案证据，本案符合不起诉条件，经综合考虑最终对其作出相对不起诉的处理。

（5）附条件不起诉。张×与朋友聚会喝酒后驾驶轿车途经塘下广场路北大桥时，碰撞了停在桥上的人力三轮车，致使三轮车车主冷×受伤，两车不同程度受损，张×负全部事故责任。经血样检验，张×血液中乙醇含量为 139 mg/100 ml。事后张×家属与冷×达成调解，张×赔偿冷×经济损失 8000 元。依据瑞安市检察院、瑞安市公安局、瑞安市司法局、瑞安市“爱心顺风车”公益组织《关于“醉驾”案件实行购买公益服务落实不起诉的意见》，先由“爱心顺风车”公益组织安排张×学习交通规章、担任交通劝导员，在交警规定的区域进行交通劝导和宣传等公益服务；在达到规定的 30 小时以上服务时限后，由该公益组织联合公安机关评估张×表现，出具书面考察报告，最终瑞安市检察院对张×作出不起诉的决定①。

（6）紧急避险而不诉陈×祝危险驾驶案②。陈×祝的血液酒精含量为 172.1 mg/100 ml，因岳父突发心脏问题需要紧急抢救，家距离医院不到 2 公里，陈×祝选择醉酒驾驶送岳父到医院就医。案发后，陈×祝的悔罪态度较好，经查其近 3 年无交通违法记录，第三方机构测评其再犯罪风险系数为较低度，故检察官与相关证人核实案件事实后，对其作出酌定不起诉，但需完成 50 小时的交通志愿服务。

2. 免于刑事处罚

我们使用 Alpha 系统，通过在高级搜索中设定以“危险驾驶罪”为标题，以“刑事”案由，以“犯危险驾驶罪，免于刑事处罚”为条件，在本书观察期内得到 913 篇裁判文书。对其进行分类统计，可以得出以下结果：一审案件有 902 件，

① 《瑞安市检察院购买公益服务落实醉驾不起诉》，浙江检察网，http://www.zjjcy.gov.cn/art/2017/11/28/art_33_52361.html。

② 佛山市禅城区人民检察院课题组：《危险驾驶罪的实践分析与法律适用研究》，《法制与经济》2021 年第 2 期。

二审案件有11件；从分布的年份来看，2018年、2019年和2020年定罪免于刑事处罚（以下简称免刑）判决较多，分别占24%、26%和14%；2019年达到峰值，为233件；案件平均审理天数为26天（具体数据参见图15、图16）。

图15　醉驾免于刑事处罚历年数量趋势情况

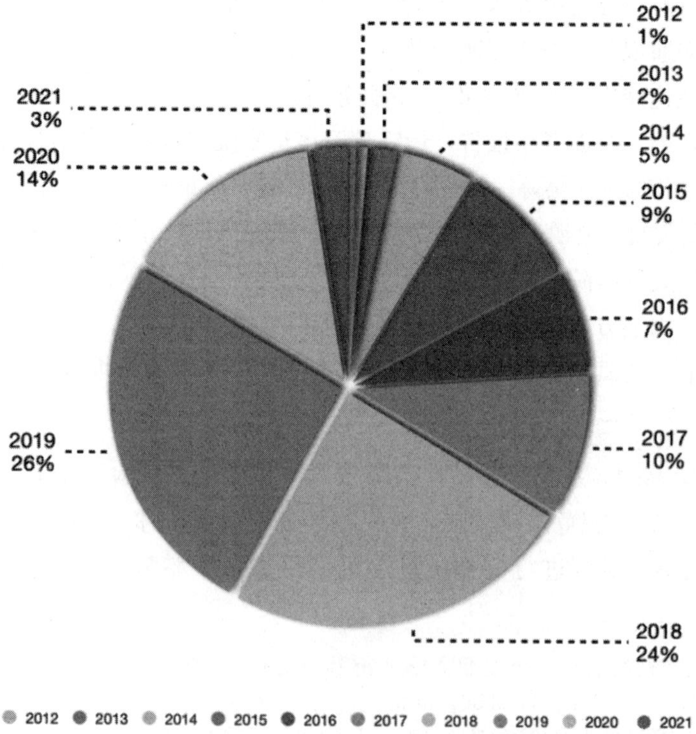

图16　醉驾案件免于刑事处罚历年权重情况

从地域分布来看，免刑案件排名前五的区域是内蒙古、浙江、陕西、新疆和河北，分别占比 39%、8%、5%、5%和 5%。其中，内蒙古自治区的免刑案件量最多，达到 352 件，最高远远超过其他区域（具体数据参见图 17）。

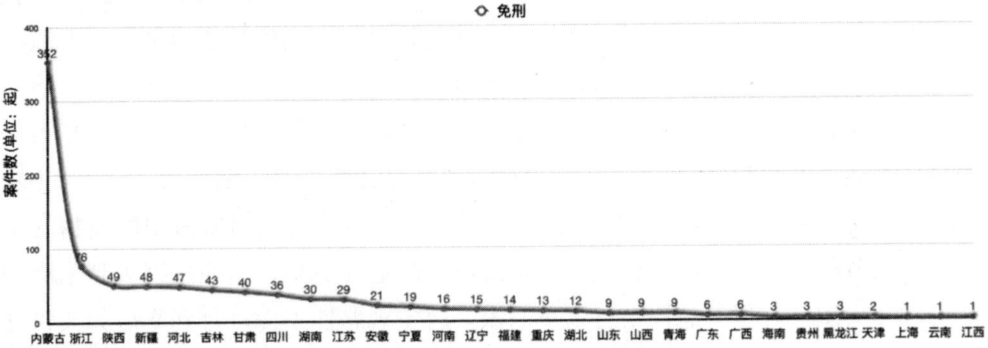

图 17　醉驾案件免于刑事处罚地域分布情况

我们还通过百度检索到以下代表性的免刑案例：

中国首例醉驾案[①]：2011 年 5 月 3 日午夜，王×与妻子发生争吵后喝了一杯白酒，然后驾车独自外出，后被交警查获。经检测，其血液酒精含量为 83.06 mg/100 ml。同年 6 月 3 日，克拉玛依市克拉玛依区人民法院对该案公开宣判：王×在道路上醉酒驾车，构成危险驾驶罪，由于其犯罪情节轻微，对其免刑处罚。

北京市第二中级人民法院（2017）京 02 刑终 460 号案[②]：赵×于案发前醉酒，因其子生病，遂驾车带孩子去某儿童医院就医。途中在民警夜查时归案，其危险驾驶行为未造成实际危害后果，一审法院以危险驾驶罪从轻判处赵×拘役 1 个月。二审法院经审理后认为，赵×醉酒后在道路上驾驶机动车，其行为已构成危险驾驶罪，依法应予以惩处，但其犯罪情节轻微，不需要判处刑罚。对于赵×所提到案后如实供述犯罪事实，且未发生实际危害后果、社会危害性较小等上诉理由予以采纳，据此，撤销一审判决，对赵×改判免刑处罚。

（2016）冀 0102 刑初 50 号案[③]：康×明知自己饮酒，仍在道路上驾驶汽车挪车，其具有危险驾驶罪的主观故意，其驾驶目的是挪车，驾驶汽车刚起步就发生

① 胡大敏、李熙：《中国首例醉酒免刑案宣判》，亚心网，https://www.qingdaonews.com/gb/content/2011-06/08/content_8811873.htm。

② 周光权主编：《如何解答刑法题》，北京大学出版社，2021 年，第 356 页。

③ 《酒后挪车构成犯罪吗?》，https://mp.weixin.qq.com/s/rjF2Ks93QWi81-6Rn-30hw。

了与其他车辆碰撞的结果，其静脉血中酒精含量达到162.40 mg/100 ml，说明其驾驶能力已受到酒精的严重影响，其醉酒后挪车的行为不仅具有发生危害结果的高度危险，且已发生了实害结果，故石家庄市长安区人民检察院指控被告人康×犯危险驾驶罪，事实清楚，证据确实、充分，罪名成立。考虑到康×因挪车而在道路上醉酒驾驶机动车，行驶距离较短、速度较慢、未发生严重后果且案发后赔偿了被害人经济损失，犯罪情节轻微，可以免刑处罚。

吴×明危险驾驶案①：2011年7月27日1时35分许，吴×明饮酒驾车被交警当场查获，经血检结论为89.4 mg/100 ml。另查明，吴×明的女儿于2011年7月27日至28日因发热在医院就诊。人民法院认为，吴×明血液中的酒精含量不高，其醉驾的距离和时间较短，且未造成实际危害后果；当晚系因听到未满周岁的女儿生病，心里着急而自行驾车回家，故主观恶性不深；且到案后如实供述罪行，庭审中具有认罪、悔罪表现。鉴于吴×明系被查获而停止醉驾，被查获时已行驶约1.8公里，综合考虑认定吴×明的醉驾行为属于“情节轻微”而非“情节显著轻微危害不大”情形。依照刑法第37条的规定，依法免予刑罚。

3. 撤回起诉

我们还通过百度检索到以下代表性的撤回起诉（以下简称撤诉）案件：

陈×勇危险驾驶案②：陈×勇为庆祝妻子生日，邀请朋友到住处吃晚饭。被告人陈×勇喝了一杯多红酒。当晚陈×勇妻子欲上楼休息时突然倒地昏迷不醒，陈×勇随即让女儿拨打120求救。120回复附近没有急救车辆，要从别处调车，具体到达时间不能确定。陈×勇得知后即驾驶小型轿车，将妻子送至医院抢救，后被当场查获。经鉴定，陈×勇血液中检出乙醇成分，其含量为223 mg/100 ml血液。江苏省江阴市中级人民法院认为，虽然陈×勇客观上实施了在道路上醉酒驾驶机动车的行为，但其行为构成紧急避险，依法不负刑事责任。江阴市检察院决定撤回起诉。

唐×彬危险驾驶案③：唐×彬的女友郑×驾车与出租车发生刮擦，郑×将车

① 最高人民法院刑事审判一至五庭：《刑事审判参考》，法律出版社，2014年，第21～25页。

② 韩锋、王星光、杨柳：《为送亲属就医醉驾构成紧急避险》，《人民司法》2020年第23期。

③ 最高人民法院刑事审判一至五庭：《刑事审判参考》，法律出版社，2014年，第16～20页。

开至福红路交巡警平台接受处理。郑×停车时挡住了阳光华庭小区的后门车库，民警催促其挪车。因郑×驾驶技术不好，唐×彬便亲自驾车挪动位置，在此过程中其驾驶车辆撞上停靠在路边的汽车。民警立即将唐×彬抓获。经鉴定，唐×彬血液酒精含量为 206.7 mg/100 ml。一审法院以唐×彬犯危险驾驶罪，判处拘役四个月，并处罚金二万元。一审宣判后唐×彬提出上诉，重庆五中院经审理认为，原判认定事实不清，证据不足，裁定撤销一审判决发回重新审判，重庆市南岸区人民检察院撤回起诉。

祝×忠危险驾驶案[①]：祝×忠在一棋牌室饮酒吃饭与他人发生冲突。在群众报警后祝驾驶车辆在爬水泥台阶时，民警追至要求其下车，祝×忠随即下车接受调查，酒精含量呼气测试结果为 173 mg/100 ml。经鉴定，其血液乙醇含量为 162 mg/100 ml。浙江省江山市人民法院经审理认为，祝×忠在道路上醉酒驾驶机动车，其行为已构成危险驾驶罪。一审宣判后祝×忠不服提出上诉。浙江省衢州市中级人民法院认为，鉴定意见因程序严重违法而排除，而呼气酒精含量不可单独作为本案定罪依据，将案件发回重审。江山市人民检察院申请撤回起诉。

4. 缓刑

《中华人民共和国刑法》第 72 条之规定适用缓刑，需要同时满足以下条件：其一，犯罪情节较轻；其二，有悔罪表现；其三，没有再犯罪的危险；其四，宣告缓刑对所居住社区没有重大不良影响。本书引用查询到的研究数据[②]进行分析，观察期内醉驾案件每年适用缓刑的比例趋势情况，是一个逐渐升高至 2018 年后稍有下降的过程（具体参见图 18），可见，其间审判实践趋于认为大部分的醉驾案件，均属于“犯罪情节较轻”情形而予以适用缓刑。因醉驾案件各地适用缓刑数量众多且标准不一，查询到的研究数据反映出观察期内我国整体上醉驾案件的缓刑率约为 43%[③]。

对于醉驾案件刑罚轻缓化的必要性问题，在学界大致有三种倾向，一是慎重适用论，主张对醉驾应当慎用缓刑和免刑，代表学者有赵秉志教授；二是等同适

---

① 金朝文、张旭：《血液乙醇含量鉴定程序违法的鉴定意见应予排除》，《人民法院报》2018 年 9 月 13 日。

② 北京市京都律师事务所：《“醉驾入刑”司法适用十周年白皮书》，https://baijiahao.baidu.com/s?id=1699695379602313908&wfr=spider&for=pc。

③ 北京市京都律师事务所：《“醉驾入刑”司法适用十周年白皮书》，https://baijiahao.baidu.com/s? id=1699695379602313908&wfr=spider&for=pc。

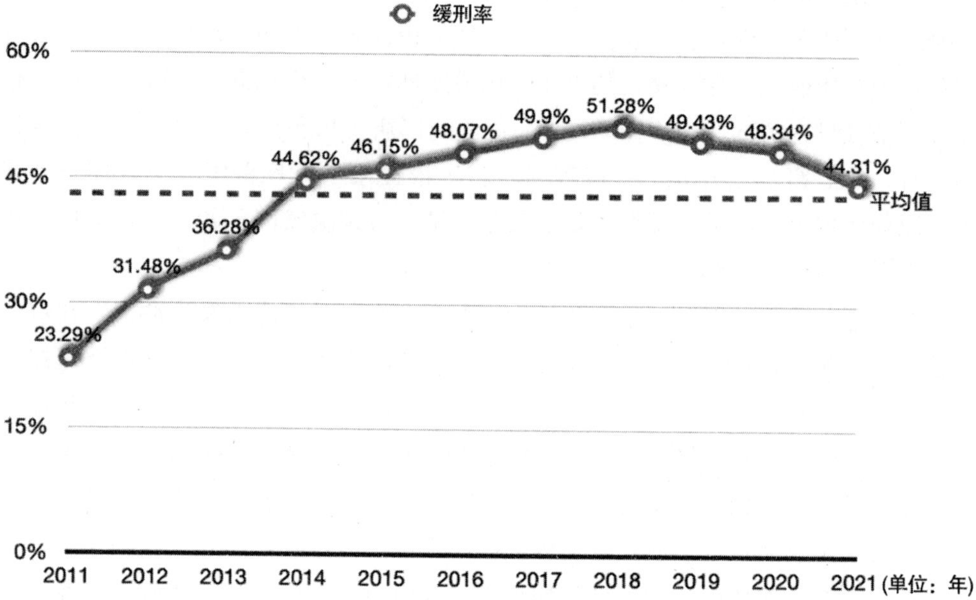

图 18　危险驾驶案件适用缓刑率趋势图

用论，主张依照刑法第 72 条的规定当缓则缓、当免则免，代表学者有冯军教授；三是优先适用论，主张醉驾犯罪属于微罪，反对对微罪进行重罚，入罪本身就是一种处罚，故应考虑积极适用缓刑和免刑，代表学者为储槐植教授①。从本书的观察期来看，醉驾案件缓刑率水平比较高，综合推算醉驾犯罪总体的情况，包括不诉、缓刑在内约达到 53%左右，整体上的轻缓化程度已较高，实际呈现为优先适用论的效果。

5. 小结

2017 年 5 月 1 日，最高人民法院发布《关于常见犯罪的量刑指导意见（二）（试行）》规定："对于醉酒驾驶机动车的被告人，应当综合考虑被告人的醉酒程度、机动车类型、车辆行驶道路和行车速度是否造成实际损害以及认罪悔罪等情况，准确定罪量刑。对于情节显著轻微危害不大的，不予定罪处罚；犯罪情节轻微不需要判处刑罚的，可以免予刑事处罚。"涉及刑法第十三条与第三十七条选择适用的问题，前者是认定无罪的依据，后者是免刑的依据，两者适用均涉及

① 吴超莹：《醉驾入刑十年之刑罚执行研究》，《广州广播电视大学学报》2021 年第6 期。

"情节轻微"因素，而撤案[①]、不诉与缓刑的适用也应具备"情节轻微"因素。那么，都包含"情节轻微"因素，在司法实践的醉驾案件中如何把握各种"情节轻微"的边界，即如何把握"情节轻微""情节显著轻微""情节显著轻微危害不大"之间的界限，在实务中比较困难。2011 年 5 月 6 日，最高人民法院曾发布《关于正确适用〈刑法修正案（八）〉依法追究醉酒驾车犯罪案件的紧急通知》指出，虽然《刑法修正案（八）》在规定醉驾型危险驾驶罪时，没有以情节严重或情节恶劣为前提条件[②]，但根据刑法第十三条的规定，行为情节显著轻微危害不大则不认为是犯罪。但是，该通知在社会上引起了广泛争议[③]，被认为最高法院有越权解释之嫌；随后公安部表示对醉驾者一律刑事立案[④]，最高人民检察院也表示对于醉驾案件不存在选择性，一律按照法律程序起诉[⑤]。最终，在 2013 年制定《关于办理醉酒驾驶机动车刑事案件适用法律若干问题的意见》的过程中各方就此问题仍无法达成一致[⑥]，最高院为此曾介绍说："对部分尚不能解决的问题，留待条件成熟后再解决。"[⑦] 所以，在其后的审判实践中少有人民法院适用刑法第十三条的规定，直接认定不构成醉驾犯罪；而多是适用刑法第三十七条的规定予以免刑[⑧]。有学者指出，对于醉驾但不发生预设实质危险因素（情节轻微危害不大），在四要件理论中通过犯罪客体要件可排除犯罪；在三阶层理论中，通过实质违法性理论以欠缺处罚根据为由来排除犯罪[⑨]，因此，四要件与三阶层理论均可以将其作为出罪事由。样本中第 21 号案就是一个既可以理解为四要件理论中但书条款的运用，也可以视为三阶层理论中无预设实质违法性的适用的案

---

① 浙江地方规定，酒精含量在 100 mg/100 ml 以下，可以认为是情节显著轻微，不移送审查起诉。

② 《全国人民代表大会法律委员会关于〈中华人民共和国刑法修正案（八）草案〉审议结果的报告》，2011 年 2 月 23 日第十一届全国人民代表大会常务委员会第十九次会议。

③ 赵蕾：《醉驾入罪起争议　最高法院的菩萨心肠》，《南方周末》2011 年 5 月 19 日。

④ 邢世伟：《公安部：全国日均查醉驾 136 起一律刑事立案》，《新京报》2011 年 5 月 18 日。

⑤ 邢世伟：《最高检：醉酒驾驶案证据充分一律起诉》，《新京报》2011 年 5 月 24 日。

⑥ 王殿学：《两高司法解释迟迟未出，关键在醉驾能否判无罪》，《南方都市报》2012 年 10 月 9 日。

⑦ 高贵君、马岩、方文军，等：《〈关于办理醉酒驾驶机动车刑事案件适用法律若干问题的意见〉的理解与适用》，《人民司法》2014 年第 3 期。

⑧ 高贵君、马岩：《危险驾驶刑事案件办案指南》，人民法院出版社，2014 年，第 998 页。

⑨ 丛日禹：《醉酒驾驶犯罪研究》，法律出版社，2015 年，第 20 页。

例。另外，江苏省高院、检察院、公安厅（苏高法〔2013〕328 号）《关于办理醉酒驾驶案件的座谈会纪要》明确指出，在农村人员稀少、偏僻道路上醉酒驾驶摩托车，行为人血液酒精含量未超过醉酒标准 20%，且未发生事故，或者虽然发生交通事故但仅造成自伤后果或者财产损失在 2000 元以内的，可以认定为犯罪情节显著轻微，不作为犯罪处理。但反对者认为，以“情节轻微危害不大”为由判决无罪，实际上是将醉驾犯罪改造为具体危险犯，至少带来两个现实问题：第一，不具有可操作性，对具体危险的要求将极大地增加执法成本；第二，产生模糊地带，导致公众对执法公正的质疑。因此，所产生的损害并不明显小于抽象危险犯；并且就治理醉酒驾驶的社会效果而言，具体危险犯的效果肯定不如抽象危险犯①。

最高人民法院在对《刑事审判参考》第 896 号指导案例评析中指出，从醉驾的社会危害程度和人身危险性入手，以“定性＋定量”的方式区分量刑，一是，根据刑法第七十二条规定，醉驾情节较轻的，依法适用缓刑。对于没有发生交通事故，且认罪、悔罪，无其他从重处罚情节的，认定为情节较轻；对于虽然发生交通事故，但只造成轻微人身伤害或者财产损失，且积极赔偿取得谅解，无其他从重处罚情节的，也可以认定为情节较轻②。二是，根据刑法第三十七条规定，犯罪情节轻微免予刑事处罚的，除不低于缓刑的适用条件外，还应当同时具备以下条件：被告人无从重处罚情节，且积极赔偿，取得被害人谅解；至少具备一项从宽情节，如自首、坦白、立功、自动停止醉驾等；血液酒精含量在 160 mg/100 ml 以下；有符合情理的醉驾理由，如为救治病人而醉驾、误以为醒酒而醉驾、为挪动车位而短距离醉驾等。三是，根据刑法第十三条规定，犯罪情节显著轻微危害不大的不认为犯罪的，除不低于免予刑事处罚的适用条件外，在“量”上应当更加严格把握，要求同时具备以下条件：没有发生交通事故或者仅造成特别轻微财产损失或者人身伤害；血液酒精含量 100mg/100ml 以下；醉驾的时间和距离极短或场所极其空旷，几乎没有发生交通事故的可能性，比如行为人醉酒后在空无一人的停车场内短时间驾驶机动车的③。以上可见最高院还是将血液酒

① 李翔：《论微罪体系的构建——以醉酒驾驶型危险驾驶罪研究为切入点》，《政治与法律》2022 年第 1 期。

② 最高人民法院刑事审判一至五庭：《刑事审判参考》，法律出版社，2014 年，第 23～25 页。

③ 《〈刑法修正案（九）〉条文及配套司法解释理解与适用》，人民法院出版社，2015 年，第 125 页。

精含量作为醉驾案件判断罪与非罪的重要因素。同时，我国数十个省份的司法机关均出台了各种形式的司法政策[①]，其中最具可操作性的做法，就是划定血检酒精含量标准的不起诉制度。根据最高院调研数据显示，在司法实务中醉驾者血检160 mg/100 ml以上的约占40%；200 mg/100 ml以上的约占20%[②]，因此各地政策一般将160 mg/100 ml与200 mg/100 ml作为数值节点，通常会将160 mg/100 ml以内视为一个层次的情节轻微，适用刑法第三十七条予以定罪免刑；而将200 mg/100 ml以内160 mg/100 ml以上作为另一层次的情节轻微而适用缓刑。比如，安徽省高级人民法院《关于审理“醉驾”刑事案件量刑工作指引》，江苏省高级人民法院、江苏省人民检察院、江苏省公安厅《关于办理醉酒驾驶案件若干意见》，湖北省高级人民法院审判委员会《关于扩大量刑规范化罪名和刑种的量刑指导意见（试行）》，天津市高级人民法院《关于扩大量刑规范化罪名和刑种的量刑指导意见（试行）》，四川省高级人民法院《〈关于常见犯罪的量刑指导意见〉实施细则》，陕西省高级人民法院、陕西省人民检察院、陕西省公安厅《关于贯彻〈办理醉驾刑事案件适用法律若干问题的意见〉的实施细则》，河南省人民检察院《关于积极参与社会治理提升醉驾案件相对不起诉质效的指导意见》，湖南省高级人民法院、湖南省人民检察院、湖南省公安厅《关于办理醉酒驾驶机动车刑事案件若干问题的会议纪要》，重庆市高级人民法院、重庆市人民检察院、重庆市公安局《关于办理危险驾驶犯罪案件法律适用及证据规范问题的座谈会综述》，佛山市《关于办理“醉驾”案件若干问题的指导意见》等。具体参看下表[③]。

省份	关于免除刑罚、不起诉、缓刑的具体规定
湖南省	• 酒精含量在160 mg/100 ml以下的，可以不起诉或者免予刑事处罚。 • 血液酒精含量在200 mg/100 ml以上的，不适用缓刑。 • 有重大立功表现的，可以减轻或者免除处罚。

① 印波、袁韬：《附条件不起诉在醉驾案件中的适用》，《司法警官职业教育研究》2021年第4期。

② 高贵君、马岩、方文军，等：《〈关于办理醉酒驾驶机动车刑事案件适用法律若干问题的意见〉的理解与适用》，《人民司法》2014年第3期。

③ 印波、袁韬：《附条件不起诉在醉驾案件中的适用》，《司法警官职业教育研究》2021年第4期。

续表

省份	关于免除刑罚、不起诉、缓刑的具体规定
重庆市	•不起诉或免予刑罚：酒精含量在 80 mg/100 ml～130 mg/100 ml 之间且认罪悔罪，无严重情节，可不起诉或免予刑罚。 •除外情形：1. 无证驾驶；2. 超员、超载、超速；3. 发生交通事故；4. 驾驶营运车辆等。 •缓刑：酒精含量在 80 mg/100 ml～200 mg/100 ml 之间且认罪悔罪可考虑适用缓刑；200 mg/100 ml 以上的，从严适用缓刑。
浙江省	•不起诉或免于刑事处罚：1. 醉酒驾驶汽车，酒精含量在 170 mg/100 ml 以下，认罪悔罪且无从重情节，犯罪情节轻微；酒精含量在 100 mg/100 ml 以下，且无从重情节，危害不大的可不移送审查起诉；2. 醉酒驾驶摩托车，没有造成他人轻伤及以上后果，认罪悔罪，酒精含量在 200 mg/100 ml 以下，犯罪情节轻微；酒精含量在 180 mg/100 ml 以下，危害不大的可不起诉。 •缓刑：醉酒驾驶汽车或摩托车，无从重情节且认罪悔罪，符合缓刑适用条件的，可适用缓刑。 •除外情形：1. 造成他人轻伤及以上后果；2. 高速路上醉驾；3. 醉酒驾驶营运车辆或严重超员、超载、超速等；4. 无证驾驶；5. 明知是报废车仍驾驶；6. 抗拒查处；7. 诉讼期间拒不到案或逃跑；8. 有前科等。
安徽省	•免予刑事处罚 ：1. 血液酒精含量未达到 130 mg/100 ml，无从重情节；2. 血液酒精含量在 130 mg/100 ml～150 mg/100 ml 之间，无从重情节，系短距离挪动车位，非因检查原因自动停止驾驶、隔夜醉驾等情形；3. 对于具有紧急就医、见义勇为等特殊情形，或者有立功表现的，可根据具体情况免予刑事处罚。 •缓刑：1. 血液酒精含量未达到 200 mg/100 ml，且不具有从重情节，符合缓刑条件可适用缓刑；2. 血液酒精含量达到 200 mg/100 ml 以上，或虽未达到 200 mg/100 ml，但是具有从重处罚情节，一般不得适用缓刑。 •除外情形：1. 发生交通事故且负事故全部或者主要责任，或者造成交通事故后逃逸；2. 高速路上驾驶；3. 驾驶校车、营运车辆、特殊物品运输车等；4. 严重超员、超载、超速等；5. 无证驾驶；6. 明知是报废车仍驾驶；7. 抗拒查处；8. 诉讼期间拒不到案或逃跑；9. 有前科等。

续表

省份	关于免除刑罚、不起诉、缓刑的具体规定
江苏省	•不作为犯罪处理：在农村人员稀少、偏僻道路上醉酒驾驶摩托车，行为人酒精含量未超过醉酒标准 20%，且未发生事故，或者虽然发生交通事故但仅造成自伤后果或者财产损失在 2000 元以内的。 •缓刑：对于醉酒驾驶机动车情节较轻，符合刑法第七十二条规定。 •除外情形：1. 发生交通事故，造成损害后果；2. 违反道交法；3. 酒精含量在 200 mg/100 ml 以上；4. 驾驶营运客车等；5. 在高速公路或城市快速道路上驾驶；6. 抗拒查处；7. 有前科。
湖北省	•免予刑事处罚：1. 醉酒程度在 100 mg/100 ml 以下的初犯（实务中现已放宽至 120 mg/100 ml～160 mg/100 ml），未造成其他损害后果或者仅致本人受伤的；2. 醉酒程度较轻，因急病救人、短距离移动车位、非路检原因主动放弃驾驶、隔夜醒酒后开车，未造成其他损害后果或者仅致本人受伤的。 •缓刑：1. 积极赔偿；2. 取得被害人谅解；3. 醉酒程度较轻。 •除外情形：1. 酒精含量达到 240 mg/100 ml 以上；2. 组织追逐竞驶；3. 毒驾等。
天津市	•免于刑事处罚：醉酒程度在 100 mg/100 ml 以下且系初犯，认罪、悔罪，未造成其他损失或后果的。 •缓刑：1. 认罪、悔罪，积极赔偿；2. 取得被害方谅解；3. 醉酒程度较轻。 •除外情形：1. 酒精含量达到 200 mg/100 ml 以上；2. 组织追逐竞驶；3. 毒驾；4. 超载，无证驾驶；5. 有前科；6. 肇事逃逸；7. 抗拒查处。
四川省	•免于刑事处罚：1. 醉酒程度在 130 mg/100 ml 以下且不具有严重情形；2. 醉酒程度在 150 mg/100 ml 以下且系初犯，具有急救病人、短距离挪动车位、非路检原因主动放弃醉驾、隔夜醒酒后开车等情形未造成其他损失或后果。 •除外情形：1. 无证驾驶；2. 驾驶客运车辆等；3. 发生交通事故；4. 密集路段、高速路驾驶；5. 抗拒查处等。 •缓刑的除外情形：1. 酒精含量达到 200 mg/100 ml 以上；2. 组织追逐竞驶；3. 毒驾；4. 超载，无证驾驶；5. 有前科；6. 肇事逃逸；7. 抗拒查处。

续表

省份	关于免除刑罚、不起诉、缓刑的具体规定
陕西省	•情节轻微或显著轻微：1. 醉酒程度刚超过 80 mg 的标准；2. 醉驾摩托车；3. 醉驾目的是挪车或救人；4. 酒后间隔时间较长；5. 尚未驶入道路。 •缓刑：1. 造成交通事故后逃逸的，原则上不适用缓刑；2. 造成交通事故致人轻微伤以上的，从严适用缓刑。
辽宁省	•不起诉或免于刑事处罚：1. 酒精含量在 130 mg/100 ml 以下，无严重情节；2. 酒精含量低于 180 mg/100 ml，且不具有行驶目的，未发生交通事故。 •缓刑：酒精含量低于 180 mg/100 ml，认罪悔罪，不具有严重情节。 •除外情形：酒精含量达到 180 mg/100 ml 以上，或具有严重情节。

瑞安市《关于“醉驾”案件实行购买公益服务落实不起诉的意见》的出台，被学者认为是在法定不诉与酌定不诉之外，开创了我国醉驾案件的“附条件不起诉”制度的新探索①，是对《刑事诉讼法》第二百八十二条的扩张解释运用，是检察官行使在相对不诉（刑法第三十七条）之上进一步的无罪化处理，也是检察程序分流权的一种出罪机制②。从整体上来看是各地方将各种不诉政策作为醉驾案件的一种出罪机制。但不诉政策中的相关幅度标准与考核方式相差太大，因此，湖南省人民检察院的《关于危险驾驶（醉驾）犯罪案件不起诉参考标准（试行）》，浙江省的《浙江省高级人民法院、浙江省人民检察院、浙江省公安厅关于办理“醉驾”案件若干问题的会议纪要》，河南省人民检察院的《关于积极参与社会治理提升醉驾案件相对不起诉质效的指导意见》，辽宁省高级人民法院、辽宁省人民检察院、辽宁省公安厅的《关于办理醉酒驾驶机动车犯罪案件刑罚适用若干问题的会议纪要》③ 等都做了具体的规定。上述规定体现出我国司法实务由起诉法定主义向起诉裁量主义的转变④。但相关数据反映出，在有的地方相对不

① 印波、袁韬：《附条件不起诉在醉驾案件中的适用》，《司法警官职业教育研究》2021年第4期。

② 蔡巍：《“醉驾”不起诉裁量权的适用及完善》，《苏州大学学报》（社会科学版）2019年第5期。

③ 印波、袁韬：《附条件不起诉在醉驾案件中的适用》，《司法警官职业教育研究》2021年第4期。

④ 何群、康志雄：《危险驾驶罪之出罪研究：从新康德主义的视角》，《太原理工大学学报》（社会科学版）2022年第4期。

诉的适用比例达到70%，而有的地方只有1.1%①。且各地司法政策在具体的执行过程中缺乏刚性约束，比如通过搜索发现《湖南省血液乙醇含量超200 mg/100 ml危险驾驶刑事案件不起诉案例》② 一文中，所述7个不起诉案例乙醇含量均超过200 mg/100 ml，其中雁检公诉刑不诉〔2018〕15号案例，乙醇含量甚至达到220.06 mg/100 ml。

从观察期内各地司法实践来看，醉驾案件从撤案、不诉到免刑，再到缓刑，最后到无罪，适用的理由都包含情节轻微因素，但每一层次的情节轻微显然不同，每一层次都更进一步，实际上将情节轻微分为五个层次的递进结构，无罪则达到"情节显著轻微危害不大"的最高层次③。而五者之间层次结构具体的边界在哪里，各地刑事司法政策把握的标准并不一致，存在明显的混乱现象。有学者认为，要解决这种模糊的办法，就要设定全国统一醉驾案件适用不诉、免刑、缓刑的酒精含量标准。我们认为，设定统一标准并不能解决醉驾案件数量巨大耗费司法资源的司法困境。首先，情节轻微的标准是多样的，而不仅指单一的酒精含量数值，且情节轻微之外还可能有其他考量因素；其次，如此设定会进一步陷入唯数值论的误区，并不会减少总体上的案件数量；最后，无论怎么判断情节轻微以适用撤案、不诉、无罪、免刑、缓刑，只是改变其整体上的醉驾案件刑罚轻缓化的程度，但大部分的案件还是需要人民法院进行裁判，依然严重挤占法院审判资源。司法实务之所以局限在划分情节轻微的误区中，是因为没有正确地认识到观察期内醉驾案件所面临的司法困境：一是抽象危险犯的立法设计产生了大量的案件，严重耗费了司法资源，特别是挤占了法院的审判资源；二是因为刑事司法体制"直筒式"构造，未设定重罪、轻罪、微罪有区别的刑罚制度及附随后果规定，导致不能有效实现立法时为醉驾入刑所设计的社会治理功能。

从样本来看，只有第4、21号案例的裁判要点是涉及情节轻微，样本中的其他19个无罪关键因素并不涉及情节轻微的问题。有学者认为刑法第十三条但书条款的情节轻微是醉驾案件的出罪事由，但现实是醉驾犯罪作为代表性的微罪而言，立法上犯罪门槛下降程度越大就导致微罪数量与规模越大，而微罪立法扩张

① 蔡巍：《"醉驾"不起诉裁量权的适用及完善》，《苏州大学学报》（社会科学版）2019年第5期。

② 《湖南省血液乙醇含量超200 mg/100 ml危险驾驶刑事案件不起诉案例》，http://www.360doc.com/content/20/0320/11/69142156_900496978.shtml。

③ 刘艳红：《实质出罪论》，中国人民大学出版社，2020年，第70页。

是积极刑法观下不可逆转的趋势。因此，要解决其耗费司法资源的困境，不能去想办法降低案件数量，而是需要创新程序法上的出罪机制①。有学者认为，需要将90％②醉驾案件通过撤案、不诉、免刑、缓刑的方式结案，如此就必须让公安交管机关与检察院参与到醉驾案件的程序分流中，不让每一个案件最终都要人民法院进行裁判结案，即通过程序上的分流将法院审判资源被挤占的强度摊薄，如此才能有效解决耗费司法资源的困境。所以，司法实务更多需要的是多种节制刑罚的措施，不让全部的醉驾案件均按普通程序最终流转到人民法院去办理，而应当创新程序法上的出罪机制，通过公安交管机关与检察院去消化相当数量的案件，比如建立警方撤销案件制度、警察告诫制度、罚款通知程序、暂缓起诉制度、附条件不诉等，将没有严重后果的大量案件通过各种形式的撤案、不诉的方式结案，并形成全国较为统一的“漏斗式”犯罪过滤机制③，从而缓解醉驾案件对司法资源的耗费，尤其是对法院审判资源的挤占。

（二）抽象危险犯与情节犯之间的徘徊

我国醉驾犯罪曾呈现多发、高发态势，严重危害了广大人民群众的生命安全。例如1997年河南张金柱案④、南京张明宝醉酒驾车案、成都孙伟铭醉酒驾车案、广东黎景全醉酒驾车案等等。2010年4月28日，在第十一届全国人大常委会第14次会议上国务院做了《国务院关于加强道路交通安全管理工作情况的报告》，凤凰网曾就对醉驾入刑对16341人进行了在线调查，结果在参与投票的人中，92％的支持，只有6.5％的反对，还有1.5％的持模糊态度。公众普遍对醉驾危险难以容忍的呼声得到了理论界和实务界的回应，立法几经易稿⑤，最终以抽象危险犯的形式将醉驾入刑。这个过程反映了刑事立法的宣示或者象征意义，为公众提供象征性的安全感和情感归宿⑥。本书通过将样本与撤诉、不诉、

---

① 何荣功：《刑法与现代社会治理》，法律出版社，2020年，第244页。

② 魏东：《我国“轻微罪”立法与司法的理性思考》，《贵州大学学报》（社会科学版）2022年第1期。

③ 何荣功：《我国轻罪立法的体系思考》，《中外法学》2018年第5期。

④ 丛日禹：《醉酒驾驶犯罪研究》，法律出版社，2015年，第348页。

⑤ 《全国人民代表大会法律委员会关于〈中华人民共和国刑法修正案（八）草案〉审议结果的报告》，2011年2月23日第十一届全国人民代表大会常务委员会第十九次会议。

⑥ 李翔：《论微罪体系的构建——以醉酒驾驶型危险驾驶罪研究为切入点》，《政治与法律》2022年第1期。

免刑、缓刑、实刑的各种数据进行比较，回顾性地研究醉驾入刑十年的过程，尝试分析司法实践所面临的困境的原因。

首先，将样本数量对比巨量的危险驾驶罪有罪判决来看，各地司法机关已积累了大量办理醉驾案件的经验，操作流程标准化程度较高，司法裁判规则较为规范，能最终成为无罪判决的案件比例极其微小，整体上定罪把握从严从紧。但对比发现，撤诉、不诉、免刑、缓刑的案例明显缺乏统一的规律，说明在我国10年严惩醉驾的同时，在局部区域的部分案件处理上还是存在一定的不公平性。通过将观察期内样本数据与免刑、缓刑率、交通事故数量等数据交叉对比会发现，在2014年至2015年与2017年至2019年两个时段，无罪、免刑、缓刑呈明显的同比增长的趋势；2019年至2021年期间，三者（无罪、免刑、缓刑）呈明显同比下降的趋势（具体数据参见图19与图20）。说明观察期内醉驾案件刑罚轻缓化趋势的变化具有一致性。

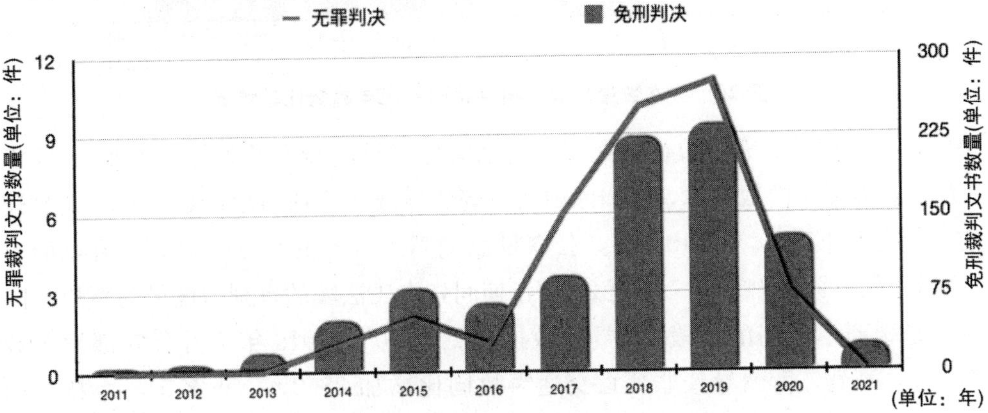

图19　样本与免刑案件历年数量趋势比较情况

其次，与公安部在不同时期公布的相关数据做对比，可以窥见观察期内司法实务对醉驾犯罪惩治力度上的细微区别：2011年至2013年期间审判力度从严把握，正如公安部交管局2014年10月公布的数据称，2011年5月1日至2014年4月30日期间，全国因酒驾、醉驾导致交通事故起数和死亡人数，较醉驾入刑前分别下降25%和39.3%，查处醉驾22.2万起，全国无一例醉驾案件被法院判决无罪①。2014年至2015年期间，在酒驾趋势一定程度上得到遏制后，人民法

① 《公安部：醉驾入刑三年来全国酒驾事故下降25%》，民主与法制网，http://www.mzyfz.com/cms/sifagongzheng/xinwenzhongxin/redianguanzhu/ht ml/1080/2014-10-20/content-1083640.html。

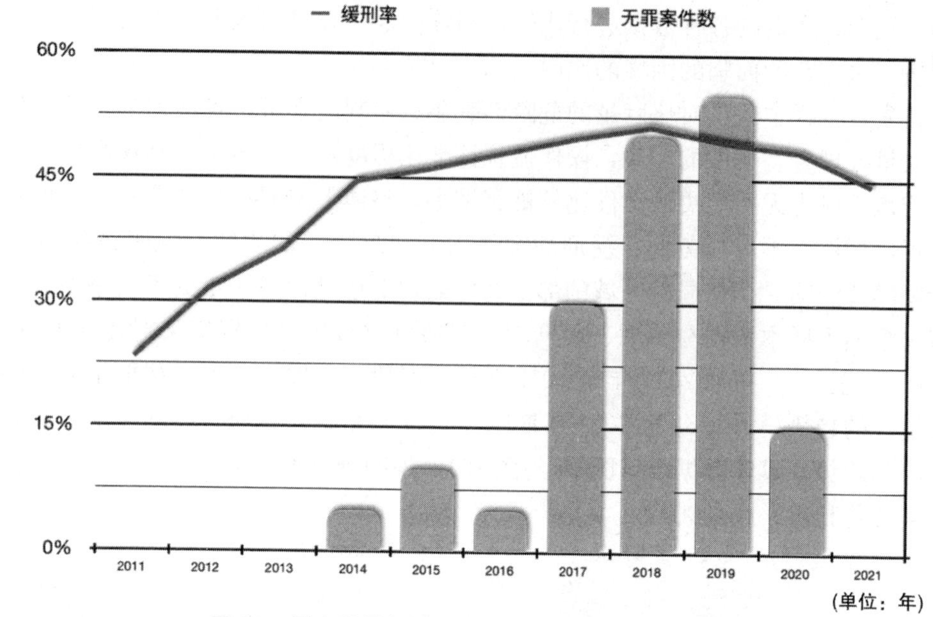

图 20　样本数量与醉驾案件缓刑率历年趋势比较情况

院的审判力度开始有所放松，无罪与免刑案件量呈同步上升趋势。正如 2016 年 4 月公安部发布的数据称，全国因酒驾、醉驾导致的交通事故起数、死亡人数较前五年分别下降 18%、18.3%，公众抵制酒驾、醉驾的自觉性显著提升，形成“酒后拒驾”共识①。2017 年至 2019 年期间，人民法院的审判力度最为宽松，同期也是缓刑率最高的时段②（具体数据参见图 20）。2019 年 7 月公安部发布数据③称，酒驾、醉驾导致非死亡交通事故同比增加 28.2%，小客车与摩托车酒驾、醉驾突出，同比分别增加 24%、25.9%。网约车及租赁车酒驾、醉驾增幅较大，同比分别增加 256.3%、33.6%。查处女性驾驶人酒驾、醉驾 1.7 万人次，同比增加 29.9%。显然，在经过一段时期的行政整治与审判力度的宽松后，许多人又重新抱有侥幸心理而导致醉驾者有所增多。故，2019 年后审判实践的惩治力度又回归从严。

---

① 《公安部：继续保持依法严查酒驾力度》，公安部网站，https://app.mps.gov.cn/gdnps/pc/content.jsp?id=7477285。

② 北京市京都律师事务所：《“醉驾入刑”司法适用十周年白皮书》，https://baijiahao.baidu.com/s?id=1699695379602313908&wfr=spider&for=pc。

③ 《上半年全国查处酒驾醉驾超 90.1 万起》，公安部网站，https://app.mps.gov.cn/gdnps/pc/content.jsp?id=7479423。

再次，将样本与免刑数据按地域分布来比较会发现，从数据趋势上来说，在同一地区两者之间一般成反比关系，两者的趋势线在绝大部分地区呈剪刀差形态，即醉驾案件免刑数量较多的地区反而无罪判决较少（具体趋势情况见图 21），说明当一个地区审判实践中适用免刑的裁量权较大时，就会缺乏作出判决无罪的动力。醉驾案件中“情节轻微”可以是适用免刑的情节，例如石家庄市长安区人民法院（2016）冀 0102 刑初 50 号案；同时也可以是不作犯罪追究的情节，例如样本中新疆维吾尔自治区哈密市中级人民法院的第 4 号案。两案同样都存在短距离挪车的情形，河北与新疆的审理法院则会把握不同的司法政策标准，这种情节相同却结果不一，特别是两者附随后果极不相称，是一种整体不公平的表现。这也体现出醉驾案件审判实践的困惑之处，同样的情节既可以入罪又可以出罪。早在《中华人民共和国刑法修正案（八）》制定时的草案一审稿和二审稿就有规定：“在道路上醉酒驾驶机动车的，或者在道路上驾驶机动车追逐竞驶，情节恶劣的，处拘役，并处罚金。”这种情节犯（情节恶劣）的设计却遭到普遍质疑，专家担心出现“因人而异”的判定，所以最后定稿将其设置为抽象危险犯。审判实践中，却又试图通过“情节显著轻微危害不大”或“不具预设实质危险考察”给醉驾犯罪“松绑”，其本质是试图将醉驾犯罪在司法中变为具体危险犯或情节犯，违背了立法的初衷，有违反罪刑法

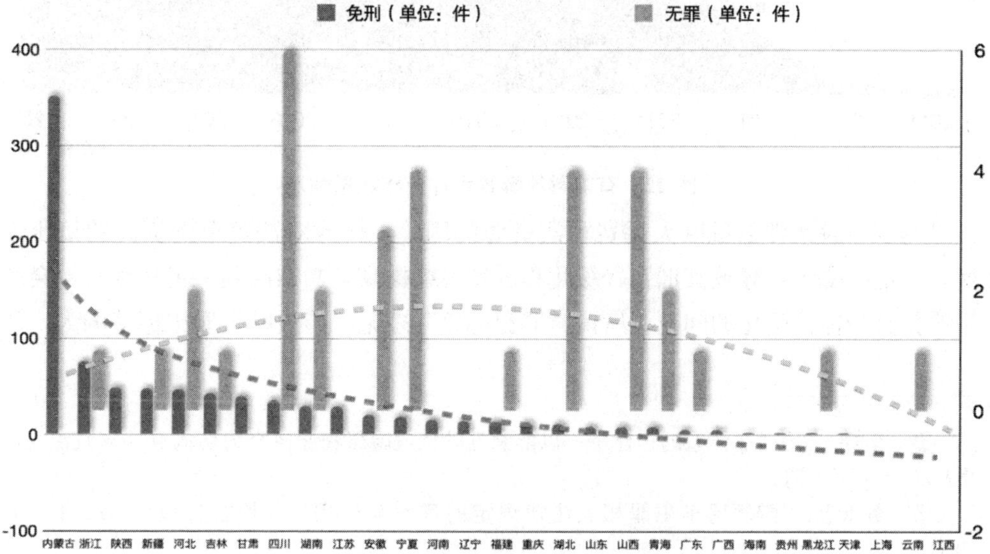

图 21　样本与免于刑事处罚的地域分布趋势对比情况

定原则之嫌①。有学者认为，立法时立法者已将饮酒（血液酒精含量 20 mg/ ml 至 80 mg/ ml 之间）驾车视为"情节显著轻微"而未纳入犯罪圈予以规制②，故不能再由司法者在醉驾案件审理中进行二次判断，适用刑法第十三条但书条款作为"情节显著轻微危害不大"的出罪事由。因此，在醉驾犯罪中是否能够适用刑法但书条款而出罪，在观察期内理论与实务上还是存在着诸多重大的争议。

从次，从观察期内的趋势来看，从处罚效果做实证分析，有前科③（曾因饮酒驾驶受过行政处罚或者刑罚的）的醉驾案件先呈阶段性递增到 2019 年时达到高峰，而后呈下降的趋势；与同期醉驾案件缓刑率比较来看，缓刑率增高时再犯可能也同步增高。具体数据参见图 22 与图 23。

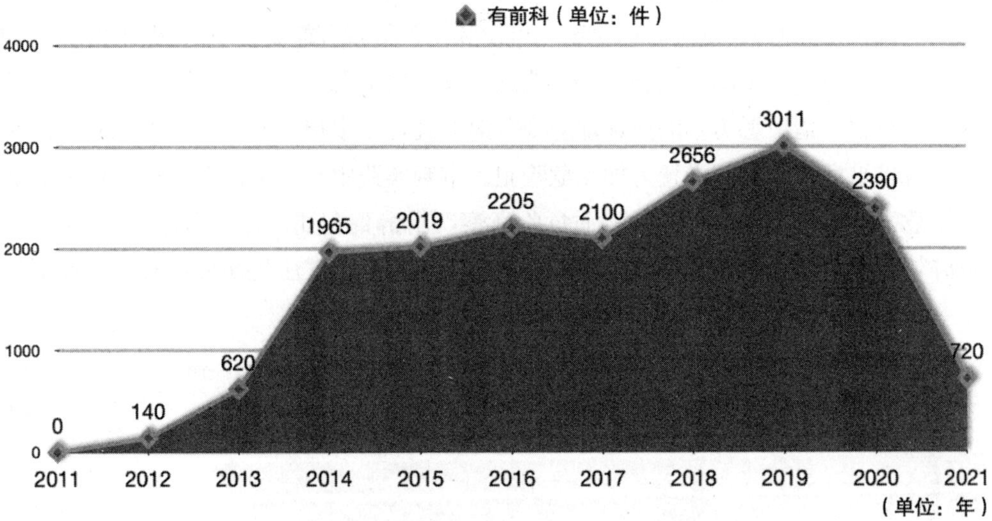

图 22　有前科的醉驾案件历年数量情况

为了缓解案件数量巨大耗费司法资源的困境，摊薄对法院审判资源的挤压强度，一定程度上会导致其刑罚轻缓化程度被继续推高，当推高到一定程度后，会产生罪犯身份标签泛化的问题。所谓"罪犯标签"理论，指被贴上罪犯标签的人，那

① 李翔：《论微罪体系的构建——以醉酒驾驶型危险驾驶罪研究为切入点》，《政治与法律》2022 年第 1 期。

② 戴玉忠：《醉酒驾车犯罪相关法律规定的理解与适用》，《检察日报》2011 年 6 月 20 日。

③ 尹彦品、王艳荣：《醉酒型危险驾驶罪回顾与完善刍议》，《河北法学》2022 年 4 月第 4 期。

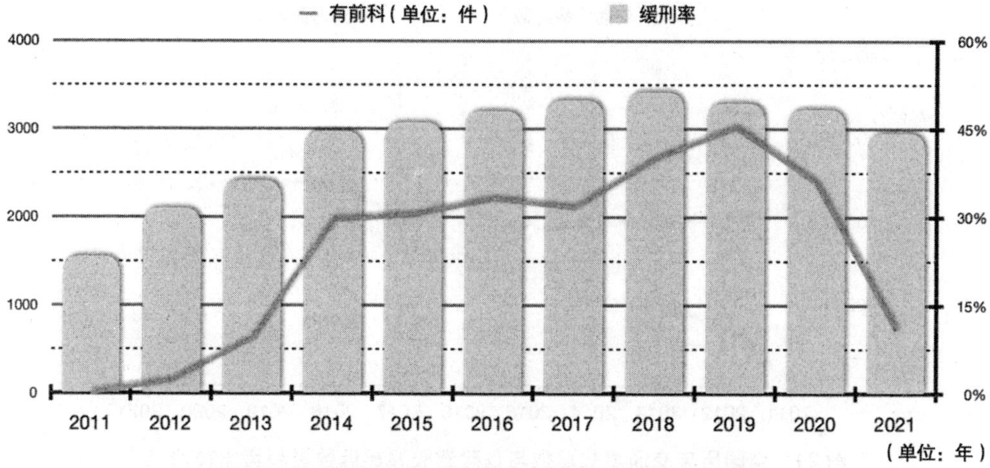

图 23 有前科醉驾案件数与缓刑率历年趋势比较情况

些标签之外的品质往往会被忽视，标签体现了公众对罪犯的敌意和歧视，并由此产生了社会学上的自我保护意识和犯罪心理学上的防卫意识①。醉驾入刑是由行政处罚升格而来的法定犯，其整体刑罚轻缓程度较高，醉驾者对自己“罪犯标签”的身份不认同，但公众却习惯用“罪犯标签”去看待，由此产生了“罪犯标签”泛化的问题②，继而导致一个原本若不被标签化便不会犯罪的人反而成为一个真正的罪犯③，此种差异导致醉驾者入罪后难以回归正常的社会生活。比如，观察期内的醉驾再犯率没有因为缓刑率提高而减少，就能够反映出这个问题。

最后，在观察期内将全国交通事故发生数④与全国检察院危险驾驶罪的起诉数量⑤进行趋势比较来看（具体内容参见图 24），2011 年至 2015 年期间危险驾驶罪起诉数量增加与交通事故减少呈正相关，醉驾入刑对交通事故发生有抑制作用；2015 年至 2019 年期间，危险驾驶罪起诉数量与交通事故均呈增加趋势，甚至在 2019 年时起诉数量首次超过交通事故发生数量，醉驾入刑对交通事故发生明显缺乏抑制作用；2019 年后危险驾驶罪起诉数量与交通事故发生均有小幅下降。从观

---

① 梁云宝：《积极刑法观视野下微罪扩张的后果及应对》，《政治与法律》2021 年第7 期。

② 梁云宝：《我国应建立与高发型微罪惩处相配套的前科消灭制度》，《政法论坛》2021 年第 4 期。

③ 刘仁琦、陈艳雪：《醉酒型危险驾驶罪的程序出罪机制探究》，《中国刑事辩护》(2019 年第 1 期)，社会科学文献出版社。

④ 国家统计局：《中国统计年鉴》，www. stats. gov. cn/tjsj/ndsj。

⑤ 《犯罪结构变化背景下的轻罪治理与检察应对（上）：理论观照》，https://mp. weixin. qq. com/s/qFaZ4JF0qkBcR9fJtS3ItA。

图 24　全国历年交通事故总数与危险驾驶罪起诉数量趋势比较情况

察期内的全国醉驾案件公开信息来看，仅 34 件无罪醉驾案例，而同期间全国起诉醉驾案件约 1843000 件①，约有 18 万件作不诉处理，结合前述系列数据可粗略估算出观察期内整体上无罪与不诉合计约为 10%②，其中无罪率约为 0.0018%，远低于我国刑事案件的整体上无罪率③；约 90%醉驾案件最终定罪，其中约 43%适用了缓刑④，剩余约 47%判处实刑或免刑⑤，其刑罚缓刑率明显高于其他刑事案件⑥，但与上文谈到的最高人民法院拟重点惩治 20%（酒精含量 200 mg/100 ml 以

① 《犯罪结构变化背景下的轻罪治理与检察应对（上）：理论观照》，https://mp.weixin.qq.com/s/qFaZ4JF0qkBcR9fJtS3ItA。

② 观察期内醉驾案件不诉率比 2021 年全国刑事案件的不诉率低 16.6%。参见最高人民检察院官微：《2021 全国检察机关主要办案数据》，https://mp.weixin.qq.com/s/DB7w9p2Pv-OIUiKDrTaBDQ。

③ 刘艳红《实质出罪论》指出，2012 年至 2017 年期间我国无罪率为 0.06%、0.07%、0.07%、0.08%、0.09%、0.09%（中国人民大学出版社，2020 年，第 16 页）；王沁、傅蕾《无罪判决率趋低背后的司法痼疾及其治愈——以激活“审判中心主义”的法律制度为进路》认为，无罪判决分别占当年法院生效判决人数的 0.12%、0.1%、0.084%、0.062%、0.07%和 0.067%，年均下降似乎是 7%，见贺荣：《尊重司法规律与刑事法律适用研究（下）》，人民法院出版社，2016 年，第 849～856 页。

④ 北京市京都律师事务所：《“醉驾入刑”司法适用十周年白皮书》，https://baijiahao.baidu.com/s?id=1699695379602313908&wfr=spider&for=pc。

⑤ 史立梅指出，醉驾案件免刑比例平均为 1.4%，见史立梅：《论醉驾案件的程序出罪》，《中国法学》2022 年第 4 期。

⑥ 2012 年—2016 年我国刑事案件缓刑率约为 3%，见赵兴洪：《缓刑适用实质要件的操作化》，《刑事法评论》2019 年第 1 期。

上）醉驾嫌疑人的设想仍存在一定的差距。但即便如此，在整个观察期内，全国交通事故每年的发生数较为平稳，并未因醉驾入刑而产生显著的降低数量的效果。

从对以上一系列数据的比较可发现，2011 年醉驾入刑经过几稿的反复争议，立法上确定了以醉驾作为抽象的危险犯①，虽然最高院曾经有过不同的解读②，但最终被社会舆论压制。在 2011 年至 2015 年期间，醉驾作为抽象的危险犯的立法对交通事故发生具有抑制作用；到 2015 年年底，审结的醉驾案件近 14 万件，居刑事犯罪的第二位，各地检察院与法院审判资源已不堪重负。2016 年至 2019 年期间，因无罪与免刑共同具有“情节轻微”的因素，各地司法政策要么以自由裁量为无罪判决的理由，要么以自由裁量为免刑的理由。在这个时期各地审判实践均探索将醉驾犯罪由抽象危险犯向具体危险犯去转变，尝试寻找各种不同的出罪事由。2019 年危险驾驶罪起诉 32.2 万件，审结案件达 31.9 万件，居刑事犯罪之首，交通事故数量、无罪、免刑、再犯率也同时达到顶峰；缓刑率在 2018 年达到顶峰，说明 2016 年至 2019 年期间无罪与免刑、缓刑数量增多的同时，事故数量与醉驾案发数、醉驾再犯率也在增加。可见，醉驾者“罪犯标签”泛化导致出现耗费司法资源的同时社会治理效果还不佳的现象。2019 年至 2021 年期间，全国醉驾案件无罪与免刑数量、缓刑率均有较大幅度的下降，不再坚持认定醉驾为具体危险犯以缓解案件数量巨大的压力，一定程度上是对之前审判实践的修正，让醉驾犯罪更多地向立法上的抽象危险犯属性回归。

我们认为，在观察期内醉驾案件一直在“立法上坚持的抽象危险犯”与“司法上尝试的具体危险犯”之间徘徊，这种徘徊反映出在实务中交警与法官对待醉驾案件的价值取向并不一致，司法实践一直尝试扩大解释立法的原意。如，最高人民法院研究室喻海松法官认为，醉驾根本不具备危害不特定多数人的生命健康和公共财产安全的危险，则不能认定为危险驾驶罪。假如醉酒后在空无一人的停车场内短时间驾驶机动车的，就不可能危害公共交通安全，不宜以危险驾驶罪追究刑事责任③。这种徘徊反映出审判实践试图将“无实质的危险”扩张解释为出罪事由，从而减少总体上进入人民法院审理的案件数量，却导致了醉驾入刑的立法目的落空，并形成了不能有效实现立法为“醉驾入刑”设定的社会治理功能之

① 《关于〈中华人民共和国刑法修正案（八）草案〉审议结果的报告》。

② 2011 年 5 月 10 日全国法院刑事审判工作座谈会上，时任副院长张军说，根据有关法律规定和精神，对醉酒驾车的案件，要区别对待，慎重处理，不宜一律入罪。见赵蕾：《醉驾入罪起争议　最高法院的菩萨心肠》，《南方周末》2011 年 5 月 19 日。

③ 喻海松：《刑法的扩张：〈刑法修正案〉及新近刑法立法解释司法适用解读（九）》，人民法院出版社，2015 年，第 94 页。

困境。所以，有学者称之为一次失败的微罪立法扩张行动[①]。我国司法实践中对待醉驾案件的宏观思路是：公安机关严格坚持“立法推定的危险”来执法，以实现一般预防作用；检察机关通过创新不诉机制（本质上也属于“司法推定的危险”）进行批量的过滤；法院审判以“司法推定的危险”实现个案公正。这种宏观思路本质上还是想摆脱“唯数额论”的窘境，但无法从根本上同时解决“耗费司法资源”与“社会治理效果不佳”这两个困境，反而在整体上带来了一些不公平的问题。从观察期间的数据变化来看，三部门态度存在着细微的转变过程：从醉驾入刑时公安机关与检察院坚决一刀切的从严但法院尝试区别对待，到现在公安机关仍坚持从严但检、法两部门整体处理均明显轻缓化，这种从“醉驾一律入刑（法）”到“醉驾不必入刑（罚）”的思维转变，再一次印证了醉驾案件面临的两个司法困境。一般来说预防刑法的兴起，是因为前刑法规范（交警行政规制）对醉驾社会治理效果不好，国民的不安感升高，社会对刑法介入（醉驾入刑）的需求提升，所以刑法通过立法直接参与了醉驾的社会治理。按照此逻辑，检、法两部门较公安交管部门而言，对该行为入罪的态度会更为严厉，但实践中，目前公安交管部门对该行为入罪的态度最为严厉，这个结果完全与醉驾入刑的初衷相反。

诚然，微罪立法的扩张以积极的方式参与社会治理，预防危险、追求安全和助力于社会管理成为其优先的价值选择，刑法与警察法的界限开始变得模糊不清[②]，因此被批评为功利主义思维方式，但我国以醉驾入刑的立法已为现实。可以预见的是，随着我国刑事司法政策在少捕、慎诉、慎押、宽严相济方面的进一步深化改革，醉驾案件几乎已不羁押，出罪机制设计及刑罚轻缓化程度仍会继续大幅推高。特别是 2019 年习近平总书记提出了“繁简分流、轻重分离、快慢分道”的诉讼制度改革理念后，要同时解决“对司法资源的耗费”与“社会治理效果不佳”这两个困境，提高醉驾案件刑事裁判的可接受度[③]，关键并不在于醉驾犯罪抽象危险犯的属性上，而在于我国微罪刑法体系[④]、微罪刑罚制度的创新性[⑤]设计上。

---

① 魏东：《我国“轻微罪”立法与司法的理性思考》，《贵州大学学报》（社会科学版）2022 年第 1 期。

② 何荣功：《刑法与现代社会治理》，法律出版社，2020 年，第 39 页。

③ 郭倍倍：《论刑事裁判的可接受性》，法律出版社，2015 年，第 37 页。

④ 李翔《论微罪体系的构建——以醉酒驾驶型危险驾驶罪研究为切入点》认为，危险驾驶罪、妨害安全驾驶罪、危险作业罪、使用虚假身份证件罪、盗用身份证件罪、代替考试罪、高空抛物罪、侵犯通信自由罪和偷越国（边）境罪八个罪名，法定最高刑为一年有期徒刑以下，为我国刑法中的微罪。

⑤ 何荣功：《我国轻罪立法的体系思考》，《中外法学》2018 年第 5 期。

因而，立法应对于醉驾犯罪的刑罚力度进行改革，不应以惩治及报复为首要目标，而应侧重于教育与警示。即承认犯罪成立范围与处罚范围的分离，充分发挥刑法的法益保护机能与自由保障机能①。应通过立法修订减轻醉驾犯罪的刑罚力度，即在现有的免刑、缓刑的刑罚方式之外，设定单处罚金刑、管制等非监禁刑②刑罚方式。由于减轻刑罚力度会进一步加深醉驾者对自己“罪犯标签”的身份不认同，为此同时还应开展醉驾犯罪刑罚附随后果规定的调整工作。两方面改革并行能协同发挥作用，实现降低醉驾者“罪犯标签”的成色的目的，使得微罪与轻、重罪的罪犯标签在成色上呈现出显著不同。

（三）刑罚附随后果

行政责任与刑事责任同属公法范畴上的责任，两者在责任层级上具有递进关系。行政违法侧重于行为客观上的危害性，一般不考虑违法者的主观状态，这是违法行为与微罪的边界，因为刑法主客观相结合的要求，微罪必须具备主观上的罪过。这种层级递进应受到主观故意的限制，才不导致犯罪圈的盲目扩张。我国对违法行为的处理采取的是二元化的处罚结构，构建微罪体系特别应当注意刑法与行政法的衔接问题③，刑法的谦抑性意味着刑法在行政法规无法规制的时候才予以介入。而在相继废除了收容审查制度、收容遣送制度、收容教育制度、收容教养制度、劳动教养制度、司法化改造强制医疗制度后，特别是 2021 年 7 月 15 日《中华人民共和国行政处罚法》修订后，对行政拘留进行司法化改造的呼声越来越高。醉驾犯罪的刑罚是一个月到六个月的拘役和罚金，可以适用缓刑，其法定刑不算严厉，惩治威慑力稍微高于行政拘留。目前，学者们有两种观点，一是将行政拘留期限增加进行司法化改造④；一是将微罪刑罚进一步轻缓化（适用非监禁刑或单处罚金刑），两种观点都会导致行政处罚与刑罚之间的威慑效果越来越趋同。但我国刑事司法体制呈现的是“直

① 张明楷：《犯罪的成立范围与处罚范围的分离》，《东方法学》2022 年第 4 期。

② 魏东：《我国“轻微罪”立法与司法的理性思考》，《贵州大学学报》（社会科学版）2022 年第 1 期。

③ 储槐植、闫雨：《危险驾驶行为入刑：原因、问题与对策》，《中南民族大学学报》（人文社会科学版）2012 年第 2 期。

④ 设立轻罪存在解决行政权尤其是人身自由罚的司法化问题。见杨楠：《我国轻罪立法的实践与反思》，《东方法学》2022 年第 6 期。

筒式”构造，具有较为浓厚的打击犯罪色彩，未将以醉驾为代表的微罪与轻罪、重罪在刑罚对应的附随后果上进行结构化的分层安排，这样会导致醉驾入刑后刑罚越来越轻缓，而刑罚的附随后果非常严重。目前，其刑罚附随后果相关规定具体如下：

（1）吊销驾驶证、限期不得重新取得驾驶证。依据《中华人民共和国道路交通安全法》第九十一条和《机动车驾驶证申领和使用规定》（公安部令第 162 号）第十五条，醉酒后驾驶机动车的，吊销机动车驾驶证，依法追究刑事责任；五年内不得重新取得机动车驾驶证；醉酒驾驶营运机动车的，吊销机动车驾驶证，依法追究刑事责任，十年内不得重新取得机动车驾驶证，重新取得机动车驾驶证后，不得驾驶营运机动车。

（2）开除党籍、开除公职。依据《中国共产党纪律处分条例》第三十一条规定，人民检察院依法作出不起诉决定的，或者人民法院依法作出有罪判决并免予刑事处罚的，应当给予撤销党内职务、留党察看或者开除党籍处分；第三十三条规定，因故意犯罪被依法判处刑法规定的主刑（含宣告缓刑）的应当开除党籍；《事业单位工作人员处分暂行规定》第二十二条规定，事业单位工作人员被依法判处刑罚的，给予降低岗位等级或者撤职以上处分。被依法判处有期徒刑以上刑罚的，给予开除处分。行政机关任命的事业单位工作人员，被依法判处刑罚的，给予开除处分；《中华人民共和国公职人员政务处分法》第十四条规定，公职人员因故意犯罪被判处管制、拘役或者有期徒刑以上刑罚（含宣告缓刑）的，予以开除。案件情况特殊，予以撤职更为适当的，可以不予开除，但是应当报请上一级机关批准。

（3）吊销特定职业资格。根据《中华人民共和国刑法》第三十七条规定，因利用职业便利实施犯罪，或者实施违背职业要求的特定义务的犯罪被判处刑罚的，人民法院可以根据犯罪情况和预防再犯罪的需要，禁止其自刑罚执行完毕之日或者假释之日起从事相关职业，期限为三年至五年。同时，还有相关部门法律法规，规定了 51 个职业从业因此受限，具体见下表：

序号	职业	依据
1	法官	《中华人民共和国法官法》第十三条规定下列人员不得担任法官：（一）因犯罪受过刑事处罚的

续表

序号	职业	依据
2	人民法院书记员	《人民法院书记员管理办法（试行）》第四条规定下列人员不得担任书记员：（一）曾因犯罪受过刑事处罚的
3	人民陪审员	《中华人民共和国人民陪审员法》第七条规定有下列情形之一的，不得担任人民陪审员：（一）受过刑事处罚的
4	检察官	《中华人民共和国检察官法》第十三条规定下列人员不得担任检察官：（一）因犯罪受过刑事处罚的
5	人民监督员	《人民监督员选任管理办法》第八条规定因犯罪受过刑事处罚的或者被开除公职的人员，不得担任人员监督员
6	警察	《中华人民共和国警察法》二十六条规定有下列情形之一的，不得担任人民警察：（一）曾因犯罪受过刑事处罚的
7	律师	《中华人民共和国律师法》第七条规定申请人有下列情形之一的，不予颁发律师执业证书：（一）无民事行为能力或者限制民事行为能力的；（二）受过刑事处罚的，但过失犯罪的除外
8	基层法律服务人员	《基层法律服务工作者管理办法》第八条规定有下列情形之一的人员，不得参加本办法第六条第一款第二项规定的考试或者申请执业核准：（一）因故意犯罪受到刑事处罚的
9	公证员	《中华人民共和国公证法》二十条规定有下列情形之一的，不得担任公证员：（二）因故意犯罪或者职务过失犯罪受过刑事处罚的
10	司法鉴定人员	《全国人大常委会关于司法鉴定管理问题的决定》规定因故意犯罪或者职务过失犯罪受过刑事处罚的，受过开除公职处分的，以及被撤销鉴定人登记的人员，不得从事司法鉴定业务
11	外交人员	《中华人民共和国驻外外交人员法》第七条规定有下列情形之一的，不得任用为驻外外交人员：（一）曾因犯罪受过刑事处罚的
12	交通运输行政执法人员	《交通运输行政执法证件管理规定》第八条规定下列人员不得申请参加交通运输行政执法人员资格培训和考试：（一）曾因犯罪受过刑事处罚的
13	幼儿园工作人员	《中小学幼儿园安全管理办法》第三十五条规定学校教职工应当符合相应任职资格和条件要求。学校不得聘用因故意犯罪而受到刑事处罚的人，或者有精神病史的人担任教职工

续表

序号	职业	依据
14	执业医师	《中华人民共和国执业医师法》第十六条规定有下列情形之一的，不予注册：（二）因受刑事处罚，自刑罚执行完毕之日起至申请注册之日止不满二年的
15	乡村医生	《乡村医生从业管理条例》第十四条规定乡村医生有下列情形之一的，不予注册：（二）受刑事处罚，自刑罚执行完毕之日起至申请执业注册之日止不满 2 年的
16	广播电视编辑记者播音员主持人	《新闻记者证管理办法》第十条规定下列人员不发新闻记者证：（四）有不良从业记录的人员、被新闻出版行政部门吊销新闻记者证并在处罚期限内的人员或者受过刑事处罚的人员
17	出版专业技术人员	《出版专业技术人员职业资格考试暂行规定》第十三条规定有下列情形之一的，不得申请参加出版专业资格考试：（三）有刑事犯罪记录
18	注册会计师	《中华人民共和国注册会计师法》第十条规定有下列情形之一的，受理申请的注册会计师协会不予注册：（二）因受刑事处罚，自刑罚执行完毕之日起至申请注册之日止不满五年的
19	人民银行行员	《中国人民银行行员管理暂行办法》第十四条规定有下列情形之一者，不得录用为行员：（一）曾因犯罪受过刑事处罚的
20	商业银行高级管理人员	《中华人民共和国商业银行法》第二十七条规定有下列情形之一的，不得担任商业银行的高级管理人员：（一）因犯有贪污、贿赂、侵占财产、挪用财产罪或者破坏社会经济秩序罪，被判处刑罚，或者因犯罪被剥夺政治权利的
21	期货从业人员	《期货交易管理条例》第九条规定有《中华人民共和国公司法》第一百四十六条规定的情形或者下列情形之一的，不得担任期货交易所的负责人、财务会计人员：（一）因违法行为或者违纪行为被解除职务的期货交易所、证券交易所、证券登记结算机构的负责人，或者期货公司、证券公司的董事、监事、高级管理人员，以及国务院期货监督管理机构规定的其他人员，自被解除职务之日起未逾 5 年；（二）因违法行为或者违纪行为被撤销资格的律师、注册会计师或者投资咨询机构、财务顾问机构、资信评级机构、资产评估机构、验证机构的专业人员，自被撤销资格之日起未逾 5 年

续表

序号	职业	依据
22	证券公司风险处置工作人员	《证券公司风险处置条例》第五十八条规定有下列情形之一的机构或者人员，禁止参与处置证券公司风险工作：（一）曾受过刑事处罚或者涉嫌犯罪正在被立案侦查、起诉
23	企业破产管理人	《中华人民共和国破产法》二十四条规定有下列情形之一的，不得担任管理人：（一）因故意犯罪受过刑事处罚
24	保险精算师	《保险公司董事、监事和高级管理人员任职资格管理规定》第二十一条规定保险机构拟任董事、监事或者高级管理人员有下列情形之一的，中国保监会不予核准其任职资格：（三）被判处其它刑罚，执行期满未逾 3 年
25	保险经纪机构高级管理人员	《中华人民共和国保险法》第八十二条规定有《中华人民共和国公司法》第一百四十六条规定的情形或者下列情形之一的，不得担任保险公司的董事、监事、高级管理人员：（一）因违法行为或者违纪行为被金融监督管理机构取消任职资格的金融机构的董事、监事、高级管理人员，自被取消任职资格之日起未逾五年的；（二）因违法行为或者违纪行为被吊销执业资格的律师、注册会计师或者资产评估机构、验证机构等机构的专业人员，自被吊销执业资格之日起未逾五年的
26	拍卖师	《中华人民共和国拍卖法》第十五条规定拍卖师应当具备下列条件：（三）品行良好。被开除公职或者吊销拍卖师资格证书未满五年的，或者因故意犯罪受过刑事处罚的，不得担任拍卖师
27	典当行业从业人员	《典当管理办法》第十六条规定申请人领取《典当经营许可证》后，应当在 10 日内向所在地县级人民政府公安机关申请典当行《特种行业许可证》并提供下列材料：（四）法定代表人、个人股东和其他高级管理人员的户口所在地县级人民政府公安机关出具的无故意犯罪记录证明
28	直销工作人员	《直销管理条例》第十九条规定对直销员进行业务培训的授课人员应当是直销企业的正式员工，并符合下列条件：（三）无因故意犯罪受刑事处罚的记录
29	专利代理人	《专利代理管理办法》第十三条规定有下列情形之一的，不得作为专利代理机构的合伙人、股东：（二）因故意犯罪受过刑事处罚

续表

序号	职业	依据
30	证券从业人员	《证券业从业人员资格管理办法》第十条规定取得从业资格的人员，符合下列条件的，可以通过机构申请执业证书：（二）最近三年未受过刑事处罚
31	导游	《导游管理办法》第十二条规定具有下列情形的，不予核发导游证：（三）受过刑事处罚的，过失犯罪的除外
32	文化市场行政执法人员	《文化市场综合行政执法管理办法》第七条规定文化市场综合行政执法人员应当具备以下条件：（五）无犯罪或开除公职记录
33	基金会理事长、副理事长、秘书长	《基金会管理条例》第二十三条规定因犯罪被判处管制、拘役或者有期徒刑，刑期执行完毕之日起未逾 5 年的，因犯罪被判处剥夺政治权利正在执行期间或者曾经被判处剥夺政治权利的，以及曾在因违法被撤销登记的基金会担任理事长、副理事长或者秘书长，且对该基金会的违法行为负有个人责任，自该基金会被撤销之日起未逾 5 年的，不得担任基金会的理事长、副理事长或者秘书长
34	民用保障物品的生产、销售、购买、运输和爆破人员	《民用爆炸物品安全管理条例》第六条规定无民事行为能力人、限制民事行为能力人或者曾因犯罪受过刑事处罚的人，不得从事民用爆炸物品的生产、销售、购买、运输和爆破作业
35	煤矿安全监察员	《煤矿安全监察员管理办法》第四条规定煤矿安全监察员要符合国家公务员的条件，即《中华人民共和国公务员法》第 26 条，下列人员不得录用为公务员：（一）曾因犯罪受过刑事处罚的
36	注册建造师	《建造师职业资格制度暂行规定》第十八条规定申请注册的人员必须同时具备以下条件：（二）无犯罪记录
37	注册安全工程师	《注册安全工程师注册管理办法》第十条规定申请人有下列情形之一的，不予注册：（二）受过刑事处罚，且自刑事处罚执行完毕之日起至申请注册之日不满 5 年的
38	注册测绘师	《注册测绘师制度暂行规定》第二十三条规定注册申请人有下列情形之一的，不予注册：（二）刑事处罚尚未执行完毕的；（三）因在测绘活动中受到刑事处罚，自刑事处罚执行完毕之日起至申请注册之日止不满 3 年的

续表

序号	职业	依据
39	公安安全技术防范产品的生产和销售人员	《天津市公共安全技术防范管理办法》第二十条规定技防产品的生产和销售单位，技防系统的设计、安装、维修单位，禁止雇用身份不明或受过刑事处罚的人员
40	特种行业和公共场所保安人员	《保安服务管理条例》第十七条规定有下列情形之一的，不得担任保安员：(一) 曾被收容教育、强制隔离戒毒、劳动教养或者 3 次以上行政拘留的；(二) 曾因故意犯罪被刑事处罚的
41	保安押运公司的守护、押运人员	《保安押运公司管理暂行规定》第九条规定保安押运公司的守护、押运人员应当符合下列条件：(四) 没有被行政拘留、收容教育、收容教养、劳动教养、强制戒毒和刑事处罚记录
42	配备公务用枪的专职守护、押运人员	《专职守护押运人员枪支使用管理条例》第三条规定配备公务用枪的专职守护、押运人员必须符合下列条件：(三) 没有行政拘留、收容教育、强制戒毒、收容教养、劳动教养和刑事处罚记录
43	房地产中介服务人员	《房地产经纪人执业资格管理办法》第十六条规定有下列情况之一的，不予注册：(二) 因受刑事处罚，自刑事处罚执行完毕之日起至申请注册之日止不满五年的
44	环境影响评价工程师	《环境影响评价工程师职业资格登记管理暂行办法》第七条规定申请登记者应具备下列条件：(二) 职业行为良好，无犯罪记录
45	土地估价师	《土地估价师注册管理规定》第七条规定土地估价师有以下情形之一的，不予办理注册手续：3. 因受劳动教养、刑事处罚，自处罚执行完毕之日起不满三年的；第十条规定注册土地估价师在执业期间有以下情形之一的，注销其注册：5. 受刑事处罚的
46	出租汽车驾驶员、网约车驾驶员	《出租汽车驾驶员从业资格管理规定》第十条规定申请参加出租汽车驾驶员从业资格考试的，应当符合下列条件：(二) 无交通肇事犯罪、危险驾驶犯罪记录，无吸毒记录，无饮酒后驾驶记录，最近连续 3 个记分周期内没有记满 12 分记录 《网络预约出租汽车经营服务管理暂行办法》第十四条规定从事网约车服务的驾驶员，应当符合以下条件：(二) 无交通肇事犯罪、危险驾驶犯罪记录，无吸毒记录，无饮酒后驾驶记录，最近连续 3 个记分周期内没有记满 12 分记录；(三) 无暴力犯罪记录

续表

序号	职业	依据
47	校车驾驶员	《机动车驾驶证申领和使用规定》第八十七条规定取得校车驾驶资格应当符合下列条件：（五）无犯罪记录
48	进出口商品检验鉴定人员	《进出口商品检验鉴定人员资格考试暂行办法》第九条规定报名参加资格考试的人员，应当符合下列条件：（四）品行良好，无欺诈行为，申请前5年无犯罪记录和严重行政处罚记录
49	村委会成员	《中华人民共和国村民委员会组织法》第十八条规定村民委员会成员丧失行为能力或者被判处刑罚的，其职务自行终止
50	易制毒化学品企业法定代表人和技术、管理人员	《易制毒化学品管理条例》第七条规定申请生产第一类易制毒化学品，企业法定代表人和技术、管理人员具有安全生产和易制毒化学品的有关知识，无毒品犯罪记录
51	海关报关员	《中华人民共和国海关报关员执业管理办法》第八条规定有下列情形之一的，不得申请报关员注册：（二）因故意犯罪受到刑事处罚的

（4）用人单位解除劳动合同。《中华人民共和国劳动合同法》第三十九条规定，劳动者被依法追究刑事责任的，用人单位可以解除劳动合同。

（5）前科报告制度。依据刑法第一百条规定，依法受过刑事处罚的人，在入伍、就业的时候，应当如实向有关单位报告自己曾受过刑事处罚，不得隐瞒。

（6）不能录用公务员。依据《中华人民共和国公务员法》第二十六条规定，因犯罪受过刑事处罚的不得录用为公务员。

（7）参军或报考军校无法通过政治审查。根据《征兵政治审查工作规定》第八条的规定，曾受到刑事处罚的公民，不得征集服现役。

（8）入党受限。根据国家有关规定，对因刑事犯罪而被判过刑的人要求入党，要从严掌握。

（9）纳入个人信用记录，贷款、消费受到限制。醉驾所反映出来的行为人的社会诚信缺失，有些地方规定明确公安机关与政府征信管理部门将酒驾醉驾违法行为人的信息及处罚数据纳入个人信用记录，形成联合惩戒机制，如武汉市公安局出台了《依法严厉打击“酒驾醉驾”等违法犯罪行为八项措施》。

（10）不予签发护照。《中华人民共和国护照法》第十三条规定，被判处刑罚正在服刑，属于刑事案件被告人或者犯罪嫌疑人的，护照签发机关不予签发护照。

（11）子女参军受限。根据《征兵政治审查工作规定》第八条规定，家庭主要成员、直接抚养人、主要社会关系成员或者对本人影响较大的其他亲属，有被刑事处罚、开除党籍、开除公职的，不得征集服现役。

（12）子女公职录用政审受限。被刑事处罚的人，其子女在公职录用时政审会受限[①]。

从上述来看，醉驾犯罪刑罚附随后果相关规定对于醉驾者而言影响深重，其负面效应不仅及于醉驾者，而且往往会波及其他人（如近亲属等）。醉驾者一旦被定罪，受到刑罚，其在求职、求学、入伍抑或在社会评价上都会遭到差别对待，我国传统罪责刑法观思维的惯性导致了醉驾犯罪的刑罚附随后果比刑罚本身还严厉，但过于严苛显然有违宪法上的比例原则。随着行政拘留司法改造与刑罚轻缓化改革的深化，行政拘留与轻罪（或微罪）所产生的威慑与惩治效果更加趋同，但两者所产生的附随后果的差异巨大，这显然有违改革的设计目标。对于刑罚的附随后果的性质存在着不同的观点，有学者认为这是“刑法体系外的准资格刑”[②]；还有学者认为，刑罚附随后果具有保安处分的性质[③]，是基于对罪犯人身危险性的判断而防止其再犯。近年来，有的学者提出应建立微罪特有的包括犯罪记录封存在内的广义的前科消灭制度，即对醉驾者的犯罪记录不向社会公开，在其受到刑罚后没有再犯罪危险性的，取消择业限制或消灭前科，使其更好地融入社会[④]；还有学者认为，现有附随后果规定缺乏系统性与体系性，应该将其直接纳入刑法第三十七条的从业禁止制度的体系中进行彻底改造[⑤]。

我们认为，醉驾入刑未能有效发挥其社会治理功能的原因之一为其刑罚附随后果的严重程度与醉驾犯罪抽象危险对法益侵害程度的不匹配，这也是醉驾者不能回归正常社会生活的原因之一。无论将来是将其纳入刑法一并调整，还是在刑

---

① 例如《公安机关人民警察录用办法》第六条之规定：“有下列情形之一的，不得报考人民警察：……（五）直系血亲和对本人有重大影响的旁系血亲中有被判处死刑或者正在服刑的。”《关于在公安交通管理行政处罚法律文书中增加被处罚人有关信息采集项目的通知》中亦有类似规定。

② 付强：《论犯罪行为的刑罚附随后果》，《法学杂志》2015 年第 7 期。

③ 徐久生、师晓东：《犯罪化背景下犯罪附随后果的重构》，《中南大学学报》（社会科学版）2019 年第 6 期。

④ 白岫云：《建立我国轻罪体系的构想》，《法治日报》2020 年 11 月 11 日。

⑤ 徐久生、师晓东：《犯罪化背景下犯罪附随后果的重构》，《中南大学学报》（社会科学版）2019 年第 6 期。

法之外修订整合，均应坚持降低醉驾者罪犯标签成色的思路，减轻其刑罚附随后果的严重程度。现阶段可先为醉驾犯罪专门设定一套以广义的前科消灭制度为核心的附随后果的规定，待到成熟后可推广至整个微罪体系中运用。以上述12大类附随后果规定为例，对第（1）～（4）的规定进行调整，修改《中国共产党纪律处分条例》《事业单位工作人员处分暂行规定》《中华人民共和国公职人员政务处分法》《中华人民共和国劳动合同法》等规定，对于醉驾案件处予不诉、免刑、缓刑时不视为具有严重的人身危险性，不开除党籍、公职，不解除劳动关系，不吊销与醉驾无关的职业资格（51个职业限制中部分保留）；调整（5）规定，针对微罪设定广义的前科消灭制度，豁免其报告前科义务及不能被查询其前科记录；第（6）～（12）将不再作为醉驾犯罪刑罚的附随后果，这样才能达到降低醉驾者罪犯标签成色的目的，才能促使醉驾者更好地重新回归正常社会生活。如此，才能与减轻其刑罚力度的改革形成合力，形成以“附条件不起诉＋行政处罚”“适用非监禁刑＋ 前科消灭制度”为核心的醉驾犯罪的刑法体系，以这两种途径过滤大部分醉驾案件，只将一小部分醉驾案件最终判处实刑。

六、对无罪关键因素的再思考

本书在梳理醉驾案件所面临的司法困境及应对思路后，认为对于观察期内司法实务关注的但书条款（情节轻微）、紧急避险、正当防卫等出罪事由的适用问题，将不会再成为法院将来审判实践的审查重点，因为具有这些情节的案件均会被程序法上的出罪机制所过滤掉，一般不会进入人民法院的审理阶段。但毕竟醉驾是违反刑法的犯罪行为，不是所有的案件都会以较为轻缓的刑罚结案，小部分的醉驾者仍然会面临一定程度的刑罚惩治与报复。因此为了定罪量刑的精准化，对于样本中的一些无罪关键因素仍然有深入研究的必要，下文将结合样本数据及相关代表性案件展开讨论。

（一）在道路上

从样本的第21号案来看，其争议焦点之一是案涉派出所停车场是否为“道路”，反映出实务中对“非道路”是否构成醉驾案件出罪事由往往存在不同的认识。如《浙江省高级人民法院、浙江省人民检察院、浙江省公安厅关于办理“醉驾”案件若干问题的会议纪要》第一条：“刑法第一百三十三条之一中的‘道路'，按'道交法'第一百一十九条第（一）项规定执行，即是指公路、城市道路和虽然在单位管辖范围但允许社会机动车通行的地方，包括广场、公共停车场等用于公众通行的场所，不包括居民小区、学校校园、机关企事业单位内等不允许机动车自由通行的通道及专用停车场。对于醉酒在广场、公共停车场等公众通行的场所挪动车位的，或者由他人驾驶至居民小区门口后接替驾驶进入居民小区的，或者驾驶出公共停车场、居民小区后即交由他人驾驶的，不属于刑法第一百三十三条之一规定的'在道路上醉酒驾驶机动车'。"的规定，在全国开创了以"非道路"为醉驾案件实质性出罪事由之先河。但从样本第 21 号案来看，四川省高院并不认可案涉派出所停车场为"非道路"的观点。

1988 年施行的《中华人民共和国道路交通管理条例》（以下简称《条例》）第二条规定："本条例所称的道路，是指公路、城市街道和胡同，以及公共广场、公共停车场等供车辆、行人通行的地方。"据此，最高人民法院 2000 年制定《最高人民法院关于审理交通肇事刑事案件具体应用法律若干问题的解释》将"道路"明确为实行公共交通管理的范围，将机关、企事业单位、校园、厂矿等单位内部管辖的路段排除在"道路"的范围之外。但实践中，不少企事业单位、校园、厂区、园区系开放式管理，社会车辆、行人经常借道通行，在该路段发生人车相撞的事故越来越多，当事人常报警要求交通管理部门出警认定事故责任，以便于事故的后续处理①。《条例》关于"道路"的规定越来越不符合社会的发展变化，随后 2004 年施行的《中华人民共和国道路交通安全法》修改了"道路"的含义，扩大了公共交通管理的范围②，将"道路"的范围明确为"公路、城市道路和虽在单位管辖范围但允许社会机动车通行的地方，包括广场、公共停车场等用于公众通行的场所"，学者称之为《中华人民共和国道路交通安全法》适用范围的无限扩张③。同时，最高院在廖开田危险驾驶案④中指出，对道路的认定关键在于对道路"公共性"的理解。而何谓"公共"，其最本质的特征在于对象

① 最高人民法院刑事审判一至五庭：《刑事审判参考》，法律出版社，2014 年，第 6～9 页。

② 于敏：《机动车损害赔偿责任与过失相抵》，法律出版社，2006 年，第 95 页。

③ 《道路交通行为中涉及常见刑事罪名的界分问题》，https://mp.weixin.qq.com/s/PhzUeWc9NYkDgcJ6XVjcZA。

④ 最高人民法院刑事审判一至五庭：《刑事审判参考》，法律出版社，2014 年，第 6～9 页。

的不特定性。无论单位对其管辖范围内的路段和停车场采取的管理方式是收费还是免费、车辆进出是否需要登记，只要允许不特定的社会车辆自由通行，就属于道路；如果仅允许与管辖单位或人员有业务往来、有亲友关系等特定事由的来访者的车辆通行，则不属于允许社会车辆通行。就小区而言，如果来访车辆经业主同意后可停放的，因其进出小区的条件建立在来访者与受访业主的亲友关系之上，故对象相对特定范围较小，此种管理方式下的小区不具有公共性，不属于允许社会车辆通行的地方。若社会车辆只要登记车牌号或者交纳一定费用，即可进出小区内停放的，则其通行条件并无特定的人身依附关系，对象不特定而可以是所有社会大众，在该管理模式下的小区道路、停车场与公共道路、停车场无异，属于允许社会车辆通行的地方。因此，在涉及内部道路或停车场站的醉驾案件中以“非道路”为出罪事由，并不是目前最优选的无罪辩护策略；但实务中往往被作为不诉或免刑的酌定情节。

我们认为，“在道路上”与“道路”并不是两个不同的概念。“道路”是描述的一个区域范围，这是一个事实判断问题；而“在道路上”是描述使用机动车的状态，即使用机动车是一种被允许的危险事业，其涉及一种价值判断的问题，从《中华人民共和国道路交通安全法》立法目的角度来看，当车辆的设计功能被正常使用时，就需要《中华人民共和国道路交通安全法》去调整。正常使用车辆的设计功能是被允许的危险事业，需要《中华人民共和国道路交通安全法》第七十六条所确立的交强险风险分摊机制所救济。因此，《中华人民共和国道路交通安全法》第七十七条规定较《条例》的适用呈现无限扩张的趋势①，若机械地用“非道路”作为出罪事由，与《中华人民共和国道路交通安全法》的立法精神相悖。

现代社会是一个风险社会，风险已经成为我们生产生活的组成部分②，交通的机能是帮助人们克服空间距离障碍和时间障碍，提高了人类经济社会的效率。但同时缺点也是明显的，由于现代道路交通中各种交通工具运行速度相差悬殊，加之人们的认识、道路条件和管理措施落后于车辆增长、交通量增加的形势，因而出现了交通拥挤、堵塞，事故增多的现象。交通事故是车辆使用的衍生物，安全性不能完全保障是道路交通的宿命缺点③。虽然当代车辆的各项技术性能和安

① 李涛：《道路交通行为中涉及常见刑事罪名的界分问题》，https://mp.weixin.qq.com/s/PhzUeWc9NYkDgcJ6XVjcZA。

② 袁宏山：《危险驾驶行为的刑法规制研究》，法律出版社，2020年，第108页。

③ 于敏：《机动车损害赔偿责任与过失相抵》，法律出版社，2006年，第27页。

全系数指标都在不断提高，但其仍给人类社会带来各种危害，这在理论上称为交通灾害。从交通工程学上来说，公众需要车辆作为工具为自己创造财富，另一方面作为工具的车辆又给公众带来损害，这在理论上称为“被允许的危险”。其作为一种人造风险带来的危险，在现代已取代自然风险产生的损害危险而具有主导地位①。使用交通工具带来的收益，大于对抗其带来危险所产生的成本，具有社会利益盈余。如何协调效率与安全，保障与促进交通行为的效率，这就是“道交法”的使命。“道交法”中定义交通事故为“车辆在道路上因过错或者意外造成的人身伤亡或者财产损失的事件”，其中也包含有“在道路上”的要素，其实质指的是车辆的“运行状态”②，理论上有不同的学说，如“发动机着火说”“行走装置说”“固有装置说”“从车库到车库说”“危险说”“机能使用说”等等。目前主流观点是将“运行状态”解释为按车辆设计的功能进行使用的状态，比如吊车在停止后使用吊装设备工作时发生的事故就视为交通事故，使用吊装设备是吊车具有的设计功能；又比如停车状态的野营车在使用炊具设备时发生火灾，造成机动车的损坏也应视为交通事故。因此，对“在道路上”的识别，其意义在于强调交通事故是因正常使用车辆的设计功能而发生的交通灾害，应受到“道交法”调整③。“道交法”中“在道路上”重点不是车辆在哪里行驶，而是关注车辆的设计功能是否被正常使用。若是，则属于“在道路上”状态，在此状态下发生的交通灾害，就应当被“道交法”交强险机制所救济；反之则不受调整。在刑法的语境下，如果没有特别需要扩张或者限制解释的理由，对概念性法律术语的规定应当与其所依附的行政法规保持一致，对醉驾案件中“在道路上”的理解应当与“道交法”的立法精神保持统一，正常使用机动车的设计功能才是被允许的危险行为；醉酒时使用机动车的设计功能，使社会利益盈余被耗尽是不被允许的危险行为，具有“抽象的危险”，从而构成犯罪。因此，醉驾犯罪的认定与机动车所在的场所与区域（是否为道路）其实是无关的。

（二）醉酒

从统计学的概率上看，醉驾造成交通事故的概率，比普通驾驶行为要高出

---

① 梁宾：《危险驾驶罪研究》，中国人民公安大学出版社，2016 年。

② 于敏：《机动车损害赔偿责任与过失相抵》，法律出版社，2006 年，第 94 页。

③ 李涛：《道路交通事故案件处理规则与我国法律制度的冲突与思辨》，https://mp.weixin.qq.com/s/gXEX-2Nd1VemZKOxmSvF_g。

10倍左右[①]。通说认为醉驾属于故意犯罪，行为人必须认识到自己是在醉酒状态下驾驶机动车，这涉及主观犯意的认识问题。一般来说，只要知道自己喝了一定量的酒，事实上又达到了醉酒标准，并驾驶机动车的，就可以认定其具有醉驾的故意。教唆他人醉驾的，成立教唆犯，单纯同乘未教唆的，不构成共犯[②]；明知他人即将驾驶机动车，而暗中在其饮料中掺入酒精，驾驶者不知情而驾驶机动车的，对掺入酒精者应以间接正犯论处[③]。醉驾犯罪作为抽象危险犯，要惩罚的行为是立法者事前评估的一种概括推定侵害法益的危险，这种危险无须实际存在。因此，抽象危险犯中的醉驾的危险是不需要证明的，抽象危险犯的设立本来就是为了消除因为限制过失行为未遂犯刑事可罚性范围所留下来的空隙[④]。所以，醉驾本身的风险已被立法者视为一种危险，哪怕没造成任何事故也构成犯罪。通说认为，我国刑法第一百三十三条交通肇事罪在我国属于过失犯必须有实害结果，由此刑法第一百三十三条之一醉驾犯罪，实际是对交通肇事未遂状态的补充。虽然有学者提出醉驾犯罪可以是过失犯罪[⑤]，但通说还是认为其为故意犯罪，但以故意犯罪的醉驾去补充过失犯罪的交通肇事罪，让许多普通民众无法理解，觉得在逻辑上存在悖论的假象。为此，有人曾经在网上编织了一个很恶意的段子：想杀仇人就喝酒开车撞人，造成交通事故的现场假象，只会按交通肇事罪定罪量刑。

在我国刑法主客观相统一原则的指导下，社会舆论有将故意犯罪视为严重犯罪的传统，前述段子也反映出网民将故意杀人偷换成过失交通肇事的朴素机械心理，其无法与受过法律思维训练的专业人士一样，从犯罪行为对社会造成的法益侵害程度的大小来思考。正如有学者指出的，以法益侵害程度来区分罪的轻重，显然醉驾犯罪的推定危险没有交通肇事罪的实害后果严重，应当按刑罚差异来进行重、轻、微罪的划分[⑥]，而不应该简单地以主观过错程度来区分主次关系。因此，不能简单地认为故意犯罪可对过失犯罪进行补充的情形存在逻辑悖论。正是基于醉驾是立法推定的故意危险犯，所以司法上也只能按规范的标准来认定醉酒（以下简称规范醉酒），而非每个个体的自然醉酒标准（以下简称自然醉酒），即不考虑

① 丛日禹：《醉酒驾驶犯罪研究》，法律出版社，2015年，第123页。
② 参见补遗案例1和补遗案例2。
③ 张明楷：《刑法学》（第五版），法律出版社，2016年，第726～727页。
④ 丛日禹：《醉酒驾驶犯罪研究》，法律出版社，2015年，第115页。
⑤ 谢望原、何龙：《“醉驾型”危险驾驶罪若干问题探究》，《法商研究》2013年第4期。
⑥ 丛日禹：《醉酒驾驶犯罪研究》，法律出版社，2015年，第430页。

个案中具体的人实质的安全驾驶能力情况。若允许司法者在个案中对醉酒进行个体的判断，则立法者推定的危险就可能被架空，醉驾犯罪会沦落为象征性立法。所以从立法技术上来看，《关于办理醉酒驾驶机动车刑事案件适用法律若干问题的意见》（以下简称《醉驾案件意见》）第一条规定了血液酒精浓度（Blood Alcohol Concentration，简称为BAC值）达到80 mg/100 ml以上的就是醉酒。

同时，正如吴×东危险驾驶案①中指出的，对危险驾驶罪条文的醉酒驾驶机动车中“酒”的理解，不应限于白酒、啤酒等酒类，而应根据立法目的、法律用语的本义理解为乙醇酒精；对“醉酒”亦应理解为明知是含有乙醇的物质而服用致使血液酒精含量达到了规范醉酒标准，就属于醉酒的状态。例如，行为人明知藿香正气液药水含有酒精，不管该物质是否属于酒类，只要致使血检达到80 mg/100 ml以上的，就应以醉驾犯罪定罪处罚。因此，醉驾不仅包含饮酒过量而驾车，还包括明知而进食含乙醇类物质驾车的情形。生活中食用后容易导致超过醉驾标准的物品，如蛋黄派、糟方腐乳、腌制黄泥螺、料酒、含酒精漱口水，在开车前都应该极力避免。在我国，很多食品或饮料的生产者为了使其产品更加可口、独特，而在产品中添加了一定量的酒精或含有酒精的制品。若没有明确的标识告知消费者，消费者在食用或饮用后驾驶机动车辆的，此时行为人完全不知情，则不能认定其明知的故意，不构成醉驾犯罪。当然，如果行为人明知而食用的，则应按照醉驾犯罪处理②。

此外，因为我国采取的是规范醉酒的判断标准，故其血气证据的固定格外重要。《醉驾案件意见》第六条，是对于单独以呼气结论作为定罪依据的特殊规定，因嫌疑人在接受执法检查时，属于被迫且非正常停驶，法律上可以拟制为仍处于驾驶状态，其在此期间饮酒仍可视为在驾驶时饮酒，其血检结论达到80 mg/100 ml以上的，可以认定为醉驾③，此为以血检结论入罪的特殊情形。但在实务中，存在以适用“排除合理怀疑”原则为由，滥用《醉驾案件意见》第六条的情形④。

---

① 叶巍、周召：《对醉酒驾驶机动车中醉酒的理解》，《人民司法·案例》2018年第5期。

② 高铭暄、陈光中、李少平，等：《公检法办案标准与适用》，人民法院出版社，2014年，第785页。

③ 高贵君、马岩：《危险驾驶刑事案件办案指南》，人民法院出版社，2014年，第1117页。

④ 《醉驾人过错导致血液酒精测试结果缺失时呼气酒精测试结果的证据效力》，《人民司法·案例》2013年第24期。

比如在驾驶结束已离车才抓获的案件中，或者是因离车后又饮酒的，其血检结论因故被排除，司法机关直接适用第六条以呼气结论作为定罪的依据。实际上，第六条的立法本意是针对嫌疑人以在执法现场的血气检测之前当着交警的面又饮酒或逃脱的方式来逃避责任的特殊情形①，但简单机械地将离开交通事故现场后再次饮酒直接推测为主观上有逃避检测的故意而适用第六条的规定，如此则在立法上以规范醉酒标准实现推定危险的存在，又在司法上以证据推定方式证明达到规范醉酒的标准，这种用推定实现推定的循环与醉驾犯罪之抽象危险犯属性相悖，显然构成了对此条款的滥用。根据《全国人民代表大会常务委员会关于司法鉴定管理问题的决定》《司法鉴定机构登记管理办法》以及《司法鉴定人管理办法》的规定，司法鉴定是指在诉讼活动中鉴定人运用科学技术或者专门知识对诉讼涉及的专门性问题进行鉴别和判断并提供鉴定意见的活动，任何司法鉴定意见的取得必须由有资质的专业鉴定机构的鉴定人进行。司法实践中，对嫌疑人的气检是由交警进行，明显有别于法定资格的鉴定人员。若将气检结论直接作为入罪的依据，也违反了刑事诉讼法第二十八条关于侦查人员不得同时担任鉴定人的规定②。因此，气检的结果除了法定情形外，绝不能单独作为醉驾定罪证据。特别是在当今城市天眼监控网络发达的情况下，如此滥用第六条会变相鼓励交警全程监控饮酒者行程，在饮酒者驾车回家后再上门抓捕，当饮酒者辩称回家又饮酒的，则认定存在逃脱行为，以气血检结论直接定罪。这实质上与规范醉酒的立法目的是相悖的，严重违反罪刑法定原则。因此，对于醉驾案件的查获还是应坚持路面例行检查与交通事故中发现为全部渠道，绝对不能用远程监控手段侦查醉驾案件。样本中的包含“第六条限制适用”的无罪关键因素的案件，均属于第六条能否适用的情形，样本中的人民法院均能够坚持罪刑法定原则，有效地防止了该条款被滥用。

（三）驾驶

在样本无罪关键因素中“排除再饮酒可能”“驾驶员不确定”的出现频率权重分别占5%、6%，其中涉及醉驾案件中如何锁定嫌疑人的问题。醉驾案件的

---

① 高贵君、马岩、方文军，等：《〈关于办理醉酒驾驶机动车刑事案件适用法律若干问题的意见〉的理解与适用》，《人民司法》2014年第3期。

② 刘艳红：《醉驾型危险驾驶罪刑事证据规则研究——基于刑事一体化的尝试性构建》，《西北政法学院学报》2014年第2期。

实行行为是醉驾行为，而非醉酒状态，如果驾驶员醉酒后在车内睡觉，并未实施驾驶行为，不会产生抽象的危险，则不构成醉驾犯罪①。因此，对于醉驾案件嫌疑人的侦查要搞清楚两个基本事实：驾驶前饮酒，驾驶时血液酒精含量超标。这需要搜集三个层面的证据：机动车实际驾驶人、驾驶之前饮酒的过程、排除血气检测前再饮酒的可能。这三个层面的证据中，最重要的按照《公安机关刑事案件现场勘验检查规则》（公通字〔2015〕31号）有关规定，确定嫌疑人出入现场的位置、侵入方式和行走路线、嫌疑人在现场的活动过程。同时，也涉及在刑法意义上对"驾驶"的理解。从《辞海》来看，"驾驶"字面意思就是控制机动车的行进，行进是一项持续性的位移状态，要求机动车具有稳定、持续的动力源而运行。其与"道交法"第一百一十九条的规定内涵是相契合的："机动车是指以动力装置驱动或者牵引，上道路行驶的供人员乘用或者用于运送物品以及进行工程专项作业的轮式车辆。"同时，驾驶当然是对机动车设计功能的正常使用方式，与前述"在道路上"的内涵也应是相契合的。有学者认为，完成"上车""打火""轮子动"三步骤，就可认定驾驶；还有观点认为，必须是机动车在物理上发生位移，"打火"启动动力装置只是驾驶行为的"着手"点，只有机动车离开停车位置并行驶，才能认为完成了驾驶②。

我们认为，国家为了预防法益侵害，把醉驾的危害前置化和定型化为抽象危险犯，但是抽象危险是立法推定的危险，不是行为构成的要素，仅仅是立法动机和刑罚根据。因此，醉驾犯罪没有所谓的未遂状态，即，醉驾与抽象危险视为一体存在，既然驾驶尚未开始，那么抽象危险就不可能存在③。如前述，驾驶是对机动车设计功能的正常使用，那当然包括拉驾驶位车门进车的动作，因此驾驶开始于拉开驾驶位车门上车视为既遂，即使机动车未发生位移就被查获也构成醉驾犯罪。需要注意的是，正常使用机动车设计功能的行为，不包括不正常的使用方式，比如醉酒后拉开驾驶位车门上车睡觉或拉开非驾驶位的车门后，与其他车辆发生碰撞，则属于交通事故，但不构成醉驾犯罪。此时，也不能把拉开非驾驶位车门看作驾驶行为的延伸，而认定构成醉驾犯罪④。至于拉开驾驶位车门，是为

① 周光权主编：《如何解答刑法题》，北京大学出版社，2021年，第359页。

② 高贵君、马岩：《危险驾驶刑事案件办案指南》，人民法院出版社，2014年，第73页。

③ 丛日禹：《醉酒驾驶犯罪研究》，法律出版社，2015年，第389页。

④ 《同乘人开车门撞人，保险公司是否赔偿?》，杭州市萧山区人民法院官网，https://xiaoshan.zjcourt.cn/art/2017/6/6/art_1221374_8347747.html。

了着火启动，还是进车睡觉，只是涉及证据认定的问题。

那么，人力推行或牵引以及重力牵引机动车，是否构成刑法意义上的“驾驶”？我们认为，此时不构成“驾驶”行为，因为此时机动车的设计功能（动力装置）没有被正常使用。从行政法上说，人力所提供的动力极其微弱，达不到“稳定、持续”和保持速度的输出，也不属于按设计功能使用机动车，不构成行政法上的“驾驶”。正如在“道交法”所规定的，骑行自行车是驾驶非机动车，推行自行车则属于行人。从刑法上来看，对公共法益的侵害程度来说，人在车外推行或牵引的速度和动能都极小，达不到所要求的抽象危险程度。因此，因动力装置损坏而醉酒推行（牵引）机动车，不构成醉驾；醉酒时在陡坡上推行动力装置损坏的机动车，因重力失控而导致他人重伤的，也不构成醉驾犯罪，而构成过失致人重伤罪。但是，司机将机动车停在坡道上坐在车里喝酒，却不拉上手刹，在发动机与制动系统正常的情况下，司机可以正常使用机动车功能控制的却放任滑行，则构成醉驾犯罪①。

（四）机动车

1. 车辆类型

从样本无罪关键因素分析来看，“醉驾非机动车”出现频率占比达 8%，为实务中重要的出罪事由，由此产生在司法实务中如何界定“机动车”的问题。“道交法”第一百一十九条对机动车有明确的定义，依据 GA 802—2019《道路交通管理机动车类型》规定，有轨电车、拼装车、非法改装车都属于“道交法”规定中的机动车。但生活中不是所有的交通工具都能成为“道交法”语境下的机动车②，比如依据《特种设备目录》，“场（厂）内专用机动车辆”是指除道路交通、农用车辆以外仅在工厂厂区、旅游景区、游乐场所等特定区域使用的专用机动车辆（包括机动工业车辆、非公路用旅游观光车辆）；碰碰车类、赛车类，均属于特种设备，而不属于“道交法”规定中的机动车。同时，国家强制标准 GB 7258—2017《机动车运行安全技术条件》③ 与行业标准 GA 802—2019《道路

① 周光权主编：《如何解答刑法题》，北京大学出版社，2021 年，第 359 页。

② 李涛：《超标电动自行车之殇》，https://mp.weixin.qq.com/s/N4jF33SpLV7IJDvCDzgq8w。

③ 公安部《机动车运行安全技术条件》（2017 年）规定，叉车不属于道路机动车辆，鉴于其外形和结构的特殊性，不适于在道路上行驶和使用。

交通管理机动车类型》① 对于叉车性质的规定不一致，前者认为叉车不属于道路机动车；后者则认为属于道路机动车。因前者为国家强制标准而优于行业标准，故有地方也规定②明确叉车不属于“道交法”规定中的机动车③，而属于特种设备。另外，按照国家标准 GB/T 12996—2012《电动轮椅车》的规定，手动轮椅车、电动轮椅车属于《医疗器械监督管理条例》调整范围④，也不属于“道交法”规定的机动车。在此，本书用图 25 进行描述区分：

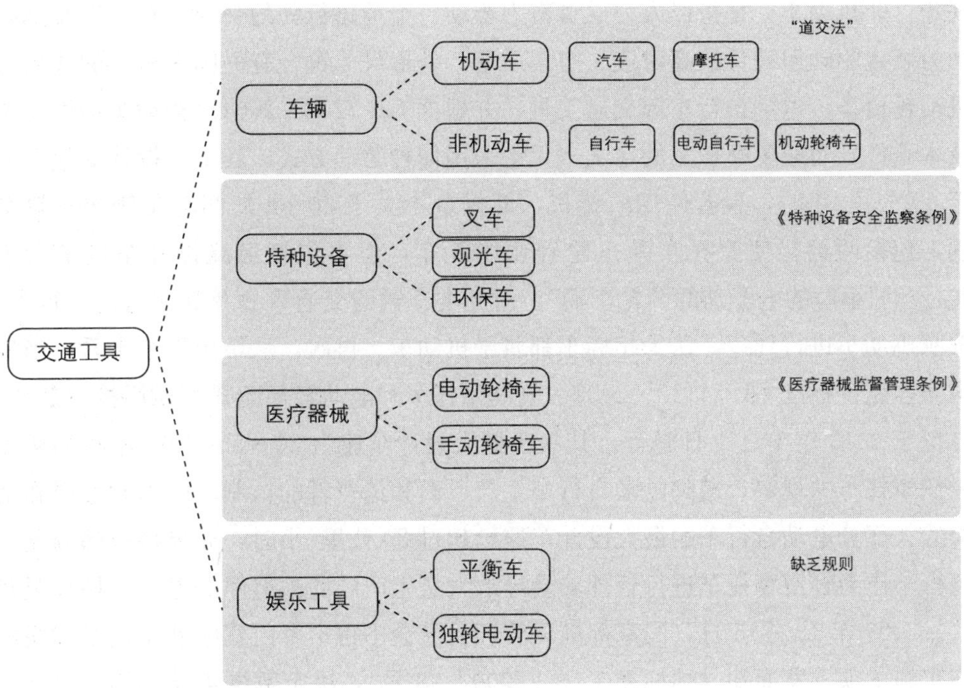

图 25 交通工具分类

---

① 公安部《道路交通管理机动车类型》(2020 年) 规定，叉车等以动力驱动的非道路车辆，上道路行驶发生道路交通事故时，符合《中华人民共和国道路交通安全法》中机动车的定义，应认定为机动车，无须确定其车辆类型。

② 宁波市安全生产监督管理局：《关于要求明确叉车管理权限请示的批复》(甬安监管法 2013 第 27 号)。

③ 李涛：《场（厂）内专用机动车辆事故处理规则》，https://mp.weixin.qq.com/s/Xu-hXprQtY6Fn3QyApl2GrQ。

④ 李涛：《超标电动自行车之殇》，https://mp.weixin.qq.com/s/N4jF33SpLV7IJDvCDzgq8w。

实务中，主要争议问题是超标电动车（包括电动二轮、三轮车、四轮车，以下统称超标车）是否属于刑法意义上的机动车？在此问题上不同部门的规定存在一定的逻辑混乱。首先，从工信部的观点来看，其在对人大代表的建议答复①中认为，超标电动两轮车以及电动三轮、四轮车属于机动车。其次，从部门规范性文件来看，公安部《关于江苏省公安厅就电瓶三轮车涉及的交通事故及交通违法行为如何处理的答复》引用《中华人民共和国道路交通安全法》第一百一十九条规定，非机动车，是指以人力或者畜力驱动，上道路行驶的交通工具，以及虽有动力装置驱动但设计最高时速、空车质量、外形尺寸符合有关国家标准的残疾人机动轮椅车、电动自行车等交通工具，并根据 GB 7258—2004《机动车运行安全技术条件》对轻便摩托车的定义“无论采用何种驱动方式，其最高设计车速不大于 50 公里/小时，且若使用内燃机，其排量不大于 50 ml 的两轮车辆或三轮车辆，包括两轮轻便摩托车和三轮轻便摩托车，但不包括最高设计车速不大于 20 公里/小时的电驱动的两轮车辆”，对此类车辆的交通事故及其交通违法行为，按照机动车进行处理，认为超标车都属于机动车。再次，从历史沿革来看，当年国家强制性标准 GB 24158—2009《电动摩托车和电动轻便摩托车通用技术条件》本拟于 2010 年 1 月 1 日施行，其关于最大设计车速为 20～50 公里/小时的属于轻便摩托车的规定，遭到电动自行车生产厂商和消费者的抵制。因当时生产和销售的大部分电动自行车的最大设计车速已超过 20 公里/小时，如果将这部分电动自行车作为轻便摩托车进行管理，会导致大量生产厂商被迫停业停产整顿甚至转产。2009 年 12 月15 日，国家标准化管理委员会不得不专门就电动摩托车相关标准实施事项下发通知（国标委工一［2009］98 号），决定暂缓实施 GBT 24158—2009《电动摩托车和电动轻便摩托车通用技术条件》等 4 项国家标准中涉及电动轻便摩托车的内容，并表示将加快电动自行车国家标准的修订工作②。具体内容参见图 26。

2012 年 5 月 11 日，国家强制标准 GB 7258—2012《机动车运行安全技术条件》修订发布后，再次引发关于超标电动自行车是否属于机动车的争议。同年 8 月 14 日，国家标准化管理委员会在与公安部、工业和信息化部、交通运输部、

① 2017 年 7 月 28 日工业和信息化部《关于对十二届全国人大五次会议第 3819 号建议的答复》，https://m.thepaper.cn/newsDetail_forward_12636690。

② 最高人民法院刑事审判一至五庭：《刑事审判参考》，法律出版社，2014 年，第 13 页。

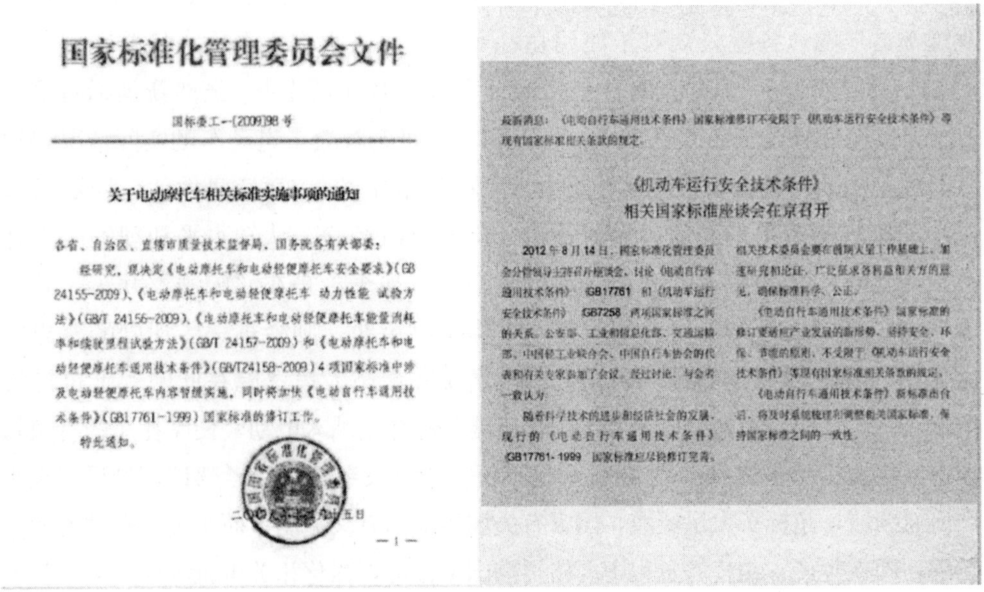

国家标准化管理委员会文件

国标委工一[2009]98号

关于电动摩托车相关标准实施事项的通知

各省、自治区、直辖市质量技术监督局，国务院各有关部委：

经研究，现决定《电动摩托车和电动轻便摩托车安全要求》(GB 24155-2009)、《电动摩托车和电动轻便摩托车 动力性能 试验方法》(GB/T 24156-2009)、《电动摩托车和电动轻便摩托车能量消耗率和续驶里程试验方法》(GB/T 24157-2009)和《电动摩托车和电动轻便摩托车通用技术条件》(GB/T24158-2009)4项国家标准中涉及电动轻便摩托车内容暂缓实施，同时将加快《电动自行车通用技术条件》(GB17761-1999)国家标准的修订工作。

特此通知。

—1—

最新消息：《电动自行车通用技术条件》国家标准修订不受限于《机动车运行安全技术条件》等现有国家标准相关条款的规定

《机动车运行安全技术条件》相关国家标准座谈会在京召开

2012年8月14日，国家标准化管理委员会分管领导主持召开座谈会，讨论《电动自行车通用技术条件》（GB17761）和《机动车运行安全技术条件》（GB7258）两项国家标准之间的关系。公安部、工业和信息化部、交通运输部、中国轻工业联合会、中国自行车协会的代表和有关专家参加了会议。经过讨论，与会者一致认为：

随着科学技术的进步和经济社会的发展，现行的《电动自行车通用技术条件》（GB17761-1999）国家标准应尽快修订完善。相关技术委员会要在前期大量工作基础上，加速研究和论证，广泛征求各利益相关方的意见，确保标准科学、公正。

《电动自行车通用技术条件》国家标准的修订要适应产业发展的新形势，坚持安全、环保、节能的原则，不受限于《机动车运行安全技术条件》等现有国家标准相关条款的规定。

《电动自行车通用技术条件》新标准出台后，将及时系统梳理和调整相关国家标准，保持国家标准之间的一致性。

图 26　文件及新闻报道情况

中国轻工业联合会、中国自行车协会等部门代表和有关专家参加的座谈会上达成一致意见，《电动自行车通用技术条件》的修订要适应产业发展的新形势，其不受限于 GB 7258—2012《机动车运行安全技术条件》等现有国家标准相关条款的规定。在电动自行车的新标准出台后，国家标准化管理委员会将及时梳理和调整相关国家标准，保持国家标准之间的一致性。从次，2019 年 4 月 15 日起实施的国家工信部发布的国家强制标准 GB 17761—2018《电动自行车安全技术规范》，终于完成了与 GB 7258—2017《机动车运行安全技术条件》相配套衔接。最后，从司法鉴定的规则来看，2020 年 6 月 23 日起实施的《物证类司法鉴定执业分类规定》第二十七条规定："交通事故痕迹物证鉴定。交通事故痕迹物证鉴定包括的具体项目内容如下：（一）车辆安全技术状况鉴定。包括判断涉案车辆的类型（如机动车、非机动车）……"将超标车类型鉴定明确为司法鉴定中的物证—交通事故痕迹—车辆安全技术状况分项，司法鉴定机构及鉴定人应具备相应资质进行鉴定。基于以上种种，有观点认为在司法实务中，可以经司法鉴定将超标车认定为机动车。

我们认为，在当前审判实践中仍不能将超标车认定为刑法意义上的机动车。首先，醉驾是抽象危险犯，对行为人违法性认识的要求更高，不仅要求嫌疑人认识到自己驾驶的事实，还要求其认识到驾驶的超标车属于法律意义上的机动车。我国幅员辽阔，各地公众对于使用超标车出行的需求客观存在，目前我国有超3亿台存量电动车，其中约有1亿台超标车存在替换需求①。虽然新国标对电动自行车的范围做出了一定的放宽，但是国家标准与社会上电动车的实际情况仍旧有着巨大偏差，社会上的电动车绝大多数都是超标车②。而违法性认识问题具有决定刑法规制边界的功能，目前各地公众的生活经验、认知水平和理解能力并不统一，在绝大多数人的观念中超标车不是机动车，是在“喝酒不开车，开车不喝酒”规制之外的。若将醉驾超标车均予以定罪，则会进一步加剧醉驾犯罪泛化的问题，因此公安部、最高人民检察院和最高人民法院在此问题上也持慎刑立场③。其次，目前公安交管部门仍不能将超标车纳入电动轻便摩托车的行政管理中（核发机动车牌照），普通公众也不可能为驾驶超标车而考驾证。最后，在生产流通领域，超标车大量泛滥，国家有关职能部门有义务制止而未进行有效的源头治理，即在生产、销售等过程中严格贯彻国家标准，强化相关审批程序。生产厂家未严格按照国家标准进行生产，商家未按照国家标准分类销售，未告知消费者相关产品的属性及其法律意义。若简单地以醉驾犯罪打击消费者，而不规制生产与流通领域的问题，显然不公平且违背主客观相统一的定罪原则④。

由此，在目前司法实务中的不同语境下，“机动车”认定存在逻辑悖论，出现了极其矛盾的怪现象。公安部交通管理局发布了《关于转发人民法院对交通事故涉及超标电动车生产销售企业依法承担赔偿责任有关判决的通知》中还列举了“浙江省宁波市中级人民法院对林某某等诉浙江钻豹电动车有限公司一案二审民事判决”等一批案例，确立了以鉴定的方式认定超标车为“民法意义上的机动车”的规则；在交通违章的行政执法中，也有地方交警使用同样的方式认定超标车为“行政法意义上的机动车”⑤，进而构成无证驾驶机动车处拘留的行政处罚

① 王付宝：《超标电动自行车醉驾的刑法规制问题研究》，《统计与管理》2021年第7期。

② 王付宝：《超标电动自行车醉驾的刑法规制问题研究》，《统计与管理》2021年第7期。

③ 高贵君、马岩、方文军，等：《〈关于办理醉酒驾驶机动车刑事案件适用法律若干问题的意见〉的理解与适用》，《人民司法》2014年第3期。

④ 余凌云、施立栋：《醉驾、电动自行车与其他类型电动车的治理》，清华大学出版社，2017年，第326页。

⑤ 公安部：《酒后驾驶超标电动车与酒后驾驶机动车同责》，https://auto.163.com/18/0117/07/D8B9VKHL000884MM.html。

案例。但在醉驾案件的审判实践中，最高法院并不认可以鉴定的方式认定超标车为“刑法意义上的机动车”。由此，出现了特定场景下的司法悖论：甲醉驾超标车与乙发生交通事故，导致乙受轻伤。交警认定甲负事故主要责任，乙负次要责任，经鉴定超标车为机动车。那么，人民法院能否在判决甲作为机动车一方承担对乙的赔偿责任，且因无证驾驶机动车被行政拘留后，但判决因超标车不属于机动车而不构成醉驾犯罪？

造成上述悖论的原因有两方面：一是“道交法”对机动车的定义确定了其对于公共空间（道路）的危险程度。在 2004 年“道交法”立法之初，采用了“非机动车定义中还包含机动车”的内容，即，将靠机械驱动的电动自行车划定为非机动车。这改变了之前的《中华人民共和国道路交通管理条例》第三条的定义：“机动车是指各种汽车、电车、电瓶车、摩托车、拖拉机、轮式专用机械车；非机动车是指自行车、三轮车、人力车、畜力车、残疾人专用车。”[①] 有学者指出，该定义方式是顾及非机动车群体利益的结果[②]，批评立法者未从社会全体成员的安全考虑[③]，忽略了电动自行车对于公共交通秩序的危险性，本质上就应该将电动自行车纳入机动车的范畴中。二是超标车数量太大，在醉驾案件的数量已经造成司法资源耗费的困境下，若将醉驾超标车纳入犯罪规制，则使得醉驾者“罪犯标签”泛化更为严重。基于此，审判实践才从电动自行车的定义出发，得出公众对超标车属于机动车的认知不足而不具有犯罪故意的妥协意见。显然，现阶段超标车在不同语境下及不同法律关系中车辆类型的混乱，本质上源于机动车定义与超标车生产、销售、使用上的管理理念导致的[④]。我国还是应该在完成醉驾犯罪的出罪机制与刑罚制度构建后，严格落实相关职能部门的监管责任，有必要讨论是否在立法上改变电动自行车属于非机动车的定义方法，从而彻底解决醉驾超标车对公共交通秩序的影响问题。

---

① 公安部《关于〈中华人民共和国道路交通管理条例〉若干条款的解释》（〔88〕公发 15 号印发）第 1 条和第 3 条第（2）项中的三轮车，是指用人力驱动的设计有三个车轮的车辆；人力车，是指用手推或手拉方式驱动的两轮或独轮车；残疾人专用车，是指肢体残疾的人单人使用的代步工具，包括人力轮椅车和设计时速在 20 公里以下的残疾人用机动车。

② 《人大审议道路交通安全法　四审稿凸现六大看点》，http://news.sohu.com/45/14/news214891445.shtml。

③ 于敏：《机动车损害赔偿责任与过失相抵》，法律出版社，2006 年，第 70 页。

④ 《保险公司能否以电动车超标为由拒赔个人意外险?》，https://m.thepaper.cn/baijiahao_4242753。

2. 营运性质

《醉酒案件意见》第二条规定了对驾驶载有乘客的营运机动车的从重处罚。各地的司法政策也多规定醉驾营运机动车的作为从重情节，而不适用免刑或缓刑。因此，对机动车的营运性质的认定，也涉及从重而不能给予出罪的问题。按照行业标准 GA 802—2019《道路交通管理机动车类型》中“机动车使用性质”的规定，机动车按使用性质分为营运、非营运和运送学生。营运机动车是指个人或者单位以获取利润为目的而使用的机动车；非营运机动车是指个人或者单位不以获取利润为目的而使用的机动车；运送学生机动车是指用于有组织地接送 3 周岁以上学龄前幼儿或义务教育阶段学生上下学的 7 座及 7 座以上的载客汽车，即校车。并且附注了《机动车使用性质细类表》，具体如下：

分类		说明
营运	公路客运	专门从事公路旅客运输的客车和乘用车
	公交客运	城市内专门从事公共交通客运的客车
	出租客运	以行驶里程和时间计费，将乘客运载至其指定地点的客车和乘用车
	旅游客运	专门运载游客的客车和乘用车
	租　　赁	专门租赁给其他单位或者个人自行使用，不随车配备驾驶劳务、以租用时间或者租用里程计费的机动车
	教　　练	专门从事驾驶技能培训的机动车
	货　　运	专门从事货物（危险货物除外）运输的货车、挂车
	危化品运输	专门用于运输剧毒化学品、爆炸品、放射性物品、腐蚀性物品等危险货物的货车、挂车
非营运	警　　用	公安机关、国家安全机关、司法行政系统（包括监狱、戒毒管理机关和司法局）和人民法院、人民检察院用于执行紧急职务的机动车
	消　　防	用于灭火的专用机动车和现场指挥机动车
	救　　护	急救、医疗机构和卫生防疫等部门用于抢救危重病人或处理紧急疫情的专用机动车
	工程救险	防汛、水利、电力、矿山、城建、交通、铁道等部门用于抢修公用设施、抢救人民生命财产的专用机动车和现场指挥机动车
	营 转 非	原为营运机动车（出租客运汽车除外），现改为非营运机动车
	出租转非	原为出租客运汽车，现改为非营运汽车，不再用作出租客运汽车

续表

分类		说明
运送学生	运送幼儿（幼儿校车）	用于有组织地接送3周岁以上学龄前幼儿上下学的7座及7座以上载客汽车
	运送小学生（小学生校车）	用于有组织地接送小学生上下学的7座及7座以上载客汽车
	运送中小学生（中小学生校车）	用于有组织地接送义务教育阶段学生（小学生和初中生）上下学的7座及7座以上载客汽车
	运送初中生（初中生校车）	用于有组织地接送初中生上下学的7座及7座以上载客汽车
a. 经出租汽车行政主管部门审核确认，用于网约车经营服务的7座及7座以下的乘用车为预约出租客运汽车；预约出租客运汽车退出网约车经营服务，转为非营运汽车的，为预约出租转非汽车 b. 非营运机动车没有对应细类的，使用性质确定为“非营运”。除使用性质确定为“非营运”“营转非”“出租转非”“预约出租转非”以外的机动车，为生产经营性车辆		

因此，在“道交法”语境下，“营运”系营运车辆的意思，系指相关市场主体利用机动车从事营业运输服务，按照GA 802—2019《道路交通管理机动车类型》规定，包括公路客运、公交客运、出租客运（网约车）、旅游客运、租赁、教练几种类型都属于营运性质，在机动车上牌登记时会在行驶证上进行标注。但是依据《中华人民共和国道路运输条例》（以下简称《运输条例》）第二条规定，客运与货运属于道路旅客运输经营，驾驶员培训等属于道路运输相关业务。《运输条例》是按照市场主体从事的具体业务行为，予以认定是否属于运输经营，与“道交法”在机动车使用性质之判断标准有一定的区别。

1982年4月27日，《国务院办公厅关于农业用拖拉机从事非营业性运输范围的通知》规定：“拖拉机在从事以下活动时为非营业性运输：从事田间作业和运送农产品入库；运送社队农副产品到指定的收购地点或集中地点；从公社或县城以及邻县附近的集镇和工厂，拉运本社队用的农业生产资料；完成农副产品交售任务后，拉运本社队自留农副产品到本县范围内或邻县附近的集市贸易市场；本社队的农田基本建设物资和社员生活资料在本县或邻县范围内的短途运输……”1982年6月11日，国家经济委员会、交通部《关于改善和加强公路运输管理的暂行规定》规定：“非营业运输车辆系指为本单位内部的生产和职工生活服务，不与其他单位或个人发生各种方式运费结算的自备车辆，其余均为营业运输车辆。”1986 年 12 月 29 日，《公路运输管理暂行条例》第五条规定：“公路运输分为营业性、非营业性两种。营业性运输指为社会提供劳务、发生各种方式费用结算的公路运输；非营业性运输指为本单位生产、生活服务，不发生费用结算的公路运输。”1998 年 6 月 17 日，国家计委、财政部、交通部《关于规范公路客货运附加费增加公路建设资金的通知》（计价管〔1998〕1104 号）规定：“以有否取酬来划分经营性运输将更加科学、更合适。所以，凡参加营业性道路运输的经营业户都应持有交通主管部门颁发的公路运输经营许可证，营运车辆持有营运证，并按国家有关规定，向车籍所在地道路运政管理机构交纳运管费。”2000 年3 月，交通部公路司《关于对营业性和非营业性运输划分问题的复函》（公运政字〔2000〕57 号）第五条规定：“营业性道路运输过程中发生各种方式费用结算除运费单独结算这种方式外，还包括运费、装卸费与货价并计，运费、装卸费与工程造价并计，运费与劳务费、承包费并计等结算方式。”2004 年 7 月，国务院法制办和交通部组成编写委员会编撰的《中华人民共和国道路运输条例释义》中解释：“道路运输活动根据是否以盈利为目的可以区分为经营性道路运输和非经营性道路运输。经营性道路运输，也就是道路运输经营，主要指为社会提供服务、发生费用结算或者获取报酬的道路运输……非经营性道路运输，是指为本人生产、生活服务，不发生费用结算或者不收取报酬的道路运输。道路运输经营，主要指为社会提供服务、发生费用结算或者获取报酬的道路运输。”从以上相关文件与政策来看，在《运输条例》语境下不是简单地以登记来判断，机动车是否构成营运性质，而是以其实际市场行为是否具有“社会服务”与“获取报酬”的特点来判断①。

基于以上原因，作为危险犯的醉驾犯罪应当依据哪个部门法规定义为“营运”，产生了是以机动车登记证书为依据，还是以从业行为来判断“营运”性质的争议。我们认为，立法是国家理性的有目的的专业性活动，刑法罪名是为保护特定的法益，犯罪本质是对法益的侵害②。《醉酒案件意见》第二条规定，为了保护在公共运输场合的交通安全之特别法益，对于醉驾运营机动车的场合，给从重的刑罚。因此，在登记为营运性质机动车且搭载乘客的场合，应当认定构成从

① 李涛：《车辆使用性质判断标准与“运输经营”认定方法》，https://mp.weixin.qq.com/s/RdDSpyykQsI61RZqEkqpdw。

② 何荣功：《刑法适用方法论》，北京大学出版社，2021 年，第 1 页。

重情形；在登记为非营运性但从事收费载乘的场合，实质上具有“社会服务”与“获取报酬”的特点，比如单位通勤车运输、超市接送顾客运输、收费的顺风车运输、黑的士、收费的校车等，也应当进行实质判断认为对特别的法益的侵害，从而认定具有“营运”性质应当从重刑罚。

（五）气检与现场记录

从样本无罪关键因素分析来看，“未进行气检”是无罪关键因素之一。实务中对于气检证据的质疑，首先，考虑气检的设备是否按照《中华人民共和国计量法》第九条、《中华人民共和国强制检定的工作计量器具检定管理办法》及《中华人民共和国强制检定的工作计量器具明细目录》、GA 307—2001《呼出气体酒精含量探测仪》第九条的规定，由国家质量监督检验检疫总局授权的省级以上法定计量部门进行了周期检定。其次，气检属于行政强制行为，应按照《公安机关办理行政案件程序规定》第八十六条的规定：“检查情况应当制作检查笔录。检查笔录由检查人员、被检查人或者见证人签名；被检查人不在场或者拒绝签名的，办案人民警察应当在检查笔录中注明。检查时的全程录音录像可以替代书面检查笔录，但应当对视听资料的关键内容和相应时间段等作文字说明。”交由当事人或见证人签字。最后，考察气检的全过程是否按照《道路交通安全违法行为处理程序规定》第三章的规定要求依法进行。从样本来看，“未进行气检”一般不单独作为无罪判决的事由。

此外，“记录错误与不明”这一无罪关键因素在样本中出现频率高达6%，其主要表现为交警在现场执法中制作的《血样提取登记表》出现记载错误或不明，导致存在血样收集程序违法或血样被污染而致证据排除。《血样提取登记表》主要记载了血样提取的时间、地点、被提取人的信息、执法交警的信息、操作人员信息、使用的消毒液名称、血样盛装容器规格和血样提取的数量。交警在制作《血样提取登记表》时，要预先登记嫌疑人的信息；在提取血样后，要求嫌疑人签字确认；血样提取时要求两名以上交警执行职务，并要求交警在《血样提取登记表》上签名；操作人员应当具备相关从业资格，并在《血样提取登记表》上签名；制表时应特别关注《血样提取登记表》的编号，该编号要与鉴定委托书、接收检材回执所记载的盛装检材容器的编号相一致①，特别是血样记载的采集量与

① 刘行川、王志华：《醉驾案件的证据审查》，《检察日报》2017年9月24日。

送检鉴定量要一致。同时，因血检时视为已进入刑事侦查阶段，依据《公安机关办理刑事案件程序规定》第二百一十二条的规定："检查的情况应当制作笔录，由参加检查的侦查人员、检查人员、被检查人员和见证人签名。被检查人员拒绝签名的，侦查人员应当在笔录中注明。"根据《最高人民法院关于适用〈中华人民共和国刑事诉讼法〉的解释》第八十条的规定："由于客观原因无法由符合条件的人员担任见证人的，应当在笔录材料中注明情况，并对相关活动进行全程录音录像。"《血样提取登记表》上嫌疑人与见证人均应签字，若无见证人的现场则需要全程录像。见证人在刑事诉讼中的现场检查中是独立的第三方，监督现场取证的客观情况与侦查行为，因此医务人员在现场的采集血样行为也是被监督的对象，故医务人员不能作为见证人。最高法院曾介绍，在《关于办理醉酒驾驶机动车刑事案件适用法律若干问题的意见》制定过程中，有的部门建议对查获经过、血气证据固定过程拍照、录音或者录像。但最高院认为，有的地方交警不具备随身携带照相、录像设备的条件，如临时发现醉驾并查处的难以做到全程录像，未要求一律这么做①。因此，虽然在样本中"记录错误或不明"无罪的关键因素出现频率占比达 6%，但样本中未全程录像一般未单独作为出罪事由，需要与其他的无罪关键因素同时存在，才能导致血样证据被排除。2013 年 12 月，公安部交通管理局制定出台《交警系统执法记录仪使用管理规定》，要求从 2014 年 1 月起，交警在执行道路上执勤、查处交通违法行为、处理交通事故等工作任务时，都使用执勤执法记录仪进行全程录音录像。2019 年修订的《交警系统执勤执法记录仪使用管理规定》明确了辅警佩戴使用执勤执法记录仪的规则②。因此，目前实务中"记录错误或不明"无罪关键因素，可以作为单独的出罪事由。

（六）血检的方法

"鉴定标准错误""实验方法错误"的无罪关键因素，样本中出现的频率合计占比为 4%，是醉驾案件中鉴定结论是否被采信的重要因素。我国先后有公安部 GA/T 105—1995《血、尿中乙醇、甲醇、正丙醇、乙醛、丙酮、异丙醇、正丁醇、异戊醇的定性分析及乙醇、甲醇、正丙醇的定量分析方法》、公安部 GA/T

---

① 高贵君、马岩、方文军，等：《〈关于办理醉酒驾驶机动车刑事案件适用法律若干问题的意见〉的理解与适用》，《人民司法》2014 年第 3 期。

② 傅蕾：《提升依法治理能力　护航法治中国建设——公安交管部门贯彻落实习近平法治思想推动交管工作高质量发展》，《汽车与安全》2021 年第 12 期。

842—2009《血液酒精含量的检验方法》(后修订为《血液酒精含量的检验方法》GA/T 842—2019)、公安部 GA/T 1073—2013《生物样品血液、尿液中乙醇、甲醇、正丙醇、乙醛、丙酮、异丙醇和正丁醇的顶空-气相色谱检验方法》、司法部 SF/ZJD 0107001—2016《血液中乙醇的测定顶空气相色谱法》四个酒精检测的标准。公安部 1995 年制定的 GA/T 105 标准在 2004 年被国标委认定为国家标准,然而 2013 年 5 月 6 日公安部发布的《关于废止 440 项公共安全行业标准的公告》废止了 GA/T 105 标准,原因为“技术方法不可用”;2013 年 6 月 28 日公安部的 GA/T 1073—2013 标准开始实施,但直到 2017 年 2 月 28 日,国标委《将 GB 19522—2010〈车辆驾驶人员血液、呼气酒精含量阈值与检验〉国家标准第 1 号修改单的公告》第三条才明确了,血液酒精含量检验方法按照 GA/T 1073 或者 GA/T 842 标准进行,即 GA/T 1073 代替了 GA/T 105 标准。那么在 2013 年 5 月 6 日至 2017 年 2 月 28 日期间,依据《司法鉴定程序通则》规定的,从“国家标准”到“行业标准和技术规范”再到“该专业领域多数专家认可的技术方法”的次序要求,因《车辆驾驶人员血液、呼气酒精含量阈值与检验》是国家强制标准,故应继续使用 GA/T 105 标准进行鉴定;而 GA/T 1073 是推荐标准不能强制使用,则在一些具体个案中如何适用国标委或公安部的标准问题,产生了标准适用上的争议。

同时,GB/T 19522—2010《车辆驾驶人员血液、呼气酒精含量阈值与检验》与《GB 19522—2010〈车辆驾驶人员血液、呼气酒精含量阈值与检验〉国家标准第 1 号修改单的公告》的强制标准中,没有提及使用司法部 SF/ZJD 0107001—2016 行业标准进行鉴定的效力问题,故在实务中使用司法部 SF/ZJD 0107001—2016 标准进行的司法鉴定,能否作为合法证据使用存在重大争议。直到 2018 年 5 月 3 日,司法部司法鉴定管理局《关于车辆驾驶人员血液中酒精含量测定适用标准有关意见的函》明确规定:“司法鉴定机构对车辆驾驶人员血液中酒精含量进行检测时,应当按照国家标准 GB 19522 的要求,采用 GA/T 1073 或者 GA/T 842 的规定。”至此,对于血样酒精含量检测的司法鉴定标准只能采用 GA/T 1073 或者 GA/T 842 标准。

此外,在审判实践中,存在以推算的方式确定血液酒精含量的鉴定方法,如孔某危险驾驶罪案①中,最高法院认为,对于行为人逃逸不久即被抓获,体内还

① 最高人民法院刑事审判一至五庭:《刑事审判参考》,法律出版社,2014 年,第 58 页。

能检出血液酒精含量值，但低于 80 mg/100 ml 的，可以委托专业人员按照业内通行的 10 mg/（100 ml·h）的血液清除率推算嫌疑人驾驶时的血液酒精含量，可以认定嫌疑人驾驶时呈醉酒状态。上海市质量技术监督局于 2007 年 10 月 29 日发布的地方标准《机动车驾驶员驾车时血液中酒精阈值与测试方法》第 4.2 条规定，驾驶人系在饮酒一小时后接受酒精含量测试，并且测定值在 0.1 mg/ ml～0.2 mg/ ml 之间的，可以按照 0.104 mg/（ml·h）的酒精清除率推算驾驶人驾车时的体内血液酒精含量；2009 年 3 月 1 日起实施的天津市质量技术监督局地方标准 DB 12/402—2008《车辆驾驶人员血液酒精含量推算和检验》第 4.1.1 条则规定，按照 0.1 mg/（ml·h）的清除率标准进行推算。广东省东莞市东城区曾经发生一起酒后驾车案件，嫌疑人在事发后 6 小时进行血液酒精含量的检测值为15.78 mg/100 ml，该数值没有达到现行饮酒后驾驶机动车的标准。当地司法鉴定中心通过参照上海市的上述血液酒精清除率标准，出具了嫌疑人驾车时血液中酒精含量为 67.78 mg/ 100 ml～78.18 mg/ 100 ml 的鉴定结论。东莞市东城区交警支队据此对驾驶人作出了行政处罚①。

从相关研究的实验数据来看②：人体血液中的酒精含量和分解时间是由低到高，再由高到低的过程，血液中酒精含量最大值是在酒后 1～2 小时，峰值是在 1.5 小时③。因此，前述所谓按每小时线性的固定清除率推算的方法是否客观科学，是存在理论上的争议的。具体参见图 27 与图 28④。

在实务中，需要使用推算的方法进行血检，一般运用在驾驶结束后抓获的情形中，因此此类案件证据的收集，不仅需要确定驾驶前喝酒的状态、持续时间、空间，还要排除驾驶结束后再饮酒的可能，同时，还存在不同人群对于酒精代谢的个体差异。实践中，也有申请对特异体质者进行酒精代谢之侦查实验之案例，如北京市大兴区驾车行驶的石×与一辆小客车发生剐蹭，经鉴定石×的血液酒精含量为 80 mg/100 ml。石×供述前一天晚上曾经喝了些白酒和几瓶啤酒，时隔一

---

① 高贵君、马岩：《危险驾驶刑事案件办案指南》，人民法院出版社，2014 年，第 943 页。

② 赵梅春、李广析、夏建业：《饮酒后血液中酒精含量变化的数学模型》，《数学理论与应用》2006 年第 4 期。

③ 《酒驾事后酒醒才被测试还算酒驾吗?》，https://mp.weixin.qq.com/s/sTKjMQDi-vtQ28HZ-BkMFA。

④ 苏庆、周泓机：《酒后人体内酒精含量预测及安全驾车时间分析》，《电脑知识与技术》2019 年第 24 期。

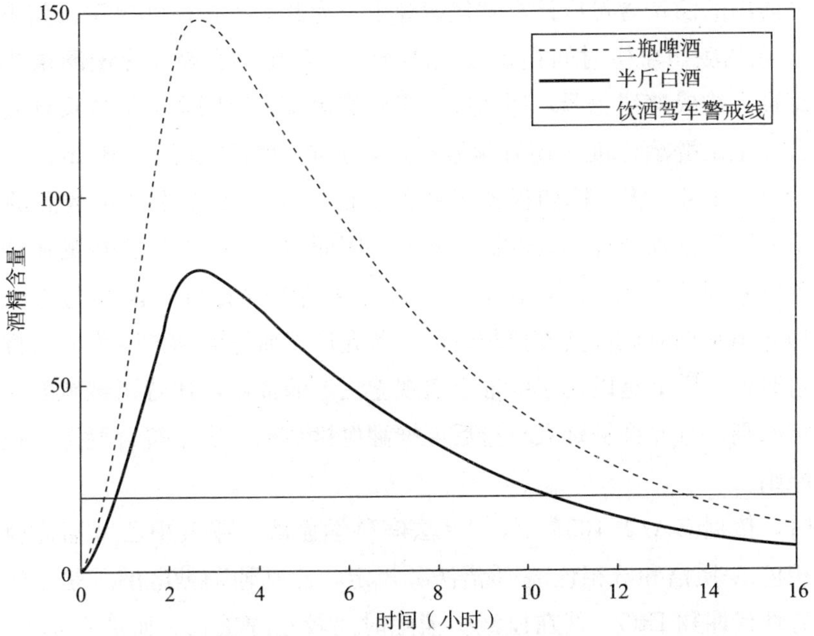

图 27　三瓶啤酒与半斤白酒在一段时间内（2 小时）喝完对比图

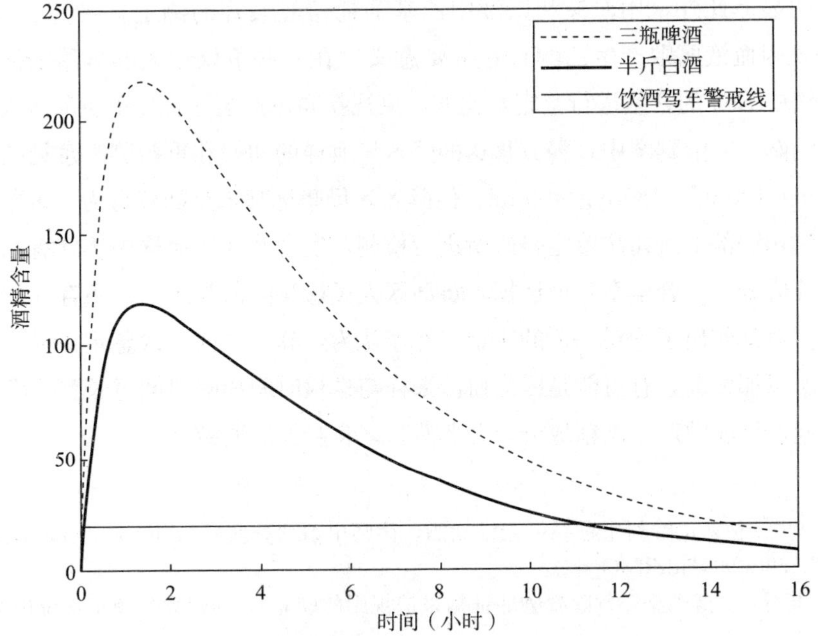

图 28　三瓶啤酒与半斤白酒在短时间内喝完对比图

夜，自己体内的酒精含量应该早就代谢掉了，为此其辩护律师申请《侦查实验申请书》①。在驾驶与血检时间相差较大的场合，若允许交警以血液酒精清除率方式推定嫌疑人构成醉驾犯罪，那么也应当允许嫌疑人以同样的方式反证驾驶时血液酒精含量不足醉酒标准。还有学者指出，血液酒精浓度处于 80 mg/100 ml～120 mg/100 ml 时，将有检测误差可能的血液酒精浓度作为认定醉酒的依据使用，并不能达到排除合理怀疑的证明标准，因而需要对这些范围内的血液酒精浓度检验鉴定意见进行补强②，比如，进行现场清醒测试确定醉酒与否。我们认为，处理此类案件应该极其谨慎与慎重，若允许以血液酒精清除率方式推定或补强方式定罪，实质上是以司法的推定实现立法上的推定，违背了规范醉酒标准及罪刑法定原则；且允许嫌疑人自行反证推翻血检结论，也不符合疑点利益应归于被告的原则。

同时，依据 GA/T 1633—2019《法庭科学血液、尿液中乙基葡萄糖醛酸苷检验气相色谱-质谱和液相色谱-质谱法》规定，乙基葡萄糖醛酸苷是乙醇在人体内的标志性代谢物 EtG，其在血液中消除时间较乙醇更长。血液中 EtG 阳性结果对 12 小时内是否饮酒的判断起着重要作用，尤其在体内已不能再测出乙醇时作用更明显。此外，用血液和尿液中乙基葡萄糖醛酸苷的测定在判定乙醇来源、区分是否因血液腐败产生乙醇有着重要意义。在一些争议较大的醉驾案件中，也会对血液中 EtG 的含量进行鉴定，比如，央视新闻曾报道的青岛市黄岛区人民检察院审查的薛××醉驾案中，警方移送的薛××血样的初检和重新鉴定意见结果分别为 173 mg/100 ml、180 mg/100 ml。但薛××仍坚称其未有酒驾行为。黄岛区人民检察院送司法部上海司法鉴定科研所进行检测，发现薛××血样中不含有乙基葡萄糖醛酸苷成分。综合全案其他证据，黄岛区人民检察院认为薛××不存在醉酒驾驶的行为，对其作出了绝对不诉的决定。专家认为，薛××前两次鉴定血样中的酒精含量之所以那么高，有可能是因为血液采样与送检时间相隔时间过长且保存温度过高，引起血样腐败产生酒精成分，并非薛××自身饮酒所致③。

---

① 《男子被认定醉驾坚称系一天前饮酒，律师申请侦查实验》，https://mp.weixin.qq.com/s/XiFzI9wMl24JdZILcO_roA。

② 蒋寻：《"醉酒型"危险驾驶罪证据采信规则的确立》，苏州大学硕士学位论文，2015年。

③ 《为什么他没喝酒，血液酒精含量却超过醉驾标准?》，山东省人民检察院 2017 年 2 月 25 日官微，https://mp.weixin.qq.com/s/7qqXi5VsB6_xlnY1LZxJiw。

（七）行刑交叉程序

在实务中有观点认为，可以从醉驾执法存在行刑交叉程序方面寻找行政程序中的瑕疵，以取得在刑事诉讼程序中辩护的突破优势①。在醉驾案件处理过程中，交警对司机进行血气检测构成行政法上的行政强制行为，达到醉驾标准的应依法吊销驾证属于行政法上的行政处罚，同时还要启动刑事程序。因此，可能同时涉及三个方面的诉讼：醉驾犯罪的刑事诉讼，不服行政强制措施（血气检测）的行政诉讼，不服行政处罚（吊销驾证）的行政诉讼。有辩护人认为应同时启动三个诉讼，利用不同诉讼程序的内在制约关系，以及不同审理法院的外在制约关系，最终达到有利于醉驾案件嫌疑人的诉讼策略。

那么，针对交警实施的血气检测行为是否能够作为行政强制措施提起行政复议或行政诉讼，交警进行血气检测的行为属于行政强制措施还是刑事调查措施，在审判实践中争议很大。不同法院之间的裁定也不一致，比如周×国与平塘县公安局交通警察大队不服公安行政管理案中，依照《中华人民共和国刑事诉讼法》第一百三十二条第一款“为了确定被害人、犯罪嫌疑人的某些特征、伤害情况或者生理状态，可以对人身进行检查，可以提取指纹信息，采集血液、尿液等生物样本”② 的规定，公安机关依照刑事诉讼法实施的采集血液等刑事侦查行为，不属于行政诉讼受案范围；徐×丰诉慈溪市公安局交通警察大队不服公安其他行政行为案中，“经呼气检验，上诉人血液中的酒精含量为 130 mg/100 ml，达到了醉酒驾驶的标准，已涉嫌危险驾驶的刑事犯罪，此时民警将其带至医院抽取血液，也不再是基于交通行政管理的需要，而是为确定其行为是否构成刑事犯罪进行调查、收集证据，属于刑事侦查行为，因此，被诉血液检验行为应受《中华人民共和国刑事诉讼法》的调整”③，均认定醉驾案件中血检属于刑事侦查行为，不是行政诉讼法

---

① 《醉驾案件的辩护思路与方法》，https://mp.weixin.qq.com/s/Grho1Z1TmqrRCCZwvQpHvw。

② 关于周×国与平塘县公安局、交通警察大队公安行政管理（道路）一案的黔南布依族苗族自治州中级人民法院《行政裁定书》[(2020) 黔 27 行终 228 号]，https://mp.weixin.qq.com/s/YxFNCDlRtiN1kprIR2fPIg。

③ 徐×丰诉慈溪市公安局交通警察大队公安其他行为一案，见浙江省高级人民法院的(2016) 浙行终 582 号《行政裁定书》，https://mp.weixin.qq.com/s/ZzMzApclXzwScoWN-WOuZ3A。

的受理范围。但高×强与青岛市公安局交通警察支队黄岛大队行政强制违法案［获第八届全国行政审判优秀业务成果（案例类）一等奖］① 及段×栋与石家庄市公安局不服行政处罚、行政复议案②，均认为血检属于行政强制行为，将之作为行政案件审理并判决。而最高人民法院行政庭法官认为，要确定某类强制措施的法律性质，就必须对公安机关实施该行为的过程进行综合、全面的分析，最终确定实施该行为的目的。如果一个行为确实属于为追究犯罪而搜集证据，就应当认定该行为属于刑事司法行为③。

在审判实践中，主张血检属于行政强制的主要目的，是为了争取以行政诉讼程序的证据审查标准审查血检的全过程，相较于刑事诉讼程序的证据审查标准，前者似乎更宽松广泛，对被检查者有利一些——他们试图取得行政强制行为（血检）撤销或确认违法的行政判决，改变醉驾案件的审理结果。但从样本来看，没有一起是通过行政诉讼案件的审理而导致醉驾案件判决无罪的结果，且样本中对于血检结论是否排除，均是按照刑事诉讼的证据标准进行判断的。同时，法官们似乎也感受到辩护人试图通过行政诉讼程序，影响醉驾案件审理的策略，为此还以案例的方式作出了回应。在夏×栋危险驾驶案④中人民法院认为："危险驾驶罪中强制提取血样行为暂时限制了被提取人的人身自由，且发生在刑事立案之前，属于行政强制措施。公安机关在提取血样过程中虽然违反了相关行政法规，但所提取的血样作为证据使用不会对司法公正产生严重影响的，可以作为定案的依据。"也就是说法官认为血检结果是否采信，还是按《刑事诉讼法》第 56 条规定进行判断，即交警通过行政执法获得的血检结论，只有在"不符合法定程序""可能严重影响司法公正""不能补正或者作出合理解释"三要件同时具备的情况

① 高×强与青岛市公安局交通警察支队黄岛大队行政强制违法一案，见山东省青岛市中级人民法院（2019）鲁 02 行终 569 号《行政判决书》，https://mp. weixin. qq. com/s/COCa0bnSai58ym9YtBExZQ。

② 段×栋与石家庄市公安局行政处罚行政复议案，见河北省石家庄市中级人民法院（2020）冀 01 行终 511 号《行政判决书》，https://mp. weixin. qq. com/s/COCa0bnSai58ym9YtBExZQ。

③ 梁凤云：《行政诉讼法司法解释讲义》，人民法院出版社，2018 年，第 7～8 页。

④《危险驾驶罪中强制提取血样行为属于行政强制措施——上海徐汇法院判决夏坚栋危险驾驶案》，《人民法院报案例第 6 版》2018 年 9 月 13 日，https://mp. weixin. qq. com/s/H-wctGxxHfF8Khodh1L-0w。

下，才应当予以排除，实际上是赋予了刑事法官自由心证的空间。因而，在醉驾案件辩护中再纠结“是行政强制措施，还是刑事调查措施”已经没有太大实际意义，且以行刑交叉程序为由同时启动多个诉讼的辩护思路，也不应该成为醉驾案件辩护工作的优选项。

（八）自首

因醉驾犯罪作为微罪法定刑很轻，醉驾者更关心是否收监服刑的问题，对于拘役刑时间的长短相对不敏感，一般不会成为庭审的焦点。但随着我国刑事司法政策在少捕慎诉慎押、宽严相济方面的进一步的深化改革，醉驾案件中的相对不诉、附条件不起诉、合规不起诉等出罪机制适用率大幅提高，广义上也构成了醉驾案件实质无罪化的结果。自首作为法定从宽处罚的情节，是检察机关作出不起诉决定时重要的考量因素①。因此，本文将其作为可以导致出罪事由进行考量。

依据《最高人民法院关于处理自首和立功具体应用法律若干问题的解释》第一条的规定，自首的核心要件由“自动投案”与“如实供述”组成。最高院认为，醉驾一般是在交警例行检查时案发，其归案具有被动性，即便行为人不在气检前主动交代饮酒驾车的事实，交警也能通过检查发现醉驾，故不构成自首②。但有学者认为，行为人看到前方有交警设卡无可逃避，就主动上前交代饮酒驾车的事实，属于主动将自己置于司法机关的控制之下，可构成自首③。有观点认为，醉驾发生交通事故后，行为人仍自愿留在现场等候交警处理，无拒捕行为的，应当视为自动投案④。但反对观点认为，醉驾案件一律没有成立自首的空间，醉酒者本身认识能力和控制能力是降低的，甚至是丧失的，因烂醉如泥而无力离开现场，或被他人拦下而不能离开现场，不应视为具有自动投案的意思；在气检结果证明涉嫌醉驾时并未及时办理刑事立案手续，待血检结果确定之后才电话通知行为人到案，这种情形也不宜认定为自首⑤。从以上来看，醉驾案件中关于是否认定自首的争议，

---

① 《检察机关审查醉驾案件不起诉考量因素——以人民监督员的视角》，https://mp.weixin.qq.com/s/1ep2Rh9RV1lQSJYQYQNZLQ。

② 最高人民法院刑事审判一至五庭：《刑事审判参考》，法律出版社，2014年，第35页。

③ 《醉驾型危险驾驶犯罪自首的审查与认定》，《人民司法（案例）》2015年第16期。

④ 朱奕懿：《“风险社会”视角下醉驾型危险驾驶犯罪的相关问题探析》，华东政法大学硕士学位论文，2019年。

⑤ 吴菊萍：《醉驾型危险驾驶罪自首情节的实务认定》，《法学》2012年第9期。

主要是对相关场景中是否构成“自动投案”产生分歧。否定者认为，醉驾被查获后交警进行血检并进行询问，未体现行为人归案的主动性及自愿性。肯定者认为，应该依据《最高人民法院关于处理自首和立功若干具体问题的意见》第一条规定的自首立法本意，不能拘泥于行为人的主观心理状态过分强调有无悔过自新，而应主要审查行为人是否主动将自己置于司法机关的控制之下，不管行为人是出于真心悔悟还是心存侥幸，只要其不反对投案，都可认定其为“自动投案”，只要行为人对于交警针对酒驾行为的侦查不持反对态度，能如实供述自己饮酒驾车的事实的，就应当认定为自首。

我们认为，醉酒不影响自首的认定，刑法总则规定的自首制度，在没有特别规定的情况下，应当适用于刑法分则规定的每一个犯罪①，刑法关于醉驾犯罪的规定并没有排除自首制度的适用。在醉驾案件中所谓的主要犯罪事实就是饮酒驾车（或进食含乙醇类物质驾车），不必强求行为人对自己醉酒程度有清晰的了解和供述，也不必强求行为人认识到自己的行为已经涉嫌醉驾犯罪。对于行为人在供述时着重强调对方责任，对饮酒驾车轻描淡写地、避重就轻地予以供述，均不影响自首的成立。在不同抓获场景中，醉驾案件自首的认定各不相同。

（1）例行检查时查获。实务中交警在例行设卡检查时，行为人无论出于什么心理与动机②，只要在气检前向交警主动交代饮酒驾车的均应构成自首。且在实务中，气检超标的才会进行血检，之后几天血检结论明确才会刑事立案并电话通知行为人到案③。整个过程中气检属于行政程序中的强制措施，而非刑事立案后的侦查行为，因此即使在血检后至刑事立案前，行为人接电话后到案的仍构成“自动投案”而应认定为自首④。

（2）发生交通事故后查获。饮酒后驾车发生交通事故后，行为人履行“道交法”第七十条规定的立即停车、保护现场、抢救受伤人员、报告交警等行政义务的，应认定为自首⑤。若醉驾发生交通事故后由他人报警，但行为人留在现场未

---

① 张明楷：《论交通肇事罪的自首》，《清华法学》2010 年第 3 期。

② 林文琴、陈钦：《醉驾型危险驾驶罪中自首情节的实务认定》，《法制博览》2016 年第 9 期。

③ 汤光仁：《(醉驾型）危险驾驶罪中自首的认定》，中国律师网。

④ （2015）大刑二终字第 720 号《刑事裁定书》，https://mp.weixin.qq.com/s/0FUTy77DzDIHewS7kdFjiA。

⑤ 袁宏山：《危险驾驶行为的刑法规制研究》，法律出版社，2020 年，第 799 页。

离开等待交警处理的①，即“能逃而不逃且无拒捕行为”构成“自动投案”，也应认定为自首②。

（3）盘查车辆时查获。实务中会出现既非交警例行检查酒驾，又非交警处理事故，而是巡警盘查路边可疑车辆（一般是基于治安或其他犯罪的原因）而查获醉驾。此时可能是巡警认为有其他犯罪嫌疑而盘查而非针对醉驾，若行为人在此过程中交代了饮酒驾车的事实，符合《最高人民法院关于处理自首和立功若干具体问题的意见》第一条规定“仅因形迹可疑被盘问、教育后主动交代了犯罪事实”及“司法机关还未掌握的本人其他罪行”的情形，应认定为自首。

（4）“断片”时查获。醉驾时大脑失调出现“断片”状态，根据医学和司法精神病学的观察研究，血液中酒精浓度及个体对酒精的耐受力关系大致可以分为三期：第一期为兴奋期，此时行为人自制能力降低，情绪不稳定，容易激动；第二期为共济失调期，此时行为人言语增多，口齿不清，步态不稳，辨认能力降低，控制能力明显减弱；第三期为昏睡期，此时行为人可出现酣睡、知觉丧失、昏迷等表现。醉酒者之所以应当承担刑事责任，是因为在前两期行为人并未完全丧失认识能力和控制能力，具备责任能力，应当承担刑事责任；而昏睡期一般只能实施不作为犯罪。但是刑法仍然认为应当追究其刑事责任，其依据是“原因自由行为”理论，行为人对于醉酒后的犯罪行为是存在放任的心态的，立法上将醉酒的人拟制为正常人，不因醉酒而免其责。

一般认为，在交警例行检查酒驾时，已缺乏辨认与控制能力的行为人昏睡的，系被动到案而不认定为自首。但“原因自由行为”理论当然也适用于自首的认定，刑法解释必须在同一问题上保持相同的立场。从逻辑上说，既然肯定了醉酒者的刑事责任能力，那么在是否构成“自动投案”的问题上，也不应当因为“断片”而否认自首的成立。所以，若在交警例行检查酒驾时留在现场接受交警处理事故，行为人在言语上表达了饮酒驾车的事实（包括出于有意识或无意识的承认），均应当认定为自首。

（5）逃逸后的自首。逃逸一般是发生在交通事故后，行为人为逃避事故赔偿责任而离开事故现场，少见有为逃避交警例行检查而冲卡的情形。在行为人逃离

---

① 《醉驾型危险驾驶犯罪自首的审查与认定》，（2015）大刑二终字第720号《刑事裁定书》，https://mp.weixin.qq.com/s/oit8KoWrze-HFvqn9nSNgw。

② 最高人民法院刑事审判一至五庭：《刑事审判参考》，法律出版社，2014年，第35页。

后又返回现场或投案交代自己饮酒驾车的，只要此时不根本性地影响血检的结论，均应认定为自首；若逃离时间较长后再投案，但此时血检已无法确定是否达醉酒标准（即使通过酒精清除率推算或排除合理怀疑等方式认定构成醉驾犯罪）的，亦不属于“如实供述罪行”，而不应认定为自首。

（6）不构成自首的情形。若行为人虽然承认饮酒驾车的事实，但不配合甚至采取暴力手段抗拒对其进行气检或者血检的，不能成立“如实供述自己的罪行”，还应从重将醉驾犯罪与妨害公务罪数罪并罚①。

《最高人民法院关于处理自首和立功若干具体问题的意见》第二条要求“如实供述罪行”包含“如实供述主要犯罪事实”和“如实供述身份”两层内容。对于后者而言只要隐瞒的身份情况对量刑有影响的，就不能认定为自首。比如行为人隐瞒自己曾因酒驾受过行政处罚或者刑事追究的，则不能构成“如实供述罪行”而不能认定为自首。

在处理一些重大交通事故时，行为人在现场就被交警采取强制措施，从实务上来说，处理重大伤亡交通事故时进行血检、毒检是必经流程，若此时行为人主动交代自己饮酒驾车的事实，依据《最高人民法院关于处理自首和立功若干具体问题的意见》第三条规定，其如实供述的醉驾与交警已掌握的交通肇事罪属选择性罪名，且在法律及事实上密切关联，因此不属于“不同种的罪行”，而不应认定为自首②。

（九）逃逸

《醉酒案件意见》第二条中规定，醉驾造成交通事故后逃逸，尚未构成其他犯罪，属于从重处罚的情形。各地的醉驾案件司法政策也多对发生事故后逃逸的情形规定须从重处罚，而不适用免刑或缓刑。由此，当存在醉驾中“事故后逃逸”时会导致不予出罪的问题。所以，本书有必要对醉驾犯罪中的逃逸予以讨论。

所谓逃逸，客观上表现为离开事故现场、畏罪潜逃的行为。司法实践中，对于“逃逸”的界定依据是《最高人民法院关于审理交通肇事刑事案件具体应用法律若干问题的解释》（以下简称《交通肇事解释》）第三条：“交通运输肇事后逃

① 最高人民法院刑事审判一至五庭：《刑事审判参考》，法律出版社，2014 年，第 36 页。
② 最高人民法院刑事审判一至五庭：《刑事审判参考》，法律出版社，2014 年，第 37 页。

逸，是指行为人具有本解释第二条第一款规定和第二款第（一）至（五）项规定的情形之一，在发生交通事故后，为逃避法律追究而逃跑的行为。”其中《交通肇事解释》第二条第一款规定和第二款第（一）至（五）项规定主要是指构成交通肇事罪的几种法定情形。所以，实务中一般会把“事故后逃逸”统称为交通肇事逃逸（以下简称“肇事逃逸”），但依据《醉酒案件意见》第二条的规定来看，醉驾案件中的“事故后逃逸”系指不构成交通肇事罪时的逃逸行为（为了区别“肇事逃逸”，以下简称“醉驾逃逸”）。“醉驾逃逸”也不同于逃避、拒绝、阻碍交警依法检查醉驾的行为，抗拒、阻碍检查在《醉酒案件意见》第二条规定中另有规定，与“醉驾逃逸”属并列关系。

实务中对于“肇事逃逸”一直存在“逃避法律追究说”和“逃避救助义务说”之争[①]，在学界已有长达二十年的论争，迄今为止依然没有终结。其中“逃避法律追究说”以《交通肇事解释》的规定为依据，主张逃逸的认定标准在于判断行为人是否具有逃避法律责任追究的故意。其中的责任既包括逃避刑事责任，也包括逃避民事或行政责任的追究[②]。但该说面临的批评主要包括与期待可能性原理相违背、与自首制度设立的初衷相违背、与不得要求犯罪嫌疑人自证其罪的原则相违背。比如，张明楷教授认为，对所有犯罪人来说，在犯罪后为逃避法律追究而逃跑都是人之常情，犯罪后不逃跑的行为是不具有期待可能性。因此，刑法才会把自首规定为法定的从宽处罚情节，没有把逃避法律追究作为其他犯罪的加重情节。试想一下，为什么刑法没有规定杀人、抢劫后逃逸的要提高法定刑呢？难道是因为交通肇事罪更严重吗？显然不是。由此可见，交通肇事罪把逃逸作为加重情节，应该与逃避法律责任没什么关系[③]。张明楷教授主张的“逃避救助义务说”认为，先前的交通肇事行为使他人的生命处于危险状态，于是肇事者产生了作为义务。如果不履行作为义务就属于遗弃行为，当然能成为法定刑加重情节，故逃逸本质上是肇事者逃避救助被害人的义务。而在司法实践中，最高人民法院通过最高院刑事审判庭指导案例第 697 号王友彬交通肇事案等案例综合了两种学说的观点，概

---

① 段蓓：《交通肇事罪中“逃逸”问题的限缩性解读》，《政治与法律》2022 年第 3 期。

② 《最高院：关于认定驾驶员是否构成“肇事后逃逸”的 6 个指导性案例》，参见 https://mp.weixin.qq.com/s/WguM3Id9_R3BALKSjWysdw.

③ 张明楷：《将人送到医院后逃跑，属于交通肇事后逃逸吗？》，2022 年 5 月 19 日《人民法院报》。

括认为“肇事逃逸”就是不履行相关法定义务，包括保护现场、抢救伤者、迅速报案、听候处理等义务，其将救助伤者视为法律责任本身的要求之一。

笔者认为，无论采取“逃避法律追究说”，还是“逃避救助义务说”，学界均认可其理论来源均来自《中华人民共和国道路交通安全法》第 70 条的规定：“在道路上发生交通事故，车辆驾驶人应当立即停车，保护现场；造成人身伤亡的，车辆驾驶人应当立即抢救受伤人员，并迅速报告执勤的交通警察或者公安机关交通管理部门。因抢救受伤人员变动现场的，应当标明位置。乘车人、过往车辆驾驶人、过往行人应当予以协助。在道路上发生交通事故，未造成人身伤亡，当事人对事实及成因无争议的，可以即行撤离现场，恢复交通，自行协商处理损害赔偿事宜；不即行撤离现场的，应当迅速报告执勤的交通警察或者公安机关交通管理部门。在道路上发生交通事故，仅造成轻微财产损失，并且基本事实清楚的，当事人应当先撤离现场再进行协商处理。”① 该规定不是针对涉嫌交通肇事罪时才适用，而是对所有的交通事故场景均适用。从该条文中可看出，在发生事故时驾驶员“停车”“保护现场”是不区分事故场景的普遍义务；在有伤者的场景中还应先“抢救伤员”，再“报警”后“标明位置”；在无伤者的场景中还应先“协商”后“撤离”或“报警”；在轻微物损的场景中还应先“撤离”后“协商”。以上这些要求都是为了在发生交通事故后，能有效地实现对伤者的救助、事故的查明、交通秩序的恢复、损失的赔偿四个规范目的。而“醉驾逃逸”显然会限制这四个目的的实现，但不能实现四个目的又与醉驾犯罪存在什么联系？为什么《醉酒案件意见》要求将“醉驾逃逸”从重处罚？醉驾犯罪作为抽象危险犯所保护的法益是公共安全秩序，那么“醉驾逃逸”会导致影响公共安全秩序的危险比交通事故发生前进一步恶化或提升吗？若有，则作为从重处罚是符合逻辑的；反之则存在逻辑悖论。在“醉驾逃逸”中存在大量的“离车逃逸”的情况，此时实际上终止了醉驾行为，因此是否对“醉驾逃逸”一律从重处罚值得商榷。为此，应分不同的离开现场情形来讨论。

（1）不知发生事故而离开的情形。很多时候在道路上发生轻微的接触或非接触型的交通事故，驾驶人确实未感知到，特别是在醉驾时人体感觉较为迟钝，其在主观上不知情（不考虑应当明知）时而未履行《中华人民共和国道路交通安全

① 段蓓：《交通肇事罪中“逃逸”问题的限缩性解读》，《政治与法律》2022 年第 3 期。

法》第70条的法定义务。此时，无论是以“逃避法律追究说”，还是以“逃避救助义务说”的观点来看都不构成“肇事逃逸”，其未救助伤者并无主观故意。此时，醉驾对公共安全秩序的危险程度与醉驾开始时的危险程度几乎是一样的，并未因为发生交通事故而导致危险提升，故不应该从重处罚。

（2）明知发生事故而驾车离开的情形。醉驾者明知（包括应当明知）交通事故的发生，而不管不顾地继续驾车离开现场的显然构成“肇事逃逸”。若其履行了立即停车的义务，则实际可以终止醉驾而结束危险，但其仍然继续驾车行驶，实际上是对醉驾的危险予以延续。此时，醉驾者应当意识到自己醉酒的程度已不足以继续安全驾驶，其仍驾车逃逸的可以理解在主观上具备醉驾故意，已由放任危险发生转变为追求危险的发生，对公共安全秩序的危险时间被人为恶意地延长，说明其主观恶性在“醉驾逃逸”后反而变得更大，此种“醉驾逃逸”应当从重处罚。

在“醉驾逃逸”时若再次发生更为恶劣的连续冲撞事故，甚至造成人员伤亡，那么客观上由醉驾的抽象危险转变危害公共安全的具体危险或实害后果①，则其主观恶性飞跃成为危害公共安全罪的故意②。

（3）明知发生事故而弃车离开的情形。醉驾者明知交通事故的发生，其也履行了立即停车的义务，实际终止了醉驾。假设其停车后未对事故中的伤者实施救助而步行离开现场，按照“逃避救助义务说”的观点仍构成了“肇事逃逸”，但也不应对此种“醉驾逃逸”从重处罚。因为，醉驾犯罪是在立法上将醉驾推定为一种危险，这种危险对法益的侵害没有程度大小的区别，此时醉驾行为已终止，即该罪名所规制的危险已消失。因此，对于发生人伤的实害结果，不能在司法中用来证明醉驾的危险程度的大小，即，实害结果并不影响醉驾犯罪预设的危险射程。当然，若醉驾者在人伤的交通事故中被认定为全部或者主要责任的，应当对其从重处罚，但从重的理由并非“醉酒逃逸”而已。

（4）停车将事故伤者送医后离开的情形。醉驾者停车后将交通事故伤者以其

---

① 《最高人民法院关于醉酒驾车犯罪法律适用问题的意见》规定，醉酒驾车会危害公共安全，却无视法律醉酒驾车，特别是在肇事后继续驾车冲撞，造成重大伤亡，说明行为人主观上对持续发生的危害结果持放任态度，且有危害公共安全的故意。

② 袁玉杰：《以危险方法危害公共安全罪的谨慎判定——以醉驾案件为切入点》，《湖南警察学院学报》2020年第5期。

他交通方式送至医院再离开的，按照“逃避法律追究说”观点，即使履行了救助伤者的义务，但离开医院的行为会被认定为逃避相关责任而仍构成“肇事逃逸”[①]。此时，醉驾已停止同样依据上述第（3）的理由，也不应从重处罚此种“醉酒逃逸”。

（5）醉驾发生事故后在现场围观的情形。醉驾发生交通事故后，醉驾者停车但未离开现场，而是围观且不救助伤者，甚至向交警谎称自己不是交通事故当事人而违背听候处理与救助义务，显然会被认定构成“肇事逃逸”[②]。但此时应依据“逃避、拒绝、阻碍交警依法检查”的理由，而不能以“醉酒逃逸”的理由予以从重处罚。同时，若在此场景中醉驾者还存在利用他人冒名顶包的情形，则应当依据妨害作证罪，帮助毁灭、伪造证据罪定罪量刑[③]。

基于上述讨论，《醉酒案件意见》关于“醉酒逃逸”从重处罚的规定显然存在不周延之处，在司法实务中应当区分不同的情形，在具体个案中分别酌情适用，只有“明知发生事故而驾车离开”情形的“醉酒逃逸”是必须从重处罚而不予出罪，其他情形不能一律机械地套用加重处罚的规定。理解上述观点的关键在于，醉驾犯罪作为抽象危险犯是与事故损害结果无关的，任何醉驾导致的事故损害后果都不能成为评价其所保护法益侵害程度的高低，因为危险对公共安全秩序的侵害程度是在立法中已推定评估的，若在司法中承认醉驾犯罪中事故损害后果对量刑的影响，实际是将醉驾犯罪变为了具体的危险犯。因此，从行为无价值论的角度来看，对于醉驾犯罪量刑的影响因子只有醉驾者主观恶性的大小，无关其保护法益受侵害程度的高低。还有观点认为，“醉驾逃逸”行为会导致事后无法查清血液酒精含量，故应当重点打击。此观点实际是混淆了“醉驾逃逸”与“逃避、拒绝、阻碍交警依法检查”之间的关系，若醉驾者的“醉驾逃逸”在主观上不是为了逃避《中华人民共和国道路交通安全法》第70条的法定义务，而是为了躲避交警酒驾检查，此时若在证据上能够确定达到入罪的法定血液酒精含量标准，则应按“逃避、拒绝、阻碍交警依法检查”从重处罚的醉驾犯罪，而非以

---

① 参考最高人民法院刑事审判庭指导案例第415号孙贤玉交通肇事案、最高人民法院刑事审判庭指导案例第788号刘本露交通肇事案。

② 《顶包后肇事者滞留现场属于消极逃跑行为，构成交通肇事逃逸》，https://mp.weixin.qq.com/s/unoBVm8LRVvBh1W-WjvMw.

③ 刑事审判参考案例第681号俞耀交通肇事案。

“醉驾逃逸”为由予以从重处罚。

另外，在司法实务中常见交警依据《中华人民共和国道路交通安全法实施条例》第九十二条的规定：“发生交通事故后当事人逃逸的，逃逸的当事人承担全部责任。”对“肇事逃逸”行为直接认定为交通事故的全责。那么，交警依据上述条款认定醉驾者为交通事故的全责方时，对于醉驾案件的审理能否依据《醉酒案件意见》第二条中关于“造成交通事故且负事故全部或者主要责任”的规定从重处罚？对此，有学者认为裁判者不能把交通行政管理法规上的责任等同于刑法上的责任①，前述第九十二条是行政法上授权交警在处理交通事故时的认定手段，允许交警作为事故责任的裁判者，使用因果关系推定的方法来高效率地处理责任认定工作。但在刑法中对于因果关系的判断方法完全不同于行政法上的要求，否则就不能达到《中华人民共和国刑事诉讼法》规定“排除合理怀疑”的原则要求。此类案例在司法实践中还比较普遍，比如，赵某在白天把货车违停在路边，后一辆小客车飞速撞到货车尾部，导致小客车司机当场死亡。赵某报警后迅速逃离现场，交警按照第九十二条认定赵某承担全部责任。但从刑法上的因果关系来看，赵某违停行为对小车司机的死亡结果仅存在较小的因果关系，故并不应构成交通肇事罪。

（十）醉驾案件现有控辩思路的构建

在中国知网以“醉驾”为关键词的发文量趋势来看，2015 年以后我国在醉驾案件的研究上整体趋缓，2011 年醉驾入刑之初发文量最高为 729 篇，而从样本来看，2017 年、2018 年、2019 年是审判实践中醉驾无罪、免刑、缓刑案例最多的时期，同期发文量却最少，至 2020 年为 174 篇，2021 年为 253 篇，发文量持续处于低位。新时代下，醉驾案件作为第一大刑事罪名，在入刑 10 年后该如何调整适应当下的司法改革需求，如何回应社会关切，还是有许多值得我们研究与思考的新问题。

在分析样本数据后，结合相关法律、法规、规章、标准、学理解释和典型案例，在醉驾案件现有罪责体系下，我们尝试结合现有醉驾案件办理经验，整理了《醉驾案件核心控辩思维导图》（具体内容参见图 29），明确了醉驾案件办理的不

---

① 张明楷：《将人送到医院后逃跑，属于交通肇事后逃逸吗?》，《人民法院报》2022 年 5 月 19 日。

- 醉驾案件核心控辩思维导图
  - 抓获阶段
    - 驾驶时抓获
      - 例行检查拦截
      - 发生事故查获
        - 执法主体、人数 —《交通警察道路执勤执法工作规范》第七十三条；《道路交通事故处理程序规定》第三十四条
    - 驾驶结束后抓获
      - 已离车 — 排除又饮酒 —《交通警察道路执勤执法工作规范》
      - 未离车
        - 乘坐非驾驶位
        - 睡觉
        - 等待救援
          - 确定驾驶人/《公安机关刑事案件现场勘验检查规则》
  - 血气证据固定阶段
    - 呼气
      - 未经呼气检验—《查处酒后驾驶操作规程》
      - 呼气仪未检验—《呼出气体酒精含量探测仪》《中华人民共和国强制检定工作计量器具检定管理办法》第九条
      - 呼气结果当事人未签字—《公安机关办理行政案件程序规定》第九十五条
      - 呼气过程是否全程记载—《关于公安机关办理醉酒驾驶机动车犯罪案件的指导意见》
    - 采血
      - 使用非醇类或非挥发类消毒剂—《道路交通执法人体血液采集技术规范》
      - 采血份(量)不足法定标准
        - 未固定2份血液样本—《查处酒后驾驶操作规程》
        - 每份血液样本采血量不足—《道路交通执法人体血液采集技术规范》
    - 封装
      - 未使用抗凝管或操作不当
        - 试管上无生产标签—《道路交通执法人体血液采集技术规范》
        - 使用了促凝管或其他—《道路交通执法人体血液采集技术规范》
        - 未颠倒摇匀5~8次—《真空采血管及其添加剂》WS/T 224—2002
      - 未当场封装—《道路交通执法人体血液采集技术规范》
      - 当事人未在采血管上签字—《公安机关办理刑事案件程序规定》第二百一十七条
      - 记录错误或不明—《关于公安机关办理醉酒驾驶机动车犯罪案件的指导意见》
      - 当事人未在《血样提取登记表》上签字—《公安机关办理刑事案件程序规定》第二百一十七条
      - 抽取量与登记量不符
        - 与《血样提取登记表》记载不符
        - 与送检的血液量不符
      - 无见证人签字或全程录像记录—《最高人民法院关于适用〈中华人民共和国刑事诉讼法〉的解释》第八十条
      - 医疗人员不能作为见证人—《公安机关办理刑事案件程序规定》第二百一十七条
    - 保存
      - 未低温保存4℃/-20℃、无存放监控记录—《关于公安机关办理醉酒驾驶机动车犯罪案件的指导意见》
      - 存储时间过长—《血液储存要求》WS 399—2012
    - 送检
      - 未在法定期限内送检—《关于公安机关办理醉酒驾驶机动车犯罪案件的指导意见》
      - 送检人员不符合规定—《公安机关办理刑事案件程序规定》第二百五十条；《公安机关鉴定规则》第十九条
  - 司法鉴定阶段
    - 超期鉴定—《关于公安机关办理醉酒驾驶机动车犯罪案件的指导意见》
    - 适用标准错误
    - 实验方法错误
      - 平行实验
      - 交叉对比
        - 《司法鉴定程序通则》《车辆驾驶人员血液、呼气酒精含量阈值与检验》(GB 19522—2010)
    - 推测鉴定—10毫克/(100毫升·小时)的血液清除率推算方法存疑
  - 犯罪构成认定阶段
    - 无犯罪故意—隔夜醉—《中华人民共和国刑法》第十四条
    - 道路性质认定—非道路上驾车—《中华人民共和国道路交通安全法》第一百一十九条
    - 车辆类型认定
      - 非机动车—《中华人民共和国道路交通安全法》第一百一十九条
      - 超标电动车—不能以鉴定的方式认定车辆类型而定罪
      - 非车辆—严格把握车辆定义及调整范围
    - 多个鉴定之间矛盾—《中华人民共和国刑事诉讼法》第五十五条
    - 气检结论独立运用—对《关于办理醉酒驾驶机动车刑事案件适用法律若干问题的意见》第六条类推限制
    - 情节轻微
      - 无实质的预设危险—区院内挪车—《中华人民共和国刑法》第十三条、第三十七条
      - 不起诉
        - 非营商自然人为120 mg/100 ml以下—少捕慎诉慎押司法政策/法定不诉《中华人民共和国刑事诉讼法》第十六条
        - 营商自然人为160 mg/100 ml以下
          - 投资者
          - 经营者
          - 管理者
          - 关键技术人才
            - 检察职能优化营商环境 司法政策/酌定不诉
        - 认罪认罚
        - 附条件不起诉—《中华人民共和国刑事诉讼法》第二百八十二条
    - 法定违法阻却事由
      - 期待可能性理论
      - 紧急避险—《中华人民共和国刑法》第二十一条
      - 依法令行为
      - 正当防卫—《中华人民共和国刑法》第二十条
      - 自救行为

图 29　《醉驾案件核心控辩思维导图》

同阶段、各个环节、重点事项，供大家研究参考。同时，在新修订的《中华人民共和国行政处罚法》的背景下，该思维导图可以进一步帮助完善交通管理法规，强化行刑衔接的制度化安排，供公安部门与司法部门共同出台具体细化的路面违章拦截与事故查处的取证、鉴定相关规范提供参考，也可以帮助一线交警更好地规范性执法。

七、结语

本文以样本中21个无罪关键因素为研究对象，通过分析这些数据的相关性，找出在司法实务中醉驾案件的疑难点，同时也探讨了醉驾案件在出罪事由、出罪机制、刑罚力度、刑罚附随后果等方面的问题，还从观察期内的数据趋势来分析醉驾案件在司法实践中面临立法效果不佳、社会治理作用未有效体现的问题，尝试参与到以醉驾案件为代表的微罪法律体系①构建的探讨中，为醉驾犯罪的刑罚制度与附随后果规定的改革提供参考。目前，我国涉车犯罪体系中核心的罪名有两类：第一类是以交通工具、交通设施为侵害对象危害道路交通安全的犯罪，包括过失损坏交通工具（设施）罪、破坏交通工具（设施）罪；第二类是利用交通工具危害道路交通安全的犯罪，包括交通肇事罪、危险驾驶罪、妨害安全驾驶罪、以危险方法危害公共安全罪②。其中交通肇事罪、危险驾驶罪、妨害安全驾驶罪、危害公共安全罪共同构成了过失实害犯、故意抽象危险犯、故意具体危险犯、故意实害犯的罪刑维度③，体现了我国在风险刑法与罪责刑法之间的衔接。在观察期内我国醉驾案件司法实践一直在“立法推定的危险”与“司法推定的危险”之间徘徊，这种徘徊最直接的表现是，争论醉驾犯罪的抽象危险是否可以区分不同层次或程度，若可以区分，则但书条款在该罪审判中存有适用的空间，反之则不然。在探讨是否区分“情节轻微”的程度问题时，醉驾犯罪的“情节严重”的界限如何把握同样也存在争议。以最高人民法院《关于醉酒驾

① 李翔：《论微罪体系的构建——以醉酒驾驶型危险驾驶罪研究为切入点》，《政治与法律》2022年第1期。

② 袁宏山：《危险驾驶行为的刑法规制研究》，法律出版社，2020年，第47页。

③ 李翔：《论微罪体系的构建——以醉酒驾驶型危险驾驶罪研究为切入点》，《政治与法律》2022年第1期。

车犯罪法律适用问题指导意见》第一条来看，醉驾者肇事后继续驾车冲撞造成后果的，则具有危害公共安全的故意。但有学者认为，危害公共安全罪的评价应当是在醉驾后首次发生事故时①，而不应当是之后的冲撞行为，更不应该依据事故发生的频次来判断是故意还是过失，若证据上能证明醉驾时对首次碰撞持有希望或者放任的态度，就可以认定为危害公共安全故意。醉驾入刑之后，实务中未见以刑法第一百一十四条的犯罪未遂形态追究醉驾者的刑事责任的案例，却存在涉嫌以醉驾方法危害公共安全罪的例子被“降格”定性为醉驾犯罪的情形。这些都涉及刑法第一百一十四条危害公共安全罪中“尚未造成严重后果”与醉驾犯罪中抽象的危险之间边界如何确定的问题。从这个角度来说，一味地追求寻找醉驾犯罪的抽象危险的层次或程度划分方法是不科学的，无法解决其所面临的司法困境。

近年来，在新时代依法治国的要求下，刑法体系已体现出微罪化、轻刑化趋势，经过持续10年的教育宣传，“喝酒不开车、开车不喝酒”已深入人心，醉驾入刑已起到了立法上的威慑效果②，醉驾案件对公众安全感的心理负面影响度在下降，但其刑罚力度与附随后果所带来的社会问题受到公众的关注。观察期内，醉驾案件面临司法困境表现为两个层面，一是抽象危险犯的立法设计案件数量巨大，每个案件按照刑事诉讼法现有的程序办结，耗费大量司法资源；二是因为我国刑事司法体制的“直筒式”构造，醉驾犯罪刑罚力度及附随后果较为严重，不匹配微罪立法的社会治理功能。醉驾入刑的立法原意是以最小的司法资源配置获取最大的社会治理效益，通过较低的刑罚成本对醉驾实施有效规制，减少醉驾行

① 杜文俊：《危险驾驶罪与交通肇事相关犯罪的法律适用辨析》，《刑法学研究》（第8卷），中国人民大学出版社，2021年。

② 从e代驾大数据中心发布的《醉驾入刑十年代驾行业数据报告》来看，2011年12月1日—2021年4月20日期间，全国代驾需求累计突破16亿人次，代驾使用人数突破1.5亿；从代驾需求时间段来看，20点—23点代驾订单最多，占比超过60%。参见中国警察网《醉驾入刑十年代驾行业数据报告出炉！开这个车的叫代驾最多》，https://mp.weixin.qq.com/s/KH2Jjqu36ugwTF0mru8J_w。据统计，2020年醉驾比率（每排查百辆车的醉驾比例）比“醉驾入刑”前减少70%以上。在机动车、驾驶人数量保持年均1800万辆、2600万人的高速增长情况下，10年来全国交通安全形势总体稳定，酒驾醉驾肇事导致的伤亡事故相比上一个十年减少了2万余起，挽救了数万家庭免于破碎、返贫。参见傅蕾：《提升依法治理能力 护航法治中国建设——公安交管部门贯彻落实习近平法治思想推动交管工作高质量发展》，《汽车与安全》2021年第12期。

为对道路交通安全的影响，以此获取良好的社会治理效果。但预防和遏制犯罪的初衷，实际却演变为醉驾案件量的高位发生、司法适用的争议不断以及各地略显无序的审判实践，立法的本意在实施过程中仅实现了交通安全观念提升的“治标”效果，并未达到预防和减少案件数量的“治本”目的[①]。为此，许多学者、律师、人大代表都在积极参与讨论，提出了许多针对醉驾犯罪立法的改革建议，甚至提出取消醉驾入刑的方案[②]。

在我国积极预防刑法观的影响下，刑事立法中出现了法益概念抽象化、处罚早期化特点的微罪立法扩张。在此渐进的立法推进过程中，刑法越来越成为一种社会管理法，意味着许多单纯风险行为而非实际的危害将被犯罪化，由此产生“过罪化”的批评，而醉驾案件更是被新康德主义者指责违反了刑法的谦抑原则[③]。为了回应这种犯罪圈过大的批评，过往在司法实务中企图改变其抽象危险犯属性，突破规范醉酒标准，以实现减少醉驾案件数量，最终减轻对司法资源的占用的思路从观察期内审判实践的情况来看是不可行的。我国应当以降低醉驾者的“罪犯标签”成色为核心目标展开相关改革，通过程序法上寻找更多的出罪机制分流案件，让大部分醉驾案件最终不需要通过法院裁判而结案，利用公检法三部门的力量摊薄对法院资源的挤占；在“定性＋定量”的犯罪概念与“治安处罚＋刑罚”的二元制裁体系下，建立以“附条件不起诉＋行政处罚”“适用非监禁刑＋前科消灭制度”为主渠道的醉驾犯罪刑罚制度与附随后果的规定。

观察期内醉驾案件所面临的司法困境，反映出我国在醉驾入刑的立法上尝试“严而不厉”[④] 改革并不成功，反而出现了“又严又厉”的困局。在改革前述醉驾案件的出罪机制与刑罚制度的同时，司法机关将不可避免地会拥有强大的自由裁量权，面临诸如“刑事司法体系的真正立法者是检察官而不是立法者”“即使是刑法专家也不能对潜在的犯罪人命运作出精确的预测，这些人的命运并不掌握

① 佛山市禅城区人民检察院课题组：《危险驾驶罪的实践分析与法律适用研究》，《法制与经济》2021 年第 2 期。

② 《全国人大代表朱列玉：建议取消醉驾型危险驾驶罪》，https://new.qq.com/rain/a/AUS2021030600561008。

③ 何群、康志雄：《危险驾驶罪之出罪研究：从新康德主义的视角》，《太原理工大学学报》（社会科学版）2022 年第 4 期。

④ 严，罪状严密；厉，刑罚苛厉，见郭倍倍：《论刑事裁判的可接受性》，法律出版社，2015 年，第 58 页。

在法律手上，真正的刑法，是由警察和检察官掌握的”之类的批评。批评者认为，如果最终是否构成犯罪的决定权在于警察和检察官，这与罪刑法定的刑法原理难以契合①。也有学者认为，虽然消极刑法观与积极的刑法观在犯罪成立的刑事立法上存在对立，但就刑罚范围而言，两种观点均认同在刑事司法中有罪不罚与违法必究间可以和谐并存的②。我们认为，在目前醉驾犯罪抽象危险犯的立法修订之前，可按需罚性理论进一步激活《中华人民共和国刑事诉讼法》的程序性出罪条款③，提高公安机关与检察机关的自由裁量权，实现更多的出罪分流，继续推高醉驾案件刑罚轻缓化程度，是微罪扩张立法所必须配套的机制与必然结果，为此不能因噎废食放弃前述改革思路，而更应推动以醉驾犯罪为代表的微罪刑法体系改革。对于其中涉及的微罪刑法体系、出罪机制中自由裁量权的制约、醉驾案件非监禁刑的具体设定、行政处罚司法化改造、微罪案件中行刑衔接、刑罚附随后果规定、“道交法”对于机动车定义等问题，仍然是值得我们继续深入研究与实践的方向。

---

① 何荣功：《刑法与现代社会治理》，法律出版社，2020 年。
② 张明楷：《犯罪的成立范围与处罚范围的分离》，《东方法学》2022 年第 4 期。
③ 史立梅：《论醉驾案件的程序出罪》，《中国法学》2022 年第 4 期。

无罪案例

样本清单列表

序号	案号	地区	当事人	审级
1	(2014)忻中刑终字第134号	山西省忻州市	张×文	二审判决
2	(2015)新刑初字第75号	河北省石家庄市	梁×峰	一审判决
3	(2015)晋中中法刑终字第303号	山西省昔阳县	王×	二审裁定
4	(2016)新22刑终113号	新疆维吾尔自治区哈密市	岳×君	二审判决
5	(2017)闽09刑再4号	福建省宁德市	陈×龙	再审判决
6	(2017)皖0705刑初334号	安徽省铜陵市	王×	一审判决
7	(2017)鄂07刑终114号	湖北省鄂州市	陈×平	二审判决
8	(2017)浙0211刑再1号	浙江省宁波市	卢×强	再审判决
9	(2017)川1381刑初150号	四川省阆中市	何×升	一审判决
10	(2017)黑0203刑初208号	黑龙江省齐齐哈尔市	孙×强	一审判决
11	(2018)湘1103刑初649号	湖南省永州市	邓×	一审判决
12	(2018)粤1973刑初230号	广东省东莞市	赵×	一审判决
13	(2018)皖07刑终50号	安徽省铜陵市	陈×	二审判决
14	(2018)川07刑终346号	四川省绵阳市	陈×	二审判决
15	(2018)鄂08刑终141号	湖北省荆门市	周×超	二审判决
16	(2018)川07刑终106号	四川省绵阳市	詹×为	二审判决
17	(2018)川1703刑初31号	四川省达州市	邓×精	一审判决
18	(2018)湘12刑终519号	湖南省怀化市	马×湘	二审判决
19	(2018)晋05刑终208号	山西省晋城市	李×	二审判决
20	(2018)云0323刑初224号	云南省师宗县	李×德	一审判决
21	(2019)川刑再18号	四川省	黎×强	再审裁定
22	(2019)吉0881刑初71号	吉林省洮南市	张×军	一审判决
23	(2019)皖1002刑初17号	安徽省黄山市	贾×胜	一审判决
24	(2019)鄂1126刑初244号	湖北省蕲春县	詹×喜	一审判决
25	(2019)冀02刑终711号	河北省唐山市	靳×良	二审判决
26	(2019)宁0104刑初119号	宁夏回族自治区银川市	陈×华	一审判决
27	(2019)川0802刑初496号	四川省广元市	朱×元	一审判决

续表

序号	案号	地区	当事人	审级
28	（2019）宁 0104 刑初 156 号	宁夏回族自治区银川市	马×军	一审判决
29	（2019）宁 0402 刑初 1 号	宁夏回族自治区固原市	龙×明	一审判决
30	（2019）青 0225 刑初 54 号	青海省循化撒拉族自治县	交×	一审判决
31	（2019）青 0224 刑初 101 号	青海省化隆回族自治县	张×1	一审判决
32	（2020）晋 05 刑终 2 号	山西省晋城市	白××	二审判决
33	（2020）宁 0425 刑初 68 号	宁夏回族自治区彭阳县	王×1	一审判决
34	（2020）鄂 1023 刑初 265 号	湖北省监利市	易×丽	一审判决

1. 张×文危险驾驶案

一、基本案情。

原判认定，2012 年 9 月 21 日中午，被告人张×文与其朋友李×栋在忻州师院东巷附近一小饭店吃饭、饮酒，两人共饮牛栏山二锅头二瓶（每瓶二两，共四两），其中李×栋喝了三两左右，张×文喝了一两左右。2012 年 9 月 21 日晚 6 时许，被告人张×文驾驶自己的晋 HNM×××捷达轿车回家途中，由北向南行至忻府区建设北路东港海逸酒店时，因酒店禁止停车牌的摆放位置影响其通行，张×文便先后将酒店的 4 个禁止通行牌扔到地上，由此与酒店保安程×德发生冲突，后被人拉开，酒店保安程×德随即报案。被告人张×文驾车回到家中，后被告人张×文接到一个朋友的电话，让其赶快出去，张×文便准备动身出门，这时张×文朋友的女儿燕燕来到张家，因张×文饮了酒，便由燕燕驾驶，被告人张×文在副驾驶位乘坐离开，二人返出再次路经东港海逸酒店时，被接警而来的忻州市公安局七一北路派出所拦截，因其涉嫌醉酒驾驶，被移送忻州市公安局交警支队三大队处理，经呼气检测，其酒精含量为 112 mg/100 ml，经忻州市公安局刑事技术鉴定，被告人张×文的血液中乙醇含量为 94.8 mg/100 ml。

认定上述事实的证据有：

（1）证人程×德证言（七一北路派出所 2012 年 9 月 21 日询问）：2012 年 9 月 21 日下午 18 时 10 分许，我正在酒店停车场值班，一辆捷达车从北向南开过来，路上当时的车很多，捷达车开到我们酒店路边时，从车上下来一个男子，将酒店放在马路边人行道上的两个禁止停车的车牌扔到悦华酒店那边，他开车走到酒店向西拐弯处时，又下来摔碎两个禁止停车的车牌，我问他为何摔东西时，他对我破口大骂，并用右手朝我的左脸打了一巴掌，我也本能地用手里的雨伞朝他的脸上打了一下，我高喊报警，他跳上车一溜烟朝西开走了，我闻到他满身酒气。

(2) 证人李×栋的证言（交警队2012年12月5日询问）：2012年9月21日快中午时，在和平街师院附近碰见张×文，完后我俩到了师院巷的一个小饭店吃饭，喝两小瓶牛栏山白酒，都是二两的瓶子，我喝了大概有三两，他喝了大概不到一两，我们当时喝完酒后，就去我朋友家喝茶。

(3) 证人李×明证言（交警队2013年4月12日询问）：2012年9月21日大概在下午五点多，在利民西街与朋友张×明相遇，说起长时间没见张×文，便一块去了张×文家，张×文不在，他老婆说给他打电话来，一下就回来了，并留我们在他家吃饭。张×文老婆炒了两个菜，酒也倒好，我们刚喝开，张×文也回来了，一块儿喝，喝的是他办事宴剩下的"王者风范"，一共打开两瓶，喝了一瓶半，我喝了一钢化杯，大概有三两，他喝了四两多，喝了大概不到半小时，张×文接了个电话，说有急事要出去，正好有他朋友的女儿进来，就让他朋友的女儿开车送张×文出去，后接到电话说张×文被带回七一北路派出所了。

(4) 证人张×明的证言（交警队2013年4月12日询问）：2012年9月21日大概五点多，在利民街与李×明相遇，我提议到张×文家，张×文不在，张×文老婆说喝酒吧，我们刚喝了一点，喝的是事宴上的酒，打开两瓶酒，大概每人一杯，约四两左右。喝了十来分钟，有人给张×文打电话，让他出去，他不能开车，正好他家来了个女娃娃，就让这个女娃娃带张×文出去，没有一会儿，打回电话说张×文被七一北路派出所带回去，说是吵架了。

(5) 七一北路派出所出警情况说明：2012年9月21日下午18时40分，接110指令，赶到东港海逸大酒店前，正在寻找嫌疑人期间，有一位青年女子驾一辆白色晋HNM×××号牌的车驶来，副驾驶座上坐一男子，这时被殴打了的保安发现此车，指控该车副驾驶上坐的男子就是殴打他的醉酒人，之后，我们将其带回所，经查询该醉酒男子为张×文，该案已请示领导移交交警部门，至于该醉酒男子是什么时间饮的酒当时尚未查清。

(6) 交警队呼气检测报告单（2012年9月21日21时01分检测），张×文酒精含量为 112 mg/100 ml。

（7）忻州市公安局鉴定文书（2012 年 9 月 21 日 21 时 13 分），张×文血液中乙醇含量为 94.8 mg/100 ml。

（8）张×文供述：

第一次供述（2012 年 9 月 21 日七一北路派出所询问）：2012 年 9 月 21 日下午 18 时到 19 时左右，我开的自己的车在忻府区建设北路回家，走到东港海逸时，路上的车堵满了马路，东港海逸总是将禁止停车的牌子摆在紧靠马路的人行道上，我就生气地下了车，把酒店的牌子扔在地上，酒店的保安用雨伞朝我的脸部打了一下，我也就朝他脸上打了一巴掌，这个保安还想打我，被另外的两个保安拉住，我就开上车回了自己的家。问：你开车时喝上酒了吗？答：我只是中午 12 点的时候喝了点。

第二次供述（2012 年 9 月 22 日 3 时 0 分交警队询问）：

问：你是否喝酒后驾驶机动车？答：是。问：你在哪里喝的酒？答：我在师院东巷的小摊上喝的。问：你喝的什么酒？喝了多少？什么时候喝的？答：我喝的是牛栏山白酒，喝了大概 4 两，中午喝的。问：你与谁一起喝的：答：我与朋友李×栋一起喝的。

第三次供述（2012 年 9 月 22 日 13 时 45 分交警队询问）：

问：你详细供述一下 2012 年 9 月 21 日晚醉酒驾驶机动车的情况？答：9 月 21 日晚 18 时 20 分左右，驾驶机动车行驶至建设路东港海逸大酒店时，与保安发生了冲突，后被带回七一北路派出所调查，检查出醉酒后驾驶机动车，同时移交到交警三大队。

第四次供述（2013 年 4 月 12 日 15 时 30 分交警队询问）：

问：你回家以后是什么情况？有些谁？在干什么？答：我回家后，有两个朋友正在家里等我喝酒，他们已经喝开了，有我的朋友李×明，张×明，还有我老婆正在炒菜。问：你回家以后喝酒了没有？答：喝了，喝了钢化杯一杯，大概三两多，喝的是“王者风范”，喝了 20 分钟左右，李×栋打电话说有事，叫我出去，然后正好进来一个朋友的女儿叫燕燕，我老婆问她拿没拿驾驶证，她说拿的呢，然后就让她开车拉我出去了，我们走到东港海逸大酒店门口时，派出所的民警将我拦下，然后将我带回派出所。问：2012 年 9 月 22 日我们对你进行询问时，你为什么没说你回家后喝酒的情况？答：当时喝得有点多，忘记说了。

据此，原审法院认为张×文的行为构成危险驾驶罪。被告人辩称的两次喝酒，因其在公安机关的前两次询问笔录中未陈述上述情节，故其饮酒两次的情节不予采信。依据《中华人民共和国刑法》第一百三十三条之规定判决：被告人张×文犯危险驾驶罪，判处拘役一个月，并处罚金二千元。判后，被告人张×文不服，以其本人没有喝酒驾车，不构成犯罪为由提出上诉。

二审经审理查明，2012年9月21日中午，被告人张×文与其朋友李×栋在忻州师院东巷附近的一小饭店内吃饭、饮酒，当日晚6时许，被告人张×文驾驶自己的晋HNM×××捷达轿车回家途中，由北向南行驶至忻府区建设北路东港海逸酒店时，因酒店禁止停车的牌子的摆放位置影响其通行，张×文下车将酒店的四个禁止停车的牌子扔到地上，因此与酒店保安程×德发生冲突，后被人拉开，酒店保安于18时40分报案。被告人张×文驾车回到家中，当日19时许被告人张×文坐在晋HNM×××捷达轿车的副驾驶位置，当车行至东港海逸酒店时被接警的派出所民警拦截并带回。于当日21时01分派出所对张×文进行呼气式酒精检测，酒精含量为112 mg/100 ml，21时13分对其血液抽检，乙醇含量为94.8 mg/100 ml。

二、裁判理由。

醉酒驾驶是指醉酒状态下驾驶机动车的行为，即只有驾驶机动车的人才能构成危险驾驶罪的主体。公诉机关指控被告人张×文构成危险驾驶罪的证据是被告人在被带回交警队直属大队后做的呼气式酒精检测和抽取血液乙醇含量的检验，这个检测结果证实被告人张×文当时达到醉驾标准。但做这两个检测时，被告人张×文是乘车人，坐在车辆副驾驶位置，而不是在驾驶车辆。而在这之前，被告人在驾车时是否达到醉驾标准，构成醉驾，公诉机关没有相关证据予以证实。一审法院在现有证据不能得出唯一结论的前提下，认定被告人构成危险驾驶罪，判处被告人拘役一个月是错误的。被告人张×文之上诉理由，依法予以支持。

三、裁判结果：被告人张×文无罪。

2. 梁×峰危险驾驶案

一、基本案情。

公诉机关指控，2013年8月25日16时左右，被告人梁×峰酒后驾驶车牌号为冀A×××××的小轿车在石家庄市新华区西二环由北向南行驶至西二环与天翼路交口北侧时，与王×朋停靠在路边准备载客的车牌号为冀AZC8**出租车相撞，致双方车辆受损，梁×峰负全部责任，经检测梁×峰静脉血中酒精含量为218.6802 mg/100 ml。被告人梁×峰已赔偿王×朋5000元，取得王×朋的谅解。公诉机关提交1. 书证：道路交通事故认定书（简易程序）、梁×峰机动车驾驶证、机动车行驶证复印件、人民调解协议书、收条、户籍证明信、查获经过；2. 被害人陈述：被害人王×朋的陈述；3. 被告人的供述与辩解：被告人梁×峰的供述与辩解；4. 鉴定意见：天津市津实司法鉴定中心法医毒物检验报告书[津实（2014）毒检字第75号]等证据，认为，被告人梁×峰在道路上醉酒驾驶机动车，其行为触犯了《中华人民共和国刑法》第一百三十三条，犯罪事实清楚，证据确实、充分，应当以危险驾驶罪追究其刑事责任。根据《中华人民共和国刑事诉讼法》第一百七十二条的规定，提起公诉，请依法判处。

被告人梁×峰当庭辩护，起诉书指控事故发生时间为2013年8月25日16时左右与事实不符，应当是2014年8月25日18时左右；我中午喝了半瓶啤酒，下午驾驶车辆发生的事故，因对方提出要钱，我就打车回家取钱，在取了钱回到现场后发现对方司机和两辆车都没有了，我就回家喝了白酒。故我不是酒后、醉酒驾驶机动车，我也没有逃逸，我不认罪。辩护人辩护观点为：①起诉书指控的犯罪事实不清，证据不足，指控罪名不成立。梁×峰并非酒后驾驶机动车，更谈不上醉酒驾驶，因为梁×峰在事故当日11时30分许喝了半瓶啤酒，距离下午6时许发生交通事故相差6个半小时；梁×峰与事故对方协商解决，对方提出要3000元钱，梁×峰因身上所带钱不够就回家取钱，故梁×峰离开现场不是为了逃避法律追究而逃逸，当其从家拿钱返回现场时发现他的车和被害人都不见了，很生气，就回家喝闷酒，当晚事故科就抽了梁×峰的血样。②天津市津实司法鉴定中心所作津实（2014）毒检字第75号法医毒物检验报告书不能作为认定梁×峰醉酒驾驶机动车的证据使用。因为梁×峰是在发生交通事故后大量饮的白酒，该检验报告与指控梁×峰的犯罪事实没有关联性；根据公安部《关于公安机关办理醉酒驾驶机动车犯罪案件的指导意见》规定，提取的血样应当最迟在三日内送检，而本案在8月26日抽血，9月5日送检，长达11天，鉴定程序违法，不能作为证据使用。综上，应当依法判决梁×峰无罪。

经审理查明，2014年8月25日18时许，被告人梁×峰酒后驾驶冀A××××号小轿车在石家庄市新华区西二环由北向南行驶至西二环与天翼路交口北侧时，与被害人王×朋驾驶的冀A×××××号出租车发生交通事故，致双方车辆受损，梁×峰驾车逃逸至天翼路路口南侧时被王×朋驾车追上并拦住，梁×峰弃车逃逸。石家庄市公安交通管理局新华交警大队于同年8月26日2时许采集梁×峰静脉血，于8月27日出具《道路交通事故认定书》（简易程序），结论为梁×峰负全责，于9月5日将所采血样送天津市津实司法鉴定中心进行血液酒精含量检验。该鉴定中心于送检当日作出检验报告，结论为送检的梁×峰血样中检出乙醇成分218.6802 mg/100 ml。

另查，案发后被告人梁×峰与被害人王×朋已经达成调解协议，梁×峰已按约定赔偿王×朋经济损失人民币5000元。

上述事实，有公诉机关提交并经当庭质证的下列证据证实：

（1）被告人梁×峰在公安机关供述，2014年8月25日中午我喝了啤酒，在当日18时许，我驾驶冀A×××××号银灰色海马3汽车顺西二环由北向南行驶至西二环与蓝天桥附近撞到一辆出租汽车的左前方，当时我没有太注意，继续行驶，对方车辆追上我停在我车的前方，两辆车都停了。对方说报警，我没让。对方提出要三四千元钱，我就打车回家取钱了。

（2）被害人王×朋陈述，2014年8月25日18时许，我驾驶冀A×××××号出租车在西二环辅路蓝天桥红绿灯北100米处停车上乘客，突然我车左前方被车撞击，撞我车的车跑了，我开车向南追，追了大约100米左右我开车超过那辆车把它逼停，我和对方司机都下车，我用手机拍了他和他汽车的照片。我发现他眼睛发红，有酒味。我说报警，他不让。我就给我的车主打电话，这时对方司机把车丢下打车跑了。对方汽车是灰色海马3，车牌号是冀A×××××。我报警后时间不长，警察来了，后来清障车把这两辆车都拖走了，再后来我们双方达成协议，对方赔偿了我5000元损失。

（3）石家庄市公安交通管理局出具的《道路交通事故认定书》（简易程序），证实涉案交通事故于2014年8月27日经石家庄市公安交通管理局认定事故事实及责任为：2014年8月25日18时许，梁×峰驾驶冀A×××××号小轿车在西二环与天翼路交口北侧与王×朋驾驶冀A×××××号出租车发生交通事故，后被王×朋驾车追至天翼路口南侧拦住，梁×峰弃车逃逸。梁×峰负全部责任，王×朋无责任。

（4）石家庄市公安交通管理局新华交警大队出具的《关于梁×峰酒检情况说

明》、血样检材低温保存的照片、天津市津实司法鉴定中心津实（2014）毒检字第75号法医毒物检验报告书，证实石家庄市公安交通管理局新华交警大队于2014年8月26日2时许采集梁×峰静脉血，将血样低温保存，于同年9月5日委托天津市津实司法鉴定中心对梁×峰的血样进行酒精含量检验，该中心于同日作出检验报告书，结论为送检的梁×峰血样中检出乙醇成分218.6802 mg/100 ml等事实。

（5）《道路交通事故现场图》《查获经过》《查获经过更正说明》，证实2014年8月25日18时30分许，石家庄市公安交通管理局新华交警大队民警商×印、林×接派警后赶到西二环与天翼路北侧事故发生地，发现无现场。梁×峰驾驶冀A×××××号小轿车与王×朋驾驶冀A×××××号车发生交通事故，致两车受损，梁×峰驾车逃逸，被王×朋驾车追至天翼路南侧拦住，梁×峰弃车逃逸。民警经联系，于当日找到梁×峰，后带其到河北省人民医院抽血。民事部分双方已协商解决完毕等事实。

（6）《人民调解协议书》《收条》，证实梁×峰与王×朋于2014年8月27日自愿达成调解协议，约定梁×峰赔偿对方经济损失5000元，该赔偿款已经履行完毕的事实。

（7）事故车辆行驶证、梁×峰与王×朋的驾驶证、户籍证明、事故车辆及梁×峰照片，分别证实事故车辆及驾驶人信息、梁×峰的身份、户籍情况以及二事故车辆在同一车道近距离停放、王×朋车辆在前、梁×峰所驾车辆在后、梁×峰在车外走动等事实。

二、裁判理由。

（1）公诉机关指控本案交通事故发生的时间为“2013年8月25日16时左右”与事实不符，证据证实事故发生时间为2014年8月25日18时许。故被告人梁×峰提出的该辩护观点与事实相符，本院予以采纳。

（2）被告人梁×峰违反道路交通运输管理法规，酒后驾驶机动车，并在发生交通事故后驾车逃逸，被对方车辆逼停后弃车逃逸。该事实有被告人供述、被害人陈述、出警民警商×印和林×证言、事故现场和被害人所拍照片等证据证实，足以认定。梁×峰及其辩护人提出梁×峰没有逃逸，梁×峰离开现场不是为了逃避法律追究，而是去取赔偿款的辩护观点没有相应证据证实，与现有证据相悖，与事实不符，本院不予采纳。

依照《最高人民法院、最高人民检察院、公安部〈关于办理醉酒驾驶机动车刑事案件适用法律若干问题的意见〉》第一条第一款、第六条之规定，梁×峰为了逃避法律追究，即便如其供述的其是在酒精检验前又饮的酒，经检验，如果血液酒精含量达到 80 mg/100 ml 的醉酒标准，也应当认定为醉酒驾驶。庭审中，梁×峰申请证人李×林出庭作证，李×林证实：其在梁×峰发生交通事故的当天中午 11 点 30 分左右，见到梁×峰在喝啤酒，当晚又见到梁×峰在喝白酒；该交通事故发生的时间是 2014 年腊月，具体日期其记不清了。对此本院认为，本案梁×峰酒后驾驶机动车并发生交通事故的时间是 2014 年 8 月 25 日，证人证实的是梁×峰在同年腊月饮酒及发生交通事故的情况，故该证人证实的内容与本案不具有关联性，辩护人提出梁×峰是在发生交通事故后大量饮的白酒，检验报告与指控梁×峰的犯罪事实没有关联性的辩护观点，本院不予采纳。

(3) 公安部《关于公安机关办理醉酒驾驶机动车犯罪案件的指导意见》第二条第 5 点主要内容为：交通民警对当事人血样提取过程应当全程监控；提取的血样要当场登记封存，并立即送检验鉴定机构进行血液酒精含量检验；因特殊原因不能立即送检的，应当按照规范低温保存，经上级公安机关交通管理部门负责人批准，可以在 3 日内送检。对此，本院认为，公安部上述指导意见是公安机关办理醉酒驾驶机动车犯罪案件的依据，公安机关应当严格执行。本案血样提取时间为 2014 年 8 月 26 日 2 时许，送检时间为同年 9 月 5 日，违反了上述指导意见，并且，公诉机关没有提交对梁×峰血样提取过程的监控，不能证实证据收集的合法、有效性。

公诉机关曾提交一份落款为河北津实司法鉴定中心，盖章印模为天津市津实司法鉴定中心出具的《关于梁×峰血样标本酒精浓度检测情况的说明》，主要内容为：梁×峰的血样标本在 2014 年 9 月 5 日送到我中心，当时血样标本在冷凝管中密封保存，冷凝管在保温瓶中存放，温度很低；根据我中心血液酒精含量检测实践，酒精血样标本在 4℃条件下密封保存，其酒精含量会随着保存时间的延长而逐步降低，但在 15 天内变化很小，基本不影响血液酒精浓度的检测。

在庭审中辩护人对该证据提出异议，认为该证据落款和公章不一致，不具有客观性和关联性。休庭后，公诉机关提交天津市津实司法鉴定中心出具的《更正说明》，内容为：在“关于梁×峰血样标本酒精浓度检测情况的说明”中，落款“河北津实司法鉴定中心”实属笔误，现更正为“天津市津实司法鉴定中心”。对此，本院认为，鉴定中心将自己单位名称冠首的“天津市”表述为“河北”，该错误不属于正常人正常思维能接受的笔误范围，并且现有证据不能证实梁×峰的血样标本是在4℃条件下保存，故该证据与本案不具有关联性。另外，鉴定机构根据本单位检测实践所出具的说明，其效力不能对抗公安部制定的上述指导意见。在本案中，公诉机关没有提交公安机关采血的全程监控，公安机关没有将提取的血样立即送检，虽经相关人员同意延期送检，但未在提取血样后3日内送检，以上行为均违反了公安部的上述指导意见，所以天津市津实司法鉴定中心作出的检验报告为无效证据。辩护人提出该检验报告不能作为认定梁×峰醉酒驾驶机动车的证据使用的辩护观点，本院予以采纳。

综上，公诉机关提交的证据能够证实被告人梁×峰酒后驾驶机动车，并在发生交通事故后逃逸的事实，不能证实梁×峰血液酒精含量是多少，不能证实梁×峰系醉酒驾驶。故公诉机关指控梁×峰犯危险驾驶罪的证据不足，指控的犯罪依法不能成立。

三、裁判结果：被告人梁×峰无罪。

3. 王×危险驾驶案

一、基本案情。

2014年7月1日11时许，被告人王×与李×、康×、张×甲在昔阳县城烙饼拌汤村饭店吃饭喝酒，四人喝了一瓶一斤装的汾酒。当日14时50分许，被告人王×无证驾驶其白色豪爵-铃木110型二轮摩托车，在由北向南行至昔阳县钟村路段时，与对向行驶而来光×甲驾驶的蓝色北京现代小型轿车发生碰撞，致被告人王×受伤、两车损坏。2014年7月1日16时40分在昔阳县人民医院对被告人王×的血样进行提取。2014年7月8日昔阳县公安局交通警察大队委托山西省榆次司法鉴定中心对被告人王×血液中酒精含量进行鉴定。

另查明：2014年7月14日，被告人王×与光×甲达成协议，王×赔偿光×甲经济损失人民币3500元，实际支付3000元，其中，返还光×甲为王×垫付的医药费1700元，赔偿光×甲汽车修理费1300元，另外500元表示放弃。

（1）受理交通事故案件登记表证实：2014年7月1日14时55分许，昔阳县公安局交通警察大队接110指挥中心出警指令，光×甲报案称，在昔阳县钟村砖场附近路段，自己驾驶的北京现代小型轿车与一辆摩托车发生碰撞，一人受伤。

（2）受案登记表证实：2014 年 12 月 2 日 18 时 05 分，昔阳县公安局交通警察大队接到光×甲报案称，2014 年 7 月 1 日 14 时 50 分许，王×驾驶豪爵 110 型二轮摩托车，在由北向南行至昔阳县钟村村路段时，与对向行驶而来光×甲驾驶的北京现代小轿车发生碰撞，致被告人王×受伤，车辆损坏。该队在调查过程中发现王×涉嫌酒后驾驶。

（3）呼气式酒精测试结果证实：2014 年 7 月 1 日对光×甲酒精测试，结果为 0。

（4）被告人王×血样提取登记表、血样提取视频、鉴定委托书证实：2014 年 7 月 1 日 16 时 40 分在昔阳县人民医院对被告人王×的血样进行提取。2014 年 7 月 8 日昔阳县公安局交通警察大队委托山西省榆次司法鉴定中心对被告人王×血液中酒精含量进行鉴定。

（5）道路交通事故现场勘查笔录、道路交通事故现场图、比例图及照片证实：2014 年 7 月 1 日 15 时 15 分至 15 时 50 分，昔阳县公安局交通警察大队对发生在昔阳县钟村村路段的交通事故现场进行了勘查。道路为南北走向，现场受伤一人，有肇事车两辆，一辆为豪爵 110 型二轮摩托车，一辆为现代轿车，驾驶人光×甲在现场。同时证实事故现场概貌、车辆在路面留有的制动印痕迹、滑印痕迹和伤者王×在地面留有的人体挫印及血迹。

（6）车体痕迹勘查笔录及照片证实：北京现代小型轿车的驾驶人为光×甲，该车前保险杠距地 21 cm，距右端 11 cm 处断裂；距地 42 cm 处有一面积为 48 cm×16 cm 的擦痕，保险杠右端脱落。白色豪爵牌二轮摩托车的驾驶人为王×，该车前牌处距地 58 cm 有明显碰撞痕迹，上附有一长 17 cm 的蓝色漆色，左侧保险架距地 49 cm 处折断变形，右保险架碰撞变形，左侧反光镜外壳有明显擦痕。

（7）公安交通管理行政强制措施凭证两份、扣押物品清单一份及返还物品凭证两份证实：2014 年 7 月 1 日，昔阳县公安局交通警察大队扣留光×甲的北京现代小型轿车及机动车行驶证，扣留王×的二轮摩托车，扣押光×甲的机动车驾驶证。以上物品均已返还当事人。

（8）光×甲常住人口详细信息、身份证复印件、驾驶证信息查询结果、驾驶证复印件。

(9) 机动车信息查询结果、机动车行驶证复印件及机动车交通事故责任强制保险单。

(10) 王×常住人口详细信息。

(11) 交通事故协议书证实：2014 年 7 月 14 日，光×甲与王×达成协议，王×一次性赔偿光×甲 3500 元。

(12) 被害人光×甲的陈述证实：2014 年 7 月 1 日 14 时 50 分左右，我驾驶登记所有人是丈夫陈×甲，实际所有人是我的北京现代轿车从怡和嘉苑的家中出发准备去昔阳中学送我丈夫，在由南向北行至钟村新街路段时，我发现前方由北向南行驶而来一辆摩托车，我就减速停车，发现那辆车向我行驶方向的右侧行驶过来，我向左打了一把方向停住，那辆摩托车就碰在了我车上，我下车看骑摩托的人（王×），他说什么也不知道，之后我拨打了 110、120。7 月 14 日，我和王×达成协议，协议中写赔偿我 3500 元，实际支付了 3000 元，包括我之前给王×垫付的医药费 1700 元和汽车修理费 1300 元。我不要求他赔偿了。

(13) 证人李×、康×的证言证实：2014 年 7 月 1 日 11 时左右，李×、康×、张×甲、王×一起去县城加油站后面的烙饼拌汤饭店吃饭，四人喝了一瓶一斤装的普通汾酒。

(14) 被告人王×的供述证实：2014 年 7 月 1 日 14 时 30 分，我驾驶我的豪爵 110 型二轮摩托车从黄岩汇起身，准备回煤运公司宿舍的家中，在行至钟村旧办公室对面的路口右转弯，我的车在靠钟村新办公室这一侧走着，走了不远一段路，从我对面过来一辆小车在道路中间位置行驶，就把我撞了。我没有机动车驾驶证。事故发生前，我在县城加油站后面的烙饼拌汤村饭店和单位的李×、康×、张×甲在一起喝了一瓶一斤装的汾酒。7 月 14 日，我与小车驾驶人光×甲达成协议，协议上写我赔偿光×甲 3500 元，实际支付 3000 元，包括她给我垫付的医药费 1700 元和她的汽车修理费 1300 元。

上述证据，被告人王×及其辩护人对证据 4 提出异议，主要理由是：血样提取表提出被告人的配偶在现场，但交警部门未让其在血样提取表上签字，办案人员有 3 人而只有 1 人在血样提取表上签字，血样提取后未密封；对视频截图照片提出应该全程监控，而视频截图是静态的，无说服力；抽血后应装入密封袋，而交警部门没有这样办理。经查，被告人及辩护人所提的异议与审理查明的事实不符，故不予支持。对公诉机关所举其他证据经当庭质证，被告人王×及其辩护人均表示无异议。公诉机关围绕指控事实而向法庭提供的证据来源合法、内容客观真实且相互关联，能够形成证据锁链。故对公诉机关以上所举证据，依法予以认定。

原审公诉机关围绕指控事实当庭还出示了以下证据：

（1）山西省榆次司法鉴定中心榆次区中医院检验报告证实：2014 年 7 月 10 日该中心从送检王×的血液中检出酒精，酒精含量为 172.69 mg/100 ml。

（2）昔阳县公安局交警大队 2015 年 6 月 17 日关于被告人王×涉嫌危险驾驶一案血样送检情况说明及血样存放、送检照片 6 张证实：2014 年 7 月 1 日 14 时 50 分，被告人王×驾驶豪爵 110 型二轮摩托车，在由北向南行至昔阳县钟村村路段时，与对向行驶而来光×甲驾驶的北京现代小型轿车发生碰撞，致被告人王×受伤，车辆损坏。事故发生后，在对当事人光×甲调查事故造成原因时，其反映被告人王×有酒后驾驶嫌疑，随即前往昔阳县人民医院对被告人王×进行了提取。一、血样保存方式：全封闭放痕迹物证保管室冷藏柜内进行低温保存。二、血样检验方式：将血样、冰袋放置检测箱内全封闭低温保存，送榆次司法鉴定中心进行检验。三、因天气炎热，昔阳县公安局送检血样所用冰袋损坏，故延缓了血样送检时间。

（3）山西省榆次司法鉴定中心 2015 年 6 月 17 日关于对酒精检验结果进行说明证实：据“昔阳县公安局交警大队于 2014 年 7 月 1 日抽取被告人王×的血液，2014 年 7 月 8 日将该血液送到鉴定中心进行鉴定，检验结果为 172.69 mg/100 ml”进行探索性说明。在医学检验专业中，血液的常规检查样品应在 2℃～5℃的情况下保存 7 天，一般实验室对临床标本储存时间为 3 天，业内认为在此期间样品内成分不会发生太多改变。本案中关于血液中乙醇项目的检验，血样在密封管内低温保存的环境下，7 天内检验结果影响不大。在国内曾对血液中乙醇检测项目有过探索性试验，在保存正确的情况下，1～7 日内检测结果不会有太大影响；7～14 日内，检测结果有不同程度的衰减；14～21 日内，检测结果会大幅度变化。

被告人及其辩护人对证据 1 提出异议，对鉴定报告提出检测取得不符合法律要求，超过了规定的送检时间；对证据 2、3 提出异议，称该两份情况说明均没有说明人签字，不符合证据的形式要件。针对被告人及其辩护人提出的异议意见，我院认为，依照《公安部关于公安机关办理醉酒驾驶机动车犯罪案件的指导意见》第五条、《山西省公安机关办理醉酒驾驶机动车刑事案件程序规定》中的第十八条“提取的血样应在24小时内由交通警察送至经省级公安机关鉴定机构登记管理部门审核认可的具备资质的司法检验鉴定机构进行检验鉴定，因特殊原因不能在24小时之内送检的，应当按照规定低温保存，经上一级公安机关交通管理部门负责人批准，可以在三日内送检”之规定是对公安机关送检时间限制性规定，虽然昔阳县公安局交警大队及山西省榆次司法鉴定中心针对延缓送检时间原因及酒精检验结果进行了说明，但客观事实是交警部门在本案中违反了《山西省公安机关办理醉酒驾驶机动车刑事案件程序规定》的限制性规定，故对该鉴定结果难以采信。对证据2、3提出的异议，认为，该两份说明应有说明人签字，故对该异议意见应予支持，对以上证据不予认定。

原判认为，被告人王×酒后无证驾驶机动车上路行驶，与光×甲驾车发生碰撞，致被告人王×受伤、两车损坏之事实存在。本案中昔阳县公安交通警察大队虽然按照《山西省公安机关办理醉酒驾驶机动车刑事案件程序规定》的程序对被告人王×进行了血样提取并送检，但未按照规定的送检时间委托鉴定机构进行检验鉴定，违反了《山西省公安机关办理醉酒驾驶机动车刑事案件程序规定》的时间规定，被告人王×及其辩护人对此提出异议，对该异议意见本院应予支持，故对山西省榆次司法鉴定中心榆次区中医院的检验报告不予采信。该鉴定检验报告是该案定罪的关键证据，由此虽然被告人王×涉嫌酒驾，仅凭现有其他证据无法达到证据确实充分的证明标准，不能充分证明被告人王×构成醉酒驾驶。据此判处：被告人王×无罪。

宣判后，原公诉机关抗诉认为：①未在规定时间内送检属程序瑕疵，并非鉴定程序违法，不是排除鉴定意见的依据。②拖延送检只能产生对被告人有利的后果，对鉴定意见不予采信是对立法本意的错误理解。③原判否认王×醉驾，又认定其酒后驾驶，判决本身自相矛盾。

出庭履行职务的检察员支持抗诉意见，认为：原审证据确实充分，原审被告人王×无证醉酒驾驶，构成危险驾驶罪，应定罪处罚。

原审被告人王×的当庭辩解意见是：酒喝了，但没有那么多，不应当构成犯罪。

其辩护人的辩护意见是：血样中未添加抗凝剂，抽血后血样未按规定现场密封袋密封，并由当事人、抽血人员和交警三方签字，备份血样与鉴定报告中送检血样批号不同，导致送检血样来源不明，不能排除血样被污染或替换的可能性；本案鉴定可能是由光×甲委托，而非昔阳交警大队；送检时间超出办案的程序性规定，该鉴定报告不能作为定案依据，请求维持原审无罪判决。

本院审理过程中，依法通知了山西省昔阳县交通警察大队的侦查人员张×乙、乔×，山西省榆次司法鉴定中心的鉴定人员梁×甲出庭参加诉讼。

侦查人员张×乙、乔×出庭说明：抽血过程有监控视频，血样抽取了两份，一份送检，一份交队里证据保管室备份；血样未装入密封袋密封保存，也没有按规定要求签过字；当时是夏季，由于保存血样的冰袋破损，会造成血样在送检过程中腐败，因而出现了迟延送检的情况，迟延送检没有报批；本案所涉鉴定报告由交警队委托做出。

鉴定人员梁×甲出庭说明：鉴定报告受昔阳交警队委托做出；存放送检血样的试管是预涂过抗凝剂的试管，且如果未添加抗凝剂，血液凝固后血清中的酒精含量会低于全血中的含量，血样送检时符合鉴定条件；试管由抽血人员随机拿取，送检批号与备份血样试管批号没有统一编号；原审出具的情况说明属学理性解释，处于实验室探讨阶段。

二、裁判理由。

原审被告人王×饮酒后驾驶机动车与受害人车辆发生碰撞，致王×受伤、两车受损为本案查明的事实。对辩护人所提血样存在被污染或替换可能性的辩解意见，本院认为，依据《山西省公安机关办理醉酒驾驶机动车刑事案件程序规定》，提取的血样应装入密封袋，密封袋的密封材料上应注明当事人姓名、提取时间、血样用途，由当事人签名、捺指印、交通警察和专业抽血人员签名或者盖章。提取的血样应在24小时内送检，特殊原因经上一级公安机关交通管理部门负责人批准，可在3日内送检。经查，原审被告人王×的血样未按规定要求进行封装，未在规定时间内送检，迟延送检亦未经过审批，辩护人所提存在合理怀疑的可能性无法排除，本案中酒精检验报告是认定原审被告人王×是否构成犯罪的关键性证据，由于血样提取过程中存在违反法定程序的情形，故对据此做出的检验报告不予采信。现有证据虽然能够证实原审被告人王×酒后驾驶机动车的事实，但对其酒后驾车的行为是否构成危险驾驶罪，无法达到证据确实充分的证明标准，不能证实原审被告人王×构成危险驾驶罪，对该部分辩解意见予以采纳，对抗诉及支持抗诉意见不予支持。对辩护人所提未添加抗凝剂、批号不同、受害人委托鉴定的辩护意见，已由侦查人员、鉴定人员出庭予以说明，故对该部分辩护意见不予采纳。原判认定事实清楚，证据确实、充分，适用法律正确。

三、裁判结果：驳回抗诉，维持原审无罪判决。

4．岳×君危险驾驶案

一、基本案情。

经审理查明，2016 年 4 月 20 日上午 11 时 30 分许，上诉人岳×君的同事高××驾驶新 LD27** 号机动车接岳×君上班时，将车违章停放在建国南路西侧人行道，执勤交警要求将车移至指定位置接受处罚，此时上诉人岳×君来到现场，执勤交警要求他们出示驾驶证时，岳×君将自己的驾驶证交给了执勤交警，并按照交警的要求，将车从路西侧人行道移至路东侧的机动车道，之后执勤交警在与岳×君交谈时，闻到酒味，遂将岳×君移交交警队抽血检查酒精含量，经鉴定，上诉人岳×君每 100 毫升血液中含乙醇 84 毫克。

另查，上诉人岳×君与高××等人于 2016 年 4 月 19 日晚一起喝酒至凌晨 2 时许，高××因此案被公安机关行政处罚 2000 元。

认定上述事实的证据有：

（1）高××证言证实，2016 年 4 月 19 日 22 时，我与岳×君喝了七八两白酒。2016 年 4 月 20 日 11 时许，我驾驶×××号机动车去建国北路军分区对面接岳×君去工地，将车停放在军分区对面。执勤交警要对我们占用人行道违章停车进行处罚。岳×君这时过来，按照交警要求岳×君将他的驾驶证交给交警。交警指令我们将车挪开，岳×君就将车挪到交警指定的位置。后来与交警交谈时，交警闻到岳×君有酒气，将我和岳×君带至地区医院抽取血样。

（2）执勤交警赛××·艾××证实，2016 年 4 月 20 日，我在建国南路军分区对面执勤，人行道上停放了一辆×××号车，我去告知当事人将车驶离。现场有两个人说驾驶员不在场。我等了一会，过来一个人，我将他的驾驶证和车辆行车证收走，告知他们将车移开。之前在现场的一个人要上车，我说："你喝多了不要开车。"后面过来的驾驶员就上车移开了车辆。后我和他交谈时发现他身上有酒味。我就通知中队长来处理。

（3）血样提取登记表证实，岳×君抽取血样的情况。

（4）新疆中信司法鉴定中心法医毒物检验证实，岳×君每100毫升血液中含乙醇84毫克。

（5）户籍信息证实，岳×君系完全刑事责任能力人。

（6）驾驶人信息查询结果单证实，岳×君有驾驶资格。

（7）归案情况说明、抓获经过证实，岳×君没有自首情节的事实。

（8）哈密市公安局交通警察大队公安交通管理行政处罚决定书证实，高××因于2016年4月20日12时10分，在建国南路实施饮酒后驾驶机动车的违法行为被公安机关给予行政处罚的事实。

（9）岳×君的供述与辩解证实，2016年4月19日22时许，我在人间三月吃饭喝了白酒至20日凌晨2时许回家，2016年4月20日11时30分许，高××给我打电话说他到我家附近了。我下楼看见建国南路西边的人行道上执勤交警在我们车旁，高××和王××在车下。我到车边去，执勤交警让我们将车挪开，他们没有带驾照，就将我的驾驶证拿走了。我把车挪到马路对面交警检查车辆的位置后，在和交警交谈过程中，交警闻到我身上有酒味。将我和高××带往医院抽取血样。

二、裁判理由。

上诉人岳×君酒后休息了一个晚上，次日早晨11时许，在交警的指挥下挪动车辆，虽其血液中的乙醇含量刚超过危险驾驶罪的标准，但上诉人岳×君通过一夜的休息，并未意识到自己还处于醉酒状态，交警让其移车时，也没有发现上诉人处于醉酒状态，岳×君不具有危险驾驶的主观故意，且是在交警的指挥下短距离低速移动车辆，其驾驶车辆的危险性大大降低，符合情节显著轻微的情形，可不认为是犯罪。故上诉人及其辩护人认为岳×君不构成危险驾驶罪的辩解、辩护理由成立，予以采纳。原判认定基本事实清楚，证据确实、充分，但适用法律不当，应予纠正。

三、裁判结果：上诉人（原审被告人）岳×君无罪。

5. 陈×龙危险驾驶案

一、基本案情。

原判认定，2013年6月25日凌晨2时20分许，被告人陈×龙酒后驾驶闽J

×××××号二轮摩托车，沿霞浦县松城街道三河路由西往东行驶，途经职业中专路段时，剐撞行人黄×1，造成黄×1受伤的交通事故。经霞浦县公安局交通管理大队道路事故认定，被告人陈×龙负本起事故的全部责任。经福建晟蓝司法鉴定所检验鉴定，被告人陈×龙血液中的酒精含量为190.75 mg/100 ml，属于醉酒驾驶。

案发后，被告人陈×龙赔偿被害人黄×1经济损失人民币6000元，并取得被害人黄×1谅解。

原审据以认定上述事实的有霞浦县公安局出具的到案经过、机动车驾驶证复印件、抽取当事人血样登记表、血样抽取照片、交通事故认定书、经济赔偿凭证、谅解书、被告人陈×龙户籍证明，被害人黄×1陈述，证人李×4、李×本、王×4、林×、赵×、俞×4、翁×4的证言，鉴定委托书、福建晟蓝司法鉴定所司法鉴定检验报告书、情况说明、被告人陈×龙供述和辩解等证据。

原判认为，原审被告人陈×龙实施了酒后驾驶二轮摩托车并造成交通事故的行为，其呼气酒精含量检测数值已达168 mg/100 ml，与《司法鉴定检验报告书》认定血样检材中酒精含量为190.75 mg/100 ml，能相互印证证实原审被告人陈×龙属于醉酒驾驶机动车。对于《司法鉴定检验报告书》中陈×龙的居民身份证号码写作陈×2的公民身份号码，系委托鉴定书书写错误，对于《司法鉴定检验报告书》其中“检材名称”项下的姓名将陈×龙填写成“李林”，系鉴定机构工作疏漏造成。是否影响《司法鉴定检验报告书》证据的效力，应当根据法律规定，综合全案证据材料客观、全面地进行分析论证。①血液采样中，侦查人员对陈×龙醉酒驾车后血样检材的提取、封存等整个过程，能够严格按照有关规定程序操作，并在陈×龙和医务人员共同监督下完成，有在案陈×龙本人对血样密封单签字及现场照片、民警林×4、鉴定人赵×出庭作证予以证明；②血样送检与接收中，鉴定机构出具给霞浦县公安局交通警察大队的《物证接受登记表》“检材名称”栏目明确记载为“陈×龙静脉血样”；③鉴定检验过程中，与鉴定报告密不可分的附件一《福建晟蓝司法鉴定所顶空气相色谱图》、附件二《福建晟蓝司法鉴定所顶空气相色谱图》及附件三《送检材料照片》的内容指向对象均印证陈×龙血样；④陈×2案件的血样委托鉴定与陈×龙案件的血样委托鉴定，两案相距两个月，两案所处时空不同，完全可以排除两份送检鉴定血样混淆的可能性。上述事实与证据表明，福建晟蓝司法鉴定所对送检的陈×龙血样进行了检验鉴定并得出相应的检验结果。同时，该鉴定报告、鉴定程序合法，形式要件具备，鉴定过程及方法符合专业规范要求。因此，不能因为送检材料和鉴定报告中存在瑕疵而否定鉴定报告的真实性，该瑕疵亦不影响鉴定报告的合法性和证明效力。

对于《司法鉴定检验报告书》的检验方法载明使用 GA/T 842—2009《血液酒精含量的检验方法》的规范标准，但实际使用的标准却是司法部 SF/XJD 0107001—2010《血液中乙醇的测定顶空气相色谱法》的问题，福建晟蓝司法鉴定所的鉴定检验报告系适用中华人民共和国司法部颁布的 SF/ZJD 0107001—2010《血液中乙醇的测定顶空气相色谱法》规定，作出了闽晟［2013］毒鉴字第 176 号司法鉴定检验报告。中华人民共和国司法部发布的 SF/ZJD 0107001—2010《血液中乙醇的测定顶空气相色谱法》与中华人民共和国公安部发布的 GA/T 842—2009《血液酒精含量的检验方法》同为生效的法律文件。福建晟蓝司法鉴定所对陈×龙的血液乙醇浓度测定适用中华人民共和国司法部颁布的 SF/ZJD 0107001—2010《血液中乙醇的测定顶空气相色谱法》规定作出鉴定检验并无不当。同时，最高法、最高检、公安部的《关于办理醉酒驾驶机动车刑事案件适用法律若干问题的意见》并没有明确规定醉驾的司法鉴定必须依照何种规定进行检验鉴定，该意见不属于强制性规定。因此，原审被告人陈×龙及其辩护人提出《司法鉴定检验报告书》不应作为定案依据的意见不予采纳。原判决认定事实和适用法律正确、量刑适当，依照《中华人民共和国刑事诉讼法》第二百四十三条第二款、第二百四十五条以及《最高人民法院关于适用〈中华人民共和国刑事诉讼法〉的解释》第三百八十九条第二款的规定，裁定如下：驳回申诉，维持霞浦县人民法院（2014）霞刑初字第 194 号刑事判决。

上诉人陈×龙及其辩护人认为本案《司法鉴定检验报告书》所鉴定的物证提取收集后未及时封装、送检，也未及时收集见证人的证人证言，物证收集后保管链条断裂，故送检物证无法排除不是陈×龙的合理怀疑；鉴定机关未依法按照 GA/T 842—2009《血液酒精含量的检验方法》的规范要求进行鉴定，综上，作为定案的主要证据《司法鉴定检验报告书》不应作为定案依据，请求改判上诉人陈×龙无罪。

出庭检察员出庭认为本案经重审补充的证据足以证实被告人陈×龙醉酒驾驶机动车并发生交通事故的事实，其行为已构成危险驾驶罪，原判事实清楚，量刑适当，应予维持。

经审理查明，2013 年 6 月 25 日凌晨 2 时 20 分许，陈×龙酒后驾驶闽 J×××××号二轮摩托车途经霞浦县时剐撞行人黄×1，造成黄×1 受伤的交通事故。随后陈×龙将黄×1 送往霞浦县医院治疗。

当日公安机关在霞浦县医院找到陈×龙并在霞浦县医院急诊科对陈×龙提取静脉血样封存，于同月 27 日送检。公安机关鉴定委托书上记载“被鉴定人姓名陈×龙，身份证号******************”。福建晟蓝司法鉴定所于同月 28 日出具的鉴定报告记载：“被鉴定人姓名陈×龙；身份证号******************检验方法 GA/T 842—2009《血液酒精含量的检验方法》；检材处理精取 1 ml 待测全血两份，分别置于顶空瓶内，分别加入 0.5 μl（2 mg/ ml）叔丁醇内标液，用橡胶垫铝帽密封，摇匀置于自动顶空进样器中加热、分析；检材名称李林；鉴定意见陈×龙血样检材中乙醇浓度为 190.75 mg/100 ml。”

同年 7 月 1 日，陈×龙接到公安机关电话通知后自行前往公安机关接受讯问并制作笔录，公安机关同时告知陈×龙相关鉴定意见的数据。次日，公安机关认定陈×龙负本起事故的全部责任。案发后陈×龙赔偿黄×1 经济损失人民币 6000 元，取得黄×1 的谅解并在初次庭审时自愿认罪。

2015 年 5 月 29 日，福建晟蓝司法鉴定所在霞浦法院举行的听证会上承认鉴定报告中检验方法名义上用的是公安部规定的 GA/T ，而整个检验过程实际上采用了司法部规定的 SF/Z。

二、裁判理由。

关于辩护人提出的送检并鉴定的物证不能完全确定陈×龙的血样的意见。经查，首先，关于鉴定机构是否接收了陈×龙血样的问题。采血照片、由陈×龙签字确认的抽取当事人血样登记表证明案发当天公安机关依法采集了陈×龙血样。由陈×龙签字确认的血样密封单详情、福建晟蓝司法鉴定所物证接受登记表证明该鉴定机构确实接收了陈×龙的血样。公安机关在《关于陈×龙血样酒精浓度鉴定过程及相关情况的说明》中解释，鉴定委托书上出现的身份证号系距陈×龙案发生前两个月的另一起醉驾案件当事人陈×2 的身份证号码，办案民警对原有鉴定委托书电子文档进行修改时不够认真细致，忘记对被鉴定人的身份证号进行更改，仍然使用了原有文档中记载的内容。福建晟蓝司法鉴定所在说明函中解释，鉴定报告中出现的身份证号系引用鉴定委托书上的身份证号码。结合上述证据，该说明在身份证号码与陈×龙不符的问题上能够起到补正作用，该笔误不影响鉴定机构接收的陈×龙血样就是公安机关依法提取的陈×龙本人血样的认定。其次，关于鉴定机构接收陈×龙血样后是否混淆他人血样进行鉴定的问题。经查，福建晟蓝鉴定所的说明函及其 2013 年 6 月份所有酒精含量鉴定统计表及 2013 年 4 月 5 日李林血液酒精含量司法鉴定报告，证人李×本、王×4、赵×、俞×4 等人的证言解释检材名称李林系笔误，色谱图和检验结果无误，而无其他任何证据证明检材的同一性。上述补充的证据不能对检材名称为李林而鉴定意见却指向陈×龙这一重大矛盾起到充分的补正作用，不能排除鉴定机构混淆他人血样作出鉴定的可能性。综上，不能排除鉴定机构混淆他人血样得出陈×龙鉴定意见的可能性，上诉人及其辩护人的该点辩护意见予以采纳。

关于辩护人提出的鉴定机关未依法按照 GA/T 842—2009《血液酒精含量的检验方法》的规范要求进行鉴定的意见。经查，首先，《最高人民法院、最高人民检察院、公安部关于办理醉酒驾驶机动车刑事案件适用法律若干问题的意见》的理解与适用明确指出，醉酒的认定标准采用国家质量监督检验检疫总局、国家标准化管理委员会发布的强制性国家标准《车辆驾驶人员血液、呼气酒精含量阈值与检验》（GB 19522—2010）。该标准明确规定血液酒精含量检验方法按照公安部发布的 GA/T 规定，适用于道路交通执法中对人员血液中酒精的定性和定量分析。其次，GA/T 与 SF/Z 在试剂、仪器、操作方法、定量标准等方面都存在诸多不同之处。而该鉴定报告检验方法名义上用的 GA/T 而整个检验过程却采用了 SF/Z，程序不当。综上，该所使用的检验方法不符合相关专业的规范要求，得出的鉴定意见不具有法律效力。上诉人及其辩护人的该点辩护意见予以采纳。

上诉人陈×龙酒后驾驶二轮摩托车撞伤黄×1 的事实存在，但证明上诉人陈×龙醉酒驾驶的主要证据《司法鉴定检验报告书》存在检验方法不符合相关专业规范、送检检材不能排除混淆他人血样可能性的问题，该份证据不能作为证据使用。原判认定事实不清，现有证据不足以证实上诉人陈×龙构成危险驾驶罪，检察机关的出庭意见不予采纳。

三、裁判结果：上诉人陈×龙无罪。

6. 王×危险驾驶案

一、基本案情。

安徽省铜陵市铜官区人民检察院指控：2016 年 8 月 2 日凌晨，被告人王×饮酒后驾驶皖G×××××号小型汽车，沿我市北京路、官塘路行驶至阳光小区商北新村13栋旁，入停车位时与路边树木、路牙发生刮擦，造成车辆损坏，王×躺在车内睡觉。早上8时许，公安机关民警接报案后，在处置中对王×进行呼吸式酒精检测，结果为159 mg/100 ml。随后民警将王×带至铜陵市市立医院抽取静脉血样送检，后经安徽中衡司法鉴定中心对王×静脉血样鉴定，王×体内酒精含量为166.1 mg/100 ml，属醉酒驾驶。

为证明上述指控，公诉机关向法庭提交了受案登记表、查获经过、抽血照片、驾驶车辆照片等书证，证人证言，鉴定意见以及被告人的供述和辩解等证据。公诉机关认为被告人王×醉酒驾驶机动车在道路上行驶，其行为构成危险驾驶罪，提请本院依法判处。

被告人王×辩称指控的事实属实，但检测的酒精度不是驾驶时应有的酒精度，而是停车后独自在车上饮酒后检测出的酒精度。

辩护人辩称：①没有证据证明王×8月2日凌晨驾驶机动车时为醉酒状态；②以"血液样品中乙醇含量为166.1 mg/100 ml"不能推定王×驾驶时为醉酒状态，其结论不具有唯一性。

经审理查明：2016年8月2日凌晨1时许，被告人王×在本市铜庄大排档饮酒后回到住处。4时30分许，被告人驾驶皖G×××××号小型汽车，沿我市北京路、官塘路行驶至阳光小区商北新村13栋旁，入停车位时与路边树木、路牙发生刮擦，造成车辆损坏，王×躺在车内睡觉。早上8时许，公安机关民警接报案后，在处置中对王×进行呼吸式酒精检测，结果为159 mg/100 ml。随后民警将王×带至铜陵市市立医院抽取静脉血样送检，经安徽中衡司法鉴定中心对王×静脉血样鉴定，王×体内血液酒精含量为166.1 mg/100 ml。

上述事实，有经庭审质证的下列证据证实：

(1) 受案登记表、户籍信息、驾驶人信息查询结果单、机动车信息查询结果单、查获经过、酒精呼气测试报告单、血样提取登记表、抽血照片、驾驶车辆照片等书证。

(2) 证人安×证言：2016年8月2日8点左右，我在上班的路上经过阳光小区看见一辆黑色轿车与路牙旁的树靠在一起，车子是歪斜着停在路边，车内有一个男子坐在驾驶室内睡觉……围观群众用我的手机报警了……事故发生的过程我没看到。

(3) 证人胡×证言：2016 年 8 月 1 日晚上在铜庄里面的大排档……总共开了一瓶白酒……四个人平均分配的，大概凌晨 1 点左右结束……王×打的先走的。

(4) 安徽中衡司法鉴定中心出具的血液酒精含量检验鉴定意见。

(5) 被告人的供述和辩解及刘×敏的证言等证据。

二、裁判理由。

被告人王×饮酒后驾驶机动车在道路上行驶的事实存在，但其是否处于醉酒状态存疑，根据查明的事实，被告人 8 月 2 日凌晨 1 时前四人平分喝了一瓶 450 ml 的白酒，到 8 时 43 分抽取静脉血液，经过近 8 小时的降解，血液酒精含量为 166.1 mg/100 ml，不能排除其辩称的再次饮酒的可能。根据“疑罪从无”原则和刑事证据规则要求，公诉机关指控被告人王×犯罪的事实不清，证据不足，指控的罪名不能成立。

三、裁判结果：被告人王×无罪。

7. 陈×平危险驾驶案

一、基本案情。

原判认定，2017 年 4 月 20 日 14 时许，被告人陈×平酒后驾驶鄂 G××××× 白色丰田小型越野车，行驶至鄂州市第一中学门前路段时，被湖北省鄂州市公安局交通警察支队鄂城交通警察大队民警拦截检查，现场作呼气式酒精测试，其结果为 144 mg/100 ml。同日 15 时 30 分，由鄂州市中心医院对陈×平进行了血样提取，同月 24 日鄂州市中心医院法医司法鉴定所作出鄂州市中心医院法医司鉴［2017］毒检字第 63 号法医毒物报告书，鉴定意见为：陈×平血液中检出乙醇，其含量为 159 mg/100 ml。陈×平于同月 25 日对该鉴定申请重新鉴定，同月 26 日经黄冈中泽法医司法鉴定所作出黄中泽法鉴所［2017］鉴字法医毒化 200 号法医毒物分析报告书，其结果血液中乙醇定量检测为 156.45 mg/100 ml。上述事实，有以下证据证实：

(1) 户籍证明，证实陈×平为完全刑事责任年龄人。

(2) 机动车驾驶证及行驶证，证实陈×平具有驾驶资质。

(3) 查获经过、呼气式酒精测试仪检测结果单、照片，证实陈×平酒后驾车，呼气式酒精测试结果：144 mg/100 ml。

（4）证人徐×的证言，证实陈×平酒后驾车。

（5）讯问同步录音录像，证实讯问和询问的合法性。

（6）血样提取情况光盘视听资料，证实鄂州市中心医院提取陈×平1号（ID：69137343）、2号（ID：69137516）血样。

（7）黄冈中泽法医司法鉴定所法医毒物分析报告书，证实对陈×平的1号（负压试管封装ID：69137343）血样检测结果：血液中乙醇定量检测为156.45 mg/100 ml。

（8）鄂州市公安局交警支队鄂城大队二中队关于陈×平血液重新鉴定的情况说明：①鄂州市中心医院法医司法鉴定所，对陈×平的1号（ID：69137343）血样检测，鉴定意见：陈×平血液中检出乙醇，其含量为159 mg/100 ml；②黄冈中泽法医司法鉴定所对其2号（ID：69137516）血样进行鉴定，定量结果出现样品的相对相差超过10%，按相关规定，需要重新进行测定；③黄冈中泽法医司法鉴定所再次对陈×平的1号（负压试管封装ID：69137343）血样测定，鉴定意见：陈×平血液中乙醇定量检测为156.45 mg/100 ml。

（9）《中华人民共和国公共安全行业标准》GA/T 1073—2013生物样品血液、尿液中乙醇、甲醇、正丙醇、乙醛、丙酮、异丙醇和正丁醇的顶空-气相色谱检验方法，证实2017年4月26日黄冈中泽法医司法鉴定所对陈×平的1号（负压试管封装ID：69137343）血样检测，其结果血液中乙醇定量检测为156.45 mg/100 ml，符合该检验办法7.2.1的规定。

原审法院认为，被告人陈×平违反交通运输管理法规，在道路上醉酒驾驶机动车，其行为已构成危险驾驶罪。被告人陈×平归案后如实供述其罪行，依法可从轻处罚；其当庭自愿认罪，可酌情从轻处罚。被告人陈×平适用非监禁刑罚。据此，判决如下：被告人陈×平犯危险驾驶罪，判处拘役二个月，缓刑二个月，并处罚金六千元。

原审被告人陈×平上诉称，原审判决认定的证据存在重大瑕疵，本人不服鄂州中心医院司法鉴定所的鉴定结论，申请重新鉴定，重新鉴定没有使用备用血样，而使用第一次鉴定的同一份血样，违背有关法律规定；请求撤销原判，改判上诉人不构成犯罪。

辩护人陆×、陈×山的辩护意见：原审判决采信的关键证据血液酒精含量鉴定，存在提取、送检及酒精含量鉴定程序违法等情形，依法应当排除。原审判决定罪证据不足，请求宣判陈×平无罪。①血样提取程序违法。本案交警未告知医务人员不应采用醇类药品对皮肤消毒，我们有合理理由和证据，怀疑医务人员就是使用了醇类药品对皮肤进行了消毒。提取血样未进行有效封装，送检血样来源不可靠，两管血样鉴定结论差异巨大，基于涉案两管血样形成的鉴定意见依法不能作为定案依据。②血样送检程序违法。鉴定报告均未明确送检人姓名，存在一名警察送检的违法情形；重新鉴定时未明确1号血样已被使用过；血样未在合规温度下保存；血样是否送到黄冈中泽司法鉴定所不明确。③鉴定程序不合法。黄冈中泽法医司法鉴定所法医毒物分析报告书缺乏送检人姓名、鉴定过程和检验方法、必要的论证等内容，鉴定材料已被使用，不符合《公安鉴定规则》规定的要求。④呼气酒精测试结果不能作为定案依据。⑤《鄂州市公安局交警支队鄂城大队二中队关于陈×平血液重新鉴定的情况说明》毫无法律依据。黄冈中泽法医司法鉴定所检测陈×平的2号（ID：69137516）血样，与鄂州市中心医院法医司法鉴定所鉴定陈×平1号（ID：69137343）血样结果相对差远大于15%，故鄂城交警大队认定该血样无效，并委托对陈×平1号（ID：69137343）血样再次鉴定，没有任何法律依据。公安机关认定有罪及罪重证据，否定无罪及罪轻证据的做法，直接违反刑事诉讼法关于侦查机关应当全面收集证据的规定。

出庭检察员意见：本案一审判决依法采信了九组证据，足以证明上诉人陈×平实施了醉酒后驾驶车的行为，达到了应予追究刑事责任的程度；本案血样鉴定程序和检验方法符合规定。原判认定事实清楚，证据确实充分，上诉人关于原审认定的证据存在重大瑕疵的上诉理由不成立。原审判决认定陈×平构成危险驾驶罪，定性准确；对陈×平判处拘役二个月，缓刑二个月，并处罚金六千元，量刑适当；一审审判程序合法。建议二审法院依法驳回上诉人陈×平的上诉请求，维持原判。

本院审理过程中，鄂州市人民检察院出庭检察员提交了四份证据：

(1) 鄂州中心医院法医司法鉴定所《关于陈×平血液中的乙醇含量检测的答复》，证实血样低温保存，重新鉴定是否必须使用备用血样，目前行业标准无此规定。

(2) 黄冈中泽法医司法鉴定所回复函，证实重新鉴定是否必须使用备用血样，目前行业标准无此规定。

(3) 武汉大学医学院法医司法鉴定所司法鉴定人汪某回复函，证实对于同一被鉴定人的不同试管血样的检测结果相差小于10%，结果可靠；如果相差在15%以上，将通知委托人查找原因。

（4）民警刘×杰运送血样视频截图、视频录像等证据，证实侦查人员运送陈×平的血样符合有关规定。

经审理查明，2017年4月20日14时许，被告人陈×平酒后驾驶鄂G××××白色丰田小型越野车，行驶至鄂州市第一中学门前路段时，被湖北省鄂州市公安局交通警察支队鄂城交通警察大队民警拦截检查，现场作呼气式酒精测试，其结果为144 mg/100 ml。

二、裁判理由。

针对控辩双方的主要控辩焦点，综合评判如下：①关于提取血样程序问题。辩护人提出本案提取血样程序违法。《车辆驾驶人员血液、呼气酒精含量阈值志检验》GB 19522—2010第5.3.1款规定："对需要检验血液中酒精含量的，应及时抽取血样。抽取血样应由专业人员按要求进行，不应采用醇类药品对皮肤进行消毒。"经查，本案《涉嫌酒后驾车驾驶人血样提取登记表》中的"消毒液名称""密封方法"栏未填写；提取血样的视频录像无法辨识医务人员是否使用了不含醇消毒液。上诉人及辩护人据此怀疑本案提取血样违法使用了含醇消毒液，质疑侦查人员的执法资格，具有合理性，其关于取证程序违法的辩护意见成立，本院予以支持。②关于全面收集证据问题。《鄂州市公安局交警支队鄂城大队二中队关于陈×平血液重新鉴定的情况说明》反映，黄冈中泽法医司法鉴定所对陈×平的2号（ID：69137516）血样进行检测，结论与鄂州市中心医院法医司法鉴定所对陈×平1号（ID：69137343）血样鉴定结果相对差远大于15%，该血样无效，并委托对陈×平1号（ID：69137343）血样再次鉴定。本案中侦查机关没有收集、提交检测陈×平2号（ID：69137516）血样的结果，与刑事诉讼法有关必须收集犯罪嫌疑人的各种证据的规定要求相悖。辩护人提出侦查人员收集证据不全面，怀疑未提供能够证明陈×平无罪或罪轻的证据，其辩护意见成立，本院予以采纳。③关于重新鉴定血液中酒精含量是否必须使用备用血样。对此，有关法律和行业标准并无明确规定。上诉人陈×平关于重新鉴定没有使用备用血样违法的辩护意见不成立。

血液酒精含量检验鉴定意见是认定犯罪嫌疑人是否醉酒的依据，上诉人陈×平现场呼气式酒精测试结果为144 mg/100 ml，只能作为醉酒驾驶机动车的立案侦查依据。原公诉机关、二审出庭检察员提交的证据，只能证实上诉人（原审被告人）陈×平在道路上酒后驾驶机动车。侦查机关提取陈×平血样时，侦查人员的主体资格存疑，且未按规定使用消毒药品，对提取血样未按规定密封，违反法定程序。据此对陈×平血液酒精含量的检验鉴定意见不具有证据效力，原公诉机关指控陈×平犯危险驾驶罪的证据不足，指控的犯罪不能成立。上诉人（原审被告人）陈×平及辩护人关于本案证据不足，请求依法宣告上诉人无罪的辩护意见成立，本院予以采纳。

三、裁判结果：上诉人（原审被告人）陈×平无罪。

8. 卢×强危险驾驶案

一、基本案情。

原判认定，2016 年 10 月 17 日 22 时 55 分许，被告人卢×强饮酒后无证驾驶浙 B×××××号小型轿车，在本区骆驼街道沿南一路由西往东行驶至南一路 12 号处，被民警当场查获。经宁波市公安司法鉴定中心鉴定，被告人卢×强血液中的乙醇浓度为 129 mg/100 ml。上述事实，被告人卢×强在开庭审理过程中亦无异议，并有书证被告人的身份证明、执勤报告、呼气酒精浓度测试单、提取血样登记表、照片、驾驶人及机动车信息查询结果单、行驶证复印件、公安交通管理行政处罚决定书、刑事判决书，理化检验鉴定意见等证据证实。

原判认为，被告人卢×强违反交通运输管理法规，醉酒后驾驶机动车在道路上行驶，其行为已构成危险驾驶罪。公诉机关指控成立。被告人卢×强归案后能如实供述自己的犯罪事实，并自愿认罪，依法予以从轻处罚。被告人卢×强在逮捕前被羁押的 4 日应折抵刑期。据此，根据被告人卢×强的犯罪事实和具体情节，依照《中华人民共和国刑法》第一百三十三条之一第（二）项、第六十七条的规定，判决：被告人卢×强犯危险驾驶罪，判处拘役三个月，并处罚金人民币六千元（限本判决生效后一个月内向本院缴纳）（刑期从判决执行之日起计算，判决执行以前先行羁押的，羁押一日折抵刑期一日。即自 2016 年 12 月 15 日起至 2017 年 3 月 10 日止）。

宁波市镇海区人民检察院在再审庭审中认为，2016 年 10 月 17 日晚醉酒后驾驶浙 B×××××号小型轿车在镇海区骆驼街道南一路上行驶的驾驶人并非卢×

强，建议法庭对其宣告无罪。

原审被告人卢×强及其辩护人提出，卢×强未实施危险驾驶的犯罪行为，请求法庭对卢×强宣告无罪。

经再审审理查明，2016年10月17日22时55分许，原审被告人卢×强的弟弟卢×周饮酒后无证驾驶浙B×××××号小型轿车，在本区骆驼街道沿南一路由西往东行驶至南一路12号处，被民警当场查获，并冒用原审被告人卢×强的身份信息接受调查。在卢×周被取保候审期间，原审被告人卢×强谎称其系酒驾嫌疑人，并顶替卢×周至宁波市镇海区人民检察院和本院接受审查、审判，后被本院以危险驾驶罪定罪处罚。

另查明，原审判决后，原审被告人卢×强向本院缴纳罚金人民币6000元。

还查明，现被告人卢×周涉嫌危险驾驶罪、妨害作证罪，被告人卢×强涉嫌包庇罪一案已由宁波市镇海区人民检察院向本院提起公诉。

上述事实，有公诉机关提供、本院依职权调取并经法庭质证、认证的下列证据予以证实：①原审被告人卢×强的人口信息，证实卢×强的身份情况。②证人卢×周的证言，证实其酒驾被查获时冒名卢×强，其被取保候审后指使卢×强顶包处理酒驾事宜。③照片，证实卢×强和卢×周的妻子贺×杰均指认2016年10月17日晚酒驾被查获时进行呼吸式酒精测试和在医院抽血的人是卢×周。④血样采集记录，证实公安机关在2017年3月3日对卢×强和卢×周进行血样提取，并送DNA检测。⑤法庭科学DNA鉴定意见，证实2016年10月17日采集的标记为“卢×强”的血样为卢×周所留，不是卢×强所留。⑥理化检验鉴定意见，证实经鉴定标记为“卢×强”的血样的乙醇浓度为129 mg/100 ml。⑦原审被告人卢×强的供述，证实其顶替卢×周至宁波市镇海区人民检察院和本院接受审查、审判，被本院以危险驾驶罪定罪处罚，羁押于镇海区看守所。⑧（2014）甬镇刑初字第643号刑事判决书，证实卢×强的前科情况。⑨浙江省罚没财物专用票据，证实卢×强在原审判决后向本院缴纳罚金6000元的情况。⑩甬镇检刑诉〔2017〕130号起诉书，证明卢×周涉嫌危险驾驶罪、妨害作证罪，卢×强涉嫌包庇罪一案已由宁波市镇海区人民检察院向本院提起公诉的情况。

二、裁判理由。

现有新的证据证实2016年10月17日晚醉酒后驾浙B×××××号小型轿车

在镇海区骆驼街道南一路上行驶的驾驶人并非原审被告人卢×强。原判认定原审被告人卢×强违反交通运输管理法规，醉酒后驾驶机动车在道路上行驶的事实错误，判决其犯危险驾驶罪的罪名不成立，依法应予改判纠正。检、辩双方要求撤销原判，宣告卢×强无罪的意见成立，均予以采纳。

三、裁判结果：原审被告人卢×强无罪。

9. 何×升危险驾驶案

一、基本案情。

阆中市人民检察院指控，2016年2月9日14时50分，被告人何×升驾驶东风日产牌黑色小型轿车搭载其家人从阆中市七里大道往古城区方向行驶，行至大佛寺入口处十字路口时，与由姚×驾驶的别克牌棕色小型轿车发生追尾。因其拒绝且阻碍检查，被在该处执勤的民警挡获。经南充市公安局物证鉴定所检验，何×升血液中酒精含量为133.8 mg/100 ml，属于醉酒驾驶机动车。公诉机关认为，被告人何×升醉酒后在道路上驾驶机动车，应当以危险驾驶罪追究其刑事责任。公诉机关为支持其指控，提供了相关证据证明。

被告人何×升辩称，他当天没喝酒，因他被打了，案发时的情况他不清楚，其行为不构成危险驾驶罪。其辩护人意见：本案重审中公诉机关没有举出新的证据，故认为事实不清，证据不足，被告人无罪。

经审理查明，2016年2月9日14时50分许，被告人何×升酒后驾驶尼桑轩逸牌（东风日产）黑色小型轿车搭载其妻女，从阆中市七里大道向古城区方向行驶。当行至二桥桥头时，被告人所驾轿车与姚×驾驶的别克牌棕色轿车相撞。姚×要求被告人下车协商处理，被告人拒绝，姚×便挡在被告人的车头不让其离开，同时向附近执勤的民警求助。执勤民警陈×到场后让被告人何×升下车接受检查，何×升亦不配合，并向右变道将车开往本市大佛寺景区方向。民警陈×等人骑着摩托车去追，被告人又调头返回，行至大佛寺路口时被此处执勤的民警挡获。民警闻到被告人何×升身上有酒味，便强行将被告人带下车并将其带至阆中市公安局交通警察大队五中队，随后通知阆中市疾病预防控制中心检验人员李×对其进行血样抽取。在抽取被告人的血样后，没有当场对血样进行编号、封装。庭审中公诉机关出示了一份南充市公安局物证鉴定所检测并出具的《理化检验报告》，报告中记载，“检材和样本”为何×升的血液约 2 ml（医用管密封装，管编号 D934401），检验结果为乙醇含量为 133.8 mg/100 ml。

公诉机关当庭出示了下列证据：

（1）接受刑事案件登记表、立案决定书。

（2）被告人何×升的身份信息。

（3）案件查获经过及被告人到案情况说明。

（4）现场勘验笔录。

（5）阆中市公安局民警从姚×处调取的现场照片。证实案发当天姚×挡在黑色小轿车车头前不让该车辆驶离的情况，以及姚×的小轿车在事故中受损的情况。

（6）视频资料及录像制作说明。

①案发现场执勤民警佩戴的执法记录仪拍摄的视频资料。证实执勤民警挡获被告人何×升驾驶黑色轩逸牌小型轿车的过程以及用针筒抽取被告人何×升血液的过程。

②从阆中市公安局指挥中心调取的视频监控资料。证实轩逸牌小型轿车在大佛寺入口处被执勤民警挡获前后的过程。

（7）南部县至阆中卡口照片信息及车辆照片。证实被告人何×升驾驶的轩逸牌黑色小型轿车于 2016 年 2 月 9 日 14 时 30 分通过南部县到阆中市的卡口。

（8）机动车信息查询结果。证实车辆登记信息情况。

（9）血液检测报告。经南充市公安局物证鉴定所检验，从编写姓名为“何×升”的医用管的血液中检出乙醇成分，乙醇含量为 133.8 mg/100 ml。

（10）证人证言。

①证人姚×书写的自述材料二份。证实，案发当天下午 3 时左右，在本市二桥桥头行驶中，他驾驶的别克牌小轿车被后面一辆车牌号为××××××的黑色小轿车追尾。他要求后车司机下车协商赔偿事宜，但司机不但不下车，还打方向盘强行离开，于是他便挡在该车前方不让其离开。他看见肇事车上有三个人，一名男子在开车，副驾驶坐了一名中年妇女，后排坐了一名年轻女子。交警过来后也让肇事司机下车接受检查，但肇事司机不理会，并强行变道到右边车道，后肇事司机猛踩油门甩掉他和交警并向大佛寺方向开去。交警便开着他的车和他一起向大佛寺方向追去，后来肇事司机又折返回来往二桥方向行驶，最后被交警拦

下。他看到这名男子坐在驾驶位置，满脸通红，神情恍惚，还闻到男子身上一股酒味。交警让男子下车，男子不理会，还一直嚷着说其没喝酒，也没开车。交警多次警告无效后，将该男子强行带走。

②交警陈×的证词。证实，他是阆中市公安局的一名交警，案发当天他在二桥头执勤时，看见一辆棕色轿车与一辆黑色轿车一前一后停在那里，前方棕色车驾驶员挡在黑色轿车车头，并让他过去。他上前询问后，便让黑色车驾驶员摇下紧关着的窗户，透过车窗他看见一名男子在开车。结果黑色车突然就右转往大佛寺方向跑，他便通过对讲机呼叫同事支援，最后大家一起将黑色车逼停。他们便带上执法记录仪上前打开黑色车驾驶门，便看见一名男子坐在驾驶位上，同时还闻到该男子身上散发出酒气，那男子在现场与他们纠缠了一会，便被他们强行带至交警大队提取血液。

③抽取血样人李×的出庭证言及委托书。证实，他是在案发当天接到电话叫他去交警大队五中队抽取血样。去后发现两三个警察控制住那人，他用医用的一次性针筒对其手臂静脉抽血，大概抽了有 5 ml 血液，然后把血液分装在两个抗凝管中，一管大约 2 ml 血液，分好后他将血样交给了身边一个警察后就离开了。交其辨认提取血样登记表中“李××”三个字后，称不能确认是本人所签。同时公安侦查人员调取了李×的人口信息及其在阆中市疾病控制中心的上岗证，证实李×具有卫生检验、采样资格。

④侦查人员张×的出庭证言。证实，他将李×抽取的两管血样放到冰柜内存放。在春节过后由他取出一管送检验所检验。在抽血现场是否对血样编号、由谁编的号自己则不清楚。交其辨认提取血样登记表，称表中的内容是其本人所填写，但“李××”三个字不是本人所写。

⑤公安民警邓×的出庭证言。证实，何×升的血样检测结果出来后，由他向何×升送达的报告书，何×升当时无异议，后来就由组织抽样的单位将备检血样销毁了。

(11) 被告人的供述及辩解。证实公安侦查人员向被告人何×升送达血液检测报告时，被告人何×升陈述他知道血液中酒精含量达到 80 mg/100 ml 驾驶机动车是醉驾的标准。

(12) 阆中市公安局交通警察大队出具的情况说明。主要内容是，提取被告人的两管血样后一直存放于冰箱内，2 月 16 日送检一支，另一支在何×升对检验结果无异议后销毁。

庭审中，被告人及其辩护人对血样检验结论提出异议，认为当天是用针管抽取的何×升血液，后又转到抗凝管却无视频反映，不能保证公安机关向鉴定所送检的血样就是当天所抽取的何×升的血液。辩护人还提出，姚×的自述材料来源不合法，与交警陈×的证言相矛盾；且陈×与本案有利害关系，因被告人曾举报其有违法行为，故证明力不强。辩护人向法庭提出原审已提交了被告人何×升2016年2月9日至2016年2月15日在南部县人民医院住院的相关病历资料，证实被告人何×升2016年2月9日被公安民警致伤。

二、裁判理由。

公诉机关出示的证据，能证实被告人何×升酒后驾驶机动车，发生事故后拒不配合执勤民警检查的事实。但是，公诉机关未能出示在抽血现场及时封装血样并编写区别于其他血样的相关证据，故不能证实向物证鉴定所送检的“何×升”的血样就是当天所抽取的被告人的血样。因此，对物证鉴定所出具的检验结果不予采信。被告人何×升的辩护人出示的被告人何×升的住院病历与本案指控的事实无关联性，合议庭不予确认其在本案中的证明效力。公诉机关指控被告人何×升醉酒后在道路上驾驶机动车，构成危险驾驶罪的主要证据不足，其指控的罪名不成立。

三、裁判结果：被告人何×升无罪。

10. 孙×强危险驾驶案

一、基本案情。

齐齐哈尔市建华区人民检察院指控：2017年6月24日21时许，被告人孙×强驾驶黑B×××××号奥迪牌小型轿车，在建华区鸿福家园小区11号楼西侧超市，与芦×驾驶的黑B×××××号黑色丰田牌小型轿车相撞，相撞之后孙×强驾驶车辆由西向东驶离事故现场，将车停在距离事故现场30米处的11号楼4单元门前处，之后离开车辆返回11号楼4单元401室的家中。接到芦×的报警后，公安机关经过指认进入孙×强家中之后，发现孙×强有饮酒行为，后经鉴定为血液中乙醇含量为208.1 mg/100 ml。

经侦查，被告人孙×强在齐齐哈尔市被依法传唤至公安机关。

公诉机关以相应的证据证实上述指控事实，认为被告人孙×强在道路上醉酒驾驶机动车，造成交通事故，其行为触犯了《中华人民共和国刑法》第一百三十三条之一第一款第（二）项，应当以危险驾驶罪追究其刑事责任。同时建议判处孙×强拘役，并处罚金。

被告人孙×强对公诉机关指控事实有异议，辩解称其当时没有感觉到发生了交通事故，车上也没有划痕，其是开车回到家后喝的酒，开车之前没有喝酒，其从来没有去过小馅饼饭店。其辩护人提出，公诉机关认定孙×强危险驾驶罪的事实不清、证据不足，理由：①从交通事故发生后21时03分被害人芦×报警至办案人员21时39分到孙×强家，中间间隔30多分钟，被告人有在家饮酒的合理时间，不能排除孙×强在家饮酒的可能性。②侦查机关认定孙×强有罪证据有瑕疵，被害人芦×、赵×夫妇证言是依据被告人孙×强走路晃荡、走不稳当、态度不好、骂人等行为断定孙×强是喝酒状态，证人没有直接证据证实被告人酒后驾驶，只是怀疑饮酒。证人与被告人之间曾距离二至三米远，6月24日21点左右的温度是28～29度，白天温度是32度，天气比较热，双方离得很近，按证人描述的那样，被告人喝酒直晃荡，那也应当满身酒气，这是最直接的感觉，但证人并未对此有描述，说明没有闻到酒味，只是怀疑饮酒驾驶。③证人王×指认孙×强案发当天在小馅饼饭店999包房与6～8人用餐，但办案机关又称调取的录像上所显示的在小馅饼饭店门前就餐的人是孙×强，而实际情况是孙×强未去过小馅饼饭店，证人王×出证是伪证。④辩护人在审查起诉阶段就申请调取小馅饼饭店的监控录像，而办案机关一直未调取，在法院审理阶段办案机关才调取了案发当日小馅饼饭店的监控录像，辩护人认为孙×强到案时与警察发生过冲突，有谩骂等行为，办案人员在取证时不客观，有意未调取对孙×强有力的证据。⑤当天包房服务员离职，饭店应当有用工记录，办案机关应当核查999包房服务员，但没有核查。

经审理查明：2017年6月24日21时许，被告人孙×强驾驶黑B×××××号奥迪牌小型轿车，在齐齐哈尔市建华区鸿福家园小区11号楼西侧超市门前与芦×驾驶的黑B×××××号黑色丰田牌小型轿车相撞，相撞之后孙×强驾驶车辆由西向东驶离事故现场，将车停在距离事故现场30米处的11号楼4单元门前处，之后离开车辆回到11号楼4单元401室的家中。21时04分，齐齐哈尔市公安交通警察支队建华交警大队接到芦×的报警，侦查人员于21时20分到达事故现场，芦×的丈夫赵×告诉交警，肇事者上楼了。21 时 22 分，办案交警拨打 110 报警电话请建设路派出所协助出警。21 时 35 分，建设路派出所民警到达后与交警一起上楼到 11 号楼 4 单元 401 室敲门，21 时 39 分进入孙×强家中，孙×强拒不配合调查。21 时 47 分派出所民警发现孙×强为警训支队民警，21 时 48 分交警向领导汇报，23 时 23 分孙×强所在单位领导赶到孙×强家中，次日 0 时 34 分市局督察赶到孙×强家中劝导无效后，于 1 时 26 分，在孙×强家中对其强制抽血进行酒精检测。1 时 41 分将孙×强从家中带至建华交警大队接受调查，03 时 25 分对孙×强进行呼气式酒精测试，将孙×强约束至酒醒后，于 09 时 46 分对其询问，孙×强称其开车到家后饮的酒。经齐齐哈尔市公安司法鉴定中心鉴定，意见为孙×强静脉血中检出乙醇，含量为 208.1 mg/100 ml。事故发生后，孙×强赔偿被害人经济损失人民币 2000 元。

孙×强于 2017 年 6 月 29 日被依法传唤至齐齐哈尔市公安机关。

上述事实，有公诉机关提交，并经法庭质证、认证的下列证据予以证实：

(1) 户籍证明。证实孙×强的自然状况。

(2) 受理交通事故案件登记表。证实芦×于 2017 年 6 月 24 日 21 时 04 分报警称，在齐齐哈尔市建华区鸿福家园小区 11 号楼前，丰田轿车与奥迪轿车相撞，奥迪轿车驾驶员有酒驾嫌疑。

(3) 机动车、驾驶证信息查询结果单，证实芦×、孙×强均有机动车驾驶证，孙×强所驾驶的车辆已达到报废标准。

(4) 齐齐哈尔市公安交通警察支队建华交警大队第×××号道路交通事故认定书，证实孙×强负事故全部责任，芦×不负事故责任，孙×强一次性支付芦×经济损失 2000 元。

(5) 齐齐哈尔市公安局交通警察支队听证笔录、齐齐哈尔市公安交通警察支队公交决字〔2017〕第 230200—2601459505 号公安交通管理行政处罚决定书，证实孙×强因醉酒驾驶机动车被吊销机动车驾驶证。

(6) 齐齐哈尔市公安司法鉴定中心（齐）公（刑技）鉴（毒化）字〔2017〕661 号检验报告，证实孙×强静脉血中检出乙醇，含量为 208.1 mg/100 ml。

(7) 黑龙江安通司法鉴定中心〔2017〕车鉴字第 B119 号车辆痕迹检验鉴定意见书，证实黑 B×××××号丰田牌 TV7181GL-iMD 小型轿车右侧前部的刮擦痕迹与黑 B×××××号奥迪牌小型轿车左侧的刮擦痕迹符合在该起交通事故中相互碰撞的痕迹特征。

(8) 芦×辨认笔录，证实芦×能准确辨认出孙×强系黑B×××××号奥迪牌小型轿车的驾驶员。

(9) 车辆行驶路线天眼录像，证实黑B×××××号奥迪牌小型轿车的行驶路线。

(10) 综合材料和调查报告，证实2017年6月24日17时49分到20时56分16秒黑B×××××号奥迪牌小型轿车的行驶路线及6月24日21时05分至6月25日09时46分侦查人员出警，对孙×强进行抽血和询问的情况。

上列证据来源合法，且客观真实、关联一致，本院均予确认。

公诉机关为证实本案事实，还提供了如下证据：

(一) 证人证言

(1) 证人刘×(当日出警交警)当庭证言，证实2017年6月24日21时05分其接到指令称，在齐齐哈尔市建华区鸿福家园小区一超市门前，有一起机动车刮碰事故，21时09分与被害人芦×联系，21时20分左右到达现场。到达事故现场后看到芦×的车辆有新鲜的刮碰痕迹，芦×说知道肇事者的住处，建设路派出所民警于21时35分到达现场，敲门时是21时39分左右，孙×强家中的一个穿红色衣服的女子开的门，其看到孙×强躺在床上睡觉，看孙×强状态是喝酒的状态。他们将孙×强叫醒，要求对孙×强进行呼气式酒精测试和抽血，孙×强拒绝，后市局督察到达现场，进行抽血。当时孙×强处于不清醒状态，他们将其带回大队，次日早上再对其询问。他们到达孙×强家中时，没有看到有吃饭、喝酒的现场，他们是根据孙×强的行驶路线调取的小馅饼饭店的录像，在询问证人王×的同时就调取了当时饭店内好使的监控录像。

(2) 证人李×(当日出警交警)当庭证言，证实2017年6月24日晚上9点多其接到指令，称鸿福家园一超市门前一丰田小型轿车发生刮擦事故，21时30分左右他们到达肇事地点，报案人说肇事者上楼了，他们跟着当事人一起上楼，开门的是一穿红衣服女子，该女子说孙×强在南边的屋休息，叫他之后，他自己出来的，并且孙×强情绪很激动。他们到达孙×强家中时，没有看到有吃饭、喝酒的现场。

上述证人证言，被告人孙×强当庭辩解，侦查人员到达现场只在客厅和卧室，没有到厨房，其是在厨房吃饭、喝酒的。其辩护人认为，办案人没有如实地证实事实经过，关于调取小馅饼饭店监控录像的问题，侦查人员称在询问证人的同时调取了录像，事实是案件起诉到法院后，法院要求调取的小馅饼饭店的监控录像，该录像才出现在法庭，否则就只有证人的证言，办案人员的目的是隐瞒孙×强未去小馅饼饭店的客观事实。

(3) 证人芦×（被害人）的证言，证实2017年6月24日20时许，其驾驶一辆黑色黑B×××××号丰田牌小型轿车，其爱人赵×坐在副驾驶位置，在建华区鸿福家园小区11号楼前倒车时，其车辆的后侧有一辆黑色的奥迪轿车向前行驶，打算从其车辆的右侧空间穿插过去，当时其感觉车辆右侧的空间无法让这辆车通行，其就鸣笛示意，但是对方还是继续向前行驶，这辆车的左侧就与其车辆的右前侧相撞了。之后对方就向前行驶，停在了小区自己建的车棚门前，其和爱人下车一直跟着这辆车走，对方下车时一直在骂人，并且想要动手打他们，他们就打电话报警了，对方下车后走路晃晃悠悠的，状态就是喝酒了，对方想要上楼，其爱人拦住对方不想让他上楼，对方在楼底下骂了半天，他们告知对方把车撞了，得给修车，对方没有理他们，直接上楼了。其爱人跟着上楼的，看到他进屋之后就在门口守着，等着警察到来。

(4) 证人赵×（被害人的丈夫）的证言，证实2017年6月24日20时30分至20时40分之间，其乘坐芦×驾驶的黑B×××××号丰田牌小型轿车与一辆黑B×××××黑色奥迪轿车相撞，相撞之后其和芦×就下车，跟着这辆车向东走，对方车辆向前行驶了30米左右，将车停在白色车棚前。对方驾驶员是个挺高挺胖的男性，对方下车后就直接开始骂人，其说“你把我们车刮了，还骂人啊”，对方就追过来要打他，对方当时晃荡的，走不稳，状态就是喝酒了。之后对方就要上楼，其说“哥们先别上楼，事情还没解决呢”。双方僵持了能有10多分钟，之后对方往楼上走，芦×打电话报警，其在对方身后二至三米跟着，想看看他住在哪个屋，看到对方走到四楼左侧的房间就停下了，之后拿出钥匙开了半天门，但是门没有被打开，之后对方敲了几下门，一个穿红色睡衣的女子开的门，之后其就下楼等警察到来。

上述证人证言，辩护人认为，证言不客观，证人是以推测的角度证明孙×强饮酒。

(5) 证人王×的证言，证实2017年6月24日17点30分以后，包括侦查人员让其辨认的男子在内的6至8人，在小馅饼饭店的999包房内吃的饭，吃的什么不清楚，喝了 6 瓶啤酒，客人自己带的白酒。他知道这个男人是警察身份，是因为当天这个男人去洗手间时捡到一个电话，然后他把电话还给失主的时候，自己跟失主说自己是警察，捡到东西必须归还，他们说话时王×同事听见了，跟他说的。他记不清与这个男子说没说话，他是负责引导客人去包房的，这个男子是否开车来他没注意，吃完饭走的时候他没看到，在吃饭中途时这个男子出去过一次，开没开车他不清楚，看样子就是喝酒的样子。当天 999 包房的服务员是个女的，已经不在饭店工作了。

上述证人证言，辩护人认为该证言系伪证，办案机关是循着天眼的录像，来找孙×强饮酒的证据，办案机关认为孙×强的车在小馅饼饭店处停过，孙×强就是在此喝的酒，该证人就指认孙×强在 999 的包房内与 6 到 8 个人吃饭、喝酒，听他人说孙×强自称是警察。但办案机关没在第一时间调取小馅饼的录像，核实证人的证言。小馅饼饭店有全角度的录像，辩护人曾申请侦查机关、检察机关调取录像，但直到法院的环节，录像才拿到。按照王×的证言，其同事说看到孙×强捡到手机，办案机关并未向其同事核实。

（6）证人宋×的证言，证实 2017 年 6 月 24 日晚上孙×强几点回的家其不知道，孙×强回家的时候其在睡觉。其给警察开门之后去过厨房，看见锅里的饭少了，孙×强是在家吃的晚饭，孙×强平时吃饭喝酒，当天喝没喝酒其不知道。

上述证人证言，辩护人提出其证明孙×强有在家吃饭饮酒的习惯，与被告人孙×强的供述相吻合，不能排除孙×强当晚回到家中饮酒的可能性。

（二）被告人供述

被告人孙×强的六次供述：

孙×强的第一次供述（2017 年 6 月 25 日），证实 2017 年 6 月 24 日 16 时至 17 时之间，其驾驶黑 B×××××黑色奥迪轿车，从鸿福家园小区北门出来，沿民乐路由东向西行驶，之后左转弯进入二〇三东街，之后右转沿中华路由东向西行驶，当行驶到中华西路与湖东路交叉口时向南左转弯，进入湖东路，其把车停到了回民小学后门，在回民小学体育馆与微信群里的朋友老高、老马、张局（其没有几人的联系方式）打了两个多小时羽毛球，19 时至 20 时之间，其从回民小学出来沿着原路返回鸿福小区，将车停好后，其直接上楼了。其回家时家里没有人，其吃的玉米、排骨等炖的大丰收，并喝了一杯白酒、两瓶啤酒。

孙×强的第二次供述（2017 年 6 月 29 日），证实 2017 年 6 月 24 日其在家一直待到15时许，然后去的回民小学打羽毛球，19时许，打完球其驾驶黑B×××××号小型轿车从回民小学西门出来，向右转弯行驶至二院岗地，然后向东行驶至产权处岗地，途经产权处门前的邮政路行驶至金融街向北转弯，然后行驶至民乐街，从鸿福家园小区北门驶入，左转将车停到了11号楼4单元南侧车库门前，然后就上楼回家。其回家时没注意客厅是否有人，到家后就直接进入厨房，从锅里把大丰收盛出来，从小柜上掏出孔府宴酒，将酒倒在杯子里，一边吃饭一边喝酒，喝了一杯多白酒、三瓶多啤酒，其一共吃了半小时左右，吃完饭后就回到主卧室睡觉了。2017年6月24日，其去回民小学打羽毛球之前、期间及驾车回到家之前均未饮酒。2017年6月24日，警察具体几点到其家中其不知道，当时有建华交警大队的民警还有建设路派出所的民警，总共四五个人，当时建华交警大队的人跟他说，他开车把人撞了，让他到建华交警大队去一趟。当晚其没有印象看到黑B×××××号丰田牌小型轿车，其对其驾驶车辆与对方车辆有接触痕迹的鉴定没有异议。

孙×强的第三次供述（2017年7月11日），证实2017年6月24日下午4点多，其驾驶黑B×××××号小型轿车去的回民小学体育馆打羽毛球，大概打到晚上七八点钟，其从回民小学后门出来，走的湖东路到中华路然后到邮政路，上的军校街，走到阳光果品十字路口右转弯一直向东回的家，停好车后，其就上楼了，然后没出去。黑B×××××号小型轿车当天就其自己开，没有别人开。

孙×强第四次供述（2017年7月13日），证实2017年6月24日当天，其去的地方很多，停车后其就下车溜达一会儿，具体都去哪儿了，其不记得了。其21时回到家里的，当时其爱人在家里沙发上睡觉，其自己吃的其爱人早上做的大丰收，喝了几瓶啤酒和一杯半白酒。

孙×强第五次供述（2017年7月15日），证实2017年6月24日16时许，其从家出来驾驶黑B×××××号小型轿车去的回民小学，车停在垃圾场北面的胡同里，其从靠近垃圾堆的栅栏之间进回民小学体育馆溜达了一圈出来，去湖边转了一圈。下午五六点左右，其开车从中华路去的金融街附近，停车后去南边的广场溜达了一个多小时。其当天没去过福新西街的小馅饼饭店。

孙×强第六次供述（当庭供述）：证实2017年6月24日当天，其去过很多地方，具体都去哪儿，其记不清楚了。大约晚上9点多，其到家楼下就把车停到楼下门洞对面，然后其就上楼了，到家时宋×在沙发上睡觉，其吃的是自己早上做的剩饭，喝了两杯白酒，喝了多少啤酒记不清了，吃完饭后就休息了，刚睡着，警察就到其家了，双方发生了冲突，警察要带其回交警队，其没有答应，后来 120 到其家中对其抽的血。

被告人孙×强的供述均否认其在开车前饮酒，均供述是到家后饮的酒。

（三）视听资料

小馅饼饭店录像，证实 2017 年 6 月 24 日小馅饼饭店情况。

上述证据，被告人孙×强否认公诉人指定的录像中小馅饼饭店门前就餐的人是其本人，亦否认其车辆在小馅饼饭店门前停放过。其辩护人提出通过监控录像不能证实孙×强当天在 999 包房以及在小馅饼饭店内就餐、饮酒，指出，侦查机关称门前两伞之间的人是孙×强，为什么不采取技术手段证明？

（四）辨认笔录

证人王×的辨认笔录，证实王×能辨认出孙×强。

二、裁判理由。

（1）关于孙×强开车前是否在小馅饼饭店饮酒的事实。①侦查机关提供了证人王×的证言及辨认笔录。经查，王×的证言称其是负责引导客人去包房的，与孙×强是否说话记不清，孙×强所在 999 包房的人喝了啤酒、白酒，其中途看到孙×强的样子是喝酒的样子，其没注意孙×强是否是开车走的。王×不是 999 包房的服务员，并未亲眼见到孙×强饮酒，卷宗中没有侦查人员向当天 999 包房服务员核实的相关材料，也没有与孙×强共同吃饭的人的佐证材料；王×的辨认笔录没有邀请见证人参与，且辨认照片的人员差距极大，不具有相似性，辨认工作不规范。②关于侦查机关提供的证实孙×强在小馅饼饭店吃饭、饮酒的监控录像。经查，小馅饼饭店一直装有监控录像，侦查机关对在询问证人王×的同时未调取录像的原因未能给出解释，侦查机关经法院二次要求补充的录像中，一直没有 999 包房的相关录像，饭店门前的录像仅能显示在门前一桌就餐人的模糊头像和停放的看不清车牌号的车辆，侦查机关指认系孙×强和其驾驶的车辆，凭肉眼无法辨认出是否为孙×强及其车辆，侦查机关卷宗中亦没有采取技术手段比对的证据材料。③证人芦×、赵×的证言，仅证实对方走路晃悠，走不稳，看上去是饮酒的状态，二证人证言无法确证被告人在事故发生前饮酒。综上，以上证据无法证实孙×强在小馅饼饭店饮酒，且证据之间自相矛盾，无法确认孙×强在事故发生前饮酒。对辩护人提出证实孙×强在小馅饼饭店饮酒的证据存在瑕疵的意见，予以采纳。对于辩护人提出的办案机关诱导证人做伪证和故意隐瞒对被告人有利的证据的意见，因无证据证实，本院不予采纳。

（2）关于孙×强是否在事故发生后回到家中饮酒的事实。①侦查人员刘×、李×的证言证实，到达孙×强家中未看到饮酒的痕迹，被告人供述一直称系回到家中饮酒，并辩解侦查人员只到过客厅和卧室，未去厨房，其在厨房饮的酒，侦查人员未能提供到达现场后执法记录仪的录像和现场勘查笔录、照片来佐证其主张。②侦查人员6月24日21时39分进入孙×强家中至次日01时41分从家中将孙×强带至交警队约束至酒醒，于次日09时46分对孙×强第一次询问，孙×强就称系回到家中饮酒，侦查机关未返回其家中勘查现场，固定证据。综上，侦查机关在到达孙×强家中的第一时间未勘查现场，锁定证据。在次日对孙×强第一次询问后，亦未返回孙×强家中进行勘查，核实其供述的真实性，连续两次错过了查找孙×强是否存在回到家中饮酒事实的时机。对于辩护人提出的孙×强有回到家饮酒可能性的辩护意见予以采信。

公诉机关指控孙×强构成危险驾驶罪，但在指控中对于孙×强在道路上驾驶机动车时是否为饮酒驾驶，未进行确认，仅指控公安机关进入孙×强家中发现其有饮酒行为，属于指控事实不清。公诉机关指控被告人孙×强犯危险驾驶罪的主要证据有王×的证言，辨认笔录与证人刘×、李×、芦×、赵×的证言，小馅饼饭店的监控录像等。但综观全案，本案缺乏能够锁定孙×强系醉酒驾驶机动车暨在驾驶机动车之前饮酒的客观证据，孙×强饮酒的地点不能确定，饮酒的时间不能确定，与其饮酒的人不能确定，证人王×的证言、辨认笔录、小馅饼饭店录像的真实性存疑。对于孙×强供述其系回到家中饮酒，侦查机关未勘查现场，固定证据，排除其系回到家中饮酒的可能，导致孙×强是否系事故发生后回到家中饮酒存疑。虽然孙×强静脉血中检出乙醇含量为208.1 mg/100 ml，但无法确定其饮酒时间是在开车前还是回家后，公诉机关提交的证据没有形成完整的证据链，没有达到证据确实、充分的法定证明标准，亦未达到基本事实清楚、基本证据确凿的定罪要求，不能得出唯一的排他性结论。公诉机关指控孙×强犯危险驾驶罪的事实不清、证据不足，不能认定孙×强有罪。对辩护人提出的无罪辩护意见，予以采纳。

三、裁判结果：被告人孙×强无罪。

11. 邓×危险驾驶案

一、基本案情。

永州市冷水滩区人民检察院指控，2018年1月5日21时30分许，被告人邓×酒后驾驶湘M×××××小型客车行驶至冷水滩区零陵南路农工商路路段时，被凤凰园交警大队拦截查获。经永州大正司法鉴定所鉴定，被告人邓×血液中乙醇含量为116.44 mg/100 ml。该院认为，被告人邓×的行为已触犯了《中华人民共和国刑法》第一百三十三条之一第一款（二）项之规定，应当以危险驾驶罪追究其刑事责任。公诉机关向法庭提交了下列证据，以证实其主张：

（一）书证

（1）驾驶人血样提取登记表及抽血照片，证实2018年1月5日23时40分左右，医务人员在冷水滩区农工商交通岗亭对被告人邓×提取血样进行血液血检。

（2）呼吸式酒精测试单及呼吸式酒精测试照片，证实执法人员于2018年1月5日23时55分对被告人邓×进行呼吸式酒精测试，测试结果为96.4 mg/100 ml。

（3）驾驶人信息结果单，证实被告人邓×所有的湘M×××××小型汽车所处状态。

（4）抓获经过，证实被告人邓×于2018年1月5日21时30分许被抓获归案。

（5）户籍资料，证实被告人邓×的出生日期。

（6）刑事照片、视频截图，证实：①被告人邓×被抓获地的现场概貌及湘M×××××小型客车概貌；②湘M×××××小型客车经过零陵南路与西区路监控视频时间是21时18分13秒。

（二）证人证言

（1）证人周×于2018年1月10日的证言，证实他在冷水滩区凤凰园交警大队工作。2018年1月5日晚上九点多钟，他与魏×、王×、李×四人一起在永州市冷水滩区黄泥井到虎岩公园路段设卡查酒驾，这时一台白色的越野车开过来，看见他们在查酒驾，这辆车马上右拐弯转进一个巷子里（右拐弯的路口距离他站着查酒驾的位置大约只有一两米），他看见这台车拐进巷子里了（这个拐弯进去的巷子只有十米长左右，巷子宽约三米），他和他同事们说你们过来（这时有三个同事跟着他后面在追这台车），他说了之后就跟着车子追了过去，因为巷子是个死胡同及当天停了一台三轮电动车及巷子里有一些杂物，这辆小车拐弯进巷子里面后只往巷子里走了三到五米被迫停车后，驾驶员下车想从驾驶室逃跑被他当场堵住驾驶室车门抓住了，李×当时紧跟在他后面也堵住了车门，李×当时是在拍照，他检查了车辆，车里只有驾驶员一人，车子一直没有离开他的视线，车上也没有人跑出来，然后他们就带起这个驾驶员到他们岗亭去测酒精度了。这辆小车没有离开他们的视线，这车从拐弯到停车行驶的距离不到十米，这辆小车拐弯时他们也跟着在追，这辆小车根本没有时间换驾驶员，同时他检查了这辆小车上面当时只有驾驶员一人，不存在换驾驶员的问题，他能够确定他们抓住的那人就是驾驶员。周×于 2018 年 10 月 17 日的证言，证实邓×涉嫌醉酒驾驶机动车一案，当时他、魏×、王×、李×四个人在场。他们从查到邓×到对邓×进行酒精测试这一段时间，邓×一直被他们控制，没有机会再喝酒。

（2）证人魏×的证言：①证人魏×于 2018 年 1 月 11 日的证言，证实他在冷水滩区凤凰园交警大队工作。2018 年 1 月 5 日晚上九点多钟，他与王×、周×、李×四人一起在永州市冷水滩区黄泥井到虎岩公园路段设卡查酒驾，他们在引导前面的车子靠边停车，这时后面一台白色的越野车开过来，看见他们在查酒驾，这辆车马上开起经过他站立的位置右拐弯转进一个巷子里（右拐弯的路口距离他站着查酒驾的位置大约只有四五米左右），他看见这台车拐进巷子里了（这个拐弯进去的巷子只有十米长左右，巷子宽约三米），他同事说你们过来追这台车（他是跟着他的同事跑进巷子里的，他是最后一个跑进巷子里的），因为巷子是个死胡同及当天停了一台三轮电动车，这辆小车拐弯进巷子里面后只往巷子里走了六七米，他看见他的同事已经控制了驾驶员，并且用酒精测试仪给驾驶员测试酒精度，仪器显示亮红灯（意思就是酒精度超过 80 mg/100 ml），他往车子里面看了，车子里面只有驾驶员一个人，驾驶员说："大家都是冷水滩的人，没有必要搞这么严吧！"然后他同事就带起这个驾驶员到他们岗亭去测酒精度了，他独自一个人上车把这辆车倒出来停在岗亭旁边。这辆小车没有离开他们的视线，没有更换驾驶员，这辆小车上面只有驾驶员一个人，他们检查了的，车子最后是他弄了很久才从巷子里面倒出来的，当时巷子里面有三轮电动车及其他的物品不便于倒车。②证人魏×于2018年10月17日的证言，证实邓×涉嫌醉酒驾驶机动车一案，当时他、周×、王×、李×四个人在场。他们从查到邓×到对邓×进行酒精测试这一段时间，邓×一直被他们控制，没有机会再喝酒。③证人魏×于第一次开庭出庭作证时的证言，证实2018年1月5日晚上9点，他在查酒驾，他抓获邓×时，当时车是停着的，副驾驶没有人，只有主驾驶邓×在。他们在抓获邓×时进行了拍照。他当时与被告人所驾驶的车辆距离15米以内。当时天有点黑，因为车子停在死胡同，主驾驶只能开一半，当时只有邓×一个人。当时死胡同又没有店铺开门，如果有人要从驾驶室出来，只有经过他们才能出去。

（3）证人王×的证言：①证人王×于2018年1月8日的证言，证实他在冷水滩区凤凰园交警大队工作。2018年1月5日晚上九点多钟，他与魏×、周×、李×三人一起在永州市冷水滩区黄泥井到虎岩公园路段设卡查酒驾，这时一台白色的越野车开过来，看见他们在查酒驾，这辆车马上右拐弯（右拐弯的路口距离他们站着查酒驾的位置大约只有一米左右），这个拐弯进去的巷子只有十米长左右，巷子宽约三米，因为巷子是个死胡同及当天停了一台三轮电动车及巷子里有一些杂物，这辆小车拐弯进巷子里面只往巷子里走了三到五米被迫停车了，停车后，驾驶员下车想从驾驶室逃跑被李×当场堵住驾驶室车门抓住了，他当时看了副驾驶及右后车门被三轮车和其他杂物堵住了，所以当时如果车上有人，从副驾驶右后车门下不了车，他们马上对车辆进行了检查，发现车子上就只有驾驶员一人，他们四人也没有看见其他的人从车子上面下来，然后他们就带起这个驾驶员到他们岗亭去测酒精度了。当时这辆小车没有离开他们的视线，这车从拐弯到停车离他们距离不到十米，这辆小车拐弯时他们也跟着在追，这辆小车根本来不及换驾驶员，同时这辆小车上面只有驾驶员一人，不存在换驾驶员。②证人王×于2018年10月17日的证言，证实邓×涉嫌醉酒驾驶机动车一案，当时他、魏×、周×、李×四个人在场。他们从抓获邓×到对邓×进行酒精测试这一段时间，邓×一直处于被控制中，邓×没有再喝酒。③证人王×于第一次开庭出庭作证时的证言，证实他当时查酒驾，在黄泥井设卡，晚上九十点左右，看见一辆车开进了死胡同，他们赶到之后，他左手按着车门，右手把邓×按在驾驶座上，带到交警室问话。当时抓获时车上只有邓×一个人。他是亲眼看见邓×开车的，抓获时视线不是很好，胡同里面没有光。违规的车在他视线之内，他完全看得到，车开进之后，车子没有离开他的视线。他是第一个按着驾驶座的车门，按住被告人的时候他没有发现车里有其他人。他确信违规车辆当时没有人从车里出来。视线虽然不是很好，但是因为车子有灯光，是否开车门他还是看得到的。当时车子停的地方三面都是死胡同，他们是唯一的出口。围墙至少有两米高，也没有店铺在经营，两面是墙，门面在左边，不在胡同里面。

(4) 证人李×的证言：①证人李×于2018年1月11日的证言，证实他在冷水滩区凤凰园交警大队工作。2018年1月5日晚上九点多钟，他与魏×、周×、王×四人一起在永州市冷水滩区黄泥井到虎岩公园路段设卡查酒驾，他站在马路中间拿着酒精测试仪在给驾驶员测酒精度，这时后面一台白色的越野车开过来，看见他们在查酒驾，这辆车马上开起右拐弯转进一个巷子里（右拐弯的路口距离他站着查酒驾的位置大约只有六七米左右），他看见这台车拐进巷子里了（这个拐弯进去的巷子只有十米长左右，巷子宽约三米），他是跟着他的同事周×跑进巷子里的，他后面还有两个同事跟着他们跑了进来，因为巷子是个死胡同及当天停了一台三轮电动车，这辆小车拐弯进巷子里面只往巷子里走了六七米，他追过去的时候，周×已经将准备下车逃跑的驾驶员堵在了驾驶员位置上，他马上拿起他的手机拍照了，接着用酒精测试仪给驾驶员测试酒精度，仪器显示亮红灯（意思就是酒精度超过80 mg/100 ml），驾驶员说："我要打电话给杨支队长。"然后他同事就带起这个驾驶员到他们岗亭去抽血测酒精度了，他就继续返回路上测酒精度去了。②证人李×于2018年10月17日的证言，证实邓×涉嫌醉酒驾驶机动车一案，当时他、周×、王×、魏×四个人在场。他们从查到邓×到对邓×进行酒精测试这一段时间，邓×没有机会再喝酒，因为邓×一直被他们控制着。③证人李×于第一次开庭出庭作证时的证言，证实当时他们在黄泥井查酒驾，看到一辆车开进了死胡同。当时他们查酒驾时，对方是否直接跑进死胡同，有没有停车，他记不清楚了。他是亲自抓获被告人的，他们几个人一起把被告人从车上押下来的。他抓被告人时，被告人离他查酒驾的地方有几十米远。车上就只有被告人一人。他抓获被告人之前看到车上就只有被告人邓×一个人，当时有灯光，他们看得见。他们当时在执勤查酒驾时有十个人左右。当时车辆看到他们查酒驾故意拐进胡同里的。是魏×、王×和他三个人跟进这辆车的，他不记得是哪个走在前面的。车辆没有离开他们的视线。虽然是在晚上，但是他能确认除了被告人之外，没有其他人从这辆车进出。他记不清当时把邓×抓获时邓×的态度怎样了。

(5) 证人何×于第一次开庭出庭作证时的证言，证实他是本案的办案民警，交警队抓了人之后由他处理。他在办案过程中是按法律程序办案的，他没有诱供，只是跟邓×说要他把事实说清楚了才可以取保候审。除了被告人坐在车上的照片不是他拍的，侦查卷66页至69页照片是他拍的。车子从零陵南路过来的视频截图看不见驾驶人。

（6）证人祝×于2019年1月10日的证言及情况说明，证实她是德发商行的老板娘。公安民警于2018年1月份到她店里调取了一个对着死胡同的监控，她店里的监控时间与北京时间有误差，具体误差有多大，她不清楚。

（三）司法鉴定意见

永州大正司法鉴定所司法鉴定意见书，证实邓×血液中乙醇含量为116.44 mg/100 ml。

（四）辨认笔录

辨认笔录，证实周×、李×、魏×分别辨认出邓×就是2018年1月5日21时20分左右在冷水滩区黄泥井路段查酒驾时开车逃跑被当场抓获的嫌疑人；王×辨认出邓×就是2018年1月5日21时20分左右在冷水滩区黄泥井路段查酒驾时准备逃跑的嫌疑人。

（五）被告人的供述

（1）被告人邓×于2018年1月6日16时10分至16时30分在凤凰园交警大队接受公安机关询问时，证实他是因涉嫌酒后驾驶机动车一事来凤凰园交警大队的，同时他也是来申诉的。1月5日当天晚上这辆湘M×××××小型汽车的驾驶员不是他，他只是坐在车的后排，是他朋友阿杰开的车。2018年1月5日晚上19时许，他和几个朋友在冷水滩区老冷东路口旁边的一个酒店里面一起吃饭喝酒，大概喝了三两白酒，他喝醉了，饭后他一个叫阿杰的朋友开着他的车送他回去，他这个时候坐在车子的后排，车上就他们两个人，具体什么时间出发的，车辆的行驶轨迹他记不得。开到执勤民警设卡检查的路段时，因为他朋友也喝了点酒，他朋友怕被执勤人员抓住，就直接驱车向最近的巷子里面拐去，到巷子里面后他朋友就直接离开了现场，然后他看见驾驶室里面没有人他就坐在了驾驶室，然后执勤人员就赶到控制住了他。当时他自己喝醉了不知道自己在干什么，直到十一点半左右，执勤人员又喊他坐到车的驾驶室位置给他拍照，并喊他做了呼吸式酒精测试，第二天他才知道这么一回事。

（2）被告人邓×于2018年1月11日在凤凰园交警大队的供述，证实2018年

1月5日晚上，他与他的几个朋友在永州市冷水滩区新冷东公路附近一个酒店与几个朋友在一起吃了晚饭之后，大约在晚上九点钟左右，他一个外号叫“眼睛”（他还有一个外号叫阿杰）的朋友开起他车牌号码为湘M×××××的小车从新冷东公路出发沿零陵南路回到他自己在凤凰园的家中。他坐在车子后排位置，车子行驶到什么地方他不清楚，突然车子停车了，他只是看见车子前面有一堵墙，车子到了一个巷子里面，他就从车后排爬到前排，这时公安民警就过来将他抓住，他说他没有开车，公安民警说他酒驾被抓住了，然后民警就将他抓到岗亭去了，他在岗亭里面坐了一个多小时，大约到了23时30分左右，执勤民警让他配合拍点照片，他就配合民警拍了照片，录了视频。“眼睛”，男，30岁左右，“眼睛”是他朋友的朋友，“眼睛”身高一米六五左右，身材偏胖，他不知道“眼睛”是哪里人，也不知道“眼睛”的电话号码。他要回去找另一台手机通过朋友联系“眼睛”，那台手机里面有他其他朋友的联系方式。当天是他朋友“眼睛”驾驶的。他不知道“眼睛”是什么时候怎么从驾驶室下车离开的。

（3）被告人邓×于2018年1月20日在永州市看守所的供述，证实2018年1月5日，他与他的几个朋友在冷东路口的一个酒店里面吃了晚饭，吃了晚饭之后大约晚上九点多钟之后，他独自一人开起湘M×××××的白色越野车沿零陵南路往九嶷宾馆方向去，途经冷水滩区黄泥井转盘附近时，他想去开个房间，就将车子停在了一个巷子里面。这个巷子是个死胡同，这个巷子旁边还有一个巷子，那个巷子不是个死胡同，他对那里地形很熟。他刚刚在胡同里停了车，查酒驾的交警就过来了，当场将他抓获了，将他带到岗亭去抽血验酒精度。那天他喝了三杯米酒。那天是他本人驾驶湘M×××××汽车的，车子里面就他一个人。他之前不承认是他自己醉酒后开车是因为当时抓获他时，交警没带执法记录仪，所以他认为不承认没事。

（4）被告人邓×于2018年10月17日在凤凰园交警大队的供述，证实2018年1月5日晚上他和几个朋友在冷水滩区老冷东路口一个饭店吃饭，吃饭的时候他喝的酒，喝的什么酒他记不清楚了。公安民警多次要求他通知他朋友“眼睛”（阿杰）到交警大队问话，因为他朋友“眼睛”（阿杰）联系不上了，所以一直没有过来。公安民警多次要求他找2018年1月5日晚上和他一起喝酒吃饭的朋友过来问话，因为他那些朋友也联系不上了，所以也没有过来。他朋友“眼睛”

（阿杰）是他在路上碰到的，是他叫“眼睛”（阿杰）过去的。当时是他朋友“眼睛”（阿杰）把车开到巷子口去，他以为到家了，一下车就被民警抓住了，那天他喝酒后没有开车。

（六）电子数据

抓获经过光盘一张，证实监控时间为 2018 年 1 月 5 日 22 时 28 分，一辆白色车子进入一条巷子（死胡同）停下，没有人从车上下来，两名身穿制服的交警紧随其后，将驾驶室里的人控制，后面陆续又来了六位群众和两名身穿制服的交警。该视频很模糊，无法看清驾驶人模样及车牌号码。

被告人邓×辩称：①其喝了酒但没有开车，是其朋友柏×（绰号“眼睛”）开的车；②公诉机关提交的抓获视频不清晰，时间不对，当天晚上十点半其已在交警亭之中，且车牌和人员都看不清。其辩护人辩称：①公诉机关提交的抓获视频模糊不清，看不清车牌和驾驶人；②公诉机关指控被告人犯罪事实不清，证据不足，请求法庭宣告被告人邓×无罪。被告人邓×向法庭提交了下列证据，以证实其主张：

（1）证人柏×的证言，证实他的外号叫“眼睛”，他是祁阳人，身高 165 cm。2018 年 1 月 5 日晚上是他开的车，邓×没有开车。他是通过他叔叔王×兴认识邓×的，他与邓×是朋友关系。那天他、邓×还有一个第一次见面不熟悉的人，他们三人在老冷东路口小饭馆吃饭，当天晚上他没有喝酒，当时交警查酒驾，他在主驾驶位置，他当时逃跑是因为车子没有年检，他不清楚酒驾查什么。车上就他和被告人。他对路不熟悉所以不清楚车子开在什么地方。车子和查酒驾距离不超过十分钟车程。他把车停在一个前面是红绿灯的小巷子里，外面比较黑。他记不清楚外面有没有门面店铺，他也记不清楚有没有路灯了。周围可以停放车辆大概是两个车道的车。那天是晚上 9 点多钟，他当时看到前面有交警拦车，他不知道查什么，因为车子没有年检，所以他开车逃进了死胡同，把火熄灭停在那里了，然后从副驾驶窜出去的。他没看到邓×坐在什么位置。他是从车子前面通过翻墙离开现场的，墙体情况他记不清楚了。他不了解地形，翻墙出去到哪里他也不清楚。因为邓×喝醉酒了，他开导航的，导航定位在凤凰园。他从副驾驶室出去，翻墙到了另一个地方，天暗他看不清翻过去是什么情况。

（2）被告人邓×提交光盘一张，证实 2018 年 1 月 5 日 21 时 53 分其已在交警亭并拍下了视频。

根据控辩双方提供的证据，本院认定如下基本事实：

2018 年 1 月 5 日 21 时许，凤凰园交警大队在冷水滩区零陵南路农工商路路段设卡查酒驾。21 时 53 分证据显示邓×被留置在交通岗亭。视听资料显示 22 时 28 分许一辆小型客车行驶至该路段，然后右转弯进入一条左面为住宅区（有一条楼梯），右面为封闭性墙体，前方为墙的胡同内停下。执勤民警见小型客车忽然右转弯进入胡同内，便追随其后，后执勤民警从小型客车内抓获驾驶人员一名。同日 23 时 40 分左右，医务人员对邓×进行血样提取，后经永州大正司法鉴定所鉴定，被告人邓×血液中乙醇含量为 116.44 mg/100 ml。同日 23 时 55 分，凤凰园交警大队民警对邓×进行呼吸式酒精测试，其测试结果为 96.4 mg/100 ml。

二、裁判理由。

(1) 公诉机关提交的抓获监控视频，该证据存在以下三个问题：其一，监控视频显示的抓获时间与公安机关出具的抓获经过的时间明显不符。监控视频显示 2018 年 1 月 5 日 22 时 28 分，一辆白色车子拐进胡同后停下，后交警执勤人员赶到，从中抓获一名驾驶员；但公安机关出具的抓获经过证实被告人邓×被抓获时间是 21 时 30 分许，两者相差一个小时，时间明显不对。其二，监控视频模糊，无法看清楚拐进胡同的白色车子车牌号。其三，监控视频模糊，也无法辨析驾驶室驾驶员的模样。

(2) 公诉机关未能提交执法记录仪视频。侦查机关在执法时应当配备执法记录仪，对执法过程进行全程记录，但该案公诉机关至案件审结前仍无法提交执法记录仪视频。

(3) 执法民警周×、魏×、王×、李×的证言均未证实查获的车辆车牌号。

(4) 抓获经过及执法民警周×、魏×、王×、李×的证言均证实被告人邓×被抓获时间是 21 时 30 分许，并随即在抓获现场对邓×进行了拍照和酒精测试，但呼吸式酒精测试单显示公安民警对邓×进行呼吸式酒精测试时间却是 23 时 55 分，呼吸式酒精测试照片的拍摄地点也不是抓获现场。

(5) 被告人邓×自被侦查机关查获后，公安民警对邓×进行了四次问话，邓×三次供述当时不是其本人开车，而是其外号为“眼睛”（阿杰）的朋友开的车，但公安民警并未找到“眼睛”（阿杰）进行问话。而邓×申请外号“眼睛”的证人（即柏×）出庭作证，且其证言内容与证人魏×、王×、李×的证言内容相矛盾。

(6) 被告人邓×作了多次供述，但其供述不具一致性。

综上，本案主要证据存在矛盾，2018年1月5日21时30许（监控视频显示的时间为22时28分）在冷水滩区零陵南路农工商路路段被公安民警查获的小型客车是否是湘M×××××小型客车、该车的驾驶人是否是邓×或者另有他人均没有得到合理的排除。根据“疑罪从无”的刑事诉讼原则，即在既不能证明被告人邓×有罪，又不能证明被告人邓×无罪的情况下，应当推定被告人邓×无罪，故公诉机关指控被告人邓×犯危险驾驶罪罪名不成立。被告人邓×提出其喝了酒没有开车，公诉机关提交的抓获视频不清晰无法看清楚车牌和人，监控视频时间不对；其辩护人提出公诉机关提交的抓获视频不清晰无法看清楚车牌和人，监控视频时间不对，公诉机关指控被告人邓×犯危险驾驶罪事实不清，证据不足，请求法庭宣告被告人邓×无罪的辩护意见，予以采纳。

三、裁判结果：被告人邓×无罪。

12. 赵×危险驾驶案

一、基本案情。

东莞市第三市区人民检察院指控称：2017年1月7日12时左右，被告人赵×去到东莞市常平镇司马村民营工业园盛利能源有限公司（下称盛利能源公司）参加年会，其间有吃饭喝酒。当日15时左右，赵×因喝醉酒躺在盛利能源公司的办公室休息。当日23时左右，赵×驾驶粤S×××××号牌小型普通客车离开盛利能源公司，途中被赵某驾驶的粤S×××××号牌小型普通客车追尾。事故发生后，赵×未停车，继续前行开往侗兴酒店，后去到该酒店三楼VIP1号KTV包房。随后，赵某等人去到侗兴酒店找到赵×，之后赵某等人报警。接报后，交警到场进行处理。经检验，赵×的血液中乙醇含量为221.12 mg/100 ml，属醉酒驾驶。

针对上述指控事实，公诉机关提供了现场勘查笔录、血液中乙醇含量检验报告书等鉴定意见，常住人口基本信息等书证，姚××等证人的证言、道路交通监控录像等视听资料，被告人赵×的供述与辩解等证据。公诉机关据此认为被告人赵×无视国法，醉酒驾驶机动车，其行为已触犯《中华人民共和国刑法》第一百三十三条之一之规定，应当以危险驾驶罪追究其刑事责任，请本院依法判处。

在法庭上，被告人赵×对公诉机关指控的基本事实没有异议，提出其当时不知道车辆被追尾了，而且到了侗兴酒店后又喝了啤酒，所以其案发后测试的酒精含量不能代表案发时其驾驶车辆时的酒精含量的辩解意见。

被告人赵×的辩护人提出：①被告人在 2017 年 1 月 7 日中午饮酒后，直至当晚 23 点 40 分左右进入侗兴酒店 KTV 房前，赵×再没有饮酒，赵×进入侗兴酒店 KTV 房间长达 47 分钟，有酒店监控为证，该 KTV 房有啤酒消费，有酒店经理姚××证实；②赵×并不知晓其驾车前往侗兴酒店途中发生了交通事故，根据郑×的证言，在和赵某驾驶车辆追尾赵×驾驶的车辆时，后车并未停车而是继续向前行驶一段距离才下车查看，证明后车并不完全确定两车是否发生了碰擦，两车的损伤均非常轻微，被告人赵×完全有可能未察觉发生了交通事故；③赵×进入了 KTV 房间，该房间有啤酒消费，且赵×进入该 KTV 房间长达 47 分钟，根据赵×的供述，其进入 KTV 房后又大量饮酒，这次饮酒行为发生在驾驶车辆之后；④赵×血液中乙醇检验结果不能作为本案定罪依据，被告人赵×乙醇检验结果是赵×在侗兴酒店 KTV 喝了大量啤酒后的检验结果，不是赵×驾驶机动车时的体内乙醇含量，本案没有任何证据证明赵×在驾驶车辆时处于醉酒状态。

经审理查明，2017 年 1 月 7 日 12 时左右，被告人赵×去到东莞市常平镇司马村民营工业园盛利能源有限公司参加年会，其间有吃饭喝酒。当日 15 时左右，赵×因喝醉酒躺在盛利能源公司的办公室休息。当日 23 时左右，赵×驾驶粤 S×××××号牌小型普通客车离开盛利能源公司，途中被赵某驾驶的粤 S×××××号牌小型普通客车追尾。事故发生后，赵×未停车，继续前行开往侗兴酒店，后去到该酒店三楼 VIP1 号 KTV 包房喝酒。随后，赵某等人去到侗兴酒店找到赵×，之后赵某等人报警。接报后，交警到场进行处理。经检验，赵×的血液中乙醇含量为 221.12 mg/100 ml。

上述事实，有经庭审举证、质证，本院予以确认的下列证据证实：

（一）勘验、检查笔录，侦查实验笔录，搜查笔录

现场勘查笔录、现场图、现场照片证实案发现场的情况。现场照片显示赵×驾驶的粤 S×××××号牌丰田轿车尾部有几条划痕。

（二）鉴定意见

（1）血液中乙醇含量检验报告书：经鉴定，案发时被告人赵×血液中乙醇含

量为 221.12 mg/100 ml。

（2）道路交通事故车辆技术检验鉴定报告书：证实涉案车辆均符合安全技术要求标准。

（三）书证

（1）到案经过：证实被告人赵×系被动归案，无自首、立功情节。

（2）道路交通事故认定书：证实赵某负事故的全部责任，赵×不负事故责任。

（3）扣押决定书、扣押清单、扣押笔录、扣押照片、发还清单：证实公安机关依法从被告人赵×处扣押驾驶证、车辆行驶证及车辆，后发还车辆行驶证及车辆。

（4）常住人口基本信息、户籍材料：证实被告人赵×于案发时已达刑事责任年龄等身份情况。

（5）当事人血样（尿样）提取登记表：证实交警部门于 2017 年 1 月 8 日 1 时 50 分依法提取了被告人赵×的血液。

（6）驾驶人信息查询结果单、驾驶证：证实赵×、赵某均有 C1 驾驶资格。

（7）机动车信息查询结果单：证实涉案车辆的情况。

（8）侦查报告书：证实：

①案发时盛利能源有限公司的监控录像已经过期覆盖，且没有备份，因此无法调取。

②侗兴花园酒店称酒店管理混乱，因此无法提供案发当晚负责 VIP1 号房的员工信息，故未能询问该员工有关本案的情况。

③根据调取的监控录像，赵×于案发时在 VIP1 号房待了 47 分 32 秒。

（9）案发时赵×驾车的行驶路线图：证实案发时赵×从盛利能源公司驾车至侗兴花园酒店的行驶轨迹。

（四）视听资料

（1）道路交通监控录像（随案移送）：证实 2017 年 1 月 7 日 23 时 30 分 45 秒，被告人赵×驾驶丰田轿车刹车准备转弯，赵某驾车紧跟赵×的车后面一同刹车，后赵某因刹不住车追尾赵×的车。赵×未停车，继续转弯前行。

（2）侗兴花园酒店停车场监控录像（随案移送）：证实 2017 年 1 月 7 日 23 时 31 分 0 秒，被告人赵×驾驶丰田轿车进入侗兴花园酒店停车场。停好车后，赵

×下车往侗兴花园酒店的大门口走去，过程中有转头张望停车场入口方向，并无查看车辆是否有碰撞痕迹。23 时 33 分 0 秒，赵某等人驾车进入侗兴花园酒店停车场，并找到赵×驾驶的车辆。

（3）侗兴花园酒店大堂监控录像（随案移送）：证实 2017 年 1 月 7 日 23 时 32 分 24 秒，被告人赵×进入侗兴花园酒店大堂。

（4）侗兴花园酒店三楼电梯口监控录像（随案移送）：证实 2017 年 1 月 7 日 23 时 32 分，被告人赵×乘坐电梯到侗兴花园酒店三楼。

（5）侗兴花园酒店三楼 KTV 包房过道监控录像（随案移送）：证实 2017 年 1 月 7 日 23 时 32 分，被告人赵×进入侗兴花园酒店三楼 KTV 包房 VIP1 号房。23 时 56 分 33 秒，赵×与一名男服务员走出包房在过道交谈。2017 年 1 月 8 日 0 时 13 分左右，VIP1 号房的人陆续走出房间离开。0 时 20 分 11 秒，赵某等人到侗兴花园酒店三楼 KTV 包房 VIP1 号房找赵×。0 时 21 分 23 秒，赵×与赵某走出该房。

（6）侗兴花园酒店大堂监控录像（随案移送）：2017 年 1 月 8 日 0 时 23 分 22 秒，赵×与赵某等人下到侗兴花园酒店大堂。

（7）侗兴花园酒店停车场监控录像（随案移送）：2017 年 1 月 8 日 1 时 27 分，交警到侗兴花园酒店停车场处理该宗事故。

（8）交警部门执法录像（随案移送）：证实交警到侗兴花园酒店停车场处理事故时，赵×拒不配合交警的工作，未能向交警出示驾驶证、车辆行驶证等证件，辩解称其的车一直停在侗兴花园酒店停车场，没有开动过。

（五）证人证言

（1）赵某：证实 2017 年 1 月 7 日 22 时 40 分左右，其在常平镇谢常路阿尔法厂路边接了其朋友后打算去谢岗镇吃夜宵，途经谢常路侗兴酒店对出路段时，其的车撞到前面的一辆小客车，当时前面的车没有停就走了，其停在路边看了一下，发现其车左侧车头保险杆有刮痕，其怕对方说其肇事逃逸，所以调头去找对方，后来在侗兴酒店找到对方司机，当时司机不肯承认肇事车辆是他开的，所以其就报警。其是在出事后约 20 分钟通过酒店的管理人员找到对方司机，当时是在酒店的 KTV 房间里把对方叫下来，开始时对方不肯承认肇事车辆是他开的，也不肯承认是司机，后来谢岗大队交警过来调查，他就承认是司机。

辨认笔录：辨认出赵×。

（2）郑×：证实 2017 年 1 月 7 日 22 时 40 分左右，其在常平镇谢常路阿尔法厂把粤S×××××号牌小客车交给赵某使用，其坐在车的第二排左边位置，从常平镇往谢岗镇方向行驶，准备去谢岗镇吃夜宵。途经谢常路侗兴酒店对出路段，其的车撞到前面的一辆小客车，当时其等人以为没什么事，所以也没停车，后来其等人停在路边看了一下，发现车头左侧有刮痕，其怕对方说其等人肇事逃逸，所以又调头去找对方，后来在侗兴酒店找到对方司机。其是在出事后约20分钟通过酒店管理员找到对方司机。开始时，对方不承认肇事车辆是他的，后来谢岗交警大队民警过来质问对方时，对方承认车是他开的。

辨认笔录：辨认出赵×。

（3）姚××：证实其是侗兴酒店的总经理。2017年1月7日23时30分左右，赵×驾车去到侗兴酒店，把车停在酒店停车场，然后去了酒店KTV的VIP1号房。紧接着，有几个人去到酒店停车场找到赵×的车，当时那几个人说自己的车与赵×的车发生碰撞，要找赵×。当时其也不知道赵×在哪里，后来VIP1号房的客人都离开了，就剩下赵×一个人在该KTV包房里，员工在清理VIP1号房时发现赵×，正好那几人也在找，于是员工就带着那几个人去VIP1号房找到赵×，后来赵×与那几人在酒店大堂协商，协商不成就报警了。其对赵×有印象，在此事之前见过一面，但不熟悉。当晚VIP1号房接待的客人是散客，其不认识，但肯定不是盛利能源公司的人。

补充侦查笔录：其对赵×有印象，赵×以前来过酒店消费。赵×到VIP1号房时，该房客人还没离开。赵×进了该房间大半个小时后该房客人才离开。案发当晚，VIP1号房有消费啤酒。

补充侦查笔录：证实其没有案发当晚负责VIP1号房的员工的身份信息。据其了解，当天晚上VIP1号房没有DJ服务员。酒店KTV共15个房间，只有2个服务员负责，他们是各个房间跑。

（4）屈××：证实其是盛利能源公司常务副总，赵×是其公司的一个供应商。2017年1月7日10时左右，赵×去到其公司参加年会。大约中午12时左右，其等人就吃饭，赵×在供应商的那桌吃饭。大约吃到16时至17时左右，因赵×喝醉酒了，其就安排公司员工把赵×扶到其办公室休息。19时左右，赵×把其办公室的一个花瓶及两个茶杯砸了。21时左右，赵×离开了其办公室，到公司的一个小卖部看人打麻将，看完以后就驾车离开。其不知道赵×后来去了谢岗镇侗兴酒店KTV包房。自2016年8月，其接手该公司以后，公司就没有在侗兴酒店安排 KTV 包房接待客户，当晚也是没有，公司与侗兴花园酒店很少有业务联系。

补充侦查笔录：案发当天大约有 300 人一起吃饭，其中公司员工约有 250 人，供应商约有 50 人。赵×喝醉酒被扶到其办公室以后就躺在办公室睡觉，大约躺了五六个小时。赵×是先砸了其办公室的东西再躺在那里睡觉。到办公室以后，赵×没有再喝酒。赵×到小卖部看别人打麻将时，打麻将的人不理赵×，说了赵×两句，赵×就走了，当时赵×也没有在小卖部那里喝酒。公司每年在开完年会后就各自回去，不会订 KTV 包房给供应商或者员工娱乐。公司很少在侗兴酒店订 KTV 包房，一般一年就订一两次接待客人，也不会特意去订哪个房间。

（六）被告人供述与辩解

赵×：查阶段第一至五份笔录（含亲笔供词）：供述 2017 年 1 月 7 日 11 时 40 分左右，其驾驶粤 S×××××号牌小客车去到东莞市常平镇司马村盛利能源有限公司参加年会。12 时 30 分许，其在该公司吃饭。吃饭期间，其喝了 5 至 6 两白酒，一直喝到 15 时左右。喝完酒以后，其被该公司员工扶到常务副总屈××的办公室休息。22 时左右，其在该公司旁边的小店看别人打桌球和打麻将。看了大约 1 小时左右，其就驾车离开该公司沿着谢常路去谢岗镇侗兴酒店（该公司到酒店只有几百米距离）。在去酒店的路上，其的车被一辆小客车追尾，其当时不知道，其就驾车到侗兴酒店的 KTV 包房喝酒。大约喝了 1 小时左右，其就被对方司机找到，然后其和他们到侗兴酒店大堂协商，后来对方报警，其被带走调查。其是自己去侗兴酒店喝酒（意思是没有人叫他过去），因为盛利能源科技有限公司经常在侗兴酒店包最大的那间 KTV 包房接待客户，所以其就自己去了。其确实是酒后驾车，不过发生交通事故以后其在侗兴酒店 KTV 包房喝了一个多小时的啤酒，其觉得后来检验出其的血液乙醇含量为 221.12 mg/100 ml 偏高，如果当时发生交通事故就去抽血检验的话应该不是这个结果。

补充侦查笔录：供述在去酒店的路上，其的车被一辆小客车追尾，其当时把车停在路边，下车查看了一下车的受损情况，其认为是一点小碰剐，其就跟对方说算了，其不用对方赔偿，所以其没有报警。然后，其就驾车到侗兴酒店的停车场停好车，上了该酒店的 KTV 包房喝酒，喝了至少 5 至 6 大杯啤酒，大约喝了 1 小时左右就被对方司机找到。其之前说当时不知道车被追尾，现在又说知道被追尾了，是因为现在其回忆起来了，想清楚了。其不记得当时有无人叫其去侗兴酒店喝酒，其到侗兴酒店 KTV 包房喝酒是因为以前其去过，其认为盛利能源有限公司会安排其等供应商去那里喝酒，该公司以前也安排过其等人到那里喝酒娱乐。对于包房内没有人认识其，而且盛利能源有限公司当天也没有在该酒店消费的问题，可能是其走错房间了，其以为盛利能源有限公司在那里安排了包间让其等供应商在那里喝酒娱乐，所以其就进去该包间喝酒。当时在包间里，其没有看到认识的人。没有看到认识的人，其继续待在包间里的原因是其以为盛利能源有限公司的供应商在那里聚会，所以其待在那个包间里。

补充侦查笔录：案发当天中午约有 300 人一起吃饭，盛利能源公司员工约有 200 多人，供应商有 30 人左右，分了 30 多桌吃饭。当天 15 时左右，盛利能源公司的员工把其扶到屈××的办公室休息，其在那里没有再喝酒。一直待到 21 时左右，其去了公司旁边的一家小卖部看别人打麻将和桌球，其在那里没有再喝酒。案发当天，其没有吃晚饭。当天晚上，是其自己驾车到侗兴酒店 KTV 包房喝酒，没有人邀请其过去。对于案发当天中午其与盛利能源公司的员工及其他供应商一起吃饭喝酒，晚上去到侗兴酒店 KTV 包房看到房里所有人都不认识的情况下，还认为包房里的人是盛利能源公司的员工和供应商的问题，其是自己主观认为该包房里的人就是盛利能源公司的供应商。对于侗兴花园酒店停车场录像显示，其在停车后一边往前走向侗兴酒店的大门，而一边往其车尾部和来车方向张看的行为，其对此没有解释。其去到侗兴酒店 VIP1 号房后，对年纪大的就说："哥，今天我来得比较晚，我敬你一杯酒。"对年纪小的说："兄弟，不好意思，我今天来晚了，敬你一杯酒。"对方就直接把酒喝了，没有什么反应。其与包房里的人没有交流。

检察笔录：供述其于案发当晚 21 时 30 分左右离开盛利能源有限公司。在去酒店的路上，被对方车辆轻轻地碰了一下其车的车尾，当时其没有感觉到，后其开车去到酒店的房间。其是在对方车辆的人去到酒店找其赔钱时才知道发生了交通事故。这次与交警在补充侦查阶段讯问其的笔录不一致，是因为当时想错了，以这次笔录说的为准。其去侗兴酒店是因为公司老板一般在开完供应商大会以后会在该酒店订房唱 K，所以那晚其以为也是这样，其就自己过去了。当晚没有人叫其去那酒店，其是觉得公司在那边订了房，所以其才过去。去到房间的时候，其没有看到认识的人，但当时其因喝了酒，所以迷迷糊糊地，而且公司的人和供应商又多，其也不全认识，其就以为那是公司的人和供应商在房里喝酒，所以其也在那里喝酒，平时不认识的供应商也会一起喝酒，因此其当时在房间里也敬了每个人一杯酒。其知道去了酒店的哪个房间是因为人多的时候公司都会订最大的 VIP1 房。对方车辆的人去到该房找其的时候，其已经喝了十几杯大玻璃杯啤酒。

二、裁判理由。

（1）被告人赵×在案发当时是否知道其所驾驶的车辆被其他车辆追尾了。

根据常理可知，一般车辆发生碰撞，作为驾驶员是应当有所察觉的，但是，本案中从以下六个方面，本院认为被告人赵×应该是不知道车辆发生了碰撞的：第一，被告人赵×驾驶车辆时是酒后的状态，其对车辆发生碰撞的感知敏感度应该较常人弱，因此，并不能用发生了碰撞就推断其应当知道发生了碰撞；第二，碰撞的痕迹非常地轻微，对于两车追尾的情形，从本案的车辆图片可以看出，两车均只存在约 30 厘米的白色刮擦痕迹，车辆并无任何的凹陷，本案虽有现场监控，但碰撞的位置刚好位于监控拍摄角度的边角处，所以无法从监控视频处看出两车当场碰撞力度的大小；第三，被告人赵×本身就是打算去侗兴 KTV 的，其在发生碰撞前和碰撞后都并没有任何的改变路线等存疑的地方；第四，被告人赵×在侗兴 KTV 停车下车后并无任何查看其车辆是否有碰撞的情形；第五，赵某车内的证人郑×也证实了“当时其等人以为没什么事，所以也没停车，后来其等人停在路边看了一下，发现车头左侧有刮痕，其怕对方说其等人肇事逃逸，所以又调头去找对方”；第六，虽被告人曾经供述过一次，其的车辆被追尾后有下车和对方谈判，但根据现场的监控录像显示，被告人赵×的车辆被追尾后其就直接开车到侗兴 KTV 了，途中并无和人有谈判，因此，该份笔录明显与所有的监控录像相矛盾，不应采信，被告人赵×的其他供述，均一致供述其不知道车辆发生了碰撞。结合上述的六个方面，本院认为，被告人赵×案发当时确实不知道其车辆被人追尾了。

（2）至于本案是否能适用 2013 年 12 月 18 日最高人民法院、最高人民检察院、公安部《关于办理醉酒驾驶机动车刑事案件适用法律若干问题的意见》第六条第二款的规定：“犯罪嫌疑人在公安机关依法检查时，为逃避法律追究，在呼气酒精含量检验或者抽取血样前又饮酒，经检验其血液酒精含量达到本意见第一条规定的醉酒标准的，应当认定为醉酒。”

该规定已有明确的时间显示为“在公安机关依法检查时”，本案并不符合该时间段的要求，因此，不能在本案中予以适用。

（3）本案中需要另外说明的情形。

被告人赵×在开车过程中，车速不快，且很早就已经打了左转灯并慢慢减速左转，而案发当时是23:30，案发车道的右手旁边的两条车道是没有任何车辆行驶的，赵某驾驶的车辆完全有能力避开赵×的车辆，而两车发生碰撞后，双方都没有停车留在现场，赵某在后续查看车辆有碰撞痕迹后又折回侗兴KTV找赵×协商。

综上所述，被告人赵×案发时并不知道车辆被追尾了，后来又去了侗兴KTV喝酒，因此，本案中并无任何证据证实被告人赵×驾驶车辆时的酒精含量，公诉机关指控被告人赵×的行为构成危险驾驶罪证据不足，东莞市第三市区人民检察院指控的犯罪不能成立。

三、裁判结果：被告人赵×无罪。

13. 陈×危险驾驶案

一、基本案情。

原判认定：2016年9月16日下午五时左右，被告人陈×驾驶皖G××××号小型轿车与其妻子张×2一起去铜陵市郊区大通镇民福家园小区里的劲松饭店喝丧酒，并把车停在其母亲朱×1家，即民福家园小区52栋104号门口。后丧酒结束，被告人陈×与其妻子回其母亲家。当晚被告人陈×驾车离开民福家园，而后将车停在铜陵市交警支队大桥大队对面9路公交车站处，在驾驶室内睡觉。当晚23时许，铜陵市公安局郊区派出所值班民警接到110报警后赶往现场，发现被告人陈×驾驶的皖G×××××号小型轿车停在S321省道99公里即交警大桥大队对面9路公交车站处机动车道上，遂上前检查，被告人陈×趴在该车方向盘上睡觉，民警试图喊醒陈×，陈×未答复而将上身侧躺在副驾驶座位上继续睡觉。民警怀疑其有酒驾行为，遂向指挥中心汇报现场情况。后铜陵市公安局交警支队大桥大队民警于9月17日凌晨0时许赶至现场，并将被告人陈×带至大桥大队进行酒精呼气测试，酒精含量检测结果为146 mg/100 ml。随后民警将其带至铜陵市立医院进行静脉血样提取，后经安徽公立司法鉴定所鉴定，被告人陈×血液中酒精含量为125.27 mg/100 ml，已超过醉酒驾驶机动车的标准。

原判认定上述事实，有经一审庭审出示、质证的相关书证，证人证言，被告人供述与辩解，鉴定意见等证据佐证。

原判认为：被告人陈×醉酒后在道路上驾驶机动车，其行为已构成危险驾驶罪，公诉机关指控的罪名成立。鉴于被告人陈×拒不认罪，公诉机关建议从重处罚，予以采纳。据此，依据《中华人民共和国刑法》第一百三十三条之一第一款之规定，判决被告人陈×犯危险驾驶罪，判处拘役三个月，并处罚金人民币五千元。

上诉人陈×及其辩护人提出的上诉理由和辩护意见：①原判认定其醉酒后驾车从民福家园行驶至铜陵市交警支队大桥大队对面 9 路公交车站处的事实，没有直接证据证明。②其没有酒后驾车，不知道是谁开车载其至案发地，因公安机关要求其提供驾驶员是谁，其害怕按酒驾处理，才有了找朱×2、洪×1“顶包”一事。朱×2、洪×1 案发当晚未参与其中，没有看到案发经过，二人所述带有主观臆断，他们听其说酒后在车上睡觉被查要求他们“顶包”，自然就想到其酒驾被查，且二人证言有多处矛盾，也无其他证据印证。因此，二人证言不具有客观性、真实性。③证人张×2、朱×1 的证言仅能证明其案发当晚从民富家园离开，不能证明其酒后自行驾车离开。综上，上诉人酒后在机动车上睡觉并不必然推导出其醉酒驾车，在案证据不能排除他人将车行驶至案发地点的可能性，请求二审按照疑罪从无的原则，宣告其无罪或发回重审。

检察员出庭意见：在案证据证实，皖 G×××××号小型轿车在案发当晚从停靠在民福家园小区陈×母亲楼下，到停在 S321 省道 99 公里即交警大队对面 9 路公交车站机动车道上，其间必然有人驾驶该车行驶。后因该车停在机动车道上，陈×醉酒趴在驾驶位方向盘上睡觉被查获。案发后，陈×为逃避刑事追究，先后两次指使他人作假证明当晚系他人开车。上诉人陈×辩称自己没有开车，系熟人代为开车的辩解与事实不符。在案证据确实、充分，足以认定陈×醉酒驾驶的事实。综上，原判认定事实清楚，证据确实、充分，定性准确，量刑适当，审判程序合法。建议驳回上诉，维持原判。

经审理查明：2016 年 9 月 16 日下午 5 时许，上诉人陈×驾驶皖 G×××××号小型轿车与妻子张×2 至本市民福家园小区内劲松饭店喝丧酒，将车停在其母亲朱×1 家，即民福家园小区 52 栋 104 号门口。丧酒结束，陈×与张×2 回其母亲家之后各自离开。2016 年 9 月 16 日 23 时许至次日零时许，公安机关发现陈×在 S321 省道 99 公里处机动车道路边停靠的皖 G×××××号小型轿车内驾驶位睡觉，对其进行酒精呼气测试，酒精含量检测结果为 146 mg/100 ml。经安徽公立司法鉴定所鉴定，陈×血液中酒精含量为 125.27 mg/100 ml。

上述事实，有经一、二审庭审出示、质证、认证的下列证据证明：

(1) 书证受案登记表、人口信息表、查获经过、现场照片、扣押物品清单等证明：2016 年 9 月 16 日 11 时至次日零时许，皖 G×××××号小型轿车停在 S321 省道 99 公里（交警大桥大队对面 9 路公交车站）处机动车道上被大桥大队民警查获，陈×在驾驶位上睡觉，车上无其他人员，公安机关依法扣押了陈×的驾驶证和皖 G×××××号小型轿车。

(2) 书证酒精测试单证明：2016 年 9 月 17 日 2 时 09 分，公安机关对被告人陈×进行了现场呼气测试，其血液酒精浓度为 146 mg/100 ml。

(3) 书证血样提取登记表、现场照片及司法鉴定检验报告书证明：2016 年 9 月 17 日 2 时 24 分，公安机关将陈×带至铜陵市市立医院进行了血样提取，经安徽公立司法鉴定中心鉴定，陈×血液中酒精含量为 125.27 mg/100 ml。

(4) 证人朱×2 的证言：陈×酒驾被查后找到其，说他 9 月 16 日在民福家园喝丧酒后在车子上面睡觉给交警逮到了，让其“顶包”，因其不相信陈×所说的只是在车上睡觉没有开车，陈×承认他酒后开了车。

(5) 证人洪×1 的证言：2016 年 12 月 19 日上午，陈×找其跟其说，前一段时间他喝酒把车子停在路边在车内睡觉给协警逮到了，让其到交警队给他“顶包”。

(6) 证人张×2 的证言：2016 年 9 月 16 日下午，其丈夫陈×驾车带其至民福家园喝丧酒，将车停在其母亲家门口。喝丧酒结束后，二人至其母亲家待了一个多小时。其离开时，陈×还在其母亲家。

(7) 证人朱×1 的证言：2016 年 9 月 16 日晚，陈×和张×2 一起吃完丧酒后到其家坐了一会，本来讲好是睡觉的，突然走了，其估计他们吵架走的，其起来关门也在外面看了一下，人和车都不在，没有看到他开车离开。其在床上听到车子发动的声音。

(8) 证人严×、查×、方×、汪×1 证言：2016 年 9 月 16 日晚，严×父亲去世请吃丧酒时，陈×与查×、方×、汪×1 等同桌，喝了白酒，陈×酒后比较清醒。

(9) 被告人陈×的供述与辩解：2016 年 9 月 17 日凌晨，其吃丧酒时喝了一两白酒，在车子上看车睡觉，车子是别人开到现场，具体是谁想不起来。2016 年

9月30日，谎称车子是朱×2开的。2016年11月21日，辩解其和妻子张×2在民福家园喝的丧酒，是其开车去的，其喝了一两多，碰到一个熟人见其酒喝多了，帮其将车开到交警大桥大队对面9路公交车站附近。因其酒喝多了，不记得是谁帮其开的。2017年8月11日，辩解其考虑带车去喝丧酒要送人浪费汽油，将车停在案发现场。吃完丧酒至其母亲家坐了一会儿，和张×2一起走到车子边，因其喝酒不能开车，张×2打车回去了，其坐在车上看车。

二、裁判理由。

针对上诉人陈×及其辩护人、出庭检察员提出的关于本案上诉人是否实施了醉酒驾驶机动车辆行为的焦点问题。经查，书证查获经过、现场照片、司法鉴定检验报告书等仅证明上诉人陈×醉酒后在其皖G×××××号轿车驾驶室内睡觉，证人张×2的证言仅证明喝丧酒之前陈×将车停在民福家园其母亲朱×1家门口，证人朱×1的证言仅证明陈×离开时听到车子发动的声音，证人查×、方×、汪×1等人证言仅证明陈×离开酒席时比较清醒，证人朱×2、洪×1证言仅证明陈×在案发后找二人“顶包”。综上，在案证据仅能证明上诉人陈×醉酒后在机动车上睡觉，而不能足以证明其醉酒后驾驶皖G×××××号轿车自民福家园至案发现场。虽然上诉人陈×醉酒后在其皖G×××××号轿车上睡觉被查后对车辆如何从民福家园行驶至案发现场所作辩解前后不一致，但不能排除系他人驾驶可能性。原判认定陈×醉酒驾驶机动车辆的事实，没有达到证据确实、充分的证明标准，按照证据裁判和疑罪从无原则，应当宣告其无罪。上诉人陈×及其辩护人提出应当根据疑罪从无的原则宣告其无罪的意见，予以采纳。检察员关于驳回上诉的意见，不予采纳。

三、裁判结果：上诉人陈×无罪。

14. 陈×危险驾驶案

一、基本案情。

原判认定：2017年11月11日21时20分许，被告人陈×在驾驶证暂扣、停止使用期间，酒后驾驶川B×××××小型轿车行至省道205线258 km+500 m地段，越过中心双实线，与相对方向李××驾驶的川B×××××重型半挂牵引车相撞，造成双方车辆受损的交通事故。事故发生后，李××报警。交警勘查完现场后，将李××和陈×带至 903 医院抽取血样。

经道路交通事故责任认定，陈×承担此事故全部责任，李××无责任。经司法鉴定，从陈×血液中检出乙醇浓度为 341.6 mg/100 ml，从李××血液中检出乙醇浓度为<5.0 mg/100 ml，陈×系在道路上醉酒驾驶机动车。

上述事实，有下列经举证、质证的证据证实：①122 警情信息、受理交通事故案件登记表、受案登记表、立案决定书、归案情况说明，证明案件来源及陈×的归案情况。②驾驶人信息查询结果单、机动车信息查询结果单、情况说明，证明陈×的驾驶证信息处于“暂扣、超分，停止使用”状态。③李××的证言，证明 11 月 11 日晚 9 点过，其驾驶重型牵引车行驶到绵江公路普照寺壳牌加油站时，对面一辆小汽车速度非常快地越过中心双实线朝其开过来，其马上往右打方向盘避让，车头刚让过去，对方就撞了上来，撞在中桥左边轮胎上，之后又在挂车上撞了一下才停下来。事故发生后，其边报警边朝小车走过去，小车上只有驾驶员一人，过了一会儿才下车，身上有很大一股酒味道，说话语无伦次的，并且有点站不稳了。大概十多分钟，交警就过来了，把他们带到 903 医院抽血。④尹××的证言，证明 2017 年 11 月 11 日 19 点左右，其和陈×等四人一起吃饭，每人喝了一瓶二两装白酒，陈×喝完酒后就坐三轮车离开了，后来听陈×说他坐三轮去开车才发生的交通事故。⑤李×的证言，证明 2017 年 11 月 11 日 20 点左右的样子，其与陈×以及一个朋友在火锅店喝酒，三人分别点了一瓶那种二三两一瓶的小瓶白酒，一起吃了有半个小时左右，陈×就说要走，我们劝他喝了酒找个代驾，陈×说不用管，我们就喊火锅店老板帮我们找代驾，等转身的时候就没看到人了，车也不在原地，之后才知道那晚陈×开车出了事。⑥陈×的供述，陈×供称案发当晚其两次饮酒后驾驶机动车，行驶至绵江公路河西壳牌加油站附近发生交通事故的情况。⑦当事人血样提取登记表、四川民生法医学司法鉴定所川民司〔2017〕毒鉴字第 1459、1460 号司法鉴定意见书，证明从送检陈×血液中检出乙醇浓度为 341.6 mg/100 ml，从送检李××血液中检出乙醇浓度为<5.0 mg/100 ml。⑧道路交通事故现场勘查笔录、现场图及照片，证明现场勘验情况。⑨视听资料，证明采集李××、陈×血样的过程。⑩道路交通事故认定书，认定陈×承担事故全部责任，李××无责任。⑪交通事故损害赔偿调解协议书、谅解书，证明陈×赔偿了对方车辆的损失并取得谅解。⑫公安交通管理行政处罚决定书，证明陈×曾因酒驾受到行政处罚的情况。⑬人口信息、取

保候审决定书，证明陈×的基本信息及强制措施情况。

原判认为：被告人陈×在道路上醉酒驾驶机动车，其行为已构成危险驾驶罪，依法应予惩处。公诉机关指控罪名成立，予以支持。陈×具有在驾驶证停止使用期间驾驶机动车，造成交通事故且负事故全部责任，血液中酒精含量超过200 mg/100 ml，曾因酒后驾驶机动车受过行政处罚等情节，从重处罚。陈×明知他人报警仍在现场等候处理，归案后如实供述自己的罪行，是自首，依法可以从轻或者减轻处罚。陈×赔偿了对方的损失并取得谅解，可以酌定从轻处罚。辩护人认为采集血样过程不规范，安尔碘消毒剂含有酒精，血液可能受到污染。该院认为，陈×与李××在采血过程中均被使用了安尔碘消毒剂，在同样的采血条件下，陈×血液中的酒精含量高达341.6 mg/100 ml，而李××的却＜5.0 mg/100 ml，如此巨大的差异显然不是附着于皮肤表面的含酒精的消毒剂能够造成的，并且酒精具有挥发性，擦拭于皮肤表面后很快挥发，对血管中的血液造成污染的可能性微乎其微。辩护人提出采集的血样应当立即送检，三日内出具鉴定意见，而根据公安部《道路交通事故处理程序规定》，公安机关交通管理部门应当自事故现场调查结束之日起三日内委托具备资格的鉴定机构进行检验、鉴定，检验、鉴定机构约定检验、鉴定完成的期限不得超过二十日，因此送检及鉴定的期限均符合规定程序。辩护人提出鉴定意见书鉴定过程不明，该院认为司法鉴定意见书是具有鉴定资质的鉴定机构依照法定程序作出的司法文书，四川民生法医学司法鉴定所出具的两份血检鉴定文书虽然篇幅不长，但对检测方法、鉴定过程进行了专业化的阐述，应当予以采纳。综上，该院对辩护人提出的鉴定意见不能作为本案证据使用的意见不予采纳。遂判决：被告人陈×犯危险驾驶罪，判处拘役五个月，并处罚金人民币八千元。

宣判后，原审被告人陈×提起上诉，请求二审法院依法撤销原判并宣告无罪。理由是：（1）司法鉴定意见书不具有证据效力，不能作为本案证据使用。①侦查机关违反国家质检总局和国家标委会制定的《车辆驾驶人员血液、呼气酒精含量阈值与检验》相关规定，使用了含乙醇的安尔碘消毒剂对皮肤进行消毒，致抽取血液污染。②违反了公安部《公安机关办理刑事案件程序规定》《关于公安机关办理醉酒驾驶机动车犯罪案件的指导意见》以及《车辆驾驶人员血液、呼气酒精含量阈值与检验》关于抽取血样须低温保存的规定，本案血液样本没有保存记录，血液氧化发酵或被污染的可能性不能排除。③鉴定意见没有按技术操作规范要求，客观、翔实、有条理地描述鉴定活动发生的过程，也没有分析说明，明显不符合司法部《司法鉴定程序规定》《关于印发司法鉴定文书格式的通知》的相关规定。④侦查机关没有按《关于公安机关办理醉酒驾驶机动车犯罪案件的指导意见》的规定立即送检或在三日内经上级公安机关交通管理部门负责人批准送检，鉴定机构没有按《关于公安机关办理醉酒驾驶机动车犯罪案件的指导意见》的规定三日内出具检验报告，程序严重违法，血液样本在鉴定机构被污染或氧化发酵的可能性不能排除。⑤鉴定意见所依据的血液样本提取程序、侦查机关的送检程序及鉴定程序严重违反规定，且无法补正，根据《关于办理刑事案件严格排除非法证据若干问题的规定》第七条，依法应予以排除。(2) 一审法院适用法律错误，本案不应适用2009年公安部《道路交通事故处理程序规定》，应适用公安部2011年《关于公安机关办理醉酒驾驶机动车犯罪案件的指导意见》。而且，鉴定期限也超过了《道路交通事故处理程序规定》的20天。

上诉人陈×向本院提出调取证据的申请，申请调取本案血样的试管以及鉴定机构的计量资质依据，本院认为该申请只有申请的事项，没有说明申请的理由，且与本案没有关联，不予准许。上诉人陈×的辩护人在二审中提交了证据：①江油市中坝街道办事处《陈×同志在中坝街道办事处工作期间表现证明》，拟证实其工作踏实勤恳，在2018年期间有2次抗洪抢险的表现；②江油市青莲镇委员会《关于确认陈×同志见义勇为行为的请示》、江油市青莲镇李白故里社区《关于陈×同志见义勇为避免重大火灾的情况汇报》、《今日江油》报道《街道干部见义勇为扑灭烈火》，拟证实上诉人陈×在2018年8月21日有扑灭汽车自燃的表现，江油市青莲镇李白故里社区和江油市青莲镇委员会正上报其见义勇为的事实；③《道路交通安全违法记满分接受教育凭证》，拟证实上诉人陈×曾因饮酒后驾驶机动车被行政处罚，现已接受处罚完毕。出庭检察员认为，这三组证据系陈×在单位、居住地表现好的证据，与本案没有关联，不能作为证据使用。本院认为，上诉人陈×的辩护人提交的上述证据，与本案定罪量刑不具有关联性，本院不予采纳。

绵阳市人民检察院出庭检察员在二审中提交了新的证据：江油市公安局交通警察大队《补充侦查情况说明》和血液提取、编号、保管、送检记录表格，四川民生法医学司法鉴定所《司法鉴定意见书》以及此次侦查实验的同步录音录像视频。拟证实用安尔碘消毒剂（60%～70%乙醇含量）消毒抽血检验的影响甚微，一审的鉴定结果具有客观真实性，应当予以采信。上诉人陈×的辩护人认为，血液提取、编号、保管、送检记录表格出具时间是 2018 年 11 月 8 日，本案案发时间是 2017 年发生的事情，不知道这个保存记录是针对哪个（陈×还是侦查实验的）事情出的保存记录；此次侦查实验违反刑事程序，不能作为证据使用，且侦查实验应当制作笔录、参与人员应当签字。综上，不能补正本案程序不公。本院认为，一审中上诉人陈×的辩护人已提出血样无低温保存证据的辩解意见，江油市人民检察院并未补正，二审中出具的江油市公安局交通警察大队关于抽取、编号、保存、送检血样的记录表格，据该表格中时间节点、人员信息、血管编号等信息的核实，系此次侦查实验的情况，不是上诉人陈×的血液保管的情况说明；根据《中华人民共和国刑事诉讼法》第一百三十五条之规定，侦查实验须得到公安机关负责人批准，还应当写成笔录，由参加实验的人签名或者盖章，本案侦查实验不符合法律规定，对其结论本院不予采信。

经审理查明：2017 年 11 月 11 日 21 时 20 分许，被告人陈×在驾驶证暂扣、停止使用期间，驾驶川 B××××× 小型轿车行至省道 205 线 258 km+500 m 地段，越过中心双实线，与相对方向李××驾驶的川 B××××× 重型半挂牵引车相撞，造成双方车辆受损的交通事故。事故发生后，李××报警。交警勘查完现场后，将李××和陈×带至 903 医院抽取血样，血样提取时，医务人员使用了安尔碘消毒液。2017 年 11 月 13 日，该大队将被告人陈×血样送检，四川民生法医学司法鉴定所川民司［2017］毒鉴字第 1459 号司法鉴定意见书载明，受理日期为 2017 年 11 月 13 日，鉴定日期为 2017 年 11 月 15 日，落款日期为 2017 年 12 月 8 日。该鉴定意见书的内容包含了基本情况、基本案情、鉴定过程、鉴定意见，没有资料摘要、分析说明及附件。

二、裁判理由。

上诉人陈×饮酒后驾驶机动车并发生交通事故，应当以血液酒精检验鉴定意见作为认定其是否构成危险驾驶罪的依据。但本案中，提取上诉人陈×血样时使用了含醇类的药品对皮肤进行消毒，违反国家标准《车辆驾驶人员血液、呼气酒精含量阈值与检验》中 5.3.1“抽取血样应由专业人员按要求进行，不应采用醇类药品对皮肤进行消毒”之规定，且血样的保存、送检程序不符合国家质检总局国家标委会《车辆驾驶人员血液、呼气酒精含量阈值与检验》以及公安部《关于公安机关办理醉酒驾驶机动车犯罪案件的指导意见》的规定，血样收集不符合法定程序，可能严重影响司法公正，且未能补正或者作出合理解释，对该血样酒精含量作出的鉴定意见不得作为定案依据。公诉机关指控上诉人陈×构成危险驾驶罪的证据不足、指控的犯罪不能成立。

三、裁判结果：上诉人（原审被告人）陈×无罪。

15. 周×超危险驾驶案

一、基本案情。

原审判决认定，2016 年 5 月 12 日 22 时许，被告人周×超酒后无证驾驶无号牌两轮轻便摩托车，沿荆门市东宝区象山二路由东向西行驶至竹园路交会路段时，与由北向南横过道路的行人何×相撞，造成何×、周×超受伤及车辆受损的交通事故，经荆门市公安局交通警察支队交通事故大队认定周×超承担此起事故的主要责任。经荆门市公安司法鉴定中心鉴定：在周×超的血液中检出乙醇成分，含量为 145 mg/100 ml。经荆门市东宝区人民法院委托，荆门市东宝区社区矫正机构对被告人周×超进行了审前社会调查评估，建议对其适用非监禁刑罚。

上述事实，有经庭审质证、认证的受案登记表，立案决定书，案件揭发及办理经过、查获经过，当事人血样提取登记表，抽检照片，物证检验报告，周×超身份证复印件、身份信息查询，驾驶人信息查询结果单，公安交通管理行政强制措施凭证、道路交通事故认定书、医院诊断证明、（2017）鄂 0802 民初 1071 号民事调解书、湖北平安行道路交通事故司法鉴定所意见书、被害人何×的陈述以及被告人周×超的供述等证据证实，足以认定。

原审法院认为，被告人周×超违反道路交通安全法规，在道路上醉酒驾驶机动车，其行为已构成危险驾驶罪。被告人周×超当庭自愿认罪，赔偿了被害人经济损失，可酌情从轻处罚。结合社区矫正机构建议对其适用非监禁刑的意见，对其适用缓刑不会对所在社区产生重大不良影响，可适用缓刑。依照《中华人民共和国刑法》第一百三十三条之一、第七十二条、第七十三条第一款、第三款、第五十二条之规定，判决：被告人周×超犯危险驾驶罪，判处拘役两个月，缓刑五个月，并处罚金人民币 3000 元。

上诉人（原审被告人）周×超及其辩护人提出：①原审判决认定事实不清，证据不足，现有证据不能证明周×超驾驶的电动自行车属于超标电动自行车，湖北平安行道路交通事故司法鉴定所出具的鉴定意见书存在鉴定人资质不明、鉴定依据已被停用、鉴定方法不合法等诸多疑点，不能作为定案根据；②原审判决适用法律错误，按照《电动自行车安全技术规范》的标准，周×超驾驶的车辆为电动自行车，不应认定为机动车，周×超的行为不构成危险驾驶罪。

经二审审理查明，2016 年 5 月 12 日 22 时许，上诉人（原审被告人）周×超酒后驾驶无号牌两轮电动车，沿荆门市东宝区象山二路由东向西行驶至竹园路交汇路段时，与由北向南横过道路的行人何×相撞，造成何×、周×超受伤及车辆受损的交通事故，经荆门市公安局交通警察支队交通事故大队认定周×超承担此起事故的主要责任。经荆门市公安司法鉴定中心鉴定：在周×超的血液中检出乙醇成分，含量为 145 mg/100 ml。

上述事实，有下列经庭审举证、质证的证据予以证实：

（1）受案登记表、立案决定书、案件揭发及办理经过、查获经过，证实案件办理情况及周×超被查获的经过；

（2）当事人血样提取登记表、抽检照片、物证检验报告，证实周×超案发后被抽血检验，其血液中检出乙醇成分，含量为 145 mg/100 ml；

（3）周×超身份证复印件、身份信息查询、驾驶人信息查询结果单，证实周×超的身份情况和其机动车驾驶证信息；

（4）荆门市公安局交通警察支队东宝大队公安交通管理行政强制措施凭证，证实周×超因醉酒驾驶机动车被采取扣留机动车驾驶证、检验血液、拖移机动车等行政强制措施；

（5）荆门市第一人民医院出院诊断证明、荆门市第二人民医院出院诊断证明，证实周×超、何×因本案受伤，分别在荆门市第一人民医院、荆门市第二人民医院住院治疗的情况；

（6）荆门市公安局交通警察支队东宝大队第 2016060852 号道路交通事故认定书，证实周×超承担此起事故的主要责任，何×承担此起事故的次要责任；

（7）（2017）鄂 0802 民初 1071 号民事调解书，证实周×超已与被害人何×达成民事调解协议；

（8）被害人何×的陈述，证实 2016 年 5 月 12 日晚 10 时许，其在象山二路被周×超驾驶的两轮摩托车撞倒受伤，后被送到医院治疗的情况；

（9）上诉人（原审被告人）周×超的供述及其手写的违法经过，证实 2016 年

5月12日晚，其一个人在东宝区车站路一餐馆吃晚饭，其间喝了2两白酒。吃完饭后，其驾驶无号牌两轮电动车准备回家，行至象山二路与竹园路交叉路口时，与一行人相撞，其与行人均受伤倒地。之后，交警来到现场，将其电动车拖移，并送其到荆门市第二人民医院急诊科抽血检验。

二、裁判理由。

在二审期间，上诉人周×超以侦查机关委托湖北平安行道路交通事故司法鉴定所出具的鉴定意见书存在鉴定人资质不明、鉴定依据已被停用、鉴定方法不合法、不科学等问题，不能作为定案根据为由，申请对涉案电动车进行重新鉴定。首先，湖北平安行道路交通事故司法鉴定所及鉴定人（刘×和朱×）不具有对机动车属性进行鉴定的资质；其次，二鉴定人在既未对涉案车辆进行路测，也未对同品牌同型号车辆进行路测的情况下，仅依据同类型车辆的路测结果得出鉴定结论，违反相关鉴定方法的要求；再次，二鉴定人鉴定所依据的国标GB/T 24158—2009《电动摩托车和电动轻便摩托车通用技术条件》早在2009年12月15日已被国家标准管理委员会（国标委工98号）通知决定暂缓实施；最后，国家市场监督管理总局、国家标准化管理委员会于2018年5月15日批准发布了《电动自行车安全技术规范》（GB 17761—2018），其中对电动自行车的技术规范进行了重新定义。综上，湖北平安行道路交通事故司法鉴定所出具的鉴定意见书不具有合法性、科学性，不能作为定案的依据，上诉人周×超提出重新鉴定的申请符合法律规定和案件审理的需要，决定对涉案电动车进行重新鉴定。本院于2018年11月7日委托浙江省机电产品质量检测所对涉案车辆属性进行鉴定，该所于2018年11月27日将本院鉴定委托退回，理由为鉴定对象不存在，无法查找到车辆的准确信息，不具备鉴定条件。

刑法第一百三十三条之一明确规定，构成危险驾驶罪的前提应为“在道路上驾驶机动车”，如行为人驾驶的不是机动车，则其即使具有危险驾驶的情形，仍不能以危险驾驶罪对其定罪处罚。结合上诉人（原审被告人）周×超及其辩护人提出的上诉及辩护理由，本案的争议焦点为周×超驾驶的电动车是否属于机动车。本院分析评判认为，第一，原判采信的湖北平安行道路交通事故司法鉴定所出具的鉴定意见书不具有合法性、科学性，不能作为定案的依据，不能据此认定上诉人周×超驾驶的涉案车辆是超标电动自行车（机动车）；第二，从现有证据和情况来看，涉案电动车已灭失且无照片证实电动车外观，鉴定机构也无法依据现有材料对涉案电动车进行重新鉴定；第三，现有证据不能证明上诉人周×超驾驶的车辆为超标电动车，不能得出周×超驾驶的车辆是机动车这一结论，原审判决认定上诉人周×超醉酒驾驶机动车的事实不清，证据不足。上诉人周×超及其辩护人提出的上诉理由成立。

三、裁判结果：上诉人周×超无罪。

16. 詹×为危险驾驶案

一、基本案情。

原判认定：2017 年 7 月 12 日晚，被告人詹×为与他人在绵阳市游仙区京川生态园餐馆饮酒后，驾驶川 B182××号小型轿车从京川生态园出发经涪江二桥驶入长虹干道，当其驾驶的车辆行驶至绵阳市涪城区长虹干道中段东方华尔街小区路段时与道路中央花台发生碰撞，造成车辆、花台受损的道路交通事故。巡逻民警经过该地时发现该情况，将趴在车辆方向盘上的被告人詹×为救出，在巡警向被告人詹×为了解情况时，被告人詹×为供述了其酒后驾驶的事实，随后巡警将被告人詹×为带至巡逻车控制并拨打 122 通知交警前往现场处置，交警到场后，巡警将被告人詹×为及其驾驶的车辆移交交警处置，被告人詹×为向交警如实供述了其饮酒后驾车的事实。交警随后驾车将被告人詹×为带至绵阳市四〇四医院急诊科抽取静脉血备检并使用执法记录仪将全程予以摄像。2017 年 7 月 13 日，绵阳市公安局交通警察支队直属一大队委托四川民生法医学司法鉴定所对被告人詹×为抽取的血液乙醇浓度进行鉴定，次日，四川民生法医学司法鉴定所受理该鉴定，并于 2017 年 7 月 18 日出具司法鉴定意见：从送检詹×为血液中检出乙醇浓度为 229.8 mg/100 ml。办案交警向被告人送达该鉴定书后，被告人詹×为于 2017 年 7 月 21 日申请复核鉴定，2017 年 7 月 24 日，绵阳市公安局交通警察支队直属一大队委托四川华大科技司法鉴定所再次对詹×为血液中乙醇浓度进行检测，四川华大科技司法鉴定所次日受理后，于 2017 年 7 月 25 日出具司法鉴定意见：所送样品中乙醇含量为 243.310 mg/100 ml。

2017 年 8 月 1 日，绵阳市公安局交通警察支队直属一大队认定，被告人詹×为对案发当天的交通事故负全部责任。

原判认为：被告人詹×为违反交通运输管理法规，酒后在道路上驾驶机动车，经司法鉴定其血液中乙醇含量达 80 mg/100 ml 以上，其行为已触犯国家刑律，构成了危险驾驶罪，应依法惩处。被告人詹×为醉驾过程中发生单车交通事故，负全部责任，且血液中乙醇含量达 200 mg/100 ml 以上，应酌情从重处罚。被告人詹×为系初犯，案发后如实陈述，当庭认罪，可以酌情从轻处罚。公诉机关指控被告人詹×为犯危险驾驶罪的事实清楚、证据充分、定性准确，予以支持。判决：被告人詹×为犯危险驾驶罪，判处拘役三个月，并处罚金人民币 5000 元。

宣判后，原审被告人詹×为提出上诉，请求二审法院依法撤销原判，宣告无罪或改判免于刑事处罚。理由是：一、原判认定上诉人詹×为犯罪的证据不足，侦查机关采血程序、血液送检时间、鉴定期限违法，原判认定公诉人当庭出示的视听资料足以证明出警现场和在医院抽血时有 2 名交警执法人员在场错误；二、原判认定鉴定机构完成司法鉴定的期限符合规定、提取血样过程并无不当系适用法律错误；三、上诉人詹×为有自首情节、未造成实际损害、犯罪情节轻微等法定减轻处罚情节及其他酌定从轻处罚情节。

出庭检察员的意见是：执法记录仪视频能够反映案发现场有多名警察在场并由两名警察带上诉人詹×为到医院抽血并对所抽血液进行封装的事实；四川民生法医学司法鉴定所 7 月 14 日受理并于 7 月 18 日作出鉴定意见，符合《司法鉴定程序通则》的规定；上诉人詹×为是因在事故现场被巡警发现并控制而被动到案，不成立自首；侦查人员也在原审庭审中对侦查过程进行了说明，未违反法定程序；上诉人詹×为具有从重处罚情节。原判认定事实清楚，适用法律正确，建议二审法院驳回上诉，维持原判。

上诉人詹×为的辩护人在二审中申请调取新的证据，提出通知侦查人员出庭申请。本院审查认为，辩护人提出调取的新证据与案件其他证据明显重复，侦查人员已经在一审中出庭说明了情况，再次通知出庭没有必要，对辩护人提出的申请不予准许。上诉人詹×为及其辩护人在庭审中提出的辩解、辩护意见与上诉理由一致。二审中，上诉人詹×为的辩护人提出对执法记录仪视频中的声音进行鉴定，鉴定其中是否包括交警冯×渊的声音，以查明血液样本收集的合法性。

因上诉人詹×为上诉对第一审人民法院有关证据收集的合法性的审查、调查结论提出异议，本院审查后决定对证据收集的合法性进行调查，并在庭审中播放了记录采集血样过程的执法记录仪视频。视频反映：案发后，佩戴执法记录仪的警察驾驶警车到达现场处置，并由其驾车带上诉人詹×为前往医院提取血样，上诉人詹×为坐警车后排，另有一人坐副驾驶位置，途中，其将执法记录仪交给坐副驾驶位置的人佩戴。到达绵阳四〇四医院采集血样过程中，交警朱×政、上诉人詹×为、抽血医务人员相继在执法记录仪视频中出现，与交警朱×政一同前往绵阳四〇四医院提取血样并佩戴执法记录仪的人员始终未在视频镜头中出现，但执法记录仪记录了其声音。抽血后，由佩戴执法记录仪的人员在真空采血管上签署上诉人詹×为的姓名，医务人员将两份血样放入一塑料袋中交给佩戴执法记录仪的人员。视频中，交警朱×政、医务人员及被告人詹×为分别在《血样提取登记表》上签名。

为证明证据收集的合法性，绵阳市人民检察院二审中提交了 2018 年 7 月 6 日对交警朱×政、冯×渊及辅警周×的询问笔录作为新证据。交警朱×政的证言称其在一审庭审出庭作证的内容是真实的，到案发现场的有朱×政、冯×渊、周×三人，其负责拍照，冯×渊制图，周×配合，到四〇四医院抽血过程中有哪些人，记不清楚了，谁在用执法记录仪也不清楚。交警冯×渊的证言称其在一审出庭作了如实陈述，至于说的内容现在记不清楚了，其与朱×政、周×到过案发现场，按照程序到四〇四医院抽血去了两个人，具体记不清自己是否去了四〇四医院，但是执法记录仪中的声音不是自己的，应该是周×的。辅警周×的证言称在案发当日其与朱×政、冯×渊到过现场，朱×政、冯×渊负责现场勘查，自己负责维护现场秩序，并与朱×政、冯×渊一起到四〇四医院抽血，自己负责用执法记录仪记录。

上述证据二审庭审举证质证后，出庭检察员认为：即使冯×渊未在执法记录仪视频中出现，也不能证明冯×渊未在血样提取现场，其是否到达现场存疑属于证据的瑕疵问题，执法记录仪可以弥补，证明血样提取的过程合法，证据方面的瑕疵不影响本案定案量刑；辩护人的意见是：按照规定提取血样必须有两名交通警察，冯×渊确定执法记录仪的声音不是自己的，到医院的另一名应当是协警周×，血样封存没有经过上诉人詹×为签名，涉及证据收集的合法性。

关于收集上诉人詹×为血样的合法性，本院调查结论如下：《血样提取登记表》办案人签名栏签名的为交警冯×渊与朱×政，但执法记录仪视频显示抽取血样过程中在《血样提取登记表》上签字的办案人仅有交警朱×政，检察机关二审中收集的新证据结合其他在案证据足以排除交警冯×渊参与了采集血样的过程，故上诉人詹×为的辩护人二审提出的声音鉴定已无必要。现有证据不能证明有不少于两名交通警察将上诉人詹×带至医院抽取血样的事实，不符合公安部《交通警察道路执勤执法工作规范》附件1《查处酒后驾驶操作规程》第二条第五项的程序规定："当事人对检验结果有异议或者饮酒后驾驶车辆发生交通事故的，应当立即固定不少于两份的血液样本，或者由不少于两名交通警察或者一名交通警察带领两名协管员将当事人带至县级以上医院固定不少于两份的血液样本。"此外，执法记录仪视频显示，抽取的血样未当场封装，不符合公安部《关于公安机关办理醉酒驾驶机动车犯罪案件的指导意见》第五条"提取的血样要当场登记封装"的程序规定，且上诉人詹×为未在真空采血管上签名确认，未达到固定血样的要求。综上，侦查机关对上诉人詹×为抽取血样的过程不符合法定程序，可能严重影响司法公正，且不能补正或作出合理解释，依照《中华人民共和国刑事诉讼法》第五十四条第一款的规定，对该证据应当予以排除。

上述事实有经一、二审庭审质证的下列证据证实：

（1）122警情信息、受理道路交通事故案件登记表、受案登记表、立案决定书，证实案件的由来及受理立案情况；

（2）人口信息表，证实上诉人詹×为的基本身份情况；

（3）机动车信息查询结果单，证实上诉人詹×为案发当天驾驶的川B182××号小型轿车基本情况；

（4）绵阳市公安局巡特警支队巡逻三大队出具的到案经过、绵阳市公安局交通警察支队直属一大队出具的报案情况说明和到案经过，证实上诉人詹×为案发当天查获、报案、到案情况；

（5）血样提取登记表，证实对上诉人詹×为抽血的相关情况；

（6）现场勘验笔录、现场图，证实上诉人詹×为发生交通事故现场情况；

（7）执法记录仪视频，证实上诉人詹×为发生交通事故、现场挡获、交警到场及提取静脉血的过程；

（8）交警朱×政、冯×渊及辅警周×的证言；

（9）证人陈×明的证言，证实案发当天晚上和被告人詹×为等5人在京川生态园雅间吃饭，吃饭期间，他们5个人一共喝了1瓶白酒；

（10）道路交通事故认定书，证实绵阳市公安局交通警察支队直属一大队认定詹×为负此次事故全部责任；

（11）被告人詹×为的供述，供述了2017年7月12日晚，他和朋友张×等5人在京川生态园雅间吃饭，吃饭期间他们共喝了2瓶白酒，他喝了2两多白酒，吃晚饭后他们喝了一会儿茶，后来他独自驾驶川B182××号小型轿车经涪江二桥到长虹大道，在东方华尔街小区路段时将车开到绿化带去了，巡警来后通知了交警，他在现场等待并如实陈述了情况，交警发现他是酒驾就将他带到绵阳四〇四医院抽血；

（12）另有公安交通管理行政强制措施凭证、扣押物品清单、返还物品凭证、委托鉴定存根、送达回执、公安交通管理行政处罚决定书、执法记录仪资料说明、样品保存环境照片、上诉人詹×为所在单位出具的其表现材料等证据在案佐证相关情况。

二、裁判理由。

上诉人詹×为酒后驾驶机动车并发生交通事故，应当以血液酒精检验鉴定意见作为认定其是否醉酒的依据，但公安机关抽取血样的过程不符合法定程序，可能严重影响司法公正且不能补正或者作出合理解释，对抽取的血液样本应依法予以排除。排除非法证据后，对于上诉人詹×为血液酒精含量已经不具备鉴定条件，现有证据无法认定上诉人詹×为醉酒驾驶机动车的事实。公诉机关指控上诉人詹×为构成危险驾驶罪的证据不足，指控的犯罪不能成立。

三、裁判结果：上诉人（原审被告人）詹×为无罪。

17. 邓×精危险驾驶案

一、基本案情。

达州市达川区人民检察院指控：2016年2月7日20时40分许，被告人邓×精在道路上醉酒驾驶川S×××××号小型轿车，行驶至达州市棉纺织厂大门处（位于达州市达川区南坝路）时，被达州市公安局交警支队直属二大队民警查获。经鉴定，案发时被告人邓×精的血液乙醇浓度为184.1 mg/100 ml。

针对上述指控，公诉机关当庭出示驾驶人信息系统查询单、机动车信息查询单、驾驶人血样提取登记表、被告人邓×精的血液乙醇浓度检验报告、归案情况说明、被告人邓×精的供述等证据。

公诉机关认为，被告人邓×精在道路上醉酒驾驶机动车，其行为已触犯《中华人民共和国刑法》第一百三十三条之一第一款第二项，应当以危险驾驶罪追究刑事责任。诉请本院依法判处。

被告人邓×精及其辩护人对公诉机关指控的罪名及事实均提出异议。被告人邓×精辩解：起诉书指控其酒后驾车被交警当场查获与事实不符，其是在车辆发生擦剐事故后才饮酒，不存在饮酒后驾车的行为。其辩护人辩称：1. 被告人邓×精在公安机关的三次供述前后矛盾，且公安机关对被告人的第一、二次讯问程序违法，应当予以排除；2. 证人冯×、张×1、张×2 出庭作证，证实被告人邓×精是在车辆发生擦剐事故后才饮的酒；3. 本案血液乙醇浓度检验程序违法，对血液样品是否在低温下保存，没有证据证实，该检验报告不能作为证据使用。综上，应当依法判决被告人邓×精无罪。

经审理查明：2016 年 2 月 7 日晚 20 时 40 分许，被告人邓×精饮酒后驾驶川 S×××××号现代牌小轿车在达州市达川区翠屏街道南坝路纺织厂的上坡路段与停靠在道路右侧的由冯×驾驶的川 S×××××号白色小轿车发生擦剐，双方为此发生争吵并相互抓打。达州市公安局达川区分局金华派出所民警接警后赶到事故现场，将双方带回派出所就打架事件接受调查。其间，因被告人邓×精涉嫌酒驾，达州市公安局交通警察支队直属二大队民警接警后赶至金华派出所，将被告人邓×精带至交警二大队。当日 21 时 16 分，经酒精呼吸检测，被告人邓×精呼吸酒精含量为 120 mg/100 ml。当日 22 时 05 分，医务人员抽取被告人邓×精血液样品一份。2016 年 2 月 18 日达州市公安局交通警察支队直属二大队将被告人邓×精血液样品委托成都市公安局道路交通事故物证鉴定所检验，2016 年 2 月 23 日该鉴定所血液乙醇浓度检验报告显示，所送邓×精血液样品乙醇浓度为 184.1 mg/100 ml。

上述事实，有经庭审举证、质证，并经本院予以确认的下列证据予以证实：

（1）受案登记表、立案决定书证实：本案案件来源。

（2）归案情况说明证实：2016 年 2 月 7 日被告人邓×精驾驶的川 S×××××号现代牌小轿车与冯×驾驶的川 S×××××号小轿车发生擦剐，事故发生后双方发生纠纷，并被民警带至金华派出所。达州市公安局交警支队直属二大队接到报警后，在派出所将涉嫌酒后驾驶的被告人邓×精带至交警二大队接受酒精呼气检测。

（3）现场照片证实：被告人邓×精驾驶的川 S×××××号现代牌小轿车与

冯×驾驶的川S×××××号小轿车发生擦剐的事故现场情况。

(4) 扣押物品清单、行政强制措施凭证证实：达州市公安局交通警察支队直属二大队于2016年2月7日扣押被告人邓×精机动车驾驶证一本。

(5) 驾驶人信息系统查询单、机动车信息查询单证实：川S×××××号现代牌小型轿车的所有人系被告人邓×精的母亲王×2。

(6) 被告人邓×精的酒精呼吸检测单证实：2016年2月7日晚21时16分，被告人邓×精的呼吸检测酒精含量为120 mg/100 ml。

(7) 血样提取登记表证实：2016年2月7日22时05分，医务人员抽取被告人邓×精血液样品一份。

(8) 血液乙醇浓度检验报告证实：成都市公安局道路交通事故物证鉴定所对被告人邓×精的血液乙醇浓度进行检验，所送邓×精血液样品乙醇浓度为184.1 mg/100 ml。

(9) 情况说明证实：成都市公安局道路交通事故物证鉴定所2016年2月18日接受达州市公安局交通警察支队直属二大队所送邓×精血液样品乙醇含量检验委托。

(10) 受理协议证实：成都市公安局道路交通事故物证鉴定所2016年2月18日11时28分，受理邓×精血液样品乙醇含量检验。

(11) 协议书证实：被告人邓×精的母亲王×2在2016年2月17日与被擦剐车辆的车主冯×通过协商达成了赔偿协议。

(12) 被告人邓×精与冯×、王×2的通话记录证实：案发后被告人邓×精与冯×、冯×与王×2之间有电话往来。

(13) 执法记录仪语音转换文字材料证实：冯×对出警的派出所民警称邓×精喝了酒的，以及邓×精承认其喝了啤酒后驾车的事实。

(14) 侦查人员刘×、熊×出庭说明证实：对被告人邓×精进行讯问时，系熊×负责讯问和记录，侦查人员刘×在场负责录像，笔录都是交予被告人查阅无误后签字捺印的。被告人邓×精从派出所带回交警大队接受调查期间，乃至第一、二次讯问期间，均未提及与对方驾驶员因车辆擦剐后饮酒的事情。

(15) 被告人邓×精的供述：2016年2月7日晚20时40分许，其因为酒后驾驶的川S×××××号现代牌小轿车在达州市达川区南外纺织厂的上坡路段无意间与停靠在道路右侧的一白色小轿车发生擦剐，对方车主就不让其走，后来双方发生肢体冲突。派出所民警赶到现场将其带到了派出所，后来交警又赶至派出所将其带至交警大队。案发当晚驾车前，其在女朋友的哥哥家吃饭时饮用了大概5瓶易拉罐啤酒，其知道酒后不能驾驶机动车，其当时认为自己开车还是没有问题的。

本案在原审开庭时，根据被告人邓×精的申请，本院通知了证人冯×、张×1、张×2出庭作证。

(1) 证人冯×当庭陈述：2016年2月7日晚，邓×精驾驶的车辆与其所驾驶的车辆发生擦剐后，他们二人就此发生口角，后升级为打架。打架中途，邓×精从车辆后备箱内拿出一瓶好像是啤酒或者白酒，应该是衡水老白干一样的瓶子，坐在车内主驾驶座位上开始饮酒。车内有邓×精的儿、女，还有邓×精的哥哥。案发后其和邓×精通过电话，主要是询问其车子油漆是否喷好。

(2) 证人张×1当庭陈述：其案发时是邓×精的女朋友。2016年2月7日晚，其与邓×精在其哥哥家吃团年饭，邓×精是在吃中午饭的时候饮用了几罐易拉罐啤酒。吃晚饭时邓×精并未饮酒，吃完晚饭后邓×精便开车回家，车上有其女儿和邓×精的儿子。在路上邓×精与冯×的车辆发生擦剐后没多久双方就打起来了。邓×精想不通就在车上喝酒，但其并没有亲眼看见邓×精饮酒，派出所的人来的时候，邓×精身上就有酒味了，酒是放在驾驶室的，因为打完架后车内的一瓶半斤装的稻花香白酒就不见了。腊月二十九日其陪邓×精买的一瓶半斤装的稻花香白酒，准备拿来过年。

(3) 证人张×2当庭陈述：2016年2月7日中午，邓×精在其哥哥家吃团年饭时，饮用了大概二两白酒，当天中午没有人饮用啤酒，当晚邓×精在哪里吃饭其不知道，我们晚饭吃完后邓×精才来。

公诉机关对三名证人当庭陈述提出质疑，认为三名证人的证言之间、证人证言与被告人邓×精的第三次供述之间均有诸多矛盾之处，不应采信。

二、裁判理由。

(1) 关于被告人邓×精及辩护人提出起诉书指控邓×精酒后驾车被交警当场查获与事实不符，证人冯×、张×1、张×2出庭作证，证实邓×精是在车辆发生擦剐事故后才饮的酒，不存在饮酒后驾车的辩解及辩护意见。

经查，被告人邓×精在公安机关的第二次供述承认其在吃晚饭时饮酒后驾车的事实，并且在该次供述中未提及与冯×发生车辆擦剐并打架后饮酒的事实，且达州市公安局交通警察支队直属二大队案发当日警车内执法记录仪语音记载，被告人邓×精在车上承认其喝了两瓶啤酒。在案发之后时隔半年之久，被告人邓×精在公安机关的第三次供述中，才提出其是在与冯×发生车辆擦剐，双方打架后才饮的酒。公安机关问其为何在之前的供述中均承认自己饮用了5瓶易拉罐啤酒，其辩解自己是中午吃饭时饮用的啤酒。证人张×2的证言称，被告人邓×精案发当天中午吃饭饮用的是白酒，而非被告人所说的啤酒；证人张×1的证言称，酒是放在驾驶室的，并不是冯×所说的酒是从车辆后备箱内拿的，张×1并未亲眼看见被告人邓×精在事故现场饮酒，而是发现打完架后车内一瓶半斤装的稻花香白酒不见了，邓×精身上有酒味，怀疑是被邓×精喝了的。邓×精在第三次供述中称其在腊月二十九日买了五瓶稻花香白酒准备请客喝酒。证人张×1称腊月二十九日其陪邓×精买了一瓶半斤装的稻花香白酒，准备拿来过年。证人冯×的证言称，其与邓×精在打架过程中，看见邓×精从车辆后备箱内拿出一瓶好像是啤酒或者白酒，应该是衡水老白干一样的瓶子，坐在车内主驾驶座位上开始饮用，其并未看见具体饮用的是什么酒，且称当时邓×精的车上有张×1的哥哥张×2，其陈述与客观事实不符。三名证人证言与被告人邓×精的第三次供述不能形成证据锁链，存在诸多矛盾之处，无法排除合理怀疑，对三名证人证言，本院不予采信。故对被告人邓×精及辩护人提出的该项辩解及辩护意见，本院不予采纳。

(2) 关于被告人邓×精的辩护人提出被告人邓×精在公安机关的三次供述前后矛盾，且公安机关对被告人的第一、二次讯问程序违法，应当予以排除的辩护意见。

经查，被告人邓×精在公安机关的第一次供述，公诉机关提供的视频资料不能证实有两名侦查人员参与讯问，不能排除只有一名侦查人员参与讯问的合理怀疑，对于被告人邓×精的第一次供述，本院不予采信。对于第二次供述，本案的两名侦查人员出庭说明，熊×负责讯问和记录，侦查人员刘×在场负责录像，证实在对被告人邓×精进行讯问时有两名侦查人员在场，且讯问笔录上均有两名侦查人员签字，且有被告人邓×精本人在笔录末尾签署“以上笔录与我所说的一致”，系被告人邓×精的真实意思表示，足以证实公安机关对被告人邓×精的讯问程序合法。对于被告人邓×精在公安机关的第二次供述，本院予以采信。故对被告人邓×精的辩护人提出的该项辩护意见，本院部分予以采纳。

（3）关于被告人邓×精的辩护人提出本案血液乙醇浓度检验程序违法，对血液样品是否在低温下保存，没有证据证实，该检验报告不能作为证据使用的辩护意见。

经查，根据公安部《关于公安机关办理醉酒驾驶机动车犯罪案件的指导意见》第二条第（5）项规定："交通民警对当事人血样提取过程应当全程监控，保证收集证据合法、有效。提取的血样要当场登记封装，并立即送县级以上公安机关检验鉴定机构或者经公安机关认可的其他具有资格的检验鉴定机构进行血液酒精含量检验。因特殊原因不能立即送检的，应当按照规范低温保存，经上级公安机关交通管理部门负责人批准，可以在3日内送检。"公安部上述指导意见是公安机关办理醉酒驾驶机动车犯罪案件的依据，是对公安机关送检时间的限制性规定，应当严格执行。血液乙醇含量检验报告是被告人邓×精是否构成危险驾驶罪的关键性证据。本案血样提取时间为2016年2月7日22时05分许，送检时间为同年2月18日，在未经上级公安机关交通管理部门负责人批准的情况下，迟延送检，违反了上述指导意见所规定的检验期限，且公诉机关亦未出示血液样品是否在低温下保存的证据，送检不符合上述指导意见规定。故成都市公安局道路交通事故物证鉴定所作出的检验报告，不得作为认定被告人邓×精构成危险驾驶罪的定罪证据。故对被告人邓×精的辩护人提出的该项辩护意见，本院予以采纳。

被告人邓×精酒后驾驶机动车与他人发生擦剐之事实存在。公安机关虽然按照程序对被告人邓×精进行了血样提取并送检，但未严格按照公安部《关于公安机关办理醉酒驾驶机动车犯罪案件的指导意见》第二条第（5）项所规定的期限将提取的血液送检，公诉机关亦未出示血液样品是否在低温下保存的证据，送检不符合上述指导意见规定。根据最高人民法院《关于适用〈中华人民共和国刑事诉讼法〉的解释》第八十四条对鉴定意见应当着重审查以下内容：检材的来源、取得、保管、送检是否符合法律、有关规定，与相关提取笔录、扣押物品清单等记载的内容是否相符，检材是否充足、可靠。公诉机关未能提供确实充分的证据证明其送检的合法性，故本案血液乙醇浓度检验报告，不得作为定案的根据。虽然被告人邓×精涉嫌酒后驾驶机动车，但对其酒后驾车是否构成危险驾驶罪，无法达到证据确实充分的证明标准，不能证实被告人邓×精构成危险驾驶罪。故公诉机关指控被告人邓×精犯危险驾驶罪的证据不足，指控的犯罪不能成立。

三、裁判结果：被告人邓×精无罪。

18. 马×湘危险驾驶案

一、基本案情。

湖南省会同县人民法院判决认定：2016 年 2 月 7 日 20 时许，被告人马×湘驾驶湘 N×××××小型轿车由南往北方向行驶，途经会同县林业局门口路段时，与被害人杨×驾驶的湘 N×××××普通二轮摩托车迎面相撞，造成杨×受伤、两车受损的道路交通事故，马×湘负此次事故的主要责任。民警接报赶赴现场后，发觉马×湘有饮酒嫌疑，遂将其带至林业局大门口处进行呼气式酒精测试，测试结果为马×湘血液酒精浓度为 152.2 mg/100 ml。当日 21 时 45 分，民警将马×湘带至会同县中医院抽取血样，并于同年 2 月 16 日送怀化市方正司法鉴定中心进行检验，鉴定结果为马×湘血液中乙醇含量为 190.7 mg/100 ml。案发后，马×湘与杨×、中国人民财产保险股份有限公司怀化市分公司达成协议，赔偿杨×经济损失 110208 元，并取得了杨×的谅解。会同县司法局建议对马×湘适用社区矫正。

上述事实，有公诉机关当庭宣读、出示的物证照片、书证、现场勘验、检查笔录、被害人杨×的陈述、被告人马×湘的供述与辩解、鉴定意见等证据予以证明。

湖南省会同县人民法院认为，被告人是否构成危险驾驶罪，主要审查起诉书指控被告人驾驶机动车在道路上行驶时其血液酒精浓度已达到 80 mg/100 ml 的证据是否确实、充分，而检测驾驶人的血液酒精浓度一般采取呼气式酒精测试和抽取血样送鉴定机构检验的方法进行，且呼气式酒精测试过程、抽取血样、保存血样、送检检验的过程真实、合法、有效。本案中，马×湘的血液提取时间为 2016 年 2 月 7 日 21 时 45 分，送检时间为同年 2 月 16 日，违反了公安部《关于公安机关办理醉酒驾驶机动车犯罪案件的指导意见》的相关规定，该指导意见第二条第（5）项主要内容为：交通民警对当事人血样提取过程应当全程监控；提取的血样要当场登记封存，并立即送检验鉴定机构进行血液酒精含量检验；因特殊原因不能立即送检的，应当按照规范低温保存，经上级公安机关交通管理部门负责人批准，可以在 3 日内送检。故公安部上述指导意见是公安机关办理醉酒驾驶机动车犯罪案件的依据，公安机关应当严格执行。公诉机关未能提交对马×湘血样提取过程的监控，不能证实该证据收集的合法、有效性，因此公诉机关提交的怀化市方正司法鉴定中心乙醇含量分析检验报告书（怀方正司法鉴定中心［2016］毒检字第176号）为无效证据。辩护人提出该检验报告书不能作为认定马×湘醉酒驾驶机动车的证据使用的辩护意见予以采纳。对呼气式酒精测试结果单（血液酒精含量为152.2 mg/100 ml）能否作为认定马×湘属于醉酒驾驶的证据使用，经查马×湘供述当晚喝了白酒，发生交通事故后，现场出警的交通民警在会同县林业局大门口处对其进行了呼气式酒精测试，马×湘在测试结果单上也签字进行了确认，应当作为马×湘醉酒驾驶机动车的证据使用，马×湘提出在测试结果单上的签名不是当场所签，辩护人提出公诉机关没有提交呼气式酒精测试的照片或录音、录像证明，也没有在场人的证言证明，因而不能确定该结果单的真实性、合法性的辩称意见和辩护观点，理由不充分，不予采纳。马×湘违反交通运输管理法规，在道路上醉酒驾驶机动车辆，其行为已构成危险驾驶罪。案发后，马×湘与杨×就民事赔偿达成了协议，并取得了谅解，可免予刑事处罚。据此判决：被告人马×湘犯危险驾驶罪，免予刑事处罚。

原审被告人马×湘上诉提出：没有证据证实其饮酒后达到醉驾标准，请求撤销湖南省会同县人民法院（2018）湘1225刑初46号刑事判决，改判上诉人无罪。理由：①上诉人喝了一点白酒驾驶车辆是事实，但没有证据证实其达到醉酒驾驶标准；②因血液酒精检验报告已被一审法院认定为无效证据，而呼气酒精测试结果又不符合作为定罪根据的条件。故应依法改判上诉人无罪。

经审理查明，2016年2月7日20时30分许，上诉人马×湘饮酒后驾驶自己的湘N×××××小型轿车由南往北方向行驶准备前往会同县林业局宿舍，行驶至会同县林业局门口路段准备转弯进入林业局大门时，与被害人杨×驾驶的湘N×××××普通二轮摩托车迎面相撞，造成杨×受伤、两车受损的道路交通事故。民警接报赶到现场后，发觉马×湘有饮酒嫌疑，遂将其带至林业局大门口处进行呼气式酒精测试，测试结果显示马×湘呼气中酒精浓度为152.2 mg/100 ml。当日21时45分，民警将马×湘带至会同县中医院抽取血样，医务人员抽取静脉血8 ml后分装在两支真空抗凝管（每管4 ml）内，分别编号E04157705、E01787959。同年2月16日民警将编号为E04157705的装有2 ml血液的真空抗凝管送怀化市方正司法鉴定中心检验。当日经该鉴定中心检验，送检的血样中乙醇含量为190.7 mg/100 ml。案发后，经会同县公安局交通警察大队认定，马×

湘负此次事故的主要责任，杨×负此次事故的次要责任。马×湘与杨×、中国人民财产保险股份有限公司怀化市分公司就民事赔偿达成协议，赔偿杨×经济损失110208元，杨×对马×湘的行为予以谅解。

上述事实，检察机关当庭宣读、出示了下列证据：

(1)《受理道路交通事故案件登记表》《受案登记表》及《立案决定书》，证明会同县公安局交通警察大队于2016年2月7日20时33分接110报警电话称：20时32分在会同县林业局路段发生一起一辆小车与一辆摩托车相撞的交通事故。交通民警接警来到现场后对事故进行调查，并决定立案侦查的事实。

(2) 查获经过，证明会同县公安局交通警察大队于2016年2月7日20时30分许接到匿名电话报警称在会同县林业局门口路段一辆小车与一辆二轮摩托车相撞，接警后该大队民警赶赴现场处置。在事故调查处理中，民警发觉马×湘满身酒气，遂对其进行呼气酒精含量检测，尔后将其带至会同县中医院抽取血样。

(3) 道路交通事故现场勘查笔录、现场图和现场照片及公安交通管理行政强制措施凭证2份、采取行政强制措施审批表、解除行政强制措施通知书，证明2016年2月7日20时42分至21时08分，交通民警对发生在会同县林业局门口路段的一起交通事故进行了现场勘查。道路走向为南北，现场无制动痕迹，现场有2辆车，其中一辆为湘N×××××小型轿车，驾驶人为马×湘，当时在现场，另一辆为湘N×××××普通二轮摩托车。民警将上述车辆依法扣押。2016年3月17日因检验、鉴定工作完成，遂将上述两辆车解除行政强制措施，并予以返还。

(4) 身份材料，证明上诉人马×湘的基本身份情况。

(5) 驾驶证、行驶证复印件，证明湘N×××××小型轿车行驶证上姓名为上诉人马×湘及该车年检情况，马×湘有驾驶资格，湘N×××××普通二轮摩托车司机杨×未办理驾驶证的事实。

(6) 呼气式酒精测试结果单，证明交通民警用呼出气体酒精含量检测仪对马×湘进行呼气式酒精测试，酒精浓度为152.2 mg/100 ml。

(7)《当事人血样提取登记表》及抽取血液照片，证明2016年2月7日21时45分许，民警将马×湘带至会同县中医院抽取血液2管（每管4 ml），并拍摄照片的事实，消毒液名称为络合碘。血样提取登记表已经上诉人马×湘签字确认。

（8）会同县公安局交通警察大队于 2018 年 3 月 23 日出具的一份无办案民警签名的情况说明，表明犯罪嫌疑人马×湘于 2016 年 2 月 7 日 20 时 33 分发生交通事故后，民警立即赶赴现场，并于同日 21 时 45 分将马×湘带至会同县中医院抽取血液。医务人员用真空抗凝管共抽取马×湘血液两管（真空抗凝管喷码分别为 E04157705、E01787959），民警在抽取血液现场对两管血液外观进行拍照。办案民警返回交警大队后立即将提取的马×湘的两管血液放置于执法办案区冰箱内冷藏保存。在抽取马×湘血液后到保管在交警大队，再到送检，不存在其他第三方能接触到该两管血液情况。2016 年 2 月 16 日，办案民警将喷码 E04157705 的真空抗凝管送怀化市方正司法鉴定中心进行乙醇含量检验。在检验之前，由该中心司法鉴定人员对真空抗凝管中血液凝结及密封性进行查验，证实送检血液无凝血块，包装完整，无渗漏，报告书客观证实了送检血液的密封性。用真空抗凝管盛装的血液中的乙醇不会发生挥发，同时抗凝管标注的喷码唯一性也保证了管内血液的唯一性，不存在置换管内血液的可能。

（9）怀化市方正司法鉴定中心于 2016 年 2 月 16 日出具的怀方正司法鉴定中心［2016］毒检字第 176 号乙醇含量分析检验报告结论，显示怀化市方正司法鉴定中心对会同县公安局交通警察大队于 2016 年 2 月 16 日送检的标示为马×湘，喷码为 E04157705 用真空采血管盛装的 2 ml 血液进行检验分析，送检的血样中检出乙醇成分，含量为 190.7 mg/100 ml。

（10）《道路交通事故认定书》，证明 2016 年 2 月 7 日 20 时 32 分，马×湘饮酒后驾驶湘 N×××××小型轿车在会同县林业局路段左转弯时，与杨×驾驶的湘 N×××××普通二轮摩托车相撞，造成杨×受伤、两车受损的道路交通事故，马×湘承担此次事故的主要责任，杨×承担此次事故的次要责任。

（11）怀化市中医院报告单及怀化市鹤洲司法鉴定所于 2016 年 6 月 22 日出具的怀鹤洲司鉴［2016］临鉴字第 259 号法医临床鉴定意见，证明杨×因车祸致左胫腓骨粉碎性骨折并腓总神经损伤，目前遗留左足第 2—5 趾及膝、踝关节活动障碍，综合评定为×级伤残。

（12）《交通事故车辆技术检验报告》2 份，分别证明湘 N×××××小型轿车与湘 N×××××普通二轮摩托车均符合安全运行技术要求。

（13）被害人杨×的陈述，证明 2016 年 2 月 7 日晚上 8 点多钟，他驾驶牌号为湘 N×××××的二轮摩托车（摩托车是妻子向×的）由北往南行驶至会同县林业局门口路段时，与前方一辆左转弯准备进入林业局的越野车相撞发生交通事故，致左小腿被该越野车前保险杠撞伤。受伤后他要坐在他车上的一个朋友给他父母亲打电话。他父母来后就打了报警电话。他未取得摩托车驾驶证。

（14）谅解书，证明杨×与马×湘已达成和解，民事部分已处理妥当，杨×对马×湘的行为表示谅解。

（15）结案协议、计算书列表，证明交通事故发生后，马×湘与杨×及中国人民财产保险股份有限公司怀化市分公司达成三方赔偿协议，由中国人民财产保险股份有限公司怀化市分公司在交强险限额内支付给杨×经济损失 110208 元，该款已于 2018 年 6 月 27 日支付。

（16）上诉人马×湘的供述与辩解：2016 年 2 月 7 日晚上（除夕夜），他在位于会同县林城镇大石板的家中与哥哥、弟弟及侄儿等人吃年饭时喝了一瓶五粮液白酒，他喝了两杯，约二两多。饭后他驾驶自己的湘 N×××××越野车搭载兄弟、侄儿 3 人前往会同县林业局，在转弯进入林业局时与对面驶来的一辆摩托车相撞。他下车后发现伤者伤情较重，他弟弟就拨打了 120 急救电话和 110 报警电话。

二、裁判理由。

上诉人马×湘饮酒后驾驶机动车在道路上行驶，与杨×驾驶的二轮摩托车相撞，造成杨×受伤、两车损坏的事实客观存在。马×湘饮酒后驾驶机动车的行为是否属于醉酒后驾驶机动车，关键是看血液中酒精含量、呼气中酒精含量检验结果是否达到醉酒驾驶机动车标准，以及本案中血液中酒精含量、呼气中酒精含量检验结果能否作为定案的根据。在案证据证实本案交通民警于 2016 年 2 月 7 日 20 时 33 分许接到报警电话后赶到案发现场，当场对马×湘进行了呼气酒精含量检验，结果为 152.2 mg/100 ml，到达醉酒标准。当日 21 时 45 分交通民警将马×湘带至会同县中医院抽血送检，当场抽取 8 ml 静脉血，分装于 2 支真空抗凝管内，每管 4 ml。2 月 16 日侦查人员将一管 2 ml 血液送到检验鉴定机构进行血液酒精含量鉴定，并于当日形成检验报告，结论为血液中酒精含量为 190.7 mg/100 ml，亦达到醉酒标准。但根据公安部《关于公安机关办理醉酒驾驶机动车犯罪案件的指导意见》（以下简称“指导意见”）第二部分“进一步规范办案期限”第五条规定：“交通民警对当事人提取血液过程应当全程监控，要当场登记封装，并立即送县级以上公安机关检验鉴定机构或经公安机关认可的其他具备资格的检验鉴定机构进行血液酒精含量检验。因特殊原因不能立即送检的，应当按照规范低温保存，经上级公安机关交通管理部门负责人批准，可以在3日内送检。”本案没有证据证明交通民警提取马×湘血液时进行了全程监控、当日不能立即送检时有按规范低温保存、延迟送检时有经上级公安机关交通管理部门负责人批准，因此交通民警对马×湘血样的提取、保存、送检程序严重违反了上述“指导意见”的规定。上述“指导意见”是公安机关办理醉酒驾驶机动车犯罪案件收集、固定证据的程序规定，公安机关应当严格执行，本案公安机关办案民警于2016年2月7日21时45分抽取马×湘血样后未按规定立即送检，也未按规定报批，直到2016年2月16日（大年初九）才送交检验鉴定机构检验，血样送检时间严重违反了上述“指导意见”的限制性送检时间的规定。虽然2016年2月7日至2月13日（除夕至初六）是法定节假日，但2月14日（初七）已正式上班，交通民警于2月16日才送检马×湘的血样，况且该事由也不能作为对抗法律规定的血液送检时间的限制性规定的事由。同时根据在案证据，本案抽取的血液为2管，每管4 ml，但怀化市方正司法鉴定中心出具的检验报告证实送检的血液为2 ml，提取血液量与送检血液量相差明显，而且根据原公诉机关当庭提交的盛装马×湘血液的真空抗凝管上没有马×湘、交通民警及抽血医务人员三方签名，也没有按照规定进行封装，因此送检的血液是否系马×湘的血液不排除合理怀疑，不具有唯一性。综上，本案马×湘血液酒精含量检验鉴定意见依法不具备作为定案的根据，本院不予采信。根据最高人民法院、最高人民检察院、公安部《关于办理醉酒驾驶机动车刑事案件适用法律若干问题的意见》第六条第一款的规定：“血液酒精含量检验鉴定意见是认定犯罪嫌疑人是否醉酒的依据。犯罪嫌疑人呼气酒精含量检验结果达到醉酒标准，在抽取血样之前脱逃的，可以以呼气酒精含量检验结果作为认定其醉酒的依据。”本案上诉人马×湘在进行呼气酒精含量检验后就被交通民警带至会同县中医院抽取血样，马×湘在抽取血样之前并没有脱逃行为，因此马×湘不具有可以以呼气酒精含量检验结果作为认定其醉酒后驾驶的情形，故本案呼气酒精含量检验结果不能作为定案的根据，依法不予采信。

综上所述，根据现有证据虽能认定马×湘具有饮酒后驾驶机动车的行为，但其是否属于醉酒驾驶机动车，是否构成危险驾驶罪，原公诉机关指控的在案证据无法达到法律规定的证据确实、充分的证明标准。原判认定上诉人马×湘构成危险驾驶罪的证据不足，应依法改判。

三、裁判结果：上诉人马×湘无罪。

19. 李×危险驾驶案

一、基本案情。

原审经审理查明：2017 年 1 月 20 日 23 时许，被告人李×在与王×等人饮酒后，驾驶无号牌普通二轮摩托车将王×送回家，沿沁水县城西街由东向西行驶回家途中，行驶至沁水县城碧峰会议厅路段时，因其所驾车辆摔倒后滑行，与相对方向行驶的由袁×驾驶的×××号雪佛兰牌小型轿车相撞。沁水县公安局交通警察大队民警接到袁×报案到达事故现场，进行拍照后，将被告人李×带至沁水县人民医院，于当日 23 时 49 分许，对其进行呼气酒精检查，检测结果为 213 mg/100 ml；23 时 54 分许，由沁水县人民医院医务人员抽取了被告人李×的血样。公安机关按照规定对抽取的两份血样放入专门的低温、密封物证袋内，由两名执法民警于 2017 年 1 月 24 日送至晋城市公安司法鉴定中心，其中一份用于进行鉴定，另一份用于低温保存备份。晋城市公安司法鉴定中心接受委托后，对经密封真空管包装的被告人李×的血样（5 ml，×××）进行理化鉴定，并于 2017 年 2 月 6 日出具理化检验报告，报告依据中华人民共和国公共安全行业标准 GA/T 1073—2013《生物样品血液、尿液中乙醇、甲醇、正丙醇、乙醛、丙酮、异丙醇和正丁醇的顶空-气相色谱检验方法》进行检验，检验意见为在送检的血液（×××）中检出乙醇成分，乙醇含量为 208.8 mg/100 ml。

案发后，被告人李×赔偿袁×车辆修理费用 200 元。

认定上述事实的证据有：

（1）书证。

①被告人李×的常住人口基本信息表、驾驶人信息查询结果单，证明被告人李×的个人基本情况，其具备准驾车型为 C1 的驾驶资格。

②袁×的驾驶人信息查询结果单、×××号雪佛兰牌小型轿车的机动车信息查询结果单，证明：袁×具备准驾车型为 C1 的驾驶资格，及其所驾驶的×××号雪佛兰牌小型轿车的基本情况。

③当事人血样提取登记表、抽血照片，证明：2017 年 1 月 20 日 23 时 54 分许，在沁水县人民医院由医务人员抽取李×的血样。

④收据一张，证明：案发后，被告人李×赔偿袁×车辆修理费用 200 元。

（2）证人证言。

①证人袁×的证言，证明：2017 年 1 月 20 日晚上，袁×驾驶×××号雪佛兰牌小型轿车行驶至沁水县城碧峰会议厅路段时，一辆摩托车摔倒后滑行，与其所驾车辆相撞。

②证人王×、王×甲的证言，证明：2017 年 1 月 20 日晚上，王×、王×甲、李×等人在沁水县城杨河社区一饭店内吃饭，其间李×曾饮酒；22 时许，李×驾驶摩托车将王×送至沁水县城沁园小区后离开。

（3）被告人李×的供述和辩解，证明：2017 年 1 月 20 日晚，其与王×、王×甲等人在沁水县城一饭店内一起吃饭，其间其饮酒。饭后其驾驶摩托车将王×送至沁水县城沁园小区，随即驾车回家。23 时许，当其驾车沿沁水县城西街由东向西行驶至沁水县城碧峰会议厅路段时，其所驾车辆摔倒后滑至道路南侧，与相对方向行驶的一辆小型轿车相撞，随后交警到达事故现场发现其饮酒，将其带至沁水县人民医院进行抽血化验。

（4）鉴定意见。

晋城市公安司法鉴定中心（晋市）公鉴（理化）字［2017］66 号理化检验报告，证明：2017 年 1 月 24 日，晋城市公安司法鉴定中心接受沁水县公安局交通警察大队的委托，同年 1 月 25 日对用标记“李×”字样的密封真空管包装的血液（5 ml，×××）进行理化鉴定，并于 2017 年 2 月 6 日出具理化检验报告，检验意见为在送检的血液（×××）中检出乙醇成分，乙醇含量为 208.8 mg/100 ml。检验依据中华人民共和国公共安全行业标准 GA/T 1073—2013《生物样品血液、尿液中乙醇、甲醇、正丙醇、乙醛、丙酮、异丙醇和正丁醇的顶空-气相色谱检验方法》进行检验。

（5）鉴定人杨×、王×乙出庭作证：证明鉴定机构和鉴定人具有法定资质。送检了两份血液，一份用于保存备用，一份用于检查，送检血液使用的是医院的一次性真空抽血管，能够保证血样不挥发、不变质，且用冰袋低温保存、物证专用袋封装，真空管和物证袋的封存有相关人员签字，并符合相关法律规定。3 天严格低温保存的送检血样对做出的鉴定结果不产生影响，鉴定的过程和方法符合相关专业的规范要求，并提供血液密封照片复印件、检验检测机构资质认定证书复印件、实验室认可证书、鉴定人资格书予以证明。

（6）视听资料。

①×××号车照片、摩托车照片，证明：两车不同程度损坏情况。

②公安民警执法记录仪视频资料三份，证明：事故发生后，公安民警现场出警的部分情况；2017 年 1 月 20 日 23 时 49 分许，公安民警在沁水县人民医院对被告人李×进行呼气酒精检查，检测结果为 213 mg/100 ml；2017 年 1 月 20 日 23 时 54 分许，在沁水县人民医院由医务人员抽取了李×的血样。

以上证明案件事实的证据，均经过当庭举证、质证，证据来源合法，内容客观、真实，与被证明的案件事实具有关联性，原审予以采信。

原审庭审中，被告人李×提交的自称系医护人员和公安民警的录音，欲证明案发当晚其血样被提取后未按规定装入密封袋低温保存、送检。原审认为该证据来源存疑，录音主体不明确，内容亦无法证实被告人主张的事实，故不能作为认定案件事实的依据，不予采纳。

原审法院认为，公诉机关指控被告人李×饮酒后驾驶机动车上道路行驶，被告人并无异议，控辩双方争议的焦点在于公诉机关指控被告人李×驾车时系醉酒状态的证据是否确实充分。

本案中，公诉机关提供的公安机关案发当晚对李×进行呼气检测的视频资料和呼气检测结果，能够证明被告人李×案发后经呼气酒精测试，检测结果为 213 mg/100 ml；晋城市公安司法鉴定中心（晋市）公鉴（理化）字［2017］66 号理化检验报告的鉴定意见亦证明被告人李×抽检血样乙醇含量为 208.8 mg/100 ml，二者能够相互印证，证明被告人李×驾车时为醉酒状态。

公安机关在对被告人李×血样提取、送检过程中，并未违反法定程序，鉴定部门的鉴定意见所依据标准并无不当，故被告人李×关于公安机关取证程序违法，鉴定结论有误等辩解意见不能成立，原审不予采纳；被告人李×关于其犯罪主观恶性小，系偶犯、初犯，事发时间路段车辆较少，社会危害程度较小，可酌情从轻处罚的意见，符合法律规定，原审予以采纳。

综上，被告人李×在道路上醉酒驾驶机动车，其行为已构成危险驾驶罪。公诉机关指控被告人李×犯危险驾驶罪的事实清楚，证据确实、充分，罪名正确。被告人无证驾驶无牌机动车上道路行驶，血液酒精含量达到 200 mg/100 ml 以上，应对其酌情从重处罚。但鉴于被告人李×酒后驾车主观恶性小、系偶犯、初犯，事发时间路段车辆较少，社会危害程度较小，积极赔偿对方当事人修理费，可酌情从轻处罚。依照《中华人民共和国刑法》第一百三十三条之一第一款第

（二）项、第四十二条、第五十二条之规定，判决：被告人李×犯危险驾驶罪，判处拘役二个月，并处罚金 2000 元（刑期从判决执行之日起计算。判决执行前先行羁押的，羁押一日折抵刑期一日。罚金在判决生效后三日内缴纳）。

上诉人李×上诉提出原判事实不清，证据不足，强加罪名，深感不公，请求撤销原判，依法改判。上诉人李×认为当时是沁水交警队杨×甲与其相撞，是杨×甲开车时开的大灯把其晃倒了，其当时起来后就骂了杨×甲，是杨×甲叫了一群不知身份的人过来，并没有袁×这个人。上诉人怀疑沁水交警没有按照法律规定将其血液装入密封袋并及时低温保存，送检时限超过法律规定 3 天，且并没有经过上一级公安机关交通管理部门负责人批准，送检人员不是法律规定的 2 人而是 1 人，且并非承办其案子的人员。交警在现场没有亮明身份暴力执法，交警并没有拍摄事故现场视频和照片，交警没有出示交通事故责任认定书。

二审经审理查明的事实及证据与一审一致。二审中未有新的证据。

另查，公安机关在办理上诉人李×醉酒驾驶机动车刑事案件中，于 2017 年 1 月 20 日 23 时 54 分许抽血，当月 24 日送检，当月 25 日检验，2 月 6 日作出检验报告，公安交警 2 月 21 日签注收到报告，2 月 21 日通知李×。

关于上诉人上诉所提案发时不是袁×开车，而是沁水交警队中队长杨×甲开车问题。经查，2017 年 1 月 20 日 23 时许两车相撞后，袁×即于 23 时 18 分用×××号码手机报警。2017 年 1 月 21 日 0 时 30 分，公安人员即对袁×进行询问。询问笔录中袁×证明，其手机号是×××，事故发生时其一人开车，其下车闻到摩托车驾驶员一身酒味就报警了。2017 年 5 月 18 日第一次庭审中，李×当庭对袁×证言没有意见。故上诉人上诉所提案发时不是袁×开车，而是杨×甲开车的意见无证据证实，依法不能加以认定。

关于上诉人所提交警在现场暴力执法问题，作为证据的视听资料并未显现交警现场暴力执法。

关于上诉所提交警没有事故现场视频和照片，没有交通事故责任认定书问题。经查，案中有事故现场照片及交警现场查获李×视频。沁水县公安交警大队于 2018 年 3 月 15 日书面指出，两车碰撞损失非常轻微，可以自行协商赔偿，不需要事故现场勘查笔录及事故责任认定书。案发后，上诉人李×也作出赔偿 200 元。

关于上诉人所提呼气酒精测试问题，视听资料显现 2017 年 1 月 20 日 23 时

49分许，对李×进行呼气酒精测试，测试仪显示测试数据为213，交警并将测试仪上显示的数值213展示给李×看。

关于上诉所提血液密封、保存问题，案中有公安交警部门抽血人员告知笔录，有血样提取登记表，上有医务人员签字，可见所抽血液为真空密封。晋城市公安司法鉴定文书中写明，所送验材为密封真空管包装。沁水县公安交警部门2017年6月11日书面材料（上有宋×签字）中写明，抽血后民警宋×将抽取的血液放入专门存放血液的袋子带至沁水县交警大队，将血液放入交警大队办案区冰箱内存放。鉴定人杨×2018年4月10日出庭，当庭指出当时有两个人送检，送检时肯定有冰袋，肯定是低温保存。

二、裁判理由。

上诉人（原审被告人）李×酒后在道路上驾驶机动车，被公安交警查获，公安机关在办理上诉人李×醉酒驾驶机动车刑事案件中，于2017年1月20日23时54分许抽血，当月24日送检，当月25日检验，2月6日作出检验报告，公安交警2月21日签注收到报告，2月21日通知李×。《山西省公安机关办理醉酒驾驶机动车刑事案件程序规定》（晋公通字〔2014〕84号）第十八条规定，抽取的血样应现场登记封存，在二十四小时内，由交通警察送至县级以上公安机关刑事技术部门或者经省级公安机关鉴定机构登记管理部门审核认可的具备资质的司法检验鉴定机构进行检验鉴定。因特殊原因不能在二十四小时内送检的，应当按照规范低温保存，经上一级公安机关交通管理部门负责人批准，可以在三日内送检（公安部关于公安机关办理醉酒驾驶机动车犯罪案件的指导意见中也有此意见）。本案未经批准，又超过三天送检，明显违反规定。公安交警部门在出具的书面材料中，以公安部《道路交通事故处理程序规定》来说明本案血液送检合法、规范，明显不能成立。在公安交警部门2017年1月24日《鉴定委托书》中，写明系李×涉嫌危险驾驶案。在公安交警部门2018年3月15日书面材料中，也写明双方对碰撞事实无争议，车辆损失轻微，可以自行协商赔偿，不需要事故现场勘验笔录和事故责任认定书。故对提取的血样委托进行检验鉴定，不是处理道路交通事故案件需要。最高人民法院、最高人民检察院、公安部《关于办理醉酒驾驶机动车刑事案件适用法律若干问题的意见》第六条规定，血液酒精含量检验鉴定意见是认定犯罪嫌疑人是否醉酒的依据。本案未在规定的时间内送检血液，迟延送检的特殊原因不明，迟延送检未经上一级公安机关交通管理部门负责人批准，延迟送检时间又超过三日限期，违反程序规定。鉴定人王×乙2018年4月10日出庭时，只提出血液严格三天低温保存的话，对检验是没有影响的。鉴定人杨×2018年4月10日出庭时，提出血液应当在二十四小时内送检，因特殊原因不能送检的，应当低温保存，在三日内送检。据此，对公安交警部门委托检验鉴定的血液酒精含量检验意见不予采信。

三、裁判结果：上诉人（原审被告人）李×无罪。

20. 李×德危险驾驶案

一、基本案情。

师宗县人民检察院指控：2017年12月19日21时许，被告人李×德酒后驾驶云D×××××号小型轿车沿师宗县漾月路由师宗县老电影院方向往师宗县人民医院旧址方向行驶，行驶至师宗县漾月路与南通街交叉口处时与杨×驾驶的云D×××××号小型轿车发生刮擦事故。后经道路交通部门查处，发现被告人李×德有饮酒后驾车的嫌疑，随即依法将其带至师宗县现代医院抽取静脉血液送检。经检验，被告人李×德血液中检出乙醇成分，含量为226.54 mg/100 ml血。

公诉机关针对其指控，列举了受案登记表、立案决定书、证人杨×的证言、被告人李×德的供述与辩解、血液提取笔录、鉴定意见书、视听资料等证据予以证实。公诉机关认为，被告人李×德违反交通运输管理法规，在道路上醉酒驾驶机动车，危害公共安全，其行为已触犯《中华人民共和国刑法》第一百三十三条之一之规定，应以危险驾驶罪追究其刑事责任。被告人李×德血液乙醇含量超过200 mg/100 ml血，应从重处罚。被告人李×德到案后坦白认罪，对其可从轻处罚。根据最高人民法院《补充八种常见犯罪量刑指导意见》的相关规定，建议判处被告人李×德拘役3个月至5个月，并处罚金。

被告人李×德辩称：是我主动要求报案的，我不是不配合，抽血后也没有让我签什么字。

被告人李×德的辩护人在庭审中发表如下辩护意见：公诉机关指控罪名不成立，请法庭依法作出事实不清、证据不足，指控罪名不成立的无罪判决。首先，本案中的证据收集严重违法。2017年12月19日，李×德血液样本提取环节违反了《公安部关于公安机关办理醉酒驾驶机动车犯罪案件的指导意见》（公交管

〔2011〕190号）以及两高一部《关于办理醉酒驾驶机动车刑事案件适用法律若干意见》的规定。其中，《公安部关于公安机关办理醉酒驾驶机动车犯罪案件的指导意见》（公交管〔2011〕190号）第五条明确规定：规范血样提取送检。交通民警对当事人血样提取过程中应当全程监控，保证收集证据合法、有效。提取的血样要当场封存，并立即送县级以上公安机关检验鉴定机构或公安机关认可的其他具备资格的检验鉴定机构进行血液酒精含量检验。因特殊原因不能立即送检的，应当按照规范低温保存，经上级公安机关交通管理部门负责人批准，可以在3日内送检。同时，两高一部《关于办理醉酒驾驶机动车刑事案件适用法律若干意见》第五条明确规定：公安机关在查处醉酒驾驶机动车的犯罪嫌疑人时，对查获经过、呼气酒精含量检验和抽取血样过程应当制作记录；有条件的，应当拍照、录音或者录像；有证人的，应当收集证人证言。在该案中，交通民警并没有依照相关规定对李×德的血样提取收集过程进行全程监控，提取血样在提取后也没有按规定进行登记封存，也没有即时送检。以上这些事实从2018年9月13日师宗县人民检察院郑×月的询问笔录以及2018年9月17日师宗县交警大队移送师宗县人民检察院的“情况说明”都可以证明。但为何不对李×德提取血样进行封装拍照，让其在提取的血样上签字？提取好的血样为何不立即送往具备检验资格的检验机构进行送检？为何不对血样进行登记？侦查机关对上述违法行为均没有作出任何说明。并且，依据相关法律规定，未能及时移送的血样应当保存在0—4℃的低温环境下，而侦查机关也没有对血样保存环境作任何记录或者说明。侦查机关对上述违法行为仅在事后出具了一份“情况说明”和一份“证明”。但依照我国刑事诉讼法之规定，“情况说明”和“证明”是不产生任何法律效力的。综上，血样的提取、送检、保存程序均存在严重违法，血样的提取、保存、送检疑点重重，据此做出的认定并不能客观真实地反映案件真实情况，更不能将其作为认定被告人有罪的证据，辩护人恳请人民法院依法将血样提取以及在提取血样基础上作出的司法检验报告作为非法证据予以排除。其次，血液酒精含量检验是认定犯罪嫌疑人是否醉酒驾驶的依据，即云南云通司法鉴定中心出具的乙醇含量检验报告是师宗县人民检察院指控本案被告人李×德是否构成犯罪的唯一证据。证据卷P31对李×德血液提取的情况照显示“时间是2017年12月19日48分39秒”，而血样检查照显示“时间是2017年12月22日，拍照地点是师宗县交通警察大队”，抗凝管上字样显示“2 ml李×德”，该“李×德”是否为本案被告人

李×德？而云南云通司法鉴定中心所出具云南云通司法鉴定中心［2017］理化检字第07154号检验报告书上显示“鉴定材料：李×德管装血液5 ml”。为何提取血样2 ml而检验血样为5 ml？为何云通司法鉴定中心所鉴血样上并没有“李×德”字样？该血样是否为本案被告人李×德的，还是其他人的？根据刑法存疑时有利于被告人的原则，依法应当判决本案被告李×德无罪。再者，2017年12月19日，师宗县公安交警大队于师宗县现代医院对李×德血样提取是否使用一次性抗凝管收集？取样是否达到3ml？是否达到容器的60%？没有任何证据对上述事实予以佐证。血样提取时间为2017年12月19日，而云南云通司法鉴定中心所载检验受理日期为2017年12月26日，已经严重违反了法律对“血样可在3日内送检”的强制性法律规定。综上，侦查机关在对本案证据收集时存在严重违法，依法应予以拍照封存的证据没有拍照封存，依法应及时送检的血样没有及时送检，依法应说明的情况未作任何说明。根据《五部门关于办理刑事案件严格排除非法证据若干问题的规定》第七条之规定：收集物证、书证不符合法定程序，可能严重影响司法公正的，应当予以补正或者作出合理解释；不能补正或者作出合理解释的，对有关证据应当予以排除。本案中，侦查机关收集程序严重违法，并且侦查机关所收集的证据不足以证明案件的法律事实，综合全案相关证据，并不能认定本案被告人李×德构成犯罪。检察院对被告人的指控事实不清，证据不足，故检察院的指控罪名不成立，请法庭宣告被告人李×德无罪。

经审理查明：2017年12月19日21时左右，被告人李×德酒后驾云D××××号小型轿车沿师宗县漾月路由师宗县老电影院往师宗县人民医院旧址方向行驶，行驶至师宗县漾月路与南通街交叉口处时与杨×驾驶云D×××××号小型轿车发生刮擦事故。后经道路交通部门查处，发现被告人李×德有饮酒后驾车的嫌疑，随即依法将其带至师宗现代医院抽取静脉血液。2017年12月22日，师宗县公安局交通警察大队委托云南云通司法鉴定中心对李×德血样乙醇含量进行检验；2017年12月26日，鉴定中心受理该起血液乙醇含量检验；2017年12月28日，云南云通司法鉴定中心作出乙醇含量检验报告，经检验，被告人李×德血液中检出乙醇成分，含量为226.54 mg/100 ml血；2018年6月19日，师宗县人民检察院以犯罪事实不清、证据不足作出不予起诉决定；2018年6月29日，师宗县人民检察院作出不起诉理由说明书；2018年9月19日，师宗县人民检察院向师宗县人民法院提起公诉。

上述事实有经当庭举证、质证的以下证据予以证实，被告人李×德在开庭过程中亦作了供述和辩解，足以认定。

（1）立案决定书、受案登记表、查获经过、前科证明。

证实：本案案发时间是2017年12月19日21时7分。师宗县公安局于2018年1月16日对该案立案侦查。被告人李×德无自首情节。

（2）人口基本信息。

证实：被告人李×德系完全刑事责任能力人。

（3）取保候审申请书、取保候审决定书、取保候审保证书、保证人人口基本信息。

证实：2018年1月19日，经被告人李×德提出取保候审申请，师宗县公安局于2018年1月19日对被告人李×德取保候审，其妻罗×铁为保证人。2018年9月18日，经师宗县人民检察院决定，对被告人李×德取保候审，保证人为其妻罗×铁。

（4）师宗县人民检察院不起诉决定书、不起诉理由说明书。

证实：2018年6月19日，师宗县人民检察院以本案事实不清、证据不足为由，决定对李×德不起诉。

（5）证人郑×月的证言。

证实：证人郑×月系师宗县现代医院护士。其陈述了抽取血样的具体操作规程是先抽血，后登记。2017年12月19日李×德抽血时不怎么配合，血抽完后贴好标记，就给交警带走了，还写好名字，医院不负责保管。

（6）被告人李×德的供述与辩解。

证实：2017年12月19日晚上，其在龙庆吃饭时喝了三杯酒。赵×东将其送回家，回家后，被告人车里油有点少，就开车到师宗县贯冲坡加油。车子行驶到师宗县中医院门口红绿灯处，有人在后面喊："站着站着。"被告人想着没有碰到车，就一直走，走到师宗县能源宾馆门口处时，后面的车子就超上来，对方追到被告人后，说其碰到对方的车，对方说其饮过酒，不好商量，要叫被告人的子女来处理。被告人说不好处理就报警处理，后对方就报警了。对方的车子是一辆宝马车。

（7）被害杨×的陈述。

证实：2017年12月19日20时左右，被害杨×驾云D×××××号轿车从通玄公园出来，准备到小石山水库，车子行驶至师宗县中医院门口红绿灯那里，其听见一声响，撞其车的驾驶员没有停车，其驾驶的车辆左侧保险杆被碰了。被害人就开车追，追到师宗县能源宾馆门口处时，车才停下来，对方驾驶员下车后，被害人闻见对方驾驶员有酒味，被害人让对方驾驶员叫家属来处理，对方驾驶员说了一些不中听的话，被害人就打电话报警。警察到后将驾驶员带走了。

（8）当事人血样提取登记表、李×德血液提取情况照。

证实：2017 年 12 月 19 日 21 时 48 分，在师宗现代医院对被告人李×德进行血样提取，提取 1 号、2 号样本，盛装容器为抗凝管，样本量均为 5 ml，消毒液名称为生理盐水，密封方法冷藏保存，医务人郑×月，当事人签名栏有“李×德”字样。

（9）李×德血样送检照片。

证实：送检血样的情况，血样送检照片拍照时间为 2017 年 12 月 22 日，拍摄地点为师宗县公安局交通警察大队。样本标签上有红色、蓝色字体“李×德”，有“2 ml”字样标识。

（10）鉴定委托书、云南云通司法鉴定中心司法鉴定委托协议书、云南云通司法鉴定中心司法鉴定检验报告书、鉴定意见告知书。

证实：云南云通司法鉴定中心受理了李×德血液乙醇含量检验，受理时间为 2017 年 12 月 26 日，鉴定材料为“李×德管装血液 5 ml”。2017 年 12 月 28 日，云通云通司法鉴定中心出具云南云通司法鉴定中心［2017］理化检字第 07154 号血液乙醇含量检验报告，经检验，李×德血液中检出乙醇成分，其乙醇含量为 226.54 mg/100 ml 血。检验报告于 2018 年 1 月 10 日告知被告人李×德，2018 年 1 月 11 日告知被害杨×。

（11）被告人李×德机动车驾驶证复印件、机动车信息查询结果单。

证实：被告人李×德具有驾驶资格，准驾车型为 C1。被告人驾驶的车辆为黑色马自达小型轿车，车牌号云 D×××××。被害人驾驶车辆为宝马牌灰色小型轿车，车牌号云 D×××××。

（12）师宗县公安局交通警察大队于 2018 年 5 月 2 日出具的情况说明。

证实：抽取李×德血样时，有执法记录仪全程录音录像，医务人员和执法人员有两名以上，整个提取过程可以证明系李×德身上的血液，送检时间未超过 3 日（2017 年 12 月 19 日查获，2017 年 12 月 22 日委托送检）。

（13）师宗县公安局交通警察大队于 2018 年 9 月 17 日出具的情况说明、证明、接处警登记表、李×德血样送检照片。

证实：因提取血样时被告人李×德不配合，提取血样结束后，将其送至师宗县广播中心由其妻罗×铁照顾，故未及时对李×德提取的血样封装拍照，让其在封装袋上签名。2017 年 12 月 15 日至 2017 年 12 月 24 日，师宗县公安局交通警察大队共接事故警情 13 起，符合提取血样的案件只有 2017 年 12 月 19 日 21 时 7 分刘×报案这起。

（14）现场视频光盘一张、李×德抽血视频光盘一张。

证实：接警后，民警到达现场利用执法记录仪记录的现场车辆、人员情况。李×德抽血时的情况，共抽取两管血，盛装血液的容器为蓝色盖帽管状器皿。

（15）协议书、谅解书。

证实：被告人李×德与被害杨×对民事赔偿部分达成了协议，并取得了被害人的谅解。

经庭审质证，被告人李×德未发表质证意见，被告人李×德的辩护人对有异议的证据发表如下质证意见：①对本案的查获经过，认为其不真实，程序违法。②提取血液郑×月的证言均没有显示提取了两管，血样送检照片上显示是 2 ml，而鉴定材料和提取血样登记表上是 5 ml。血样送检照片的拍摄时间是 2017 年 12 月 22 日，地点是交警队，而不是现场。当事人血样提取登记表上当事人签字，不是被告人写的。③对血样检验报告，鉴定程序是违法的，血样是 2017 年 12 月 26 日送检的，依照公安部《关于公安机关办理醉酒驾驶机动车犯罪案件的指导意见》的规定，必须 3 日内送检，在 0—4℃的低温状态下进行保存。鉴定仪器无质量认证书，检验报告中未对检验进行分析说明。本院认为，①当事人血样提取登记表、李×德血样送检照片、云南云通司法鉴定中心检验报告书、当事人血样提取登记表中当事人签名栏“李×德”字样，被告人李×德表示其未签字，无其余证据证实系被告人签字，该血液提取登记表程序违法。李×德血样送检照片中样本标签上有“2 ml”字样，血液量为 2 ml，而血样提取登记表中的送检样本量和鉴定中心鉴定材料李×德管装血液量均为 5 ml，三份证据相互矛盾，不能证实送检血样与鉴定血样一致，对该三份证据均不予采信。②证人郑×月的证言、师宗县公安局交通警察大队于 2018 年 5 月 2 日出具的情况说明、于 2018 年 9 月 17 日出具的情况说明和证明，无法证实血样的唯一性和血样量，不能合理说明血样抽取到送检过程中存在的问题。对上述四份证据，均不予采信。

二、裁判理由。

危险驾驶罪是指在道路上驾驶机动车追逐竞驶，情节恶劣，或者在道路上醉酒驾驶机动车的行为。最高人民法院、最高人民检察院、公安部《关于办理醉酒驾驶机动车刑事案件适用法律若干问题的意见》第一条之规定，在道路上驾驶机动车，血液酒精含量达到 80 毫克/100 毫升以上的，属于醉酒驾驶机动车。

首先，公诉机关列举的“当事人血样提取登记表”中，当事人的签名为“李×德”，经庭审核实，“李×德”字样并非被告人李×德签写。且根据李×德血样送检照片中能清晰看出其中一试管壁上的标签有“2 ml”的字样，证实该盛装血样的盛装量为 2 ml，当事人血样提取登记表中有 1 号样本和 2 号样本，样本量分别为 5 ml。血样抽取量与登记量不一致，故当事人血样提取登记表不客观真实，违反了最高人民法院、最高人民检察院、公安部《关于办理醉酒驾驶机动车刑事案件适用法律若干问题的意见》第五条之规定，对抽取血样过程应当制作记录。其次，抽取血样的时间是 2017 年 12 月 19 日，送检时间是 2017 年 12 月 26 日，共间隔 7 天，违反了公安部《关于公安机关办理醉酒驾驶机动车犯罪案件的指导意见》第 5 条之规定。且无血样保存的相关证据，无法查实血样储存的环境。最后，被告人李×德于 2017 年 12 月 19 日提取血液量 2 ml，与鉴定中心检验的检材李×德管装血液量 5 ml 不一致。师宗县公安局交通警察大队于 2018 年 5 月 2 日出具的情况说明、于 2018 年 9 月 17 日出具的情况说明和证明，均不能证实被告人李×德血样的真实性、唯一性和血液中乙醇的含量，无其他证据予以辅证，亦无法补正或者作出合理解释，故对该鉴定意见应予排除。

综上所述，公诉机关所举证据能证实被告人李×德有酒后驾驶机动车的行为，但不能证实被告人李×德血液乙醇含量为 80 mg/100 ml 以上，即不能证实被告人有醉酒后驾驶机动车的行为。

三、裁判结果：被告人李×德无罪。

21. 黎×强危险驾驶案

一、基本案情。

经再审审理查明，2017 年 6 月 5 日 23 时许，原审被告人黎×强饮酒后到城北派出所院内挪动其事先由他人停放在此处的小型轿车时与院内住户停放的三辆小型轿车发生碰撞，造成四车受损的事故并承担此次事故全部责任。经鉴定，黎

×强血液中乙醇浓度为241.2 mg/100 ml。

二、裁判理由。

（一）关于本案事实、证据的分析。

（1）关于案发地点城北派出所院内是否属于《中华人民共和国道路交通安全法》所规定的“道路”的问题。

首先，派出所作为公安系统的基层组织，担负着户口管理、法制宣传、特种行业管理、预防制止犯罪等社会管理职责和对外管理职能。基于其社会管理职能，派出所直接面对社会公众办理业务、处置案件，客观上存在办事群众车辆及社会车辆停放的需求。其次，从本案证据来看，虽然相关证人关于城北派出所是否允许外来车辆停放的证言相互矛盾，但证明派出所不允许外来车辆停放的证人安×1系黎×强的朋友，客观上与黎×强存在利害关系；住在城北××家属区的住户文×及付×的证言均证实派出所院内允许社会车辆进入，其中证人付×所作两次证言虽然不一致，但其在第二次证言中对其两次证言不一致的原因作出了合理说明；黎×强独自进入停车场挪车时并未受到任何阻拦和管制，亦可证明该停车场具有公共通行功能。同时，与原审被告人无利害关系的案涉场地管理者城北派出所及该所干警出具的情况说明更具有客观性，足以证实由于占用了公共道路停车位，城北派出所允许办事群众车辆和社会车辆在派出所院内临时停放。故案发地点城北派出所院内具有“通行”功能，属于《中华人民共和国道路交通安全法》规定的道路。

（2）关于本案抽血过程是否符合规定，黎×强血液内乙醇浓度的鉴定意见能否采信的问题。

首先，根据给黎×强抽血的护士及其他急诊科护士的证言，证实案发时间段，绵阳市人民医院对交警带来的酒驾人员抽血均使用安尔碘消毒棉签进行消毒，该院使用的安尔碘消毒棉签不含乙醇；其次，绵阳市人民医院采购科主任证言及相关采购清单、消毒物品发放汇总表等书证证实在案发时间段，绵阳市人民医院只采购了一种安尔碘消毒棉签，急诊科也只领用了一种安尔碘消毒棉签，即利×公司委托贝×公司生产的安尔碘消毒棉签；再次，根据《医疗器械注册登记表》载明的产品性能结构及组成内容，可知安尔碘消毒液分为Ⅰ型、Ⅱ型、Ⅲ型三种类别，其中Ⅰ型、Ⅱ型含有乙醇成分，Ⅲ型安尔碘消毒液不含乙醇成分，而该院采购的贝×公司生产的安尔碘消毒棉签所采用的消毒液为卫生部颁发的具有卫生许可批件的安尔碘Ⅲ型皮肤消毒液。上述书证、证人证言相互印证，已经形成证据锁链，足以认定对黎×强进行血样提取时使用的消毒棉签所含消毒液为安尔碘Ⅲ型皮肤消毒液，不含有乙醇成分，故辩护人关于血样被污染，鉴定意见不能采信的辩护意见不能成立，本院不予采纳。

（3）关于本案取证程序是否合法的问题。

①关于行政机关所取证据能否作为刑事案件证据使用的问题。本院认为，依照《中华人民共和国刑事诉讼法》的相关规定，行政机关在行政执法和查办案件过程中，收集的物证、书证、视频资料、电子数据等证据材料，在刑事诉讼中可以作为证据使用，故交警部门在行政执法过程中收集到的部分证据在本案中使用，并不违反相关规定，不存在取证不合法的问题；同时，取证的警察朱×与本案及本案当事人均无利害关系，其虽见证了医院对黎×强的抽血过程，但并非本案的鉴定人、证人，不属刑事诉讼法规定的应当回避的情形，故辩护人关于朱×在再审中所取证据不合法的辩护意见缺乏法律依据，不能成立。

②关于黎×强血样提取时间的问题。经查，绵阳市公安局交警直属一大队出具的情况说明证实，城北派出所在案发后进行了搬迁，案发时城北派出所与对黎×强进行血样提取的绵阳市人民医院相距不足150米，车程不到两分钟，侦查人员在23时55分完成现场勘查后完全能够在当日对黎×强进行血样提取，故辩护人关于黎×强血样提取是在案发当日完成证据不充分的意见，本院不予采纳。

（4）关于本案部分证据的采信问题。

关于证人贾×、李×的证言是否应当采信的问题。本院认为，虽然贾×、李×不是案发当天给黎×强抽血的护士，但二人作为急诊科的护士知晓急诊科的工作流程和操作规范，能够证明案发时间段绵阳市人民医院急诊科对酒驾人员抽血时使用的消毒物品情况，与本案待证事实具有关联性，故二人的证言应当作为证据使用；关于消毒使用的是安尔碘消毒液还是消毒棉签的问题，根据查明的事实，本案使用的消毒物品为安尔碘消毒棉签，而棉签上所含消毒液即为安尔碘消毒液，与血液提取登记表中反映的消毒液名称为安尔碘并不矛盾，故辩护人关于相关证人对使用的消毒物品为消毒棉签的证言不能采信的意见，本院不予采纳。

（二）关于原审被告人黎×强是否构成危险驾驶罪的问题。

依照《中华人民共和国刑法》第一百三十三条之一第一款第二项的规定，在道路上醉酒驾驶机动车的行为构成危险驾驶罪。根据本案审理查明的事实，原审被告人黎×强醉酒后在城北派出所院内挪动机动车的行为属于危险驾驶的行为。

但依照《中华人民共和国刑法》第十三条之规定，情节显著轻微危害不大的，不认为是犯罪，故对黎×强醉酒后驾驶机动车行为的社会危害性、刑事违法性和应受惩罚性的认定应当结合本案客观事实进行评判。首先，从主观故意上看，黎×强选择在深夜、进出人员稀少的时间段在相对封闭的小区停车场挪动车辆，其对危险驾驶行为可能造成的危害结果并不持积极追求的主观心态，其行为对社会公共安全造成危险的可能性亦显著降低；其次，从行为目的及客观行为上看，黎×强系为了避免阻挡其他车辆进出而主动前往停车地点，仅在小区内短距离挪动机动车，并未驶离停车场，其行为的动机及社会危害性与酒后长距离驾驶机动车明显有所区别；再次，从行为结果上看，黎×强醉酒驾驶机动车的行为仅造成车辆轻微擦刷的财产损害后果，并未造成人员伤亡，损害结果显著轻微；最后，黎×强积极赔付，取得被撞车主的谅解，且真诚悔过。综上，本院认为，原审被告人黎×强虽然实施了酒后挪车的行为，但鉴于其行为情节显著轻微危害不大，依法可不认为是犯罪。

三、裁判结果：原审被告人黎×强无罪。

22. 张×军危险驾驶案

一、基本案情。

洮南市人民检察院指控，2018 年 10 月 30 日 15 时 30 分许，被告人张×军驾驶无号牌三轮电动车与前方同向行驶的由冯×英驾驶的无号牌三轮电动车尾随相撞，致张×军、冯×英受伤。经检测，张×军血液中乙醇含量为 226.5 mg/100 ml。公诉机关提供了相关证据，认为被告人张×军的行为已触犯《中华人民共和国刑法》第一百三十三条之一的规定，应当以危险驾驶罪追究其刑事责任。提请本院依法判处。

被告人张×军对公诉机关指控的犯罪事实及罪名无异议。

经审理查明，2018 年 10 月 30 日 15 时 30 分许，被告人张×军驾驶电动三轮车与前方同向行驶的由冯×英驾驶的电动三轮车尾随相撞，致张×军、冯×英受伤。经洮南市公安局交通管理大队道路交通事故认定书认定，张×军负此事故主要责任，冯×英负此事故次要责任，杨×不负此事故责任。经检测，张×军血液中乙醇含量为 226.5 mg/100 ml。案发后，张×军赔偿冯×英经济损失并取得谅解。

认定上述事实，有公诉机关提交并经当庭质证、认证的下列证据予以证实：

(1) 被告人张×军的供述：2018年10月30日下午，我在镇西我妹妹家喝了有半斤白酒，在瓦房骑我家电动三轮车回家，走到瓦房大桥东与前方同向的电动三轮车相撞，我们都掉到沟里了，对方三轮车上两个女的和我都受伤了，我检查没啥事，对方开车的比较重，我没有驾驶证，我和对方达成协议了。

(2) 证人冯×英的证言，我骑电动三轮车回家，走到大桥东，不知道咋回事就被撞到道南沟里了，我车上两个人，我和兴盛村常老六媳妇，我没有三轮摩托车票。

(3) 证人杨×的证言，当时冯×英开她家三轮车回家，我坐在车斗里，一回头看见三轮车直接奔我们车来了，把我们车撞到沟里，我没咋的，冯×英挺重，我就报警了。

(4) 道路交通事故现场勘查笔录、略图及照片。

(5) 白城市公安司法鉴定中心理化检验报告。

(6) 黑龙江省博大司法鉴定中心司法鉴定意见书，鉴定意见为张×军驾驶三轮车符合正三轮摩托车的参数要求，符合机动车范畴。

(7) 洮南市公安局交通管理大队道路交通事故认定书。

(8) 驾驶人信息查询结果单。

(9) 协议书、谅解意见书。

(10) 被告人张×军的户籍证明。

二、裁判理由。

被告人张×军在道路上醉酒驾驶电动三轮车发生交通事故，但电动三轮车不属于刑法意义上的机动车，故张×军的行为不符合危险驾驶罪的构成要件，其行为不构成危险驾驶罪。

三、裁判结果：被告人张×军无罪。

23. 贾×胜危险驾驶案

一、基本案情。

黄山市屯溪区人民检察院指控：2018年4月11日20时20分，被告人贾×胜饮酒后，驾驶牌号为皖J×××××的小型轿车从黄口桥南段行驶至中易路滨江路口至前园路段时，因涉嫌实施醉酒后驾驶机动车的违法行为，被执勤民警当场查获。经安徽全诚司法鉴定中心鉴定，贾×胜血液中乙醇含量为 122.2 mg/100 ml，属于醉酒驾驶。

公诉机关为证实上述指控的事实，提供户籍信息、查获经过、驾驶人信息、机动车信息等书证，被告人贾×胜的供述与辩解，安徽全诚司法鉴定中心出具的司法鉴定意见书，查获过程视频等。

公诉机关认为，被告人贾×胜醉酒后驾驶机动车在道路上行驶，其行为已触犯《中华人民共和国刑法》第一百三十三条之一第一款第（二）项的规定，应当以危险驾驶罪追究其刑事责任。提请本院依法判处。

被告人贾×胜对饮酒后驾驶机动车无异议，但认为达不到醉酒驾驶机动车的标准，对其进行血液中乙醇含量鉴定过程提出异议，其不认罪。

被告人贾×胜为了证明自己的主张，提供一个案例、一份通讯和真空采血管图片。

经审理查明：2018 年 4 月 11 日 20 时 20 分，被告人贾×胜饮酒后，驾驶牌号为皖 J×××××的小型轿车从黄口桥南段行驶至中易路滨江路口至前园路段时，因涉嫌实施醉酒后驾驶机动车的行为，被执勤民警当场查获。经呼气式酒精含量测试，贾×胜呼气中乙醇含量为 107 mg/100 ml。后民警带贾×胜至黄山市首康医院采血，并由安徽全诚司法鉴定中心于 2018 年 4 月 16 日受理鉴定，4 月 18 日作出鉴定意见。

上述事实，由下列证据予以证实：

（一）书证。

（1）户籍信息，证明被告人贾×胜的基本身份信息，具有完全刑事责任能力。

（2）查获经过，证明被告人贾×胜被查获的具体情况。

（3）驾驶证、行驶证、机动车信息等书证，证明被告人贾×胜准驾车型及其案发时所驾驶车辆的相关信息。

（4）前科查询记录，证明被告人贾×胜无前科违法犯罪记录。

（5）呼气式酒精含量测试结果，证明被告人贾×胜经呼气酒精测试仪检测结果是 107 mg/100 ml。

（6）行政处罚决定书，证明被告人贾×胜被吊销驾驶证的情况。

（7）血样提取登记表、照片、情况说明，证明黄山首康医院抽血过程统一使用公安交警部门提供的酒精检测专用采集包里面的碘伏消毒液，在血样提取登记表中漏填等情况。

(8) 呈请延长血样送检时间审核意见表、情况说明、醉酒血样入库登记本及照片，证明贾×胜的两份血样保存及入库、出库、延长送检时间等情况。

(9) 安徽全诚司法鉴定中心函，证明该中心收到贾×胜血样一份，含量为2 ml。

(二) 被告人贾×胜的供述与辩解，证明2018年4月11日18时左右，其在徽州味道和朋友吃饭，喝了两瓶啤酒。20点左右其驾驶牌号皖J×××××的小型轿车从黄口桥南段行驶至前园路××××路路口时，被执勤民警当场查获。

(三) 视听资料，证明被告人贾×胜被查获、进行呼气式酒精测试、抽血等情况。

二、裁判理由。

(1) 关于本案被告人贾×胜血样提取问题。根据当事人血样（尿样）提取登记表，一是消毒液名称未填写，在抽血过程中使用哪种消毒液不清楚。二是抽血人员仅填写了姓名，其他内容非其填写。因此，提取贾×胜血样的过程不符合程序规定。

(2) 关于本案贾×胜血样含量问题。当事人血样（尿样）提取登记表、鉴定委托书中记载贾×胜血样含量为3 ml，而2018年9月5日安徽全诚司法鉴定中心出具的函中称收到贾×胜血样2 ml，装在抗凝管中，且密封无渗漏。因此，安徽全诚司法鉴定中心收到的血样与提取的当事人血样明显有差异，不能排除血样是否密封完好及是否受到污染的合理怀疑。

(3) 关于贾×胜血样超期送检问题。公安部《关于公安机关办理醉酒驾驶机动车犯罪案件的指导意见》第五条规定，交通民警对当事人血样提取过程应当全程监控，保证收集证据合法、有效。提取的血样要当场登记封装，并立即送县级以上公安机关检验鉴定机构或者经公安机关认可的其他具备资格的检验鉴定机构进行血液酒精含量检验。因特殊原因不能立即送检的，应当按照规范低温保存，经上级公安机关交通管理部门负责人批准，可以在3日内送检。本案中，贾×胜被抽血时间为2018年4月11日21点左右，鉴定机构受理血样时间为4月16日，送检超期，不符合前述规定。虽然有“呈请延长血样送检时间审核意见表”，但也超过三天送检期限，且不符合经上级公安机关交通管理部门负责人批准的要求。另外，也未有证据证明超期送检的血样达到检材的要求。

(4) 关于是否使用真空抗凝管采血及低温保存问题。安徽全诚司法鉴定中心皖全诚司鉴函字〔2018〕63 号函称收到贾×胜血样样本装在一支抗凝管中，但未见该试管上贴有生产标签等，无证据证明该采血管属于抗凝管和质量符合要求。公安机关和安徽全诚司法鉴定中心均称已经低温保存血液样本，但无充分证据证明符合保存要求。

通过以上分析，公安机关在提取贾×胜血液样本、保存、送检及鉴定过程存在事实不清、程序违法问题，故安徽全诚司法鉴定中心［2018］毒鉴字第 685 号司法鉴定意见书不能作为定案根据，应予以排除。根据最高人民法院、最高人民检察院、公安部《关于办理醉酒驾驶机动车刑事案件适用法律若干问题的意见》第六条的规定，血液酒精含量检验鉴定意见是认定被告人是否醉酒的依据，但本案鉴定意见因程序违法而被排除，在案证据虽能认定贾×胜喝酒后驾驶机动车的事实，但不能认定贾×胜的行为构成危险驾驶罪。

公诉机关指控被告人贾×胜犯危险驾驶罪的事实不清，证据未达到确实、充分的证明标准，指控被告人贾×胜犯危险驾驶罪不能成立，对公诉机关的指控不予支持。

三、裁判结果：被告人贾×胜无罪。

24. 詹×喜危险驾驶案

一、基本案情。

蕲春县人民检察院指控：2018 年 10 月 1 日，被告人詹×喜持 C1 证驾驶一辆黄色轻骑牌二轮踏板摩托车载其女詹×熙由百佳夜市城往吴庄社区方向行驶，22 时 30 分许，行驶至东昌永兴宾馆前路段时，与吕×勇驾驶的闽 A××××× 号小型客车发生碰撞，造成詹×喜、詹×熙受伤，两车受损的交通事故。经黄冈中泽法医司法鉴定所对詹×喜体内血液样本进行乙醇定性、定量检测，其血液中检测出乙醇成分含量为 240.26 mg/100 ml。因被告人詹×喜申请重新鉴定，后经武汉大学医学院法医司法鉴定所对詹×喜体内血液样本重新进行乙醇定性、定量检测，其血液中检测出乙醇成分含量为 228.8 mg/100 ml。为指证上述犯罪事实，公诉机关当庭出示相关证据。公诉机关认为，被告人詹×喜醉酒后驾驶机动车在道路上行驶，引发交通事故，其行为触犯了《中华人民共和国刑法》第一百三十三条之一的规定，犯罪事实清楚，证据确实充分，应当以危险驾驶罪对其提起公诉。根据《中华人民共和国刑事诉讼法》第一百七十六条的规定，提起公诉，请依法判处。

被告人詹×喜对指控的事实和罪名均提出异议，辩称案发当晚其驾驶的不是机动车，不构成危险驾驶罪。

辩护人提出公诉机关指控被告人詹×喜驾驶的车辆属于机动车证据不足，且公安机关对被告人血液的采集、送检，鉴定机构出具司法鉴定意见的过程缺乏证据证明程序符合法律规定，希望法庭本着疑罪从无的原则，对被告人依法判决。

经审理查明：2018 年 10 月 1 日，被告人詹×喜持 C1 证驾驶一辆黄色二轮踏板摩托车载其女詹×熙由百佳夜市城往吴庄社区方向行驶，22 时 30 分许，行驶至东昌永兴宾馆前路段时，与吕×勇驾驶的闽 A×××××号小型客车发生碰撞，造成詹×喜、詹×熙受伤，两车受损的交通事故。后吕×勇报警，执勤交警现场勘查完毕后到蕲春县人民医院对被告人进行抽血，并对抽取的血液样本予以保存。经黄冈中泽法医司法鉴定所作出司法鉴定意见书，结论为从送检的詹×喜血样中检验出乙醇成分，其含量为 240.26 mg/100 ml。因被告人詹×喜申请重新鉴定，后经武汉大学医学院法医司法鉴定所作出司法鉴定意见书，结论为詹×喜血液中检测出乙醇，其含量为 228.8 mg/100ml。另查明，被告人詹×喜已赔偿被害人损失并取得谅解。

公诉机关当庭出示下列证据证实其指控事实：

（1）物证照片：证实被告人案发时驾驶的车辆。

（2）书证：

①户籍信息：证实被告人已达到完全刑事责任年龄。

②到案经过：证实被告人于 2018 年 10 月 2 日经公安机关传唤到案。

③申请书：证实被告人詹×喜对黄冈中泽法医司法鉴定意见书作出的鉴定意见不服，申请重新鉴定。

④交通事故协议书、谅解书：证实被告人詹×喜赔偿被害人损失并取得谅解。

⑤血样提取登记表、酒精检测委托书、鉴定聘请书：证实公安机关于 2018 年 10 月 1 日晚 23 时 54 分对被告人詹×喜进行血样提取并送检。

⑥返还物品凭证：证实 2018 年 10 月 9 日，公安机关将扣押的车辆返还给被告人詹×喜。

⑦行政强制措施凭证：证实詹×喜驾驶的车辆被扣留。

⑧驾驶员基本信息：证实詹×喜准驾车型为 C1。

（3）证人证言。

李×、董×的证言：证实在 2017 年 10 月 1 日，詹×喜与他们在明玉虾馆吃饭，席间詹×喜喝了白酒，饭后晚上十点多，詹×喜驾驶一辆黄色的二轮踏板式摩托车在东昌永兴宾馆路段时与一辆小车发生碰撞，詹×喜与其女儿受伤，后交警来了，勘查完现场后在蕲春县人民医院对詹×喜进行呼气检测并抽血。

（4）被害人陈述。

吕×勇的陈述：证实 2018 年 10 月 1 日 22 时 30 分许，他驾驶小车行驶至永兴宾馆路段时与一辆二轮摩托车发生了碰撞，造成其车辆受损，摩托车上驾驶员、乘坐人受伤。发生事故后，他走到对方身前，闻到驾驶员身上有酒气。

（5）被告人的供述与辩解。

詹×喜的供述：证实 2018 年 10 月 1 日，他与几个同学在百佳夜市城明玉虾馆吃饭，其间饮酒，饭后他骑着一辆黄色二轮踏板摩托车载其女儿在东昌永兴宾馆前路段时与一辆小车发生刮擦，造成他和他女儿受伤、两车受损的交通事故。对方司机报警，当时他委托朋友在现场帮忙处理，自己带女儿先行到县医院进行治疗。交警勘查完现场后赶到县医院对其进行了抽血。

（6）鉴定意见。

①黄冈中泽法医司法鉴定所鉴定意见书：证实从送检的詹×喜血样中检验出乙醇成分，其含量为 240.26 mg/100ml。

②武汉大学医学院法医司法鉴定所鉴定意见书：证实从送检的詹×喜血样中检验出乙醇，其含量为 228.8 mg/100ml。

（7）交通事故现场图、现场勘查笔录。

主要证实 2018 年 10 月 1 日 22 时许，公安交警对案发现场进行勘查，被告人詹×喜驾驶的是黄色二轮踏板摩托车。

（8）视听资料。

光盘两张：证实案发现场及对被告人詹×喜抽血、讯问情况。

二、裁判理由。

《中华人民共和国刑法》第一百三十三条之一规定，“在道路上驾驶机动车追逐竞驶，情节恶劣，或者在道路上醉酒驾驶机动车的，处拘役，并处罚金”。因此构成危险驾驶罪需具备醉酒、在道路上行驶及驾驶机动车三个必备要件。本案控辩双方争议的主要焦点是被告人驾驶的车辆是否属于机动车。依据《中华人民共和国道路交通安全法》的规定，“车辆是指机动车和非机动车。机动车是指动力装置驱动或者牵引，上道路行驶的供人员乘用或者用于运送物品以及进行工程专项作业的轮式车辆；非机动车是指以人力或者畜力驱动，上道路行驶的交通工具，以及虽有动力装置驱动但设计最高时速、空车质量、外形尺寸符合有关国家标准的残疾人机动轮椅车、电动自行车等交通工具”。被告人辩解其驾驶的是非机动车（电动车），公安机关现场勘查笔录注明扣押车辆为黄色二轮踏板，无当事人签名，也无见证人签名。在返还被告人被扣押的车辆时，也未明确记载车辆的种类、型号。公诉机关提交的证据不能达到确实、充分地证实被告人驾驶的车辆属于机动车。由于公安机关在取证时未对被告人驾驶的车辆进行证据固定，在案证据只能证实被告人驾驶的是黄色的轻骑牌二轮踏板摩托车。因此公诉机关指控被告人詹×喜驾驶的车辆属于机动车证据不足，不能认定被告人詹×喜有罪，指控被告人犯危险驾驶罪不能成立。

三、裁判结果：被告人詹×喜无罪。

25. 靳×良危险驾驶案

一、基本案情。

2017 年 5 月 2 日 14 时许，原审被告人靳×良酒后驾驶×××小型轿车，沿 102 国道由北向南行驶到唐山市××区段时，与正在路面工作的工人郑×1、张×及施工设备相撞。经道路交通事故认定，原审被告人靳×良承担事故全部责任；张×、郑×1 无责任。2017 年 5 月 3 日靳×良与郑×1 达成赔偿协议，靳×良赔偿郑×1 各项损失人民币 16000 元；2017 年 5 月 9 日靳×良与张×达成赔偿协议，靳×良赔偿张×各项损失人民币 39000 元；2017 年 5 月 12 日靳×良与张×红达成赔偿协议，靳×良赔偿张×红切割机损失人民币 2000 元。

二、裁判理由。

关于唐山宏基司法鉴定中心出具的血液酒精检验报告是否存在鉴定程序违法，是否应当被采信的问题。经查，根据唐山宏基司法鉴定中心 2019 年 3 月 14 日出具的靳×良血液酒精检验报告相关情况说明证实，该检验报告在送检、检验及出报告时间等流程符合《司法鉴定程序通则》之相关规定；根据该中心对大量检验数据进行统计所得经验，对同一检材所进行的两次检验结果的偏差不超过 4.7%，故在不影响定性结论的前提下，确认此检验结果有效。又根据鉴定人尹×、徐×当庭所作陈述证实，进行酒精检验需要进行两次平行操作，本次鉴定只提取了 0.5 ml 的样品进行了一次检验，测定结果是 229.4 mg/100 ml，已经很高了，不需要再验了，该中心一般都是做一次检验，临界的时候和有异议的时候才做二次。但是，根据《GA/T 842—2009 血液酒精含量的检验方法》的要求，鉴定机构对送检血样吸取待测全血两份，进行平行操作，两次测定结果的相对相差不大于 15%时，测定结果有效，定量结果按两次测定结果的平均值计算。结合唐山市路北区司法局出具的关于对靳×良投诉问题的答复意见：唐山宏基司法鉴定中心在对靳×良血样检测过程中，未按规定制备检材，未对待测血样进行平行操作，未对检材进行两次检验，工作中只凭经验做法而未严格依照检验方法规定规范操作。本案中，唐山宏基司法鉴定中心所出具的情况说明系凭借以往经验所作的推断性说明，不应予以采信。唐山宏基司法鉴定中心在对原审被告人靳×良的血液进行酒精检验过程中，仅对待测血样进行了一次测定，没有进行平行操作，无法确定一次的测定结果是否有效，鉴定程序违法，血液酒精检验报告不予采信。

关于原判认定原审被告人靳×良犯危险驾驶罪的证据是否充分的问题。经查，根据本案现有证据可以认定原审被告人靳×良酒后驾驶机动车并发生交通事故，现有证据不足以证实原审被告人靳×良系醉酒驾驶机动车，故原判认定原审被告人靳×良犯危险驾驶罪的证据不足。

三、裁判结果：上诉人（原审被告人）靳×良无罪。

26. 陈×华危险驾驶案

一、基本案情。

银川市兴庆区人民检察院指控，2017 年 6 月 6 日 21 时许，被告人陈×华醉酒后驾驶×××号小型轿车沿银川市兴庆区银横公路长庆燕鸽湖基地内由北向南行驶至七彩路八区 8 号楼前路段时，与该路段西侧道路上的防护栏发生碰撞，造成该车辆及防护栏受伤的道路交通事故。经银川市公安局交通警察支队兴庆区二大队责任认定：陈×华承担此事故的全部责任。经鉴定，陈×华血液中酒精含量为 172 mg/100 ml。

公诉机关认为，被告人陈×华在道路上醉酒驾驶机动车，其行为已构成危险驾驶罪，应适用《中华人民共和国刑法》第一百三十三条之一第一款第（二）项之规定定罪量刑。公诉机关同时提交了常住人口信息、驾驶人信息查询结果单等书证、血醇检验鉴定报告、被告人陈×华的供述和辩解等证明被告人陈×华犯罪的证据。

被告人陈×华对起诉书指控的犯罪事实及罪名均无异议，并表示自愿认罪。

被告人陈×华辩护人的辩护意见是，本案中被告人陈×华的血醇检验鉴定程序存在违法情形，应对血醇检验鉴定意见予以排除，且本案没有呼气式酒精检测结果，应依法认定被告人陈×华无罪。

经依法审理查明，2017 年 6 月 6 日 21 时许，被告人陈×华醉酒后驾驶×××号小型轿车沿银川市兴庆区银横公路长庆燕鸽湖基地内由北向南行驶至七彩路八区 8 号楼前路段时，与该路段西侧道路上的防护栏发生碰撞，造成该车辆及防护栏受伤的道路交通事故。经银川市公安局交通警察支队兴庆区二大队责任认定：陈×华承担此事故的全部责任。经鉴定，陈×华血液中酒精含量为 172 mg/100 ml。案发后，被告人陈×华向银川市兴庆区燕鸽湖小区物业服务处信访保卫部赔偿经济损失 2000 元。

另查明，2017 年 6 月 6 日 22 时 3 分许，银川市公安局交通警察分局二大队民警接到报案后，立即赶赴现场对被告人陈×华查获，现场依法对被告人陈×华进行呼气式酒精检测，被告人陈×华拒绝配合。2017 年 6 月 6 日 23 时 40 分，办案民警将被告人陈×华带至宁夏武警医院进行抽血，医护人员对被告人陈×华血液提取过程中使用的消毒液为安尔碘。

二、裁判理由。

公诉机关指控被告人陈×华违反交通运输管理法规在道路上醉酒驾驶机动车发生交通事故，并负事故的全部责任，酒精含量为 172 mg/100 ml，其行为已构成危险驾驶罪的公诉意见。经查证，当事人血液提取登记表，证实医护人员对被告人陈×华血液提取过程中使用的消毒液为安尔碘。根据《中华人民共和国国家标准〈车辆驾驶人员血液、呼气酒精含量值与检验〉（GB 19522—2010）5.3.1》之规定：“对需要检验血液中酒精含量的，应及时抽取血样。抽取血样应由专业人员按要求进行，不应采用醇类药品对皮肤进行消毒。”本案中，医护人员对被告人陈×华血液提取过程中使用的消毒液安尔碘为醇类消毒液，造成检材污染，故公诉机关提供的血醇检验鉴定意见存在程序违法情形，依法应予排除。综上，公诉机关指控被告人陈×华犯危险驾驶罪的证据不足，不能认定被告人陈×华构成危险驾驶罪。

三、裁判结果：被告人陈×华无罪。

27. 朱×元危险驾驶案

一、基本案情。

公诉机关指控，2017年8月21日，被告人朱×元在苍溪县小龙槛老火锅店吃饭饮酒后驾驶川Y×××××号小型轿车沿苍溪县滨江路往江南镇方向行驶，23时54分，朱×元驾车行至苍溪县滨江路中段241号（月亮湾啤酒广场）外时，与川F×××××号小型轿车、川H×××××号小型轿车、川H×××××号小型轿车、川H×××××号小型轿车、无号牌电动车发生碰撞与刮擦，致以上车辆均部分受损。民警在勘查现场时发现朱×元涉嫌酒后驾车，经对朱×元进行呼气酒精检测，结果为165.3 mg/100 ml，随后提取朱×元静脉血液，经南充市公安局物证鉴定所对朱×元的血液进行鉴定，其血液中乙醇含量为118.2 mg/100 ml。后经认定被告人朱×元负此次事故的全部责任。

公诉机关虽向法庭提交了两次血液鉴定意见，但认为朱×元在第一次鉴定意见送达证上已签字确认，表明其对鉴定意见无异议，提出重新鉴定的时间已超过法定三天内申请复议的时间，该重新鉴定申请既不符合常理又不符合法律规定及正当合理性；公安机关同意重新鉴定的审批亦不符合法律规定；结合现场呼气酒精检测结果，公诉人认为第一次血液鉴定结果与现场呼气结果更为接近，故第一次血液鉴定更具有客观性、真实性，应予作为指控证据采信。还认为被告人朱×元醉酒后驾驶机动车造成交通事故且负事故的全部责任，依法应予从重处罚；但其事故后在原地等待交警，该行为可视为自首，可从轻或减轻处罚。公诉机关向本院提交了书证、证人证言、被告人供述、现场勘验检查笔录及照片、鉴定意见、视听资料等证据，提请法院以危险驾驶罪追究其刑事责任。

被告人朱×元对指控的事实无异议，但认为自己对公安机关的鉴定意见提出异议后，公安机关依法重新鉴定，鉴定结论为血液中乙醇含量为76 mg/100 ml，尚未达到追究刑事责任的标准，故自己的行为不应构成犯罪。

辩护人的辩护意见是，本案侦办人员在办案时无论程序上还是实体上都存在瑕疵：根据公安机关承办人出具的归案情况说明，在带朱×元抽取血液时他并未在场；送检委托书载明送检人是沈×、潘×均，但实际只有潘×均一人前往；在向朱×元发放鉴定意见时，朱×元虽签字领取，但未告知被告人如有异议要求重新鉴定的法定期限。实际上，朱×元在医院抽取血液时，医务人员抽取血液收集证据行为不规范：未按要求将抽取的血液注入抗凝管内颠倒摇晃数次。因其不进行摇晃使抗凝管内的血液不能达到混匀，从而导致对同一人采用相同方式检测出现不同的数据，非专业人员不能擅自确定哪个数据更科学更准确从而取一舍二，根据刑事证据法则：疑罪从无或疑点利益归于被告人。请求宣告被告人无罪。

经审理查明，2017 年 8 月 21 日，被告人朱×元在苍溪县小龙槛老火锅店吃饭饮酒后驾驶川 Y×××××号小型轿车沿苍溪县滨江路往江南镇方向行驶，23 时 54 分，朱×元驾车行至苍溪县滨江路中段 241 号（月亮湾啤酒广场）外时，与川 F×××××号小型轿车、川 H×××××号小型轿车、川 H×××××号小型轿车、川 H×××××号小型轿车、无号牌电动车发生碰撞与刮擦，致以上车辆均部分受损。民警在勘查现场时发现朱×元涉嫌酒后驾车，经对朱×元进行呼气酒精检测，结果为 165.3 mg/100 ml，随后提取朱×元静脉血液，经南充市公安局物证鉴定所对朱×元的血液进行鉴定，其血液中乙醇含量为 118.2 mg/100 ml。后经认定被告人朱×元负此次事故的全部责任。

同时查明，案发当晚，苍溪县公安局交通警察大队接县局指挥中心指令后，值班民警沈×即与潘×均、李×、杨×、任×赶赴现场，对其酒精呼气检测及血样提取均是两名以上民警在场执行公务；公安机关 2017 年 8 月 23 日出具委托书委托南充市公安局物证鉴定所鉴定，鉴定要求：1. 测量朱×元静脉血液是否含有乙醇，如有，测其含量并作出书面报告；2. 我单位向你鉴定机构介绍的有关情况真实，提交的检材等来源清楚可靠。2017 年 9 月 12 日苍溪县公安机关将南充市公安局物证鉴定所鉴定意见（血液中乙醇含量为 118.2 mg/100 ml）送达给被告人朱×元，通知书上书面明确告知“如果你对该鉴定意见有异议，可以提出补充鉴定或重新鉴定的申请”。2018 年 2 月 8 日，被告人朱×元以“该鉴定意见不准确”为由申请重新鉴定，苍溪县公安局审查后认为：在第一次送检环节中，由一名民警带辅警送检虽符合县局有关酒驾案件办理的程序规定，但未按照法律要求由两名民警送检，存在瑕疵，符合重新鉴定法律条文中的其他情形，应予重新鉴定。经与市局物证鉴定所联系，认为复检应送往上级鉴定机构，并推荐送往绵阳维益司法鉴定中心。2018 年 3 月 6 日苍溪县公安机关向绵阳维益司法鉴定中心出具了委托鉴定书，后经该中心鉴定：送检血液中乙醇含量为 76 mg/100 ml。2018 年 12 月 27 日送达给当事人鉴定意见通知书上书面明确告知“如果你对该鉴定意见有异议，可以提出补充鉴定或重新鉴定的申请”，被告人朱×元当天签收。

还查明，案发后被告人朱×元已赔偿了被害人的全部损失并取得书面谅解。

上述事实，有经庭审质证的下列证据在卷证明：

（1）书证

①包括受理立案登记表、立案决定书，证实该案来源合法。

②到案经过，证实被告人朱×元在案发当晚明知他人报警仍在原地等候，且在事发后第三日主动到公安机关陈述了全部事实经过。

③被告人户籍信息及前科查询，与起诉书载明的内容一致，无前科。

④扣押决定及清单，证实案发当晚公安机关即扣押了朱×元的驾驶证、行驶证等证件。

⑤呼气检测结果单、血样提取表及照片，证实了现场对朱×元进行了呼气检测并签字，在苍溪县人民医院对朱×元的血液抽样时除执行民警外还有见证人在场。

⑥收条、谅解书，证实了案发后朱×元已积极赔偿了被损坏车辆的损失，取得被害人谅解。

⑦苍溪县公安局交通警察大队第×××道路交通事故认定书（简易程序）认定：朱×元对本次事故承担全部责任。

⑧第一次鉴定通知书，证实了第一次鉴定结果，于2017年9月12日送达给了被告人朱×元，通知书明确告知“如果你对该鉴定意见有异议，可以提出补充鉴定或重新鉴定的申请”；第二次鉴定意见于2018年12月27日送达给被告人，鉴定意见通知书上书面明确告知“如果你对该鉴定意见有异议，可以提出补充鉴定或重新鉴定的申请”。

⑨重新鉴定申请，朱×元于2018年2月8日以“该鉴定意见不准确”为由书面申请重新鉴定。

⑩苍溪县公安局重新鉴定报告书证实苍溪县公安局审查后认为：在第一次送检环节中，由一名民警带辅警送检虽符合县局有关酒驾案件办理的程序规定，但未按照法律要求由两名民警送检，存在瑕疵，符合重新鉴定法律条文中的其他情形，应予重新鉴定。经与市局物证鉴定所联系，他们认为复检应送往上级鉴定机构，并推荐送往绵阳维益司法鉴定中心，2018年3月6日苍溪县公安机关向绵阳维益司法鉴定中心出具了委托鉴定书，除送检人将潘×均改成彭×镔外，其余内容一致。

⑪苍溪县人民法院证明，证实被告人朱×元系该单位职工，表现一贯良好，请予宽大处理。

（2）证人证言

证人李×、白×系朱×元的同事，证实了案发当晚与朱×元等人一起吃饭时朱×元喝了白酒和啤酒的事实。

（3）被害人陈述，被害人陶×、罗×、邓×、梁×、杜×均系案发当晚被朱×元驾车擦剐受损车辆的车主，其中陶×、罗×、梁×系在场出租车驾驶员，邓×系电瓶摩托车车主，杜×系被损坏的私家车车主，均证实了案发当晚上述被害人将自己所驾驶的车辆停靠在苍溪县滨江路月亮湾广场路边休息时，看见一车牌为川Y×××××号小车撞到川H×××××号小型轿车车尾，继续前行与川F×××××号小型轿车、川H×××××号小型轿车、川H×××××号小型轿车、无号牌电动车发生碰撞与刮擦，陶×立即打电话报警并上了一辆出租车追赶肇事车辆，后来发现肇事车辆停在滨江路星豪茶楼路边，车头在冒烟，交警也到了现场，后与肇事驾驶员一起被公安机关的办案人员带至公安机关询问，肇事驾驶员作了酒精测试，听到测试机器发出语音说那个肇事司机酒后驾车。后肇事司机主动与我们车辆受损的驾驶员一起协商了赔偿事宜，已全部支付了赔偿款，自己愿意谅解肇事司机的情况。

（4）被告人供述，被告人朱×元在公安机关作了二次供述，其供述的案发经过与起诉书指控的内容一致。

（5）现场勘验笔录及照片，即案发现场全貌。

（6）鉴定意见。

①2017年9月12日向朱×元送达的南充市公安局物证鉴定所（南）公（物）检（乙醇）字［2017］816号理化检验报告证实从所送朱×元的血液中检出乙醇含量为118.2 mg/100 ml。

②2018年12月27日向朱×元送达的绵阳维益司法鉴定中心绵维司［2018］毒检字第102号法医毒物检验报告书证实朱×元的血液中检出乙醇含量为76 mg/100 ml。

（7）视听资料，现场查获视频及抽血过程录像。

二、裁判理由。

关于本案侦查阶段公安民警带领辅警出警及送检是否程序违法？根据《公安机关办理行政案件程序规定》第五十二条之规定，公安机关接报警、受案登记、信息采集、调解、送达文书等工作，可以由一名人民警察带领辅助人员进行，故本案公安机关出警和送检，由一名警察带领一名辅警进行并无不可。但苍溪县公安局在向南充市公安局物证鉴定所送检时实际送检人与填写的不一致，虽程序有瑕疵，如其鉴定结果具有唯一性及排他性，该瑕疵不足影响对鉴定结果真实性、客观性的认定。

关于医务人员血液采集行为是否规范？《临床检验基础》规定，除血清采集不需混匀外，对血浆、全血的采集要求为采血后立即颠倒混匀采血管 8 次，其目的是抑制血液凝固。本案根据庭前诉讼参与人观看采血时的全程录像视频：采血护士将血液注入两支瓶帽为蓝黑色的试管中，仅有一名警察对其中的一支试管进行了摇晃，另一支试管未进行摇晃操作，依照《临床检验基础》规定：采血管为黑色或浅蓝色试管的标本所收集的应是血浆或全血，采血后立即颠倒摇匀 8 次，试验前混匀标本。由此可见，专业采血人员未按程序收集证据。

关于对同一标本事隔半年后再进行第二次鉴定，其结果应否发生变化？根据《临床检验基础》规定，复核备用的样本应放置于低温冰箱冷冻保存，温度保持在零下 10 摄氏度—零下 18 摄氏度之间，保存期限不低于三个月，在此条件下样本无物理化学变化。本案苍溪县公安局回复公诉机关补充侦查报告中明确回复："2017 年 8 月 21 日，我局对犯罪嫌疑人朱×元采集血样后，将血样保存于专门的涉案财物保管室冰箱内，予以低温保存。"既是如此，公诉机关称样本长时间后可能存在乙醇挥发或血液变质问题，三个月后血液的测试结果已经不能反映当时情况，本案在时隔半年后会出现血液鉴定结果差异大的公诉意见不成立。

关于朱×元在事隔近五个月后以对鉴定结果有异议申请重新鉴定，其程序是否合法？公安机关应否重新鉴定？根据《关于公安机关办理醉酒驾驶机动车犯罪案件指导意见》规定：当事人在对检验报告有异议的，在接到报告后三日内提出重新鉴定申请。本案 2017 年 9 月 12 日苍溪县公安局侦查人员给朱×元送达南充市公安局物证鉴定所鉴定意见（血液中乙醇含量为 118.2 mg/100 ml）时，朱×元签字接收，鉴定意见通知书书面告知被告人"对该鉴定意见有异议，可以提出补充鉴定或者重新鉴定的申请"，但申请重新鉴定的期限未予告知，亦无证据证明侦查机关承办人履行了告知义务，因送达程序失误导致被告人朱×元未能及时行使其申请重新鉴定的权利。事隔五个月后，朱×元提出重新鉴定申请，即是个人主张自己的权利，公安机关接受并决定重新鉴定，该行为应视为以公权力对自己执法程序失误的一种补救。

在两次血液鉴定结果不一致又不能排除合理怀疑的情况下能否采信呼气检测？最高人民法院、最高人民检察院、公安部《关于办理醉酒驾驶机动车刑事案件适用法律若干问题的意见》第六条第一款规定：血液酒精含量检验鉴定意见是认定犯罪嫌疑人是否醉酒的依据。犯罪嫌疑人经呼气酒精含量检验达到本意见第一条规定的醉酒标准，在抽取血样之前脱逃的，可以以呼气酒精含量检验结果作为认定其醉酒的依据。本案被告人朱×元并无上列行为，故不应以其呼气检验结果作为指控证据。

综上，本案侦查机关于同一被告人同一时间采集的血液样本送交均具鉴定资格的机构进行鉴定，得出不同的鉴定结论，且鉴定意见涉及被告人的行为性质，但公诉机关未提供证据对不构成犯罪的鉴定意见予以排除，其指控证据不具有唯一性及排他性，无法达到证明目的，故指控的犯罪因证据存疑不能认定。

三、裁判结果：被告人朱×元无罪。

28. 马×军危险驾驶案

一、基本案情。

银川市兴庆区人民检察院指控，2019 年 1 月 5 日 23 时 40 分许，被告人马×军醉酒后驾驶×××号小型普通客车行驶至青银高速公路由西向东方向 1511 km＋714 m 路段银川东收费站入站道口，将收费站护栏撞倒，造成无人员伤亡、车辆及公路设施不同程度受损的道路交通事故。经宁夏公安厅高速公路交警支队六大队认定，马×军承担此事故的全部责任。经鉴定，马×军血液中乙醇含量为 219.65 mg/100 ml。公诉机关认为，被告人马×军在道路上醉酒驾驶机动车，其行为已构成危险驾驶罪，应适用《中华人民共和国刑法》第一百三十三条之一第一款第（二）项之规定定罪量刑。公诉机关同时提交了常住人口信息、驾驶人信息查询结果单等书证，血醇检验鉴定报告、被告人马×军的供述和辩解等证明被告人马×军犯罪的证据。

被告人马×军对起诉书指控的犯罪事实及罪名均无异议，并表示自愿认罪。

被告人马×军辩护人的辩护意见是，本案中被告人马×军的血醇检验鉴定程序存在程序违法情形，应对血醇检验鉴定意见予以排除，且本案不存在适用呼气式酒精检测结果作为定案依据的情形，应依法认定被告人马×军无罪。

经依法审理查明，2019 年 1 月 5 日 23 时 40 分许，被告人马×军醉酒后驾驶×××号小型普通客车行驶至青银高速公路由西向东方向 1511 km＋714 m 路段银川东收费站入站道口将收费站护栏撞倒，造成无人员伤亡、车辆及公路设施不同程度受损的道路交通事故。经宁夏公安厅高速公路交警支队六大队认定，马×军承担此事故的全部责任。经鉴定，马×军血液中乙醇含量为 219.65 mg/100 ml。案发后，被告人马×军联系维修单位对损毁的护栏予以更换，并支付了全部维修费用，宁夏公路管路局银川分局银川东收费站对被告人马×军的行为表示谅解。

另查明，2019 年 1 月 6 日 0 时 07 分许，宁夏公安厅高速公路交警支队六大队办案民警对被告人马×军进行了呼气式酒精检测，检测结果为 99 mg/100 ml；2019 年 1 月 6 日 0 时 34 分，办案民警将被告人马×军带至宁夏武警总队医院急诊科进行抽血，医护人员对被告人马×军血液提取过程中使用的消毒液为安尔碘。

二、裁判理由。

公诉机关指控被告人马×军违反交通运输管理法规在道路上醉酒驾驶机动车发生交通事故，并负事故的全部责任，酒精含量为 219.65 mg/100 ml，其行为已构成危险驾驶罪的公诉意见。经查证，当事人血液提取登记表，证实医护人员对被告人马×军血液提取过程中使用的消毒液为安尔碘。根据中华人民共和国国家标准《车辆驾驶人员血液、呼气酒精含量值与检验》（GB 19522—2010）5.3.1 之规定："对需要检验血液中酒精含量的，应及时抽取血样。抽取血样应由专业人员按要求进行，不应采用醇类药品对皮肤进行消毒。"本案中，医护人员对被告人马×军血液提取过程中使用的消毒液安尔碘为醇类消毒液，造成检材污染，故公诉机关提供的血醇检验鉴定意见存在程序违法情形，依法应予排除。最高人民法院、最高人民检察院、公安部《关于办理醉酒驾驶机动车行驶案件适用法律若干问题的意见》第六条规定："血液酒精含量检验鉴定意见是认定犯罪嫌疑人是否醉酒的依据。犯罪嫌疑人经呼气酒精含量检验达到醉酒标准，在抽取血样前逃脱的，可以以呼气酒精含量检验结果作为认定其醉酒的依据。犯罪嫌疑人在公安机关依法检查时，为逃避法律追究，在呼气式酒精含量检验或者抽取血样前又饮酒，经检验其血液酒精含量达到醉酒标准的，应当认定为醉酒。"本案中，公安机关对被告人马×军进行呼气式酒精检测时不存在上述情形，故本案不具备依据呼气式酒精检测结果作为定案依据的情形。综上，公诉机关指控被告人马×军犯危险驾驶罪的证据不足，不能认定被告人马×军构成危险驾驶罪。对辩护人相应的辩护意见，予以采纳。

三、裁判结果：被告人马×军无罪。

29．龙×明危险驾驶案

一、基本案情。

固原市原州区人民检察院指控：2018 年 2 月 9 日 22 时许，被告人龙×明饮酒后无证驾驶宁 D×××××号小客车沿固原市原州区东关路由北向南行驶至绿墅锦园小区门口时，与被害人王×驾驶的宁 D×××××号小客车相撞，造成龙×明、王×受伤及双方车辆不同程度受损的道路交通事故。交警部门认定被告人龙×明负事故的全部责任。经提取龙×明血样送检，其血液中检出乙醇，含量为 253 mg/100 ml，依据《车辆驾驶人员血液、呼气酒精含量阈值与检验》（GB 19522—2010）之规定，被告人龙×明系醉酒驾驶机动车。针对上述指控，公诉机关向本院提供了相应证据材料并认为被告人龙×明违反交通运输管理法规，醉酒后在道路上驾驶机动车，危害公共安全，其行为触犯了《中华人民共和国刑法》第一百三十三条之一第一款第（二）项，犯罪事实清楚，证据确实、充分，应当以危险驾驶罪追究其刑事责任。被告人龙×明酒后驾车发生交通事故且负事故全部责任，应当从重处罚。综上提出对被告人龙×明在二个月以上五个月以下判处拘役，并处罚金的量刑建议。

被告人龙×明辩称，被告人对公诉机关指控的犯罪事实及罪名均提出异议，认为交通事故发生时是其朋友马×驾驶的车辆，侦查机关委托的鉴定机构及鉴定人员无相关鉴定资质，鉴定程序不合法，被告人无罪。

辩护人张×春的辩护意见：认为公诉机关指控被告人龙×明犯危险驾驶罪事实不清，证据不足。①现有证据无法证明被告人饮酒驾驶车辆；②王×的陈述存在反复和疑点；③被告人的血样未依法提取、封存、保存、送检；④鉴定意见书因违反程序不能作为定案依据，鉴定机构和鉴定人不具备法定资质；送检样本来源不明并因污染不具备鉴定条件，同时鉴定样本与鉴定对象不一致，提取被告人血样时使用的非生理盐水，提取后未现场封存，提取的同时也在提取他人血样，且该人的血样也未现场封存，提取后血样在延迟送检的情况下未低温保存；鉴定程序违反规定，按照规定本案鉴定开始前委托人未和鉴定机构签订鉴定确认书，在没有授权签字人签字的情况下鉴定机构不得出具鉴定意见书，同时鉴定意见书中未注明鉴定开始的日期和鉴定的地点，也没有对检材进行任何描述。综上被告人是否酒后驾车方面没有任何确凿证据予以证明，据以定案的血醇检验鉴定意见书严重违反程序，王×是否为车辆驾驶人及其在找眼镜时能否看见逃逸了的马×，侦查机关是否将王×父亲的血样和被告人的血样混淆这些合理怀疑根本无法作出排除，应宣告被告人无罪。

经审理查明，2018 年 2 月 9 日 22 时许，被告人龙×明饮酒后无证驾驶北京现代牌宁 D×××××号小客车在送其朋友回家途中，当晚 21 时 57 分当车辆（时速 65±3 km/h）沿固原市原州区东关路由北向南行驶至东关路绿墅锦园小区门口时，逆向行驶与被害人王×持 C1 型机动车驾驶证驾驶的风神牌宁 D×××××号小客车（时速 36±3 km/h）相撞，造成双方车辆不同程度受损的道路交通事故。交警部门认定被告人龙×明负事故的全部责任，王×无责任。

另查明，被害人王×诉被告人龙×明、中国人民财产保险股份有限公司固原市原州支公司交通事故责任赔偿纠纷一案于 2018 年 5 月 30 日在本院的主持调解下达成协议：被告人龙×明向被害人王×赔偿经济损失 63000 元，中国人民财产保险股份有限公司固原市原州支公司不承担责任。

上述事实，有当庭提交且经质证的下列证据证实：

（1）常住人口详细信息，证实被告人龙×明个人基本情况信息及犯罪时达到刑事责任年龄的事实。

（2）受案登记表、立案决定书，证实本案来源及公安机关立案侦查的事实。

（3）驾驶人信息查询结果单、机动车信息查询结果单，证实被告人龙×明无机动车驾驶证及宁 D×××××号小客车登记在他人名下等情况的事实。

（4）道路交通事故现场勘查笔录及照片，证实案发现场方位、具体地点以及事故发生时道路和肇事车辆以及人员的有关情况的事实。

（5）道路交通事故认定书，证实被告人龙×明负事故全部责任，王×无责任的事实。

（6）宁夏四维金盾中天司法鉴定中心道路交通事故车辆检验司法鉴定意见书，证实宁 D×××××号北京现代牌小型普通客车车辆发生事故时的时速为 65±3 km/h；宁 D×××××号小型普通客车车辆发生事故时的时速为 36±3 km/h 的事实。

（7）当事人血样提取登记表及照片、送检情况说明、受理鉴定表及提取血液视频，证实值班民警李×列与当日值班领导万×明带领事故值班人员在固原市中医院由医院值班护士提取了被告人血液，将血液低温封存在大队冷藏室。2018 年 2 月 10 日血液被送往支队法制科低温保存并登记，因当日固原市公安局物证鉴定所工作人员未上班，2018 年 2 月 11 日办案人员李×列、张×平取出血液送检，并将另外两支在物证鉴定所封存后送回低温保存的事实；同时提取血液视频证实了办案人员在未将血液封存情形下让被告人、医务人员签名，且在签名后亦未让其当场确认封存的事实。

(8) 宁夏四维金盾中天司法鉴定中心道路交通事故车辆检验司法鉴定意见书，证实固原市原州区六盘山路与东关路交叉口至本案案发地点距离 685 米的事实。

(9) 证人张×明、何×民、王×红、苟×春的证言，证实 2018 年 2 月 9 日晚，龙×明、张×明、何×民、王×红等人先后在新外贸餐厅吃饭喝酒、后又到东海太阳城小区门口的白夜酒吧的事实。

(10) 证人李×红、马×平证言及现场勘验笔录、照片、证明材料，证实固原市公安局交警支队及直属二大队存放血样的冰柜一直处于低温状态、没有维修或者更换的事实。

(11) 证人苏×（事发当日急诊科值班护士）证言，证实证人为被告人提取血液时所使用的消毒液不含有酒精的事实。

(12) 证人石×萍证言，证实该科室在为涉嫌酒后驾驶机动车人员提取血液时均使用碘伏消毒的事实。

(13) 证人张×斌（负责医院的设配物资的采购与配发）证言及出库清单、照片，证实急诊科日常采用三种消毒方式：第一种碘伏、第二种含量 95%和 75%的酒精、第三种戊二醛消毒液进行消毒的事实。

(14) 被害人王×的陈述，2018 年 2 月 9 日 22 时许，被害人驾驶宁 D××××号小客车由南向北行驶至东关路绿墅锦园小区门口的时候，看见对面来了一辆车，这辆车逆向行驶，被害人已经来不及躲避，就与对方车辆相撞，撞了以后被害人眼镜找不见了，被害人就在车上把眼镜找到后，下车看车辆损失，此时对方驾驶员就从车上下来，一身酒气，站立不定，又从对方车辆右侧下来一位着装艳丽的女子，具体是从副驾驶座位还是后排座下来的被害人没看清楚，这个女的就跟对方驾驶员说了几句话后，直接走到道路西侧路边打了一个电话后堵了一辆出租车走了，对方驾驶员神志不醒，说要私下解决，被害人坚决不同意打电话报警的事实。

(15) 血样送检登记表，证实 2018 年 2 月 10 日办案人员李×列、张×平送达被告人血样，2018 年 2 月 11 日领取的事实。

(16) 辨认笔录，证实经公安机关组织被害人辨认，对方驾驶员为龙×明的事实。

(17) 白夜酒吧监控录像，证实 2018 年 2 月 9 日 20 时 58 分龙×明等人进入白夜酒吧，当日 21 时 39 分龙×明离开白夜酒吧的事实。

(18) 照片四张，第一张照片证实 2018 年 2 月 9 日 20 时 50 分 54 秒，马×驾驶宁 D×××××号小客车由南向北通过兴源路与民族街交叉口；第二张照片证实 2018 年 2 月 9 日 20 时 53 分 56 秒，马×驾驶宁 D×××××号小客车由南向北通过血站十字（文化街与六盘山交叉口）；第三张照片证实 2018 年 2 月 9 日 21 时 52 分 4 秒，龙×明驾驶宁 D×××××号小客车由南向北经过六盘山路与利民街交叉口，经被告人辨认，指出第三张照片中的驾驶员就是自己，该证据亦证实 2018 年 2 月 9 日 21 时 52 分左右龙×明驾驶车辆的事实；第四张照片证实 2018 年 2 月 9 日 21 时 56 分 34 秒，被告人驾驶的宁 D×××××小客车经过六盘山路与东关路交叉口（车辆行驶在六盘山路，即将进入东关路）的事实。

(19) 监控视频，证实宁 D×××××车辆从六盘山路与东关路交叉处进入东关路并行驶至滨河小区门口期间，车辆始终处于行驶状态，并没有停车的事实。

(20) 询问光盘、讯问光盘、事故现场执法记录视频，证实公安机关询问证人、讯问被告人的过程及民警到事故案发现场时龙×明坐在车的后排座的事实。

(21) 刑事判决书，证实 2016 年 3 月 22 日，马×因犯非法拘禁罪被固原市原州区人民法院判处有期徒刑八个月，宣告缓刑一年，宁 D×××××发生交通事故时马×并不在缓刑考验期的事实。

(22) 侦查实验笔录及视频，证实 2018 年 7 月 6 日侦查机关为了确定龙×明在 46 秒内是否可以驾驶车辆从六盘山路与东关路交叉口行驶至事故发生地点，并在中间完成在路边 2 至 3 米的位置小便、与马×更换驾驶员而进行侦查实验的事实。

(23) 呈请侦查实验报告书、侦查实验笔录及视频，证实 2019 年 1 月 22 日，侦查人员分别在固原市中医医院由医务人员提取了田××、杨×血液，并使用碘伏消毒液，血液提取后，经固原市公安局物证鉴定所鉴定，二人血液中均没有检测出乙醇的事实。

(24) 利尔康碘伏消毒液卫生安全评价报告、检验报告；证实生产利尔康碘伏消毒液符合相关标准的事实。

(25) 情况说明（事故处警民警李×列、孙×义、杨×出具），证实案发时宁

D×××××车辆上并没有酒瓶的事实及龙×明曾联系侦查人员要从被暂扣的宁D×××××车辆上取东西的事实。

（26）被告人龙×明供述和辩解，证实 2018 年 2 月 9 日晚，被告人与他人饮酒后，驾驶宁 D×××××号小客车送朋友回家途中与王×驾驶的宁 D×××××发生碰撞的事实。

以上控辩双方当庭提交的证据，被告人龙×明及辩护人对公诉机关提交的常住人口详细信息、受案登记表、立案决定书、驾驶人信息查询结果单、机动车信息查询结果单、道路交通事故现场勘查笔录及照片、宁夏四维金盾中天司法鉴定中心道路交通事故车辆检验司法鉴定意见书（宁四中司鉴［2018］交鉴字第 61 号），证人张×明、何×民、王×红、苟×春的证言，白夜酒吧监控视频、照片三张无异议，上述证据经审查符合证据的三性，本院予以确认，作为定案的依据；被告人龙×明及辩护人对公诉机关当庭提交的其他证据认为程序不合法及与本案缺乏关联性，经本院审查认为除宁夏回族自治区固原市公安局物证鉴定所血醇检验鉴定所固公物证血鉴字［2018］018 号鉴定书及证人王×莉证言外，其他证据来源合法，内容客观真实，与案件具有关联性，符合证据的三性属性，作为定案的依据；关于宁夏回族自治区固原市公安局物证鉴定所血醇检验鉴定所固公物证血鉴字［2018］018 号鉴定书及证人王×莉证言经本院审查认为，鉴定书送检检材一项表述为龙×明抗凝血液 2 ml，但鉴定委托书中记载龙×明血液 6 毫升，分 3 支抗凝剂管装，每支 2 ml（编码分别为：01919248、01918435、01691108），从公诉机关提交的采集被告人血液视频可以证实，侦查机关对提取的血样未当场登记封装，存在与他人血液混装的可能性，且鉴定机构未明确记载所检测对象编号，不能排除合理怀疑；关于证人王×莉证言，证人作为三个鉴定人（助理工程师）之一陈述经其核实检测的采血编号为 01918435，但公诉机关未核实其他鉴定人是否属实，亦未提交其他证据予以佐证，故对公诉机关提交的上述两项证据本院不予支持。

对被告人龙×明及辩护人当庭提交的固原市原州区公证处公证书、固原市公安局交通警察分局道路交通事故复核结论，固原市原州区人民法院调解笔录及现金缴款单，公诉机关均提出异议，对固原市原州区公证处公证书一份证明事发车辆宁 D×××××号小客车车牌后座有两个江小白牌白酒瓶，车辆主驾驶座位靠背后侧有疑似血液的一小片暗红色痕迹，该份证据表明被告人在事发时在后排乘坐，并饮酒的事实，同时在事发过程中被告人因事发碰撞过程中被告人的额头受伤的事实，对该项事实本院予以确认，但该份证据与公安机关在事故发生时勘验笔录相矛盾，不能证明车上有酒瓶的事实，该组证据缺乏真实性；固原市原州区人民法院调解笔录及现金缴款单，该证据符合证据的三性，但与本案缺乏关联性；固原市公安局交通警察分局道路交通事故复核结论，真实有效，但最终重新做出了道路交通事故责任认定书，该证据不具有证明能力，与本案缺乏关联性。综上，被告人及辩护人提交的证据不符合证据的相关属性，对其证明效力不予认定。

二、裁判理由。

被告人龙×明违反交通运输管理法规，酒后无证驾驶机动车上路行驶，与王×驾车发生碰撞，造成被告人及王×受伤及双方车辆损坏的事实存在。事故发生后公安机关积极勘查现场，并按照程序对被告人的血样进行了提取，从公诉机关向法庭提交的当事人血样（尿样）提取登记表、提取被告人血液同步录音录像及其他证据可以证实：一、医务人员采用碘伏对被告人进行消毒后提取血样，而公安机关登记表中消毒液名称记载“生理盐水”；二、公安机关在录制被告人龙×明血液提取过程中，在未封装的情况下让被告人及医护人员签名，但在相关人员签名后仍未当场封装，而是让其离开，在未封装前又对他人提取血样，虽然最后提交了封装后的视频，但整个封装过程未有见证人、当事人或视频录音录像，不排除与他人血液混装的可能性，公安机关在收集该证据时违反规定；三、2018 年 2 月 9 日被告人的血样被提取，2018 年 2 月 11 日送检，未经上级公安机关交通管理部门负责人批准，上述行为违反了公安部《关于公安机关办理醉酒驾驶机动车犯罪案件的指导意见》公交管〔2011〕190 号第五条血样要当场登记封存，并立即送县级以上公安机关检验鉴定机构或者经公安机关认可的其他具备资格的检验鉴定机构进行酒精含量检验，因特殊原因不能立即送检的，应当按照规范低温保存，经上级公安机关交通管理部门负责人批准，可以在 3 日内送检的规定；四、宁夏回族自治区固原市公安局物证鉴定所固公物证血鉴字［2018］018 号血醇检验鉴定书中未明确记载送检材料编号，从提取被告人血液录音录像查明不排除混装的可能性，且公诉机关未提交其他证据加以佐证。综上，该鉴定检验报告是该案定罪的关键证据，不予认定，由此虽然被告人龙×明涉嫌酒后驾驶车辆，仅凭现有其他证据无法达到证据确实充分的证明标准，证明被告人龙×明构成危险驾驶罪的证据不足，对被告人及其辩护人认为被告人无罪的观点本院予以采纳。

三、裁判结果：被告人龙×明无罪。

30. 交×危险驾驶案

一、基本案情。

循化撒拉族自治县人民检察院指控被告人交×于2019年7月21日19时40分许驾驶×××号小型轿车与马×驾驶的×××号小型轿车在本县市政大桥相撞发生交通事故，接警后民警在现场对交×进行呼气式酒精检测，测试出酒精含量为197.0 mg/100 ml，之后民警将交×带至循化县人民医院抽取血样。经海东市公安局刑事科学技术研究所鉴定，从送检的交×血样中检出乙醇成分，乙醇含量为224.075 mg/100 ml。同年8月5日循化县公安局交警大队出具的道路交通事故责任认定书认定交×负此次事故的全部责任。案发后，交×与马×达成和解协议并赔偿了全部损失和取得谅解。针对上述指控，公诉机关向本院提供了相应的证据材料：受案登记表、到案经过、酒驾现场调查笔录、呼气式酒精测试记录、血样提取登记表及相关视频、照片、证人证言、鉴定意见、事故责任认定书、被告人供述及认罪认罚具结书等证据。

公诉机关认为：被告人交×醉酒后驾驶机动车并造成事故的行为触犯了《中华人民共和国刑法》第一百三十三条之一第一款第二项的规定，应当以危险驾驶罪追究其刑事责任。鉴于被告人自愿认罪认罚，建议判处2—4个月拘役，并处罚金。

被告人交×对指控危险驾驶犯罪的事实及罪名不持异议，自愿认罪认罚，请求从轻处罚和适用缓刑，但对海东市公安局刑事科学技术研究所出具的酒精含量检测鉴定意见提出了系违法超期鉴定的异议。

经审理查明，2019年7月21日19时20分许，被告人交×无证且酒后驾驶×××号小型轿车由南向北行驶至本县市政大桥0 km+26 m处时与对向正常行驶的×××号小型轿车正面相撞，造成两车损坏和对方车辆乘客1人受伤的交通事故。当日经出警民警现场调查发现被告人交×涉嫌酒驾，遂对被告人进行呼气式酒精检测，测试出酒精含量为197.0 mg/100 ml后，又带被告人到循化县人民医院抽取血样，于次日委托海东市公安局刑事科学技术研究所对血样酒精含量进行检测鉴定，并要求于同年7月30日前出具鉴定意见。同年7月30日海东市公安局刑事科学技术研究所出具（东）公（刑）鉴（理化）字［2019］319号检验报告：从送检的交×血样中检出乙醇成分，乙醇质量浓度为224.075 mg/100 ml。

同年 8 月 5 日循化县公安局交警大队道路事故认定书认定：交×饮酒后驾驶机动车上道路逆行发生交通事故，负此事故的全部责任。

另查明，案发后被告人经协商赔偿了对方全部损失 3 万元并取得了谅解。

本案审理中，被告人主动预交刑事罚金 3000 元。

认定上述事实的主要证据有：

（1）受案登记表、到案经过、酒驾现场调查笔录、呼气式酒精测试记录、血样提取登记表及相关视频、照片、行政强制措施凭证及扣押清单、道路交通事故认定书，证明循化县公安交警大队 2019 年 7 月 21 日 19 时 20 分接到 110 指挥中心“在市政大桥发生一起交通事故，请查处”的指令后，经出警民警现场调查发现肇事车辆驾驶人交×涉嫌酒驾，遂对其进行呼气式酒精测试后带到循化县人民医院抽取血样留存检测并扣留了其肇事车辆，同年 8 月 5 日循化县公安局交警大队认定被告人交×饮酒后驾驶机动车上路逆行造成交通事故，负该事故的全部责任；

（2）肇事车辆、驾驶人信息查询单：证明肇事车辆相关信息和被告人未取得机动车驾驶证；

（3）证人马×证言：证明案发当日 19 时许，其驾驶迈腾轿车由北向南行驶到县城市政大桥桥头时，被一辆由南向北并占道行驶的大众轿车碰撞，下车后闻到对方身上酒味很浓遂报警；

（4）委托鉴定聘请书、鉴定意见通知书：证明侦查机关于案发当日采集被告人血样后于次日委托鉴定机构进行鉴定并要求鉴定机构于同年 7 月 30 日前出具鉴定意见，同年 7 月 30 日鉴定机构作出鉴定意见后，侦查机关于次日送达被告人；

（5）循化县公安局提供法庭审判所需证据材料答复函：证明侦查机关依法采集被告人血样送检后，鉴定机构未按照公安部相关办理程序规定在法定期限内作出鉴定意见，本案鉴定意见系超期作出及送达被告人后，被告人无异议且在法定时限内未提出重新鉴定申请；

（6）被告人户籍及职业证明、前科证明：证明被告人系本县文体旅游局文工团临聘人员及相关身份信息和 2015 年 3 月 2 日因赌博被循化县公安局积石派出所罚款 300 元；

（7）赔偿协议及收条、谅解书：证明被告人经协商赔偿对方 3 万元并取得谅解；

（8）认罪认罚具结书：证明被告人在检察阶段认罪认罚，同意检察机关提出的量刑幅度；

（9）被告人交×供述：证明案发当日19时20分许，其在循化宾馆喝了8—9瓶啤酒后，驾驶自己的小轿车由北向南行驶至市政大桥南头时，因压黄线而碰撞到对向正常行驶的一辆轿车侧门上，对酒精含量检测鉴定意见和事故责任认定书无异议。

二、裁判理由。

关于被告人对公诉机关提交质证的酒精含量检测鉴定意见提出的系违法超期鉴定的异议和该鉴定意见能否作为本案定罪依据的问题。经查，2019年7月21日案发当日侦查机关依法采集被告人血样后于次日委托鉴定机构鉴定时，明确要求鉴定机构于7月30日前出具鉴定意见，违反了公安部《关于公安机关办理醉酒驾驶机动车犯罪案件的指导意见》第6条中“对送检的血样，检验鉴定机构应当在3日内出具检验报告”的规定；本案鉴定机构同年7月22日接受侦查机关委托后于同年7月30日作出的本案鉴定意见，同样也违反了公安部的上述指导意见的时限规定。故，被告人对该鉴定意见提出的异议成立。该鉴定意见因鉴定程序违法，不能作为本案定罪的依据，其效力不能采信和认定。

关于公诉机关补充侦查后提交质证的公安部《公安机关鉴定规则》能否作为证据使用的问题。经查，该规则是公安机关在办理刑事案件中针对专门性问题需进行鉴定时所应遵循的法律依据，并不是证明案件事实的根据，故该规则在本案中不能作为证据使用。

醉酒后驾驶机动车在道路上行驶是认定行为人构成危险驾驶罪的客观要件，而认定行为人是否达到醉酒标准的依据是酒精含量检验鉴定机构依照法定程序作出的合法有效鉴定意见。本案中，公诉机关指控被告人犯危险驾驶罪所依据提交的血液酒精含量检验鉴定意见超期鉴定，鉴定程序违法，不能作为定罪的依据；且本案中亦不存在以被告人呼气式酒精测试结果作为定罪依据的法定情形，故公诉机关指控被告人犯危险驾驶罪的事实不清，证据不足，指控犯罪不能成立，不予支持。对此被告人关于本案作出的酒精含量检验鉴定意见超期违法的异议成立，予以采纳。

三、裁判结果：被告人交×无罪。

31. 张×1危险驾驶案

一、基本案情。

青海省化隆回族自治县人民检察院指控，2018年10月1日，被告人张×1酒后驾驶×××号车在××县与前方同向行驶的杨×驾驶的×××号小型客车追尾相撞，造成两车受损的道路交通事故。经青海省公安厅刑事科学技术研究管理中心鉴定，被告人张×1血液中的乙醇含量为318.5 mg/100 ml，属于醉酒驾驶。

针对上述指控的犯罪事实，公诉机关当庭宣读、出示了证人张×2、吴×、杨×的证言，被告人张×1的供述与辩解，鉴定意见，交通事故责任认定书，交通事故现场照片，到案经过等证据。公诉机关认为，被告人张×1醉酒驾驶机动车，其行为触犯了《中华人民共和国刑法》第一百三十三条之一的规定，应当以危险驾驶罪追究其刑事责任，提请本院依法惩处。

被告人张×1对公诉机关指控事实、罪名没有异议，且签字具结，在开庭过程中亦无异议。

被告人张×1的辩护人认为，本案定罪证据存疑，应当宣告被告人张×1无罪，理由为：1. 血样送检期限违反公安部《关于公安机关办理醉酒驾驶机动车犯罪案件的指导意见》的相关规定，程序违法；2. 被告人张×1的行为未对公共安全造成影响，情节显著轻微、危害不大，不认为是犯罪；3. 被告人已经对被害人进行了经济赔偿，并取得被害人谅解。

经本院审理查明，2018年10月1日，被告人张×1酒后驾驶号牌为×××的大众牌小型客车在××县医院十字路口处与前方杨×驾驶的号牌为×××的大众牌小型客车追尾相撞，造成两车轻微受损的道路交通事故。经交通事故责任认定，被告人张×1负此次事故的全部责任。

案发后，被告人张×1向被害人杨×赔偿车辆维修费8000元，并取得谅解。

上述事实，有经庭审质证、认证的下列证据证实：

（1）受案登记表，证明2018年10月1日15时07分，化隆县公安交通警察大队接到杨×报警电话，称化隆县巴燕镇建设路医院十字路口发生交通事故，其驾驶的×××出租车被×××的私家车撞了，对方酒驾，无人员伤亡，请求出警。

(2) 执法记录仪视频，证明处警民警现场执法的相关情况。

(3) 道路交通事故现场照片，证明案发现场的相关情况。

(4) 化隆回族自治县公安局交通警察大队道路交通事故责任认定书，证明被告人张×1醉酒后驾车且未与前车保持安全车距是造成此次事故的直接原因，负此次交通事故的全部责任。

(5) 青海省公安厅刑事科学技术研究管理中心理化检验报告，证明被告人张×1血液中的乙醇含量为318.5 mg/100 ml，血液样本受理时间为2018年10月8日。

(6) 驾驶证复印件、行驶证复印件、驾驶人及机动车信息查询结果单，证明被告人张×1已取得机动车驾驶资格以及号牌为×××的大众牌小型汽车的相关情况。

(7) 办案说明，证明2018年10月1日，处警民警闻及张×1身上酒味并发现呼气式酒精检测仪没电，现场勘查结束后立即带张×1至化隆县人民医院抽血。

(8) 办案说明，证明案发时正值国庆法定节假日，经办案民警电话问询得知，青海省公安厅刑事科学技术研究管理中心在法定节假日期间不受理案件标本的检验鉴定，2018年10月8日国庆假期结束后，办案民警将被告人张×1的血液样本送检。

(9) 证人张×2的证言，证明2018年10月1日早上，吴×在家中与张×1一起喝啤酒，张×1喝了四五罐，吴×喝了五六罐。两人喝完酒后，张×2开车将张×1送至巴燕镇派出所。

(10) 证人吴×的证言，证明2018年10月1日早上九点多，吴×在家和张×1一起喝啤酒，吴×喝了四罐，张×1喝了三罐，第四罐打开后没喝完。两人喝完酒后，张×2开车拉着张×1走了。

(11) 证人杨×的证言，证明2018年10月1日14时50分左右，杨×驾驶出租车（号牌：×××）沿巴燕镇建设路由西向东行驶，在医院路口等红灯时，后方驶来一辆车（号牌：×××）撞在其车后侧保险杠处，肇事车的驾驶员满身酒味，话都说不清楚。

(12) 被告人张×1的供述，证明2018年10月1日，张×1在雄先乡年办村吴×家喝了四五罐啤酒，后张×1的堂兄张×2开车将张×1送至巴燕镇派出所后离开。张×1开车行至化隆县医院丁字路口时，与前方同向行驶等候红灯的车辆发生追尾。

（13）违法犯罪记录查询情况说明，证明被告人张×1无违法犯罪记录。

（14）到案经过，证明被告人张×1被处警民警从案发现场口头传唤至化隆县公安局交通警察大队。

（15）赔偿协议、收条、谅解书，证明案发后，被告人张×1向被害人杨×赔偿车辆维修费8000元，并取得谅解。

二、裁判理由。

关于《青海省公安厅刑事科学技术研究管理中心理化检验报告》应否作为证据采用的问题。根据公安部《关于公安机关办理醉酒驾驶机动车犯罪案件的指导意见》（以下简称《指导意见》）第五条之规定，提取的血样要立即送检，因特殊原因不能送检的，应当按照规范低温保存，经上级公安机关交通管理部门负责人批准，可以在三日内送检。本案被告人抽取血样时间为2018年10月1日，血样样本送检、受理时间为2018年10月8日，延迟送检七天，且未得到上级交通管理部门负责人批准。另外，根据办案人员出具的办案说明，血液样本严格按照技术标准要求在冰箱内进行了封存，但同时又缺乏对封存血样同步检测的时间、保存温度、监测人等定期监控记录，在延迟送检的七天内，无法排除血液样本被污染的合理怀疑。综上，青海省公安厅刑事科学技术研究管理中心理化检验报告不能作为对被告人张×1定罪的证据使用，辩护人的辩护理由成立，本院予以采纳。

关于办案民警执法不规范的问题。根据公安部《指导意见》第十三条之规定，交通民警在道路上检查酒后驾驶机动车时，必须配齐呼气酒精含量检测仪等装备。在本案中，报案人向化隆回族自治县公安局交警大队报案时，已说明对方涉嫌酒驾。根据执法记录仪显示，处警民警在现场勘查时，未进行必要的呼气检测。在危险驾驶案件中，呼气酒精测试与血液酒精含量检测是对被告人定罪量刑的核心证据。因处警民警执法时未携带可以正常使用的呼气酒精含量检测仪对被告人张×1进行呼气酒精检测，导致在血液样本送检程序违法、无法排除合理怀疑时，无法认定被告人张×1在案发时的饮酒程度。

公诉机关提供的证据能够证实被告人张×1酒后驾驶机动车并发生交通事故的事实，不能证实被告人张×1血液酒精含量是多少，亦不能证实被告人张×1

系醉酒驾驶。故公诉机关指控被告人张×1犯危险驾驶罪的证据不足，指控的犯罪依法不能成立。辩护人提出“定罪证据存疑，被告人无罪”的辩护意见，予以采纳。

三、裁判结果：被告人张×1无罪。

32．白××危险驾驶案

一、基本案情。

原判认定，2016年10月28日16时30分许，被告人白××酒后驾驶晋E×××××号骐达牌小型轿车，在阳城县县城×小区东门外道路因挪动车位倒车时，将站在路边说话的郭×擦碰，郭×移动时又将上官××碰倒。经晋城市公安司法鉴定中心鉴定，案发时白××血液中乙醇含量为231.9 mg/100 ml。事故发生后，白××留在现场等待交警处理，归案后如实供述了犯罪事实；被害人郭×、上官××与白××达成谅解协议。

原判认定上述事实的证据有：阳城县公安局122接处警综合记录单、受案登记表、立案决定书、白××户籍证明、白××常住人口基本信息、阳城公安局交通警察大队出具的查获经过、前科劣迹调查表、对事故认定情况的说明、白××驾驶证复印件、驾驶人（白××）信息查询结果单、事故车辆行驶证复印件、事故车辆信息查询结果单、某公司出具的白××身份及表现情况的证明和说明、谅解协议书、郭×和上官××的证言、白××供述及书面认识、事故现场勘查笔录、现场图及现场照片、酒精呼气测试单、白××血样提取登记表、理化检验报告及鉴定意见通知书、阳城县公安局交通警察大队出具的两份情况说明、呈请延期送检报告书、物证保管室及保管室内冰箱照片、阳城县公安局交通警察大队事故科血液物证登记表复印件、晋城市公安司法鉴定中心函件及附件、晋城市公安司法鉴定中心值班表、《鉴定事项确认书》《酒精检验剩余检材和备份血样销毁档案》等。

原判对证据分析认定意见：①酒精呼气检测仪是针对驾驶人员是否饮酒或醉酒的初步检测。醉酒驾驶机动车的标准以及根据醉酒程度对醉酒驾驶人从重处罚均以血液中酒精含量检验鉴定意见为依据。②白××虽在原一审中提出重新鉴定申请，但因距案发已长达两年，备存血样按规定已销毁，重新鉴定实际上已经不可能进行。③对血样超期两日送检，鉴定人出庭说明送检血样检测指标正常，不存在乙醇含量增加情形，也未发现血样保存存在不规范情形，且鉴定意见告知被告人时，被告人未提异议。该鉴定意见应予采信。

原判认为，被告人白××违反交通安全法规，在道路上醉酒驾驶机动车，其行为构成危险驾驶罪，应当追究其刑事责任。公诉机关指控罪名成立，予以支持。白××血液中酒精含量达到200 mg/100 ml以上，应从重处罚；白××明知他人报案仍在现场等待，归案后如实供述犯罪事实，构成自首，可以从轻处罚；白××与受害人达成协议并取得谅解，可酌情从轻处罚；被告人白××醉酒后挪车，行驶距离较短，社会危害性较小，可酌情从轻处罚；白××犯罪情节较轻，有悔罪表现，没有再犯罪的危险，宣告缓刑对所居住社区没有重大不良影响，可适用缓刑。依照《中华人民共和国刑法》第一百三十三条之一第一款第二项、第五十二条、第六十七条第一款、第七十二条第一款、第七十三条第一款、第三款之规定，判决：被告人白××犯危险驾驶罪，判处拘役一个月十五日，缓刑三个月，并处罚金二千元。

白××上诉请求：撤销原判，对上诉人不予定罪处罚。

白××上诉理由及辩护人辩护意见：

（1）原判认定事实错误。起诉书认定上诉人挪动车位倒车地点在“某小区东门”，原判认定上诉人挪动车位倒车地点在“某小区东门外的道路”。客观事实为上诉人在某小区内进行挪车，而非在小区东门外道路。“小区东门”与“小区东门外的道路”有明显差别，原判认定该项事实错误，可能影响对上诉人的定罪量刑。

（2）关键定罪证据血样的提取、保存、送检、检验违反法定程序，对检验报告应予排除。①办案机关没有提交血样提取、保存过程的相关监控、视频录像，仅凭办案民警的陈述及事后拍摄的保存血样的照片，无法证明血样提取、保存符合规定及证据收集合法、有效。②血样送检、检验时间均超过规定的3日内期限，血样送检、检验严重违反程序。

（3）公安机关送达鉴定意见时未告知上诉人救济途径及时限，销毁备份血样违反物证保存期限法律规定，剥夺了上诉人申请重新鉴定的诉讼权利。

（4）上诉人的行为情节显著轻微，危害不大，可不予定罪处罚。上诉人中午饮酒休息起来之后，为挪动车位驾驶车辆，属于隔时驾驶，所驾车辆为小型轿车，行驶道路为小区内道路，行驶距离仅 12 米，倒车时行驶速度缓慢，未造成实际损害后果，事发后主动配合交警接受调查，如实陈述案件事实，并取得对方当事人谅解，依照《最高人民法院关于常见犯罪的量刑指导意见（二）》的规定可不予定罪处罚。

二审审理查明无争议事实如下：

上诉人白××住在阳城县×小区。2016 年 10 月 28 日 16 时 30 分左右，白××酒后驾驶晋 E×××××号骐达牌小轿车，在×小区东门附近因挪动车位倒车时，擦碰到站在路边说话的郭×，郭×移动时又将上官××撞倒。郭×报警后，白××留在现场等待处理。经呼气检测，白××酒精含量为 183 mg/100 ml。17 时 29 分，办案民警带白××到阳城县中医院提取了两份血样。

2016 年 11 月 2 日，阳城县交通警察大队将白××的血样送至晋城市公安司法鉴定中心进行检验。同一日，白××与郭×、上官××达成谅解协议：白××向郭×、上官××表示道歉；郭×、上官××不对白××提出任何赔偿要求，愿意对白××予以谅解，不会向交警队和其它司法机关提出任何申诉。

2016 年 11 月 7 日，晋城市公安司法鉴定中心出具了〔2016〕1069 号理化检验报告，结果为白××血液酒精含量 231.9 mg/100 ml。

2016 年 11 月 16 日，阳城县公安局向白××送达了鉴定意见通知书，通知书载明“如果对该鉴定意见有异议，可以提出补充鉴定或重新鉴定的申请”。

二、裁判理由。

关于上诉人及辩护人所提原判认定上诉人在“×小区东门外的道路因挪动车位而倒车”，属认定事实错误的理由和意见。

经查，现场勘查笔录、现场图、事故现场照片、上诉人白××的供述、被害人郭×和上官××的陈述等相互印证证实：上诉人白××挪车起始位置，在×小区内 1 号楼前。白××是在驾车倒出 12 米距离，到小区东门门前时，擦碰到了被害人郭×。根据《最高人民法院关于常见犯罪量刑指导意见（二）（试行）》规定，对危险驾驶案件被告人定罪量刑，应当考虑车辆行驶道路这一情节。原判认定白××在“某小区东门外的道路因挪动车位而倒车时，将站在路边说话的郭×擦碰”的事实，过于概括，对白××挪车起始位置、行驶道路、行驶距离、擦碰郭×的地点等事实，认定不够具体、明确。二审予以认定。

关于上诉人及辩护人所提办案机关对白××血样的提取、保存、送检、检验违反法定程序，检验报告应予排除的理由和意见。

经查：

（1）血样提取。公安部《关于公安机关办理醉酒驾驶机动车犯罪案件的指导意见》第五条规定："交通民警对当事人血样提取过程应当全程监控，保证收集证据合法、有效。"《山西省公安机关办理醉酒驾驶机动车刑事案件程序规定》第十一条规定："（三）提取血样……应提取两份血样备份，且不应采用醇类药品对皮肤进行消毒。（四）提取血样中应当添加抗凝剂……分别装入密封袋。一份备案、一份送检。密封袋的密封材料上应注明当事人姓名……"办案民警、医务人员、白××三方共同签字的《当事人血样提取登记表》证实，2016年10月28日17时29分，医务人员张×芳提取白××血样时，使用碘伏进行了消毒，盛装血样容器为抗凝管，提取血样的密封方法为真空管密封，血样提取时由两名办案交通民警在现场监控；检验报告载明，检验使用的检材为"血液5毫升，用标记白××字样的密封真空管包装，提取时间为2016年10月28日17时29分"。上述证据相互印证，证明上诉人白××血样的提取符合程序要求。白××及辩护人所提血样提取违反程序的意见不能成立。

（2）血样保存。公安部《关于公安机关办理醉酒驾驶机动车犯罪案件的指导意见》第五条、《山西省公安机关办理醉酒驾驶机动车刑事案件程序规定》第十八条均规定，提取的血样因特殊原因不能立即（24小时内）送检，应当按照规范低温保存。鉴定机构提供的《检材和样本管理程序》规定："如果检材储存的环境条件很关键，应予以监控和记录，以证实满足需要……接收样品时……理化室应检查和记录检材的包装、外观、状态……对易挥发……膨胀变形等性状进行详细描述。"本案公诉机关提供了办案民警出具的情况说明和办案机关案发后两年拍摄的证据保管室及保管室内放置的冰箱的照片，用以证明延期送检血样保存符合规范要求。重审开庭时，办案民警出庭陈述称，迟延送检血样进行了低温保存。鉴定人员出庭作证称，"（血样）接收程序都是标准化流程"，"受理人在受理案件时一般会查看温度，查看检材保管、包装是否符合案件送检的规范。……（但）不登记温度，也不用仪器检测……具体到2016年这个案，现在记不清楚（白××案的送检血样是否低温保存）了，但我们受案都是严格规范执行的"。鉴定人同时还称："（血样超期送检）可能造成乙醇含量增加，我们有法医教材作为依据支撑。如果血液腐败会存在相应导致乙醇增加现象。"

依据上述规定及办案民警、鉴定人当庭说明，审理认为，侦查、检验部门不能提供血样保存、交接的客观记录，证明本案血样检验前按规范进行了低温保存。本案依现有证据，不能确认迟延送检血样保存规范，即无法排除血样保存不规范影响检验结果的可能。

（3）血样送检。公安部《关于公安机关办理醉酒驾驶机动车犯罪案件的指导意见》第五条（“规范血样提取送检”）、《山西省公安机关办理醉酒驾驶机动车刑事案件程序规定》第十八条均规定，提取的血样因特殊原因不能立即（24 小时内）送检的，经上级公安机关交通管理部门负责人批准，可以在 3 日内送检。本案血样提取时间为 2016 年 10 月 28 日，办案机关呈请延期 3 日内送检时间为 2016 年 10 月 30 日。依照规定，血样至迟应在 2016 年 10 月 31 日前送检。而本案血样实际送检时间为 2016 年 11 月 2 日，超过规定期限两天。此外，对血样迟延送检原因，办案交通民警称是因 2016 年 10 月 29 日、30 为双休日，晋城市公安司法鉴定中心无人接收，及 10 月 31 日、11 月 1 日上班后受理案件堆积，忙于接待群众。晋城市公安司法鉴定中心函件及值班表证明，晋城市公安司法鉴定中心 2016 年 10 月 29 日、30 日安排有人员值班接收血样送检。根据上述事实及程序规定，审理认为，公安部和山西省公安厅关于办理醉酒驾驶案件的指导意见和程序规定，均明确规定提取的血样应立即送检，因特殊情况不能送检经批准至迟应在三日内送检。上述规定，既是为了提高办案效率，同时也是为了保证办案质量。本案血样送检，违反公安部和山西省公安厅关于办理醉酒驾驶刑事案件程序的规定。上诉人及辩护人所提理由和意见成立。

（4）血样检验。《公安部关于公安机关办理醉酒驾驶机动车犯罪案件的指导意见》第六条规定，检验鉴定机构对送检测的血样应当在 3 日内出具检验报告。2018 年 12 月 14 日印发的《山西省公安机关办理醉酒驾驶机动车刑事案件程序规定》第十八条规定，则进一步将检验鉴定机构出具检验报告的时限缩短为 6 小时。本案鉴定机构 2016 年 11 月 2 日接受送检血样，2016 年 11 月 7 日出具检验报告，检验报告出具超过规定期限 2 天。上诉人及辩护人所提血样检验违反法定程序的理由和意见成立。

综上，本案关键证据——白××血液酒精含量理化检验报告形成过程中，检验血样的保存、送检、检验环节，均存在违反程序规定情形。其中，待检血样是否按规范进行了低温保存，缺乏可溯源、有留痕的证据证明，不能排除因血样保存不规范影响检验结果的可能。办案机关超期送检和鉴定机构受理超期送检血样后，又超期出具检验报告，明显违反公安部办理醉酒驾驶机动车犯罪案件程序规定。本案理化检验报告不能作为认定白××构成危险驾驶罪的定案依据。上诉人及辩护人所提理由成立。

关于上诉人及辩护人所提公安机关送达鉴定意见通知书时未告知权利救济途径及时限，剥夺了上诉人诉讼权利的理由和意见。

经查，公安机关《鉴定意见通知书》有白××本人的签名、捺印。通知书载明“如对该鉴定意见有异议，可以提出补充鉴定或者重新鉴定申请”。据此，可认定公安机关已履行了刑事诉讼法第一百四十八条规定的鉴定意见告知义务。上诉人及辩护人所提公安机关未履行告知义务的理由和意见不能成立。

关于上诉人及辩护人所提公安机关违反程序销毁血样是否在客观上剥夺了白××申请重新鉴定权利的理由和意见。经查，《山西省公安机关办理醉酒驾驶机动车刑事案件程序规定》第十一条第（三）（四）（六）项规定：提取血样应提取两份备份，一份备案，一份送检，备案血样应当交办案部门证据保管室保存。公安部《关于公安机关办理醉酒驾驶机动车犯罪案件的指导意见》第十一条规定，公安机关要做好办案衔接，案件移送审查起诉后，公安机关要及时了解掌握案件起诉和判决情况。在案《酒精检验剩余检材及备份血样销毁档案》证实，本案白××的备份血样，晋城市公安司法鉴定中心在经办案机关阳城县公安局交警大队签署“案件已办结，同意销毁”的书面意见后，于2019年3月28日销毁。审理认为：①本案办案部门将备份血样交鉴定机构保存不符合规范要求。②办案部门在案件尚未办结时，同意鉴定机构销毁备份血样，影响了白××申请重新鉴定诉讼权利的行使。原判对备份血样销毁导致重新鉴定无法进行的责任归属及由此带来的不利后果应由谁承担未予明确不妥。上诉人及辩护人所提理由和意见成立。

关于上诉人白××及辩护人所提白××酒后驾驶行为情节显著轻微，危害不大，可不予定罪处罚的理由和意见。审理认为，确认白××的行为是否符合情节显著轻微，危害不大，不予定罪处罚情形，以白××的行为构成犯罪为前提。白××及其辩护人在对白××是否属于醉酒驾驶尚有异议的情况下，提出白××情节显著轻微，危害不大，可不予定罪处罚，缺乏事实前提。白××及辩护人所提理由不能成立。

综上，最高人民法院、最高人民检察院、公安部《关于办理醉酒驾驶机动车刑事案件适用法律若干问题的意见》第六条明确规定："血液酒精含量检验鉴定意见是认定犯罪嫌疑人是否醉酒的依据。犯罪嫌疑人经呼气酒精含量检验达到本意见第一条规定的醉酒标准，在抽取血样之前脱逃的，可以呼气酒精含量检验结果作为认定其醉酒的依据。"原判认定白××犯危险驾驶罪，所采信的白××血液酒精含量检验鉴定意见，在检材保存、送检、检验等环节，存在证明血样保存符合规范的证据不足，和违反公安部、山西省公安厅关于办理醉酒驾驶机动车刑事犯罪案件程序规定的情形，该检验报告不能作为认定白××构成危险驾驶罪的定案依据。另，白××未在抽取血样之前脱逃，本案不符合以呼气酒精含量检验结果作为认定醉酒依据的法律规定，不能以白××的呼气酒精含量检验结果作为认定其醉酒的依据。原判认定白××构成危险驾驶罪证据不足，认定白××构成危险驾驶罪不能成立，应予改判。

三、裁判结果：上诉人（原审被告人）白××无罪。

33．王×1危险驾驶案

一、基本案情。

彭阳县人民检察院指控称，2020年7月11日6时许，被告人王×1饮酒后驾驶无号雷丁牌四轮电动车，从彭阳县城阳乡长城村返回彭阳县城家中，车辆沿S202线由北向南行驶至338 km＋728 m路段（彭阳县四中加油站附近）时，与该路段相向超车行驶的王×2驾驶的×××号解放牌重型半挂车相撞，造成王×1受伤、两车不同程度受损的道路交通事故，王×1承担本起事故的次要责任。经甘肃科诚司法鉴定所鉴定，被告人王×1血液中乙醇含量为192 mg/100 ml。

针对指控，公诉机关提供的证据有书证、证人证言、被告人的供述和辩解、现场勘验笔录、鉴定意见等。公诉机关认为，被告人王×1违反交通运输管理法规，在道路上醉酒驾驶机动车，其行为构成危险驾驶罪。为此，建议对被告人王×1以危险驾驶罪判处拘役2—4个月，并处罚金4000—5000元。提请本院依法审判。

被告人王×1辩解称，起诉书指控的事实属实，但认为其驾驶的车辆不属于机动车，不构成危险驾驶罪。①其客观方面没有驾驶机动车辆的行为。案发当日其所驾驶的四轮电动车虽经鉴定为机动车，但机动车辆上路必须在交通管理部门入户且取得机动车号牌、行驶证、驾驶证及购买强制保险，因其驾驶的四轮电动车无须登记入户、挂牌，无需行驶证和驾驶证，也无须购买强制保险，故此类电动车为非机动车，不能凭司法鉴定意见将该电动汽车定性为机动车。②其主观上未认识到驾驶的是机动车，没有犯危险驾驶罪的主观故意。③不能将不构成行政违法的饮酒、醉酒驾驶电动车的行为上升为刑事犯罪处罚。④其存在的错误是饮酒遇险操作不当，但无违章行为，主观上无过失且造成危害后果较小。综上，其客观上没有驾驶机动车的行为，主观上没有驾驶机动车的故意，不构成危险驾驶罪，请求法庭宣告其无罪。

委托辩护人陈×辩护要点，①被告人王×1驾驶的车辆是蓄电用电力驱动的交通工具，既不需要车辆登记、悬挂号牌，也不需要驾驶证、行驶证和车辆检验，不属于机动车。②交通管理部门未将电动车纳入机动车管理。③被告人王×1在不明知自己驾驶的电动车属于机动车的情况下，主观上没有犯罪故意，缺少犯罪构成要件，不构成危险驾驶罪。④车辆鉴定结论不能作为认定案件事实的依据。综上，被告人王×1醉酒驾驶电动车的行为不构成危险驾驶罪，请求法庭宣告被告人王×1无罪。

经审理查明，2020年7月11日6时许，被告人王×1饮酒后持C3驾驶证驾驶无号雷丁牌四轮电动车，从彭阳县城阳乡长城村返回彭阳县家中，途经S202线由北向南行驶至338 km+128 m路段时，与沿该路段相向超车行驶的王×2驾驶×××号解放牌重型半挂牵引车相撞，造成王×1受伤、两车不同程度受损的道路交通事故。2020年7月27日，经彭阳县公安局交通警察大队认定，被告人王×1承担本起事故的次要责任。2020年9月21日，经甘肃科诚司法鉴定所鉴定，被告人王×1驾驶的无号雷丁牌四轮电动车是纯电动车，属于机动车；其血液中乙醇含量为192 mg/100 ml。2020年8月8日，被告人王×1因醉酒驾驶机动车被固原市公安局交通警察支队决定罚款50元（已缴纳）、吊销机动车驾驶证。

上述事实，有经法庭举证、质证后被确认的下列证据予以证实，足以认定。

（1）受案登记表、立案决定书、查获经过，证实2020年7月11日6时07分，王×2报案至彭阳县公安局，处警民警到达现场后将王×1带至彭阳县人民医院抽取血样，次日王×1到案，如实供述了其饮酒后驾驶无号雷丁牌四轮电动车发生交通事故的事实。同年 7 月 3 日彭阳县公安局立为危险驾驶案侦查。

（2）户籍证明、前科劣迹，证实被告人王×1 出生于 1964 年 6 月 1 日，涉嫌犯罪时已达刑事责任年龄，无违法犯罪记录。

（3）当事人血样提取登记表及照片，证实 2020 年 7 月 11 日 8 时 10 分，被告人王×1 在彭阳县人民医院急诊科抽取血样。

（4）甘肃科诚司法鉴定所甘科诚［2020］法毒鉴字第 0264 号司法鉴定意见书、甘科诚［2020］痕迹鉴字第 0308 号司法鉴定意见书，证实经甘肃科诚司法鉴定所鉴定，被告人王×1 血液中乙醇含量为 192 mg/100 ml；案发时被告人王×1 驾驶的无号雷丁牌四轮电动车是纯电动汽车，属于机动车。

（5）道路交通事故现场勘查笔录及照片，证实案发地点位于 S202 线 338 km＋728 m 路段，当时下雨，路表潮湿，雷丁无号牌四轮电动车在空档位，未开启灯光，车辆左侧面受损，左侧车头前大灯位置受损较重。×××号重型半挂牵引车在空档位，开启闪光灯，车辆油箱、左侧中轮护瓦、前门踏板损坏。

（6）彭阳县公安局道路交通事故认定书，证实被告人王×1 承担本起事故的次要责任。

（7）机动车信息查询结果单、驾驶人信息查询结果单，证实被告人王×1 持有 C3 机动车驾驶证。

（8）固原市公安局交通警察支队公安交通管理行政处罚决定书，证实被告人王×1 因醉酒后驾驶机动车时有其他妨碍安全行车的行为，经固原市公安局交通警察支队决定罚款 50 元、吊销机动车驾驶证。

（9）道路交通事故自行协商处理协议书，证实 2020 年 7 月 29 日，被告人王×1 与王×2 达成调解协议，被告人王×1 车辆修理费及住院检查费在强险范围内由王×2 承担，超出部分王×1 自行承担，王×2 车辆修理费自行承担。

（10）彭阳新日电动车自行车收款收据复印件，证实王×1 驾驶的无号雷丁牌四轮电动车外廓尺寸为 3994 mm×1618 mm×1511 mm，车辆总质量 1288 kg，最高时速 55 km/h，额定载客 4 人，功率 72 V、5 kW。

（11）证人吴×证言，证实 2020 年 7 月 10 日 20 时许，被告人王×1 驾驶无号雷丁牌四轮电动车来到其家中，后二人一起喝了一斤装五粮醇白酒。次日 5 时许，王×1 驾驶四轮电动车离开。

（12）证人王×2 证言，证实 2020 年 7 月 11 日 5 时许，其驾驶×××号解放牌重型自卸货车沿S202线由南向北行驶至测速摄像头一段距离后，对向驶来一辆四轮电动车与其车辆会车时发生侧滑，车头左侧前大灯位置、车门与其驾驶的车辆左侧前门踏板、油箱、中轮护瓦相撞。王×2下车查看时，对方称自己喝了酒，让王×2不要报警，并驾驶车辆先走，后其报警。

（13）证人方×证言，证实2020年7月11日6时许，其驾驶×××号凯马牌大货车行驶至四中测速摄像头不远处，其后面的一辆半挂车超车时，对向驶来一辆小车，其将车辆靠右后听见一声响，其又将车往前开了一段将路让开后停下。其下车看见一辆小车被撞在路边，一个轮子被撞掉，驾驶员在车里坐着，半挂司机下车询问驾驶员后称人无碍，便示意离开，后其离开现场。

（14）证人杨×证言，证实2020年7月11日6时许，其驾驶车辆行驶至四中测速摄像头往北时，其前面行驶一辆大车，大车前面行驶了一辆载有钢管的轻卡车。其前面的大车打转向、鸣喇叭超车，大车车头刚超过前面拉钢管的轻卡车时，其听见一声响，后看见一辆白色轿车甩在左侧水渠，大车停在了路边，其离开现场。

（15）被告人王×1的供述和辩解，证实2020年7月10日20时许，其在××县吴×家饮酒，当时能喝约半斤五粮醇白酒。次日5时许，其又单独喝了约一两白酒，后驾驶无号雷丁牌四轮电动车从长城村返回彭阳县城家中，当车辆行驶至杜家沟路段时，对面驶来一辆大车超车，其踩刹车时车辆发生侧滑，四轮电动车左侧与大车左侧前轮胎位置相撞，后对方司机报警。

二、裁判理由。

危险驾驶罪是行政犯，对机动车等概念性法律术语的理解应当与其所对应的行政法规保持一致，不能随意扩大解释。根据《中华人民共和国道路交通安全法》的规定，机动车是指“以动力装置驱动或者牵引，上道路行驶的供人员乘用或者用于运送物品以及进行工程专项作业的轮式车辆”。判断行为人是否认识到其驾驶的车辆属于法律意义上的机动车，需要根据一般人的生活经验、认识水平和理解能力进行综合评价。国家既未对电动车的法律属性作出明确规定，又未对其按照机动车进行管理，故不能要求普通公众认识到电动车属于机动车。本案中，被告人王×1驾驶的无号雷丁牌电动车虽经鉴定为机动车，但不能证明被告人王×1认识到电动车属于机动车，在相关行政法规未明确规定电动车属于机动车的情况下，鉴定机构认定电动车属于机动车，超出了其权限范围。庭审中被告人王×1 辩称从其购买无号雷丁牌电动车后，使用的 3 年期间内，未有交通管理相关部门或者个人告知其要悬挂号牌、购买保险、持有机动车驾驶证等各项机动车上道路行驶的规定。案发当日其喝酒驾驶电动车也认为驾驶的是非机动车，主观上无危险驾驶罪的故意。根据主客观相一致原则，被告人王×1 不构成危险驾驶罪。故公诉机关指控的罪名不能成立，不予支持。被告人王×1 及辩护人的辩解和辩护意见成立，予以采纳。

三、裁判结果：被告人王×1 无罪。

34. 易×丽危险驾驶案

一、基本案情。

监利市人民检察院指控：2019 年 10 月 19 日，被告人易×丽饮酒后持 C1D 机动车驾驶证，驾驶大阳牌踏板式两轮电动车从湖北省洪湖市新堤街道沿河路出发，前往新堤街道园林路自己家中。同日 21 时许，易×丽驾驶该车行驶至新堤街道柏枝村五巷金帆宾馆门前路段时，因操作不当，其所驾电动车撞到路边停放的鄂 D×××××轻型厢式货车后倒地。附近居民报警求救后，易×丽被送往洪湖市人民医院治疗。2019 年 10 月 19 日 22 时 18 分许，洪湖市公安局民警要求洪湖市人民医院医护人员提取了易×丽的血样，经武汉大学医学院法医司法鉴定所鉴定：易×丽血液中检测出乙醇，其含量为 252.9 mg/100 ml。经湖北平安行道路交通事故司法鉴定所鉴定：①通过车体痕迹形成条件的比对分析，本起交通事故的碰撞形态为：事发前的大阳牌踏板式两轮电动车由东向西行至事发地点，因故偏左驶入对向车道，致其车身前部（前轮）和左前侧擦撞南侧路边头朝东停放的鄂 D×××××轻型厢式货车左后双式车轮（含左侧防护装置），引发大阳牌踏板式两轮电动车作逆时针回转并掉头后右倒在现场。②根据大阳牌踏板式两轮电动车碰后的左/右前叉后弯程度（考虑质量和刚度系数因素），结合事发路段监控视频所示时—空—速关系等估算，大阳牌踏板式两轮电动车驶入监控画面时的速度约为 30 km/h 左右。③受检的大阳牌踏板式两轮电动车的主要技术条件与 GB 7258—2017《机动车运行安全技术条件》所规定“轻便摩托车（两轮）”的主要技术条件相符，属机动车范畴。洪湖市公安局交通警察大队认为：易×丽忽视交通安全，酒后驾驶机动车上路行驶，驾车时未实行右侧通行，是造成此事故的根本原因。据此认定，易×丽负事故的全部责任，叶×无责任。

公诉机关针对上述指控，向本院提供了相应证据材料，认为被告人易×丽醉酒后驾驶机动车上道路行驶，其行为已触犯《中华人民共和国刑法》第一百三十三条之一第一款第（二）项，犯罪事实清楚，证据确实、充分，应当以危险驾驶罪追究其刑事责任。被告人易×丽到案后能够如实供述自己危险驾驶的事实，适用《中华人民共和国刑法》第六十七条第三款。针对本案，公诉机关提出了鄂监检二部量建〔2020〕125 号量刑建议书，认为被告人易×丽具有以下量刑情节：①血液中乙醇含量为 252.9 mg/100 ml；②驾驶无牌机动车辆；③坦白。建议判处被告人易×丽拘役四个月至五个月，并处罚金五千元至六千元。

被告人易×丽在开庭审理过程中辩称对事情经过无异议，但认为所骑电动车不是机动车，主观上不具有危险驾驶的故意；其行为不构成犯罪，如果法庭认定有罪，其还具有自首情节；骑行道路为人员稀少路段，危险程度较小；速度较慢；具有 C1 驾驶证；系初犯、偶犯等量刑情节。

其辩护人刘×的辩护意见是：①公安机关将血样采取之后的保存和送检的过程存在瑕疵，同时送检程序违法，不能作为定案的证据；②公安机关使用快速酒精检测仪进行检测没有得到授权，法无授权不可为，同时存在较大误差，不能作为证据予以佐证；③交警进行证据固定的形式是不完备的，达不到公安部的相关要求。其辩护人张×春的辩护意见是：①起诉书指控被告人所骑行车辆为机动车证据不足，其不是法定意义上的机动车，其司法鉴定意见书也是一份超权限鉴定；②最高人民法院 2014 年的《关于办理醉酒驾驶机动车刑事案件适用法律若干问题的意见的理解与适用》应当成为认定本案所涉车辆属性的最权威依据；③被告人不具有危险驾驶的主观故意。

经审理查明：2019 年 10 月 19 日，被告人易×丽饮酒后持 C1D 机动车驾驶证，驾驶大阳牌踏板式两轮电动车从湖北省洪湖市新堤街道沿河路出发，前往新堤街道园林路自己家中。同日 21 时许，易×丽驾驶该车行驶至新堤街道柏枝村五巷金帆宾馆门前路段时，因操作不当，其所驾电动车撞到路边停放的鄂 D××××轻型厢式货车，人车倒地。附近居民报警求救后，易×丽被送往洪湖市人民医院治疗。同日 22 时 18 分许，洪湖市公安局民警要求洪湖市人民医院医护人员提取了易×丽的血样，经武汉大学医学院法医司法鉴定所鉴定：易×丽血液中检测出乙醇，其含量为252.9 mg/100 ml。经湖北平安行道路交通事故司法鉴定所鉴定：①通过车体痕迹形成条件的比对分析，本起交通事故的碰撞形态为：事发前的大阳牌踏板式两轮电动车由东向西行至事发地点，因故偏左驶入对向车道，致其车身前部（前轮）和左前侧擦撞南侧路边头朝东停放的鄂D×××××轻型厢式货车左后双式车轮（含左侧防护装置），引发大阳牌踏板式两轮电动车作逆时针回转并掉头后右倒在现场。②根据大阳牌踏板式两轮电动车碰后的左/右前叉后弯程度（考虑质量和刚度系数因素），结合事发路段监控视频所示时—空—速关系等估算，大阳牌踏板式两轮电动车驶入监控画面时的速度约为30 km/h左右。③受检的大阳牌踏板式两轮电动车的主要技术条件与GB 7258—2017《机动车运行安全技术条件》所规定"轻便摩托车（两轮）"的主要技术条件相符，属机动车范畴。洪湖市公安局交通警察大队认为：易×丽忽视交通安全，酒后驾驶机动车上路行驶，驾车时未实行右侧通行，是造成此事故的根本原因。据此认定，易×丽负事故的全部责任，叶×无责任。

二、裁判理由。

"机动车"等概念性法律术语的理解应当与其所对应的行政法规保持一致。相关行政法规并未明确规定超标电动车属于机动车，有关部门也未将超标电动车按机动车的要求进行管理。在此情况下，公众普遍认为超标电动车不属于机动车。所以，不宜将超标电动车认定为刑法意义上的"机动车"，醉酒后驾驶超标（经鉴定属于机动车范畴的）二轮电动车的行为不构成危险驾驶罪。被告人易×丽醉酒后驾驶超标电动车上道路行驶发生交通事故，其行为不符合危险驾驶罪的构成要件，不构成危险驾驶罪。被告人易×丽的辩护人刘×提出的第1、2、3点辩护意见，经查，公安机关使用快速酒精检测仪进行检测只是公安机关在第一时间检测被告人是否酒驾的依据，最终确定还是依照血液鉴定报告。公安机关血样送检程序、取证程序合法，故该1、2、3点辩护意见本院不予采纳。被告人易×丽的辩护人张×春的第1点辩护意见中称司法鉴定意见书超权限鉴定的辩护意见，经查，司法部司规（2020）5号通知已有明确的鉴定权限范围，故该点辩护意见不予采纳。该辩护人的其它辩护意见，经查，与本案事实、证据、法律规定相符，依法予以采纳。

三、裁判结果：被告人易×丽无罪。

补遗案例 1. 窦×危险驾驶案[①]

一、基本案情。

公诉机关指控：被告人窦×、朱×二人系朋友关系。2018 年 4 月 27 日晚，被告人朱×驾驶×××××号白色别克牌轿车至被告人窦×住处附近一烧烤店饮酒。二人饮酒后，被告人朱×将其开来的×××××号车辆交由窦×驾驶，朱×乘坐在该车副驾驶位置。后被告人窦×驾车沿本市北二环由西向东行驶至大风阁时，适逢交通大队民警在此执行夜间盘查，遂被查获，民警将其送至长安医院抽血送检。经鉴定，案发当晚窦×血液中检出乙醇，其血醇浓度为 118.30 mg/100 ml。为证实指控，公诉机关出具了相关证据，据此认为被告人窦×、朱×行为均已触犯《中华人民共和国刑法》第一百三十三条之一之规定，应当以危险驾驶罪追究其刑事责任。

被告人窦×、朱×在庭审中均表示自愿认罪。被告人窦×的辩护人辩称窦×认罪悔罪态度好，社会危害性小，建议对其从轻处罚。被告人朱×辩护人辩称，朱×主观恶性小，社会危害性较小，且自愿认罪，系初犯偶犯，建议从轻处罚。

经审理查明，被告人窦×、朱×二人系朋友关系。2018 年 4 月 26 日晚，朱×驾驶×××××号白色别克牌小型轿车至梨园路一饭馆与窦×吃饭喝酒。次日凌晨 2 时许二被告人吃完饭，窦×从餐桌上拿了车钥匙驾驶×××××车辆回家，其间朱×一直坐在该车副驾驶位置。至 2 时 25 分许，车辆沿本市北二环由西向东行驶至大风阁时，适逢民警在此执行夜间盘查，遂将窦×查获并抽血送检。经检验，窦×案发时血醇浓度为 118.30 mg/100 ml。2018 年 7 月 27 日，朱×经公安机关口头传唤后到案。

上述事实，有以下经过质证的主要证据予以证实：

(1) 查获经过证明：2018 年 4 月 27 日 2 时 25 分许，该市公安局××大队民警在本市北二环大风阁处执勤检查时，将沿北二环由西向东行至此处的×××××号白色别克牌小型轿车拦下检查，发现驾驶人窦×涉嫌酒后驾驶机动车辆上路行驶，遂带其抽血并进一步调查。

---

① 节选自（2018）陕 0112 刑初 1197 号判决书。

(2) 到案经过证明：2018年7月27日，朱×经市公安局××大队民警电话传唤后到案。

(3) 现场照片证明：被告人窦×被查获及吹气、抽血检测时的情况。

(4) 指认照片证明：被告人窦×、朱×对其二人于2018年4月27日晚吃饭的地点及案发时被查获的地点进行了指认。

(5) 驾驶人信息查询结果单证明：窦×在案发时具有驾驶资格。

(6) 机动车信息查询结果单、机动车行驶证证明：×××××号白色别克小型轿车的所有人为陈××。

(7) 公安交通管理行政处罚决定书、行政处罚告知笔录证明：窦×因醉酒驾驶机动车上道路行驶，于2018年4月27日被吊销机动车驾驶证，五年内不得重新取得机动车驾驶证。

(8) 被告人窦×2018年4月27日讯问笔录：2018年4月26日23时左右，他和朋友朱×在本市××路××店吃饭喝酒，二人共计喝了7瓶青岛9度啤酒，其中他喝了3瓶。次日凌晨2时25分，他驾驶×××××号白色别克牌小型轿车沿北二环由西向东行驶至大风阁时，执勤检查的民警发现他涉嫌酒后驾车，便将他带至长安医院抽血，之后又带到交警队接受进一步调查。该车车主是朱×妻子陈××，他在驾驶车辆时，朱×坐在副驾驶位置。

(9) 被告人窦×2018年6月27日讯问笔录：2018年4月26日23时左右，他和朋友朱×在梨园路一家烧烤摊吃饭喝酒，酒后他驾驶×××××号白色别克小型轿车从梨园路十字路口开到北二环大风阁时，被交警拦下检查。他驾驶的车辆是朱×的，当时因为他比较熟悉路，所以他主动从桌子上拿了车钥匙开车，朱×没有说什么就坐在了副驾驶位置上。

(10) 被告人朱×2018年6月1日讯问笔录：2018年4月26日晚10时左右，他驾车到梨园路窦×家附近与窦×吃饭喝酒，二人大约喝了十几瓶9度啤酒。次日凌晨2时左右，他们商量去窦×家住一晚，之后窦×驾驶着他开来的×××××号白色别克轿车，他坐在副驾驶位置。他当时考虑车停在吃饭的地方不安全，而且窦×对附近比较熟，所以二人商量由窦×开车。×××××号车辆的所有人是他爱人陈××。

(11) 被告人朱×2018年6月28日、7月27日讯问笔录：2018年4月26日晚，他驾驶×××××号别克轿车到××路××园××路和窦×吃饭喝酒，二人共喝了十几瓶 9 度啤酒。次日凌晨 2 时许吃完饭后，窦×说知道一个停车的地方，便从桌子上拿了车钥匙从驾驶位上车了，他从副驾驶位上车后便睡着了。车辆行驶至北二环附近时，被交警拦下，窦×被带回交警队处理。他们驾驶车辆的所有人是他爱人陈××。

二、裁判理由。

被告人窦×违反道路交通安全法规，醉酒之后驾驶机动车上路行驶，其行为已构成《中华人民共和国刑法》第一百三十三条之一规定的危险驾驶罪，检察院指控其犯危险驾驶罪的事实成立，依法应予以惩处。被告人朱×虽知道窦×饮酒，但并未指使、教唆、强迫窦×酒后驾驶车辆，其行为不构成犯罪。被告人窦×到案后能够如实供述自己罪行，具有坦白情节，可依法从轻处罚。

三、裁判结果：被告人窦×犯危险驾驶罪，判处拘役一个月，宣告缓刑三个月，并处罚金 4000 元；被告人朱×无罪。

补遗案例 2. 聂×危险驾驶案①

一、基本案情。

原审判决查明，2019 年 2 月 7 日上午，被告人卢×驾车到武宁县泉口镇的被告人聂×家中拜年并庆贺聂×之妻张×生日。中午，被告人卢×与聂×及其亲友同桌吃饭，席间卢×和聂×均饮酒。13 时 30 分许吃完午饭，卢×驾车搭载聂×一起到武宁县大洞乡王×1 诊所给王×1 拜年。18 时许，被告人聂×以自己家中有人需要看病为由，要求卢×驾车送其返回泉口家中，卢×、王×2、涂×及王×1 夫妇均挽留聂×吃晚饭，但聂×坚持要卢×送其回家。后卢×驾驶×××车送聂×返回泉口家中。18 时 26 分许，卢×驾车从聂×家返回大洞乡王×1 家，途经国道 316 线泉口集镇爱玛电动车店门口路段时，与同向路边行走的行人万×1、万×2 发生碰撞，造成万×1 当场死亡、万×2 受伤及×××车受损的重大道路交通事故。经交通事故认定书认定，卢×负事故全部责任，万×1、万×2 无责任。经鉴定，在送检的卢×血液中检出酒精成分，含量为 88.85 mg/100 ml。

案发后，现场群众报警，被告人卢×明知他人报警，仍在事故现场等候交警

---

① 节选自（2019）赣 04 刑终 403 号判决书。

前来处理。民警在现场查获卢×并于 19:30 分许将其带至武宁县泉口卫生院抽血取样。案发后卢×已预付死者丧葬费及伤者医疗费等损失合计 65000 元。被告人聂×于 2019 年 2 月 26 日被武宁县公安局电话传唤到案。

原审法院认为，被告人卢×违反道路运输管理法规，发生重大交通事故，造成一人死亡一人受伤，负事故全部责任，其行为已构成交通肇事罪。被告人聂×明知被告人卢×饮酒，可能会达到醉酒标准，仍指使卢×驾驶机动车送其回家，其行为已构成危险驾驶罪。被告人卢×有自首情节，依法可以从轻处罚。案发后，卢×已赔偿受害人及家属丧葬费、医疗费等合计 65000 元，且当庭认罪，具有悔罪表现，可以酌情从轻处罚。判决：一、被告人卢×犯交通肇事罪，判处有期徒刑一年四个月；二、被告人聂×犯危险驾驶罪，判处拘役一个月，并处罚金人民币 4000 元。

上诉人聂×上诉理由及其辩护人提出，证人王×1、王×2、涂×的证言及原审被告人卢×的供述不属实，无有效证据证实聂×对卢×实施了危险驾驶的教唆行为；中午吃饭时聂×只看到卢×喝了一两左右的白酒，后因给病人看病便离开饭桌，聂×不清楚卢×是否过量饮酒。当晚 18 时许，卢×精神状态正常，离中午饮酒已间隔五个多小时，聂×不明知卢×还处于醉酒状态；卢×中午饮酒后主动驾车到王×1 家里拜年，其主观上本就具有危险驾驶的犯意，并不是聂×教唆产生的。综上，请二审依法改判上诉人聂×无罪。

辩护人申请证人汪×、陈×出庭作证，证实卢×在聂×家吃饭时只喝了少量的酒，聂×不明知其达到了醉酒状态。

九江市人民检察院出庭意见认为，证人王×1、王×2、涂×的证言内容真实，来源合法有效，能相互印证，可以采信。根据证人证言及原审被告人卢×的供述，可以证实聂×有教唆卢×危险驾驶的行为；聂×明知卢×饮了酒，还教唆卢×驾车送其回家，其行为已构成危险驾驶罪，至于是否明知卢×达到了醉酒状态，不影响其行为性质的认定。聂×与卢×在危险驾驶犯罪内是共犯，因卢×发生重大交通事故，择一重罪处罚，才认定卢×犯交通肇事罪。综上，原审认定事实清楚，证据确实、充分，适用法律正确，量刑适当，审判程序合法，建议驳回上诉，维持原判。

二审审理查明，2019 年 2 月 7 日上午，原审被告人卢×驾车到武宁县泉口镇的上诉人聂×家中拜年并为聂×之妻张×庆生。中午，卢×与聂×等人同桌吃饭并饮酒。13 时 30 分许，吃完午饭后卢×驾车搭载聂×一起到武宁县大洞乡王×1 诊所给王×1 拜年。18 时许，聂×以有人找其看病为由，不顾王×1 等人的挽留，指使卢×驾车送其回家，后卢×驾驶×××轿车送聂×回到泉口家中。18 时 26 分许，卢×驾车返回王×1 家，途经国道 316 线泉口集镇爱玛电动车店门口路段时发生重大交通事故，造成行人万×1 当场死亡，万×2 受轻伤二级及×××车辆受损。经交通事故认定书认定，卢×负事故全部责任，万×1、万×2 无责任。经鉴定，在送检的卢×血液中检出酒精成分，含量为 88.85 mg/100 ml。

案发后，卢×明知现场群众报警，仍在事故现场等候处理。民警在现场查获卢×并于 19：30 分许将其带至武宁县泉口卫生院抽血取样。案发后卢×已赔付死者万×1 家属丧葬费及伤者医疗费等损失合计 65000 元。上诉人聂×于 2019 年 2 月 26 日被武宁县公安局电话传唤到案。

认定上述事实的证据有：

（1）受案登记表、立案决定书、通知立案书及归案情况说明，证实案件的来源及卢×、聂×的归案情况。

（2）人口信息登记表及无犯罪记录证明，证实卢×、聂×的身份信息及无犯罪前科情况。

（3）行政处罚决定书，证实卢×曾因殴打他人于 2017 年 10 月 19 日被武宁县公安局处以罚款 500 元的行政处罚。

（4）车辆及驾驶员查询信息，证实肇事车辆×××的登记信息及卢×的驾驶人信息。

（5）现场勘验笔录、照片及现场图，证实事故的现场情况。

（6）现场照片，证实聂×家中情况及吃饭时饮用的苦荞酒及酒杯。

（7）当事人血样提取登记表，证实 2019 年 2 月 7 日 19 时 30 分，公安机关委托泉口卫生院依法提取了卢×的血样。

（8）现场检测报告书及吸毒检测报告书，证实卢×、聂×事发前没有吸毒。

（9）尸体检验意见书，证实万×1 符合交通事故致重型颅脑损伤，颅脑功能障碍死亡。

（10）伤情鉴定意见书，证实万×2 的损伤程度为轻伤二级。

（11）车辆技术性能痕迹鉴定意见书，证实车辆×××小型客车车头右侧与软性物体有接触。

(12) 车辆速度鉴定意见书，证实车辆×××小型客车事故发生前（监控视频中）的行驶速度约为 74 km/h～75 km/h。

(13) 酒精含量鉴定意见书，证实卢×血样中检出酒精成分，其含量为 88.85 mg / 100 ml。

(14)、道路交通事故认定书，证实经交警部门认定，卢×负本起事故的全部责任，万×1、万×2 无责任。

(15) 赔偿情况说明及收条，证实案发后卢×预付死者家属丧葬费及伤者医疗费共计 65000 元。

(16) 被害人万×2 的陈述，证实 2019 年 2 月 7 日晚上六点多钟，其和哥哥万×1 从其舅舅叶×家里出来，想到泉口街上买奶喝。当天下着小雨，路灯是亮的，其和万×1 共同撑一把雨伞，先横过道路，然后并排往泉口方向行走。突然，其和万×1 被车子撞倒了，其感觉自己腰部很痛，就走到路边，用手机拨打了其父亲的电话。现场围了很多人，其外婆来到其身边，最后其被救护车送到了医院。经诊断，其双侧肺挫伤，左侧三根肋骨骨折，右足外踝骨骨折，右足内侧楔状骨骨折。

(17) 证人聂×1 的证言，证实 2019 年 2 月 7 日 18 时 25 分许，其看到川口发生了交通事故就拨打了 110 报警，后又打了 120 急救电话。其看到一个小男孩侧身倒在马路边上，人是清醒的，还有一个大一些的男孩仰面躺在往大洞方向右侧的机动车道上，一动不动，嘴巴和鼻子里有出血，这个男孩前方 30 米左右的右侧机动车道上停着一辆红色的东风风行轿车，车牌为×××，车头有明显的碰撞痕迹。现场有很多人围观，其就问车是谁驾驶的，一名男子就说车是他的，并说已经有人报了警。

(18) 证人王×1 的证言，证实 2019 年 2 月 7 日中午快 2 点的时候，其干儿子卢×和同行聂×到了其诊所，其感觉他俩都喝了酒。后来聂×在诊所玩手机，卢×和其大儿子王×2 一起出去玩，直到下午 5 点左右才回到诊所。快 18 点时，王×2 和陈×夫妇带卢×、聂×、涂×回其大洞乡集镇家里，其和其妻子张×留在诊所照顾病人。大概 18 点左右，其接到聂×的电话，说他外甥痛风，要回去开药，叫卢×送他回泉口，其留聂×吃饭，但他没同意。其又接到卢×的电话，告诉其聂×要回家的事，问其怎么办？其就说其马上回家。几分钟后，其和张×回到家，看到卢×站在门口玩手机游戏，聂×站在门口更远一点的地方。其就说做饭很快，大过年的让聂×吃了饭再走，聂×说他的外甥痛风痛得不行，叫卢×送他回去，他下次再来。卢×说两个嫂子都留不住聂×吃饭，没有办法，卢×就将他的手机交给王×2，叫王×2帮他玩游戏，然后驾车载着聂×往泉口方向走了，当时卢×的精神状态正常。19时左右，王×2接了卢×的手机，是卢×的声音，说他在泉口出事了，撞了两个人。其和王×2就驾车赶到了泉口街事发现场，见一男子躺在道路上，嘴巴在出血，不久就没有气了，还有个男子坐在路边上，倒在大人怀里。卢×很紧张，说已经报了警。其回家后打电话给聂×，说卢×出了事，造成一死一伤，并问卢×在他家喝了多少酒，聂×说没喝多少酒。

（19）证人涂×的证言，证实2019年2月7日15点多，其在王×1卫生所看到卢×和聂×，然后其和哥哥王×2、嫂子陈×以及卢×到“老八子”家看打牌，十几分钟后，卢×到他车上睡觉。17点左右，其四人返回卫生所，拿了礼品和王×1、张×外出拜年，聂×一人留在卫生所。拜完年返回卫生所后，王×2驾驶卢×的车，带其和聂×、卢×、陈×从卫生所回到家中，听到聂×跟卢×说家里有病人，要回去看病，叫卢×送他回去。卢×说他自己喝了酒，叫聂×吃完饭再回去，并到厨房找陈×帮忙留一下。卢×本意是不肯开车送的，更没有主动提出送，但聂×硬是要卢×送，其和陈×都劝聂×吃完饭再回去，可后来卢×还是送聂×回家了。18点多，王×2接到卢×的电话，说他在泉口撞了人。另外，卢×说他在聂×家里喝了七八两酒，后来看打牌时他在车上睡了一个小时左右，精神状态好了一些。

（20）证人王×2的证言，证实2019年2月7日14时44分，卢×打电话说他在泉口聂×家喝多了，马上要来其大洞家中拜年，晚上在其家住。15点多，卢×驾车和聂×一起来到大洞乡王×1卫生所，其把卢×接到“老八子”家看打牌，他可能是喝多了酒，去车上睡觉。16点多，其开卢×的车带着卢×回到了卫生所，然后其和父亲王×1、卢×一起去亲戚家拜年。17点多，给别人拜过年后其和卢×到卫生所接聂×回到了家。准备做晚饭时，聂×接到电话，说他有一个亲戚痛风，需要他回泉口看病，叫卢×送他回去。当时卢×在用手机打游戏，不太情愿送。其和家人留聂×吃饭，但聂×坚持要回去，最终卢×还是碍于情面，把手机交给其，让其帮他玩游戏，然后驾车送聂×回了泉口。18点多，其接到卢×用别人手机打来的电话，说他在泉口街上撞到两个人，情况比较严重，让其赶紧过去。19点左右，其开车同聂×到了泉口事故现场，看到卢×车子后面有一年轻男性倒在地上一动不动，嘴巴在吐血，还有一个年轻男性坐在道路边上，有一个大人在旁边扶着。事后卢×告诉其他是送聂医生回家后，驾车出的事故。当天中午，他在聂×家中一起喝了一斤白酒。

（21）证人张×的证言，证实2019年2月7日是其生日，11点多钟，卢×买了个蛋糕送到其家并一起吃午饭。卢×提着酒壶倒了两杯山背谷烧向其敬酒，又敬了其老公聂×两小杯。后来有人来看病，聂×就离开了。大概20分钟吃完饭，卢×说要去大洞乡给他干爹王×1拜年，其就劝他喝了酒不要这么早过去，卢×说他没喝多少酒。聂×要搭车一起去给王×1拜年，就坐卢×的车一起走了。傍晚时其外甥张×中痛风，来找聂×看病，其告诉他聂×不在，他说去打电话。后来聂×回到了家，说是卢×开车送他回来的。19点左右，王×1打电话给聂×，说卢×在返回大洞乡的路上出了交通事故。

（22）证人聂×2的证言，证实2019年2月7日11点左右，卢×到其泉口镇凤东村家中给其母亲张×过生日，中午和其家人及同学一起吃饭，当时卢×喝了4杯其家酿的42度苦荞酒，有一两左右。吃饭时，张×去煎药，后来有人看病，其父亲聂×就下桌看病去了，其也跟过去帮忙，等其回来时，饭已经吃完了。之后其听张×讲聂×要和卢×一起去大洞乡，其就劝卢×喝了酒不要开车，等吃完晚饭再说，卢×说他的酒量很好，中午这点酒对他来说没有影响，然后卢×驾车和聂×一起去了大洞乡。19点多钟，聂×回到家，之后接到电话，说卢×在返回大洞乡途经泉口时出了车祸。

（23）证人汪×的证言，证实2019年2月7日中午在聂×家里吃饭时其在场，当时卢×喝了四小杯白酒，每杯大概有三钱。吃饭中途聂×下桌看病去了，等他回来时大家已经散了。卢×说他要去大洞乡，聂×夫妇就劝他不要开车去，并留他吃饭。

（24）证人陈×的证言，证实2019年2月7日其同学聂×2母亲过生日，喊其中午去吃饭。当时卢×喝了四小杯白酒，大概二两多，聂×开始也喝了一杯酒，后来因为有人来看病，就忙去了，直到散场都没回来。吃过饭后，卢×说要去大洞，大家就劝他不要去，但他说喝了这点酒没问题。卢×走时精神正常，是他自己开的车。

（25）原审被告人卢×的供述，证实2019年2月7日12时左右，其驾驶×××车到泉口镇凤东村聂×家拜年，13时许在聂×家吃饭，其和聂×等人都敬了酒，其大概喝了二两左右的苦荞酒，头有些晕，但可以开车。其说其下午要开车到大洞乡其干爹王×1家拜年，当时没人劝其酒后不要开车。13时30分许吃完饭，张×叫聂×搭其车一起去大洞拜年。14点左右，其开车和聂×走国道到了大洞王×1诊所，然后聂×和王×1留在诊所，其和王×2去别人家里看打牌，后来其到车上睡了一觉。17时许，其和王×2、聂×还有两个嫂子一起离开诊所到了王×1家里，准备在王×1家吃晚饭。其在玩手机游戏时，聂×跟其说他外甥要看病，叫其开车送他回泉口，其就叫他吃完饭再回，他不同意，王×1夫妇也挽留聂×吃完饭再回，但聂×坚持要回泉口。因聂×是其长辈，又是其客户，还欠其钱，其没有办法，就将手机拿给王×2叫他帮其玩游戏。然后其驾车搭载聂×从大洞出发，沿316国道往泉口方向行驶。18时许，其将聂×送到泉口家中，没有下车，对聂×说要回大洞赶晚饭，聂×说可以，然后其一个人驾车从聂×家出发返回大洞乡。18时20分左右，当途经国道316线泉口集镇路段时，因当时下雨视线不好，其车子的右侧车头与挡风玻璃直接撞上道路上的两个行人，造成了一死一伤。

（26）上诉人聂×的供述，证实2019年2月7日11点左右，卢×驾驶一辆红色越野车到其泉口家中，给其妻子张×过生日。13点左右吃午饭，其间卢×分别敬了其和张×两杯42度的苦荞酒，一杯3钱左右。因中途有人来找看病，其就下桌给病人看病了，一直没再上桌。13点半左右吃完午饭，卢×说他要去大洞乡他干爹王×1家里给王×1母亲过90岁生日，因其和王×1是朋友，就叫卢×帮其带300元礼金去，但卢×说要去就一起去。其对卢×说喝了酒，喝点茶休息一下再去，卢×说喝这点酒没有事，马上就走，当时卢×的精神状态都挺好的。14点左右，其乘卢×的车沿316国道到了大洞乡箐田村王×1卫生所，当时有很多人在看病打吊针。其和卢×在诊所喝茶，不久卢×说出去玩一下，然后驾车离开卫生所。其在卫生所坐了一个小时左右，后来王×1要出诊，其就帮他坐诊。18点左右，卢×和王×1儿子及儿媳妇开了两辆车来到诊所，将其接到王×1家中。王×1儿媳妇准备做饭给其吃，但其觉得大年初三在别人家里吃饭不太好，加上当天是其老婆生日。王×1夫妻当时不在家，其就找了个理由，称其外甥痛风需要其回家看病，要回泉口。其准备打电话让其儿子聂×2来接其回去，卢×说不需要，由他送其回去，并叫其等王×1回来再说。过了几分钟，王×1夫妻俩回来了，其说其外甥痛风需要其回去看病，王×1让其吃完饭再回去，但其坚持要回，王×1就说让卢×送其。18点40分左右，卢×驾车沿316国道把其送到了泉口镇凤东村家中门口。其叫卢×留下来吃饭并在其家里住，但卢×说他要回王×1家帮忙做事，说完就驾车往大洞乡方向离开了。19点半左右，王×1打电话告诉其卢×在泉口撞到人了，一死一伤。

二、裁判理由。

（1）关于本案的事实认定及证据，证人张×、聂×2、汪×、陈×的证言及聂×、卢×的供述可证实聂×明知卢×饮酒的事实，证人王×1、王×2、涂×的证言及卢×的供述可证实聂×指使卢×开车送其回泉口的事实。全案证据来源合法，能相互印证，已形成完整的证据体系，可以证实聂×指使卢×饮酒后驾驶机动车的事实。故上诉人聂×及其辩护人就本案事实及证据提出的意见不能成立。

（2）关于上诉人聂×是否构成危险驾驶罪的教唆共犯。成立教唆犯必须要有教唆故意、教唆行为，且教唆对象必须是本来没有犯所教唆之罪意图的人。从认识因素上讲，行为人认识到自己的行为会使他人产生某种犯罪的意图，并进而实施该种犯罪。从意志因素上讲，行为人对他人实施犯罪以及危害后果的发生，持希望或者放任的态度。本案中，聂×和卢×中午同桌吃饭并共同饮酒，午饭后卢×精神状态表现正常，且自己主动驾车搭载聂×前往大洞乡王×1诊所。到达大洞乡后，卢×外出看打牌并在车内休息，与聂×相处过程中，卢×精神状态表现正常，无任何醉酒表现，聂×要求卢×送其回家时，距离中午饮酒已经过去4个多小时，更能增强聂×认为卢×没有醉酒的内心确信。综合全案分析，聂×并没有引起卢×危险驾驶犯罪意图的主观故意，亦不希望或者放任危险驾驶危害后果的发生，不符合教唆型危险驾驶共犯的法定条件。根据刑法的谦抑性及可预见性原则，不能用超出常人的标准苛责聂×，必须准确判断卢×当时处于醉酒状态的可能性，如果以卢×交通肇事后酒精检测达到醉酒标准而推定聂×明知卢×可能处于醉酒状态会导致客观归罪，故认定聂×犯危险驾驶罪与事实及法律规定不符，上诉人聂×及其辩护人认为聂×不构成危险驾驶罪教唆共犯的意见本院予以采纳。

原审被告人卢×醉酒驾驶机动车发生重大交通事故，造成一人死亡一人轻伤二级，且负事故全部责任，其行为已构成交通肇事罪。原审被告人卢×在交通事故发生后，明知他人报警仍在现场等待处理，归案后如实供述犯罪事实，属自首，依法可以从轻处罚；卢×赔偿被害人及其家属部分经济损失，且当庭认罪，具有悔罪表现，可酌情对其从轻处罚。综上，原审查明事实清楚，证据确实、充分，审判程序合法，对卢×的定罪正确，量刑适当，但认定上诉人聂×犯危险驾驶罪适用法律错误，予以纠正。

三、裁判结果：上诉人聂×无罪。

补遗案例 3．杜×危险驾驶案①

一、基本案情。

原审认定的事实、证据：2018 年 1 月 5 日 15 时许，被告人杜×和朋友在阿克苏市南大街胖鱼头饭店吃饭，吃饭期间饮 250 克左右白酒。15 时许，被告人杜×打车回家休息，20 时许，被告人杜×到阿克苏市××街开车行驶至停车场出口时，被执勤民警查获。经检测，被告人杜×静脉血中酒精含量为 202 mg/100 ml，属醉酒驾驶。上述事实，被告人杜×在开庭审理过程中亦无异议，且有受案登记表、被告人的供述、物证采集清单、司法鉴定意见书、查获经过、机动车信息查询结果单、驾驶人信息查询结果单、驾驶证、行车证、常住人口基本信息、驾驶证未吊销情况说明等证据证实，足以认定。

原审判决理由和判决结果：被告人杜×在道路上醉酒驾驶机动车，其行为已构成危险驾驶罪。公诉机关指控罪名成立，本院予以支持。公诉机关认为，被告人杜×的酒精含量达 202 mg/100 ml，醉酒程度特别严重，社会危害性较大，依法应从重处罚；被告人案发后如实供述自己的罪行，系坦白，依法可以从轻处罚的量刑建议符合法律规定，本院予以采信。案发后，被告人主动缴纳罚金，确有悔罪表现，可酌情从轻处罚。判决被告人杜×犯危险驾驶罪，判处拘役三个月零十五天，并处罚金 7000 元（已缴纳）。

经再审查明：2018 年 1 月 5 日 15 时许，杜×和朋友在阿克苏市南大街胖鱼头饭店吃饭，吃饭期间饮 250 克左右白酒。15 时许，杜×打车回家休息。20 时许，杜×到阿克苏市××街开车行驶至停车场出口时，被执勤民警查获。因杜×本人没有驾驶证，担心会加重处罚，遂冒用自己弟弟杜×2 的驾驶证、身份信息给公安机关民警，造成公安机关、公诉机关及本院原审阶段均以“杜×2”的名义进行处理案件。上述事实有庭审中出示的相关证据及公安机关对杜×、杜×2 的询问笔录及杜×在再审庭审中的陈述为证，杜×对上述证据及事实全部认可，无异议，本院依法予以确认。

---

① 节选自（2019）新 2901 刑再 1 号判决书。

二、裁判理由。

无罪的人不受到刑事追究，有罪的人受到公正惩罚。本案中，被告人杜×没有违法犯罪行为，不应该受到法律追究，承担法律责任。杜×冒用自己弟弟杜×2名义进行违法犯罪活动，理应由其承担相应的法律后果，依法应另案处理其违法犯罪行为。原审认定事实有误，应予以纠正。

三、裁判结果：被告人杜×无罪。

补遗案例 4. 陈×危险驾驶案[①]

一、基本案情。

公诉机关指控，2020年2月27日12时许，被告人陈×醉酒驾驶一辆×××××号电驱动两轮轻便摩托车，自陵水县英州镇古楼村委会方向往陵水县英州镇"蔚蓝海岸"方向行驶，途经陵水县英州镇国道（223线）与清水湾大道红绿灯十字交叉路口处，右转弯驶入清水湾大道时，与被害人李×驾驶的无牌二轮电动车发生碰撞。经鉴定，陈×血液中乙醇含量为140 mg/100 ml，构成醉酒驾驶机动车。陵水县公安局交通警察大队道路交通事故认定书认定，陈×负事故的主要责任，李×负事故的次要责任。案发后，陈×已取得被害人李×的谅解。

被告人陈×对指控的事实、罪名及量刑建议均没有异议。

被告人陈×的辩护人的辩护意见如下：被告人陈×所驾驶的车辆不属于机动车，不构成犯罪。构成危险驾驶罪明确要求的是机动车，对于超标电动车是否属于机动车，法律法规没有作出明确的规定，仅有电动摩托车和电动轻便摩托车的通用技术条件当中将电驱动的二轮或者三轮车称为轻便电动车或者是电动摩托车，并且划入机动车的范畴，但是不能因此就片面地因超标电动车符合行业的标准规定而认定醉酒驾驶超标的电动车的行为就构成危险驾驶罪，该认定完全超出一般公众对电动车和机动车的正常区分的认知范围，属于不合理的扩大解释，不符合罪刑法定的原则。案发时陈×所驾驶的电动车，根据车辆拍照图片和登记信息可以看出，所挂的蓝色牌照属于电动自行车的范畴，符合电动自行车的安全技术规范，经过海口市公安局交管部门注册登记，本身就是电动自行车，即对该车辆的认定为非机动车辆。陈×是具备一般常识的公众，醉酒驾驶该车辆本身就不

① 节选自（2021）琼9028刑初165号判决书。

具备醉酒驾驶机动车的主观故意，实际上驾驶的也是经车辆主管部门所认定为非机动车的车辆，故陈×所驾驶的电动车不应当认定为机动车。

经审理查明，2020 年 2 月 27 日 12 时许，被告人陈×酒后驾驶一辆×××××号电驱动两轮轻便摩托车，自陵水县英州镇古楼村委会方向往陵水县英州镇“蔚蓝海岸”方向行驶，途经陵水县英州镇国道（223 线）与清水湾大道红绿灯十字交叉路口处，右转弯驶入清水湾大道时，与被害人李×驾驶的无牌二轮电动车发生碰撞。经鉴定，陈×血液中乙醇含量为 140 mg/100 ml。陵水县公安局交通警察大队道路交通事故认定书认定，陈×负事故的主要责任，李×负事故的次要责任。案发后，陈×已取得被害人李×的谅解。

另查明，交通事故造成被告人陈×颅脑受伤，被送往陵水县人民医院住院治疗。

上述事实，有经庭审举证、质证的下列证据予以证实。

（1）书证。

①常住人口信息，证实被告人陈×出生于 1967 年 3 月 17 日。

②受案登记表、立案决定书，证实 2020 年 2 月 27 日 12 时许，陵水县公安局交通警察大队民警接到陵水县公安局指挥中心报案称：在陵水县英州镇国道（223 线）与清水湾大道红绿灯十字交叉路口处发生一起交通事故。民警赶到现场了解到，陈×驾驶一辆电驱动轻便摩托车与李×驾驶的电驱动轻便摩托车发生碰撞，造成陈×受伤，现场发现陈×涉嫌醉酒驾车。陵水县公安局于 2020 年 4 月 15 日决定对陈×危险驾驶案立案侦查。

③到案经过，证实 2020 年 2 月 27 日 12 时许，陵水县公安局交通警察大队民警接到陵水县公安局指挥中心报案后，赶到现场勘察完后，到陵水县人民医院发现陈×涉嫌醉酒驾驶机动车，并请陵水县人民医院工作人员对陈×血样进行提取。

④证据保全决定书、证据保全清单，证实陵水县公安局于 2020 年 2 月 27 日对陈×驾驶的二轮电动车、驾驶证，李×驾驶的二轮电动车进行扣押。

⑤当事人血样提取登记表、血样提取视频，证实陵水县人民医院工作人员于 2020 年 2 月 27 日 14 时 03 分在该院急诊科对陈×的血样进行提取。

⑥疾病证明书，证实陈×在事故发生后，被送往陵水县人民医院住院治疗。

⑦驾驶人信息查询，证实陈×的准驾车型。

⑧道路交通事故认定书，证实陈×负该事故的主要责任，李×负该事故的次

要责任。

⑨海南省增值税普通发票、产品合格证，证实被告人陈×驾驶的电动车为台铃电动车，车架号××××××××。

⑩电动车查询结果，证实被告人驾驶的×××××牌号车辆，在海口交警部门登记为蓝牌电动车（合格）。

（2）证人证言。

①证人周×的证言，证实交警的同志打电话告诉她，说她老公陈×于2020年2月27日12时许，开二轮电动车在陵水县英州镇国道223线与清水湾大道红绿灯十字交叉路口发生事故，之后陈×被送往医院治疗，头部受伤，脑出血。陈×是酒后开车。

②证人王×的证言，证实陈×于2020年2月27日进入陵水县人民医院住院治疗，是因发生交通事故后颅脑受伤，入院时情况挺严重的，第二天行开颅手术，3月16日出院。

③证人董×的证言，证实他是清水湾雅居乐物业公司的保安，于2020年2月27日12时许，开摩托车在清水湾大道巡逻时接到同事庄×的电话，说在英州镇国道223线与清水湾红绿灯十字交叉路口处发生一起交通事故，叫巡逻人员过去支援处理。他赶到事故现场时看见一个男子头部流血坐在公路上，一个女性老人坐在绿化带上，公路有两辆电动车倒在地上，于是就打110报警，庄×打120急救电话。

（3）被害人李×的陈述，证实她于2020年2月27日12时26分许，驾驶一辆二轮电动车在英州镇国道路223线与清水湾红绿灯十字交叉路口处，突然一辆二轮电动车从她的右后侧方向行驶过来碰撞到她的车上，她和车辆均倒在地上，然后短暂不清醒，等醒来的时候才看到对方是一辆黑色二轮电动车，旁边躺着一名男子，就打110报警电话及120急救电话。

（4）鉴定意见。

①司法鉴定意见书，证实陈×血样乙醇含量为140 mg/100 ml。

②道路交通车辆运行安全技术检验报告，证实海南睿琪车辆技术检测服务有限公司受陵水县公安局交通管理大队的委托，于2020年3月3日对陈×驾驶的×××××号台铃牌两轮电动车进行车辆属性检验，车辆属性为电驱动两轮轻便摩托车。[注：海南省司法厅于2019年10月25日颁发给海南睿琪车辆技术检测服务有限公司的《司法鉴定许可证（正本）》，该公司的业务范围：痕迹鉴定（车辆轮迹、痕迹鉴定、机动车车辆号码显现）。该检验报告中的检验人：黄××、

吴×，核准人：陈×，均没有司法鉴定人执业证，其中陈×、吴×的职业资格证书中是三级/高级技能，黄××的职业资格证书中是四级/中级技能。报告批准人：王××，司法鉴定执业范围：车辆技术鉴定。在（2020）琼9028刑初337号案中，卷宗中所附的证据材料中海南省司法厅于2017年6月29日颁发给海南睿琪车辆技术检测服务有限公司的《司法鉴定许可证（正本）》，许可证号：460117058，该公司的业务范围：车辆技术鉴定。]

（5）现场勘查笔录，证实事故现场位于陵水县英州镇国道223线与清水湾大道十字交叉路口。

（6）被告人陈×的供述和辩解，主要内容：2020年2月27日11时许，我中午吃饭时喝酒，之后驾驶一辆二轮电动车从陵水县英州镇古楼村方向往清水湾大道大坡村方向行驶，在清水湾大道与国道223线交叉处右转弯行驶到清水湾大道上与一辆电动车发生碰撞，我摔倒在地上，然后起来到旁边坐着，头部流血，后面的事就不知道了，醒来后是躺在医院病床上。

二、裁判理由。

本案的争议焦点在于被告人陈×驾驶的二轮超标电动车是否属于机动车。根据《中华人民共和国刑法》第一百三十三条之一第一款的规定，“在道路上驾驶机动车，有下列情形之一的，处拘役，并处罚金：（二）醉酒驾驶机动车的”。《最高人民法院最高人民检察院公安部关于办理醉酒驾驶机动车刑事案件适用法律若干问题的意见》第一条第二款规定：“机动车”，适用交通安全法的有关规定。关于“机动车”的含义，道路交通安全法第一百一十九条规定：“机动车是指以动力装置驱动或者牵引，上道路行驶的供人员乘用或者用于运送物品以及进行工程专项作业的轮式车辆。”本案中被告人陈×驾驶的二轮电动车是超标车，但相关法规未明确规定超标车属于机动车，有关部门也未将超标车作为机动车进行管理，在此情况下，公众普遍认为超标车不属于机动车，醉酒驾驶超标车的行为人不具有危险驾驶机动车的违法性认识。因此，尽管醉酒驾驶超标车存在较大的安全隐患，但在相关法规未明确规定超标车属机动车的情况下，不宜对醉酒驾驶超标车的行为以危险驾驶罪定罪处罚。

综上，公诉机关指控被告人陈×醉酒驾驶二轮电动车的行为，触犯《中华人民共和国刑法》第一百三十三条之一第一款第（二）项，构成危险驾驶罪，不符合法律规定，指控的犯罪不成立。辩护人的辩护意见，予以采纳。

三、裁判结果：被告人陈×无罪。

后　记

本书几经修改后，最终得以定稿，止字落笔，我却又陷入另一层面的思考，思考在我中年时期去写一本书的意义所在。在前言中，我提及本书构思的缘起是为纪念我20年来的电台公益法治节目之路，但当本书完成时，我忽然觉得自己执笔写作的念头缘起于此，但又不止于此。

持续了3年的新冠疫情使人们的生活发生了许多改变，在社会生活经历了急刹车后，我们更关注生活与职业发展的意义所在。律师行业发展到第40个年头，作为中年律师的我，早期幸逢行业的高速发展时期，后也历经了行业的平稳治理时期。在全面依法治国的新时代，站在第二个百年的起点，法律服务业作为现代服务业，必将迎来新的机遇与挑战。如何面对与拥抱律师职业发展的变化，一直是我在带动团队、律所发展中时刻思考的问题，也是我与同事、前辈们交流最多的问题。团队中“80后”“90后”律师们都有着较高的起点，他们许多已成为律所的中坚力量，但有时我们对于律师职业发展规划还是会感到迷茫。什么样才是好律师？怎么样才能做好律师？

首先，“知识更新”是新时代律师必须要面对的问题。法律法规、司法解释与司法政策等专业知识的更新速度之快，专业知识体系调整幅度之大是惊人的。因此，一名好律师必须具备强大的阅读能力，能够在新知识的掌握、新旧知识的比对、法律体系的变化趋势方面进行充分的学习。其次，律师是持牌的演说家与辩论家，辩护、咨询、解答是律师溯古追今的传统。在数字技术高度发达的今天，以互联网为首的基础设施已经非常完备，每天有太多的舞台、会议、媒介等多元化场景需要律师以口语表达面向公众介绍、解释法律，正如20年来我们一直坚持参与电台法治节目的直播，在线解答听众的法律咨询。再次，律师是天然的修辞家①，通过代理词、辩护词、法律意见书、尽职调查报告、类案检索报告等各种法律文书来论证法律、阐述逻辑，构建出法学世界的拼图，找出社会问题的解决方案。最后，也是最重要的是，听懂客户的需求，了解群众的诉求，做到有的放矢，而不是自我空想。因此，好律师的标准已经呈现，即熟练地掌握听、

---

① 黄美玲：《律师职业的起源》，北京大学出版社，2021年，第143页。

读、说、写四门功课。从以专业素养阅读吸收法律知识，到聆听辨识客户的商业目的，用具有自身语言特色的法言法语回应咨询，再到用文字进行法律论述，这是一个自我吸收并运用于服务公众的生产过程，也是律师用法治守护人民群众美好生活的具体方法。

如前言所述，本书的写作缘起于一个我所办理的无罪辩护醉驾案件。该书的思路、结构与内容的形成过程，就是律师从面对客户咨询，将零散的片段事实梳理成为严谨的法律事实，再到庭审的辩论、诉讼图表、辩护词、补充辩护意见、类案检索报告、上诉状等，最后到结案备忘录全过程的转化结果。我想借由这样的转化过程，向团队展现出试图做个好律师的努力尝试。这样做的过程是辛苦的，让我们错过了生活中的许多精彩；这样做也是充实的，体现了律师在捍卫公平正义时应有的专业、勇敢、诚信及智识水平。

借此书与我的同事们共勉，希望我们都会成为一名好律师。

李涛

2022 年初夏